KB220596

선어록으로 읽는 금강경

(金剛經宗通)

증봉의
曾鳳儀

김호귀 역

도서
출판 中道

목 차

金剛宗通緣起

『금강경종통』에 대한 연기

金剛宗通緣起

蓋聞佛智甚深 上哲莫窺其際 聖言至妙 庸流豈識其端 空生唱無說而雨華 疑絲暗擲 無著昇兜率而面敎 分部猶違 乃知般若無邊 允唯金剛第一 硏窮匪易 信受誠希 幸偈衍於慈尊 繩墨具在 喜頌揚於大士 敲唱同符 西乾功德施 洞燭空假之致 長水刊定記 略標合倂之規均之羽翼 天親剖二十七疑而悉斷 要於鋪舒法體 破凡所有相以皆非 第破相之旨愈微 而如幻之觀漸密 已入住地 猶云無住相應 纔起度生 普令無度爲尙 救偏於虛無之界 決機於杳靄之鄕 良以執隱於俱生 金剛其對證之劑 位登於等覺 此乘有到岸之功 唯佛能知 非凡所測 契此深深之義 還他上上之根

『금강경종통』에 대한 연기

무릇 들자하니 부처님의 지혜는 대단히 심오하여 옛 철현들도 그 경계를 엿볼 수가 없고, 부처님의 말씀은 지극히 미묘하여 보통 사람들로서는 그 단서도 알지 못한다고 한다. 그래서 공생이 無說의 도리를 꽃비가 내리듯이 설했지만 의심의 단서가 드리워졌고, 무착은 도솔천에 올라가서 미륵보살로부터 직접 가르침을 받았지만 경전의 分·部만 달라졌을 뿐이었다. 이로써 반야의 경지는 끝이 없음을 알 수가 있을 것이다. 그러므로 진실로『금강경』만이 제일인 까닭에 끝까지 궁구하기도 쉽지 않고, 믿고 받아들이는 자도 진실로 드물다.

그러나 다행스럽게도 미륵자존이 게송[1]으로 펼쳐놓았으니 繩墨이 갖추어졌고, 기쁘게도 부대사가 게송[2]으로 드러내주었으니, 이야말로 敲·唱이 부합된 것이다. 그리고 인도의 공덕시보살은『破取著不壞假名論』[3]에서 空·假의 궁극을 훤히 밝혀내었고, 장수자선의『간정기』[4]에서는 合倂의 規矩와 양 날개의 균형을 간략하게 標하였다.

특히 천친은 27가지 의문으로 나누어 그 의문을 모두 단제하였는데,[5] 요컨대 법체를 펼쳐서 모든 형상은 다 그르다고 타파하여 破相의 뜻에다 더욱더 섬세하게 순서를 매겼다. 그리하여 일체가 如幻이라고 관찰함이 더욱더 밀밀해지면 住의 경지에 들어가도 無住와 상응하게 된다.

이처럼 중생제도의 마음을 일으켜서도 널리 중생을 제도한다는 상이 없도록 하여 허무의 경계에 치우치는 것과 어둠의 땅으로부터 건

---

1) 무착이 日光定에 들어 미륵보살을 친견하여 경문의 가르침을 받고서 그것을 80게송의 형식으로 구술한 것을 천친이 기록하였는데, 천친의『金剛般若論』에 들어 있는 게송이 바로 이에 해당한다.
2) 大正藏 卷85에 수록된 傅大士 頌,『梁朝傅大士頌金剛經』110게송이 그것이다.
3) 大正藏 卷25에 수록된 功德施菩薩 造,『金剛般若波羅蜜經破取著不壞假名論』2卷이 그것이다.
4) 大正藏 卷33에 수록된 長水沙門子璿 錄,『金剛經纂要刊定記』7卷이 그것이다.
5) 大正藏 卷25에 수록된 天親,『金剛般若論』3卷이 그것이다.

져주었다. 진실로 숨어있는 俱生煩惱에 집착하는 것을 금강으로 단제하여 그것을 깨우쳐주니, 그로써 수행계위가 등각위에 오를 수 있었다.

이『금강경』의 가르침에는 피안에 도달하는 공덕이 있는데 오직 부처만이 알 수가 있어서 범부로서는 헤아릴 수가 없다. 이와 같이 심심한 뜻에 계합해야만 저 상상의 근기에 돌아갈 수가 있을 것이다.

在昔黃梅 獨謂是經能見性 於時六祖 果於言下便知歸 五葉旣開 人握如來之印 一燈相續 別稱敎外之傳 悟不由師 語多合轍 機鋒迥露 陸離寶劍之光 照用齊彰 璀璨摩尼之色 信乎後五百世 勿謂無人 若也持四句經終當有入 鳳儀學懃專詣 識謝徧參 道味悅心 似有投於夙好 禪關娛老或不昧於往因 適茲門諍之秋 橫出和同之見 謂宗卽敎 爌然說無間說 盡屬言詮 謂敎卽宗 如來禪祖師禪 總須坐卻 銷歸自己 拈華與拈句何殊了徹那邊 所見與所聞奚異 斯則宗通卽啓經之鑰 而說通亦入悟之門也

옛적에 황매홍인만이 이『금강경』을 통하여 견성할 수 있음을 말하였다. 그 때에 육조혜능은 과연『금강경』을 듣고 언하에 歸趣를 알아차렸다. 그리하여 선종의 오가가 개창됨으로써 사람들이 여래의 밀인을 이해하여 한 등불로 상속할 수가 있게 되었다. 그래서 별도로 敎外로써 전승되는 것으로 스승을 말미암지 않고 깨쳤기 때문에 말이 모두 합치되었다. 그 機·鋒이 아득히 드러나니 보검의 광채가 현란하게 빛나고[陸離], 조·용이 함께 드러나니 마니주의 빛이 찬란하게 빛난다[璀璨]. 그러므로 '후오백세라 할지라도 만약 경전의 사구를 받고 지니면 구경에는 깨침에 들어갈 수가 있는 사람이 없다는 말을 하지 말라.'는 가르침을 믿어야 한다.

　나 증봉의는 학식이 미천하여 여러모로 힘썼지만 마침내 학식을 그만두고 偏參에 나선 이후로 수행하는 맛[道味]에 마음을 빼앗겼다. 마치 전생부터 수도에 투신하여 선의 관문[禪關]에 관심을 둔 것과 같았다. 혹 전생의 인행에 어두워서 투쟁견고 시대를 맞이하여 화합하려는 견해[和同之見 : 아무런 원칙도 없이 그저 동일하다는 점만 내세워서 좋은 게 좋은 것이라고 강조하는 견해]만 흘러넘쳐서 종지가 곧 교학과 동일하다고 간주하는 燉然說 및 無間說을 말하기도 하고, 또한 모든 것이 言詮에 속한다고 간주하여 如來禪 및 祖師禪을 말하기도 한다.

　이와 같은 견해는 모두 당장 그만두고 본래의 자기에게 돌아가야 한다. 꽃을 집어드는 행위[拈華]와 언구를 언급하는 행위[拈句]가 무엇이 다른가. 그리고 염화와 염구의 소식을 확실하게 이해한다면 所見과 所聞이 어찌 다르겠는가. 이런 즉 종통은 곧 경문을 여는 빗장이고, 설통도 또한 깨침에 들어가는 관문이다.

障礙都融 眞如頓顯 若夫鳩摩擅譯 業示信於舌根 而冥主效靈 詔補遺於

石刻 衆生一段 慧命偶增 乃至色見聲求 尚遺四句之偈 如露如電 尤闕三種之緣 偈論旣有明徵 經文焉可殘略 僭錄唐譯 用備周觀 重釋偈言 附載篇末 頃緣先君奄逝 日誦斯經 因於墓次參求 遂成此集 冀微霑乎湛露 庶少潤於枯骸 依金剛以藏形 敢企清凉之窟 偶山名之相似 聊資般若之熏法與地而俱靈 幽與明而永賴 敬付剞劂 廣爲流通 儻取證於無生 均銜恩於罔極

南嶽山長 金簡 曾鳳儀 舜徵父 題

　무릇 장애가 모두 녹아야만 진여가 온전히 드러나는 법이다.
　가령 저 구마라집의 의역[鳩摩摧譯]은 그 번역의 행위[業]가 진실로 설근에 있음을 보여준 것이었다. 염마왕은 영유법사의 독경에 감동하여 조칙으로써 누락된 부분을 석각에 남기도록 하였다. 곧 중생 등에 관련된 부분으로서 혜명이라는 대목이 증보된 것이다.[6] 내지 '약

---

6) "그때 혜명 수보리가 부처님께 말씀드렸다. 세존이시여. 미래세에 이 설법을 듣고 신심을 일으킬 중생이 조금이라도 있겠습니까. 부처님께서 말씀하셨다. 수보리여, 저들은 중생이 아니고 비중생도 아니다. 수보리여, 왜냐하면 중생 중생이란 여래가 중생이라 말한 것이 아니라 곧 명칭이 중생이기 때문이다."는 대목과 관련된 내용이다. 여기 "그때 혜명 수보리가 부처님께 말씀드렸다. 세존이시여. 미래세에 이 설법을 듣고 신심을 일으킬 중생이 조금이라도 있겠습니까. 부처님께서 말씀하셨다. 수보리여, 저들은 중생이 아니고 비중생도 아니다. 수보리여, 왜냐하면 중생 중생이란 여래가 중생이라 말한 것이 아니라 곧 명칭이 중생이기 때문이다."는 대목은 濠洲 鐘離寺 石碑에 의하면 822년에 幽冥에 다녀왔던 영유법사가 구마라집본에는 없는 내용을 보리유지본에 의거하여 보충한 것이라 한다. 여기에서는 구마라집이 의역하는 과정에서 누락했음을 지적한

이색견아 이음성구아' 등의 게송에서 하나의 사구게를 생략해버렸다.[7] 또한 如露·如電 등에서 3가지 인연을 누락했다는 것[8]은 무착의『게송』과 천친의『논』등에서 이미 명백해졌다. 경문에 대하여 어찌 개인의 의견을 가지고 내용을 생략할 수가 있겠는가.

반면에 분수에 맞지 않게 너무 지나친 현장의 번역[僧錄唐譯]을 보면 내용이 잘 갖추어져 있어서 경문을 널리 관찰할 수가 있는데, 다만 그 중복된 해석과 게송의 말들은 이 책의 말미에 附載하였다.[9]

그 무렵에 先君이 갑자기 세상을 떠나게 되자 매일 이『금강경』을 독송하였다. 이처럼 무덤을 인연하여 참구하면서 마침내 이 책을 완성하였다. 바라건대 축축한 눈물이 이슬이 되어 마치 枯骨이라도 적셔주었으면 싶다. 다행스럽게도『금강경』에 의지하여 육신을 감추었으니, 감히 극락세계[淸涼窟]에 들어가기를 기원한다. 우연인지 마침 山名도 金簡으로서 金剛과 비슷하니, 그로써 반야의 훈습을 밑천으

것이다.

7) 원래 "若以色見我 以音聲求我 是人行邪道 不能見如來// 彼如來妙體 卽法身諸佛 法體不可見 彼識不能知//"라는 두 개의 게송이 있었지만, 구마라집이 번역하면서 뒤의 "彼如來妙體 卽法身諸佛 法體不可見 彼識不能知//"라는 하나의 게송을 생략해버린 경우를 지적한 것이다.

8) 경문의 끝 부분에 나오는 게송은 원래 "一切有爲法 如星醫燈幻 露泡夢電雲 應作如是觀//"처럼 9가지 비유를 담고 있는데, 구마라집은 "一切有爲法 如露亦如電 如夢幻泡影 應作如是觀"처럼 幻·露·泡·夢·電·雲만 비유로 언급하고 나머지 星·醫·燈의 3가지 비유를 누락시켰음을 가리킨다.

9) 이 책의 말미에서 언급하고 있는 아홉 가지의 비유에 대한 설명을 가리킨다.

로 의지할 수 있을 것이다. 법은 땅을 더불어서 모두 신령스러워지고, 유명세계는 광명을 더불어서 영원한 힘을 받는다.

이에 공경스럽게 새겨서 널리 유통하는 바이다. 이로써 만약 무생법을 증득한다면 조화롭게도 끝없는 은혜를 받은 것이리라.

　　남악산장 금간 증봉의 순징[10] 늙은이[叟]가 題하다

---

10) 『金剛經偈釋』, 『楞伽經宗通』, 『楞嚴經宗通』 등을 저술한 사람으로서 남악거사라고도 불렸다. 『楞伽經宗通』에서는 '明菩薩戒弟子前奉訓大夫禮部祠祭淸吏司員外郎南嶽曾鳳儀宗通'으로 소개되어 있고, 『楞嚴經宗通』에서는 '明前奉訓大夫禮部祠祭淸吏司員外郎南嶽曾鳳儀宗通'으로 소개되어 있다. 曾金簡은 名이 鳳儀이고, 字는 舜徵이다.

金剛般若波羅蜜經宗通 卷一
금강반야바라밀경종통 제일권

姚秦 三藏法師 鳩摩羅什(此云童壽) 譯

西天 功德施菩薩 破取著不壞假名論

梁 傅大士 頌

宋 嘉禾 長水法師 子璿 金剛刊定記

明 菩薩戒弟子 南嶽山見<長?> 曾鳳儀 宗通[11]

요진의 삼장법사 구마라집(번역하면 童壽)이 번역한 『금강경』[12]과

인도의 공덕시보살이 지은 『파취착불괴가명론』[13]과

양나라의 부대사가 붙인 『금강경송』[14]과

송나라의 가화에서 장수자선 법사 자선이 지은 『금강경간정기』[15]
에 근거하여

명나라의 보살계 제자인 남악산장 증봉의가 『종통』[16]을 붙였다.

---

11) 본 번역은 『卍續藏經』 제25 수록본(CBETA 자료)에 의거한다.

12) 『金剛般若波羅蜜經』, (大正藏8, pp.748下-752下)

13) 功德施菩薩 造, 『金剛般若波羅蜜經破取著不壞假名論』2卷, (大正藏25, pp.887上-897中)

14) 傅大士 頌, 『梁朝傅大士頌金剛經』, (大正藏85, pp.1上-8下)

15) 長水沙門子璿 錄, 『金剛經纂要刊定記』7卷, (大正藏33, pp.170上-228上)

16) 曾鳳儀, 『金剛般若波羅蜜經宗通』7卷, (卍續藏25, pp.1上-42下)

通曰

此經名金剛般若波羅蜜 是第一波羅蜜 如來爲發大乘者說 爲發最上乘者說 非尋常智慧可倫也 且須菩提讚歎如來 善護念諸菩薩 善付囑諸菩薩 唯菩薩位中能發阿耨多羅三藐三菩提心 所以護念之使常住 所以付囑之使度生 須得妙慧降伏其心 乃能證於如來無上菩提 故佛以金剛般若語之 緣資糧位 加行位 已證三空 得無生法忍 至通達位 初地菩薩 得分證眞如 尚餘俱生我執 至八地捨藏 尚餘俱生法執 此二種執 各有微細所知愚 極微細所知愚 至等覺位方斷 所以斷之者 唯有甚深金剛如幻三昧 足爲對治之法 初地所得 二地破之 二地所得 三地破之 地地增進 至等覺位卽無可破 所謂金剛道後異熟空者 卽此義也

종통1

이 경전의 명칭은 금강반야바라밀로서 곧 제일바라밀이다. 이것은 여래께서 대승심을 발생한 자를 위하여 설하였고, 최상승심을 발생한 자를 위하여 설한 것이다. 그러므로 보통의 지혜로는 비교할 수 없다.

또한 수보리가 여래를 향하여 '제보살을 잘 호념하십니다. 제보살을 잘 부촉하십니다.'라고 찬탄하였다. 그런데 오직 보살지위에 오른 사람만이 아녹다라삼먁삼보리심을 발생할 수가 있다. 때문에 보살을 호념하는 것으로써 常住하도록 하셨고, 부촉하는 것으로써 度生하도록 하셨다. 그리고 모름지기 미묘한 지혜를 터득하여 그 마음을 다스려야만 이에 여래의 무상보리를 증득할 수가 있다. 때문에 부처님께서 금강반야로써 그 제목을 붙였던 것이다.

이에 수행으로 말하자면 자량위 및 가행위를 인연하여 이미 삼성이 공한 줄[三空]을 증득하고 무생법인을 터득한다. 그리고 통달위 및 초지보살에 이르러 분증진여를 터득하였어도 아직 구생아집[17]이 남아 있다. 또한 제팔 부동지에서 捨藏[18]에 이르렀지만 아직도 구생법집이 남아 있다. 구생아집과 구생법집의 二執은 각각 微細한 所知愚와 極微細한 所知愚가 있는데 等覺位에 이르러서야 바야흐로 그것이 단제된다.

때문에 그것을 단제하는 자는 오직 심심한 금강의 여환삼매만 있어서 무엇이라도 대치하는 법이 된다. 따라서 초지에서 터득한 것은 제이지에서 타파하고, 제이지에서 터득한 것은 제삼지에서 타파하며, 내지 증진하는데 등각위에 이르러서야 곧 타파할 것이 없어진다. 소위 金剛道[19] 이후에야 異熟識이 空해진다는 것[20]이 바로 이런 뜻이다.

又金剛十種深喩 所云如幻如夢等 與經末如露如電偈 因彼於報化法身
尚以幻夢觀之 非甚深智能作如是觀乎 此須菩提所爲流涕 歎所未聞也

---

17) 俱生我執은 마음에서 발생하는 집착은 마음속에서 무명을 야기한 이후부터 세세생생 윤회하면서 야기하는 아집을 가리킨다.

18) 제칠 원행지에서는 훈습된 번뇌종자를 함장하고 있다는 의미에서 이름 붙여진 藏識이라 하는데, 제팔 부동지에서는 이 명칭을 버린다는 뜻에서 捨藏이라 말하고, 제팔지부터는 異熟識이라 말한다.

19) 金剛道는 등각보살이 金剛大定에 들어간 것을 뜻하는데, 이숙식은 여전히 남아있다. 때문에 금강도 이후 곧 대원경지가 현현해야 비로소 이숙식이 공해진다. 이숙식은 선악의 업으로 인하여 받게 되는 과보로서 범부로부터 금강도의 보살에 이르기까지는 적용되지만 佛果인 妙覺에 이르러야 그 명칭이 사라진다.

20) 正誨,『八識規矩略說』, (卍續藏55, p.413中) "不動地前纔捨藏 金剛道後異熟空 大圓無垢同時發 普照十方塵刹中" 참조.

또한 『금강경』에는 열 가지의 심오한 비유가 있는데, 경전에서 말한 幻과 같고 夢과 같으며 등이 그것이다.[21] 경전의 말미에서 말한 아침 이슬과 같고 번개와 같다는 그 게송은 보신과 화신과 법신을 인유한 것이다.

일찍이 幻과 같고 夢과 같다고 그것을 관찰했다면 심심한 지혜가 아니고서야 어찌 그와 같이 관찰할 수 있겠는가. 이것은 곧 수보리가 눈물을 흘렸던 것으로서 일찍이 들어본 적이 없음을 찬탄한 바로 그것이었다.

刊定記<疏論纂要?>云 金剛者 乃帝釋之寶杵 具極堅極利二義 何謂極堅 無物可能壞之 何謂極利 以能碎壞諸物也 若有一物能壞 卽非極堅 一物不碎 卽非極利 如銀鐵雖堅 遇火則融 刀劍雖利 斫石則缺 非極堅利也 般若有實相 觀照二種 亦具堅利之義 堅則實相般若 以其雖經多劫流迸 六道 而覺性無壞 未嘗生滅 未嘗虧缺 故云堅也 利則觀照般若 謂此慧顯時 照諸法空 煩惱諸結 無明惑暗 無不斷壞 故言利也 由斯二義似彼金剛 故擧金剛之堅 喩般若體 <擧+?>金剛之利 喩般若用 法喩雙彰 故曰金剛般若也

『간정기』에서는 다음과 같이 말한다.

---

21) 일체의 業은 허깨비와 같고, 일체의 法은 아지랑이와 같으며, 일체의 自性은 물속에 비친 달의 모습과 같고, 오묘한 색은 허공과 같으며, 오묘한 소리는 메아리와 같고, 제불 국토는 건달바성과 같으며, 佛事는 꿈과 같고, 佛身은 그림자와 같으며, 보신은 等像과 같고, 법신은 화현과 같다고 관찰하는 것의 열 가지를 가리킨다.

[곧 금강은 제석천의 무기[寶杵]로서 지극히 견고하고 지극히 예리하다는 두 가지 뜻을 갖추고 있다. 지극히 견고하다는 것은 무엇을 말한 것인가. 어떤 사물로 그것을 파괴할 수 없다는 것이 그것이다. 지극히 예리하다는 것은 무엇을 말한 것인가. 금강으로 모든 사물을 파괴할 수 있다는 것이 그것이다. 만약 어떤 물건으로 碎壞할 수 있다면 그 금강은 곧 지극히 견고한 것이 아니다. 하나라도 파쇄하지 못하는 것이 남아있다면 곧 지극히 예리한 것이 아니다. 마치 銀·鐵이 견고할지라도 불을 만나 녹아버리고, 刀·劍이 예리할지라도 돌을 벨 경우에 이지러진다면 지극히 견고하고 예리한 것이 아니다.][22)

반야에는 실상반야와 관조반야의 두 가지가 있는데, 이 또한 견고하고 예리하다는 뜻을 갖추고 있다. 견고한 것은 실상반야이다. 이것은 다겁 동안 육도를 유랑할지라도 실상반야의 覺性은 파괴되지 않고, 일찍이 발생과 소멸도 없으며, 일찍이 줄어들거나 모자라지도 않는 까닭에 견고하다고 말한다. 예리한 즉 관조반야이다. 말하자면 관조반야가 드러날 때는 제법이 공함을 관조하여 번뇌의 모든 結使와 무명의 미혹한 어둠을 斷壞하지 못함이 없는 까닭에 예리하다고 말한다.

이와 같은 두 가지 뜻이 저 금강과 유사함을 말미암은 까닭에 금강의 견고함을 들어서 반야의 體를 비유하고, 금강의 예리함을 들어서 반야의 用을 비유하여, 법과 비유를 쌍으로 현창한다. 때문에 금강

22) 宗密 述, 子璿 治定, 『金剛般若經疏論纂要』 卷上, (大正藏33, p.155中) 및 長水子璿 錄, 『金剛經纂要刊定記』 卷2, (大正藏33, p.183中)의 내용이 혼합되어 있다.

금강반야바라밀경종통 제일권

반야라 말한다.

梵語波羅蜜 此云到彼岸 謂離衆生生死此岸 度煩惱大河中流 到諸佛涅
槃彼岸 然達生死本空 煩惱本無 卽到彼岸 非眞有彼此之異 特到彼岸不
無頓漸耳 頓則慧纏發時 見五蘊空 一刹那間 便到彼岸 以不歷多時 乃名
爲頓 漸則雖能頓照法空 由有多生習性 任運計執 未得念念相應 故須聽
聞正法 思惟其義 策彼頓悟之慧 覺察妄情 損之又損 以至於無 畢竟到於
彼岸 但以經歷多時 故名爲漸 遲速雖殊 一種得名到彼岸慧也

　범어의 바라밀은 번역하면 到彼岸이다. 말하자면 중생의 생·사
인 차안을 벗어나고, 번뇌의 대하인 중류를 건너며, 제불의 열반인
피안에 도달하는 것이다. 그러나 생·사가 본래 공이고 번뇌가 본래
無인 줄 통달하면 그것이 곧 도피안이다.
　진실로 피·차의 다름이 있는 것이 아니라 특별히 도피안에 돈·
점이 없지 않을 뿐이다. 오온이 공한 줄을 보고서 일찰나 사이에 곧
피안에 도달한다. 多時를 경력하지 않으므로 이에 頓이라 말한다.
漸이란 비록 제법이 공인 줄 頓照할지라도 다생에 걸친 습이 마음대
로 計執함을 말미암아 염념에 상응하지 못한다.
　때문에 모름지기 정법을 청문하고, 그 뜻을 사유하며, 그 돈오의
지혜를 책발하여 망정을 살펴서[覺察] 그 망정을 없애고 또 없애서, 없
어지는 경지에 도달하여 필경에 피안에 도달한다. 다만 多時를 경력
하는 까닭에 점이라 말한다. 이처럼 돈과 점이 遲·速은 다를지라도
똑같이 도피안의 지혜라 말하는 것이다.

梵語脩多羅 義翻爲契經 謂契理契機也 契理 則說事如事 說理如理 契機
則令聽者悟解 歡喜信受 經者 謂貫也攝也 貫穿所應說義 攝持所化衆生
佛滅度後二千餘年 衆生得聞正法 皆貫穿攝持之力也

　범어 수다라는 뜻으로 번역하면 契經이다. 말하자면 理에 계합하
고 機에 계합한다는 것이다. 契理는 곧 事답게 事를 설하고 理답게
理를 설하는 것이고, 契機는 곧 설법을 듣는 사람으로 하여금 悟解하
고 歡·喜·信·受토록 하는 것이다.
　經이란 말하자면 貫이고 攝이다. 貫은 說·義가 상응됨을 관착하
는 것이고, 攝은 교화의 대상인 중생을 섭지하는 것이다. 부처님의
멸도 이후 이천 여 년에도 중생이 정법을 들으면 모두 관착하고 섭
지하는 능력을 지닌다는 것이다.

天竺有無著菩薩 入日光定 上昇兜率天宮 請問彌勒慈尊 彌勒爲說八十
行偈 以顯經旨 無著又將此偈轉授其弟天親 天親依偈成論三卷 約斷疑
執 以釋此金剛正義也 解者舍此不究 悉是邪說 余因取功德施菩薩所造
論 參考於長水子璿刊定記 間採諸老宿機緣語句合之 遂名之曰宗通云

　천축의 무착보살은 일광삼매에 들어가서 도솔천궁에 올라갔다.
이에 미륵자존에게 청문하자 미륵이 80행의 게송을 설함으로써 경
전의 종지를 드러내주었다. 무착은 또한 이 게송을 가지고 그 아우
인 천친에게 轉傳하였다. 천친은 그 게송에 의거하여 3권의『금강반

야론』을 지었는데, [23] 거기에서 천친은 疑執을 단제하는 것으로써 『금강경』의 正義라고 풀이하였다. 이후에『금강경』을 해석한 사람으로서 이것을 버리고 연구한다면 그것은 모두 邪識이다.

때문에 나도 이제 공덕시보살이 지은『파취착불괴가명론』[24]을 취하고, 장수자선의『간정기』[25]를 참고하면서, 간간이 제노숙들의 기연과 어구를 거기에 합하였기에 마침내 그 명칭을『宗通』이라 말한 것이다.

僧問智門 如何是般若體 門云 蚌含明月 僧云 如何是般若用 門云 兎子 懷胎 雪竇頌云 一片虛凝絶謂情 人天從此見空生 蚌含玄兎深深意 曾與 禪家作戰爭

[한 승이 智門光祚에게 물었다.

"반야의 체는 무엇입니까."

지문이 말했다.

"조개가 밝은 달빛을 머금고 있는 경우이다."

승이 물었다.

"반야의 용은 무엇입니까."

지문이 말했다.

"토끼가 밝은 달빛을 받아서 임신하는 경우이다."

---

23) 『金剛般若經疏論纂要』卷上, (大正藏33, p.155中) ; 天親, 『金剛般若論』3卷, (大正藏 25, pp.781中-797中) 참조.
24) 『金剛般若波羅蜜經破取著不壞假名論』2卷, (大正藏25, pp.887上-897中)
25) 『金剛般若經疏論纂要刊定記』10卷, (嘉興藏31 수록)

이 문답에 대하여 설두가 게송으로 다음과 같이 말했다.
"한 조각의 허공마저 단절된 것을 情이라 말하네
 인간과 천상에서는 이로부터 공생을 친견하였고
 조개가 품은 달빛과 토끼에는 깊은 뜻이 있으니
 이에 선가와 함께 한바탕 전쟁을 벌이고 말았네"]^26)

法眼圓成實性頌云 理極忘情謂 如何得喩齊 到頭霜夜月 任運落前溪 果
熟兼猿重 山遙<長?>似路迷 擧頭殘照在 元是住居西 學者須於此等語
句參透 方知般若親切處 不至紛紛爲無益爭辨矣

[법안문익은 [원성실성송]에서 다음과 같이 말했다.
"도리를 다하고 식정도 잊었다 말하지만
 그 어찌 비유와 동일하다고 말하겠는가
 차갑게 서리치는 가을밤의 밝은 달빛은
 아무런 분별심도 없이 앞산골을 비추네
 가을날 과일 익어가니 원숭이는 살찌고
 산이 깊으니 따라서 산길도 아득해지네
 고개들어 서쪽하늘 남은 달빛 바라보니
 나는 본래부터 극락세계에 살고 있었네"]^27)
수행납자라면 모름지기 이와 같은 어구를 참구하여 투득해야만 바
야흐로 반야의 친절한 도리를 알 수가 있다. 그렇지 못하고 마음만

26) 『禪宗頌古聯珠通集』卷37, (卍續藏65, p.708上)
27) 『金陵淸凉院文益禪師語錄』, (大正藏47, p.591上)

분분히 어지러우면 아무런 이익도 없을 터인데 어찌 그것을 변별하
겠는가.

【경문1】[28]

如是我聞 一時 佛在舍衛國祇樹給孤獨園 與大比丘衆千二百五十人俱
爾時 世尊食時 著衣持鉢 入舍衛大城乞食 於其城中 次第乞已 還至本處
飯食訖 收衣鉢 洗足已 敷座而坐

다음과 같이 저는 들었습니다.

한때 부처님께서 사위국[29]의 기수급고독원[30]에 계셨는데 대비구
중 1250명과 함께 하였다.

그때 세존께서는 공양시간이 되어 옷을 걸치고 발우를 들고 사위
대성에 들어가서 걸식을 하셨는데, 그 성중을 차례로 걸식하고 나서
본래 자리에 돌아왔다.

---

28) 【경문1】부터 【경문57】까지의 일련번호는 역자가 편의상 붙인 것이다.

29) 사위국은 舍婆提城을 가리키는데 室羅筏悉底·尸羅跋提·舍婆提 등으로 번역된다. 舍
衛는 佛陀의 外護者인 波斯匿王의 거주지로서 憍薩羅國의 수도였다.

30) 祇樹給孤獨園 : '祇'는 파사익왕의 태자인 祇陀·祇多(勝戰者의 뜻)이고, '樹'는 그가 소
유한 森·林苑이므로 달리 '園'이라고도 하므로 '祇樹'는 또한 '祇園'이라고도 번역된다.
'給孤獨'은 鰥·寡·孤·獨한 불쌍한 사람에게 음식을 주는 사람(『中阿含經』卷6, 大正
藏1, p.460下)이라는 의미로서 舍衛城의 장자인 須達多의 異名이다. 수달타가 부처님
께 귀의하여 봉헌할 精舍의 부지를 구하려고 祇陀 태자의 林苑에서 후보지를 물색하
여 태자에게 부탁했지만 태자는 처음에는 난색을 표명하였다. 그러나 마침내 그 땅을
금으로 뒤덮으면 팔겠다고 하였다. 수달다는 태자에게 두말하지 말 것을 요구하고 그
땅을 금으로 뒤덮어 마침내 그 땅을 구입하였다. 그리하여 수달다는 그 땅을 기증하고
태자는 나무를 기증하였다고 한다. '祇樹給孤獨園'은 줄여서 祇園이라고도 하고, 그 곳
에 세워진 精舍를 祇園精舍라 하였다.

공양을 마치고나자 옷과 발우를 거두시고 발을 씻으셨다. 그리고
는 자리를 펴고 좌선을 하셨다.

通曰

此般若全部有六百卷 凡四處十六會說 一王舍城鷲峰山七會 二給孤獨
園七會 三他化天宮摩尼寶藏殿一會 四王舍城竹林園白鷺池側一會 計
九會放光 見是光者皆得阿耨多羅三藐三菩提 是光卽智慧光也 佛說此
經甚深微妙 何以不放光哉 佛顯平等智故 卽於平等放光而衆不察也 爾
時 世尊食時著衣持鉢 是手上放光也 入舍衛大城乞食 是足下放光也 於
其城中次第乞已 是眼中放光也 還至本處飯食訖 是口中放光也 收衣鉢
洗足已敷座而坐 是通身放光也 又此經爲護念付囑諸菩薩故 說於六度
無相法門 乞食所以敎衆生布施 著衣持鉢以彰其戒 次第行乞以彰其忍
足不染塵而又洗足以彰精進 還至本處敷座而坐以彰禪定 說在祇園又入
城乞食 說在乞食又還歸本處 一一不住於相 莫非甚深般若之顯現也 有
上根利智者 觀察世尊放如是光 卽得金剛如幻三昧而登彼岸 又何假於
開示哉

종통2

이『반야경』은 전부 600권인데 무릇 4처 16회 설법으로 구성되어
있다. 제일처는 왕사성의 취봉산인데 7회의 설법을 하였고, 둘째는
급고독원인데 7회의 설법을 하였으며, 셋째는 타화천궁의 마니보장
전인데 1회의 설법을 하였고, 넷째는 왕사성 죽림원의 백로지 옆인
데 1회의 설법을 하였다. 모두 9회에 걸쳐 방광을 하였다. 그 빛을
본 사람은 모두가 아뇩다라삼먁삼보리를 터득하였는데 그 빛이야말

로 곧 지혜광명이었다.

묻는다 : 부처님께서 설한 이『금강경』은 심심미묘한 것인데 어째서 방광을 하지 않았는가.

답한다 : 부처님께서는 평등지혜를 현현한 까닭이다. 곧 평등하게 방광을 하였지만 중생이 그것을 살피지 못한 것이다.

'그때 세존께서는 공양시간이 되어 옷을 걸치고 발우를 들고'는 손에서 방광한 것이다.

'사위대성에 들어가서 차제로 걸식을 하셨는데'는 발바닥에서 방광을 한 것이다.

'그 성중을 차례로 걸식하고 나서'는 눈속에서 방광한 것이다.

'본래 자리에 돌아왔다. 공양을 마치고나자'는 입속에서 방광한 것이다.

'옷과 발우를 거두시고 발을 씻으셨다. 그리고는 자리를 펴고 좌선을 하셨다.'는 것은 몸 전체에서 방광한 것이다.

또한 이『금강경』은 제보살을 호념하고 부촉한 까닭에 六度의 무상 법문을 설하였다.

걸식을 한 까닭에 중생으로 布施하도록 한 것이고, 옷을 걸치고 발우를 든 것으로써 그 戒를 드러낸 것이며, 차제로 걸식한 것은 그 忍을 드러낸 것이고, 발바닥에 더러운 먼지가 묻지 않았지만 세족을 한 것은 그 精進을 드러낸 것이며, 본래 자리에 돌아와서 자리를 펴고 좌선한 것은 禪定을 드러낸 것이다. 그래서 설법은 기원정사에 있으면서도 또한 성에 들어가 걸식한 행위에도 들어있고, 또 설법은 걸식하면서도 또한 본래자리에 돌아온 것에도 들어 있다. 이런 낱낱의 행위는 相에 집착이 없는 것으로서 심심한 般若의 현현 아님이 없었다. 그래서 근기가 높고 지혜가 뛰어난 사람은 세존의 이와 같은 방광을 관찰하여 곧 금강의 如幻三昧를 터득하여 피안에 올라가버렸는데, 또한 어느 겨를에 그것을 개시하겠는가.

刊定記<疏論纂要?>曰 序有二種 一證信序 二發起序 初如是我聞 至五十人俱 證信序也 證信者 顯說聽時處 一一分明 以證非謬 一時者 卽如來說法大衆聽受之時也 佛者 說法之主也 祇陀太子所施之樹 給孤獨長者所買之園 此說法處之 與大比丘等者 聽法之衆也 俱者 同此一時一處也 以如是等語冠於諸經之首者 如來臨滅度時 阿難問佛 一切經前當安何語 佛言當安如是我聞一時 佛在某處 與某衆若干等 非但我法如是 三世諸佛法皆如是 故阿難遵依佛勅以冠於首 證己所傳無異說故

『소론찬요』에서는 '서에 두 종류가 있는데, 첫째는 증신서이고, 둘째는 발기서이다.'고 말한다.[31]

처음 '여시아문'부터 '오십인구' 까지는 증신서이다. 증신이란 설법과 청법과 때와 장소의 낱낱이 분명함을 드러냄으로써 오류가 없음을 증명하는 것이다.

'한때'는 여래가 설법을 하고 대중이 그 설법을 聽受하는 때이다.

'부처님께서는'은 설법하는 주체이다.

'기다태자가 보시한 나무와 급고독장자가 사들인 동산'은 『금강경』

---

31) 宗密 述, 子璿 治定, 『金剛般若經疏論纂要』 卷上, (大正藏33, p.155下) 참조.

을 설법한 장소이다.

'대비구중 1250명'은 聽法한 대중이다.

'함께'는 동일한 때와 동일한 장소를 함께한다는 것이다.

이와 같은 말들을 모든 경전의 첫머리에 내놓는 것에 대해서는 다음과 같은 인연이 있다.

[곧 여래가 입멸할 즈음에 아난이 부처님께 여쭈었다.

"일체경의 앞에는 어떤 말을 내놓아야 합니까."

부처님께서 말씀하셨다.

"다음과 같이 저는 들었습니다. 한때 부처님께서 어디에서 어떤 대중 몇몇과 함께 등, 이것은 비단 내 설법이 여시한 것뿐만 아니라 삼세제불의 설법도 모두 그와 같다."][32]

때문에 아난존자가 부처님의 말씀을 받들어서 그것을 첫머리에 내놓아서 자신이 전한 설법에 이설이 없음을 증명한 것이다.

爾時世尊至敷座而坐 是爲入定 戒資定 定能發慧 以戒定發起般若正宗也 食時者 寅卯辰 諸天食時 巳未午<午未?> 人法食時 申酉戌 鬼神食時 亥子丑 畜生食時 今當人食時 則乞求不難 若非時而乞 欲施卽無 不施又愧 便成惱他 乞之不得 亡[(歹*又)/食]又飢 便成惱自 著衣者 著二十五條大衣也 持鉢者 持昔成道時四天王所獻紺瑠璃鉢也 然須著衣持鉢者 爲離苦樂二邊故 諸在家者 好尚錦綺華潔衣服寶器 增長放逸 太著樂邊 出家外道等 苦行躶形 手捧飯食 致招訶醜 太著苦邊 佛處中行 故著衣持鉢也

32) 冶父道川, 『金剛經註』, (卍續藏24, 537中)

'그때 세존께서는 … 자리를 펴고 좌선을 하셨다.'는 것은 선정에 들어간 것이다. 계는 선정을 돕고 선정은 지혜를 발생한다. 곧 계와 선정으로써 반야의 정종을 발기한 것이다.

'공양시간이 되어'는 인시와 묘시와 진시를 가리킨다. 제천이 공양을 하는 때는 사시와 오시와 미시이고, 인간의 법으로 공양하는 때는 신시와 유시와 술시이며, 귀신이 공양하는 때는 해시와 자시와 축시이고, 축생에 공양하는 때는 지금 사람이 공양하는 때에 해당한다. 그래서 곧 음식을 걸식으로 구하는 것은 어려움이 없다.

만약 때가 아닌 때에 걸식을 한다면 음식을 보시하고 싶어도 보시할 수가 없다. 그래서 보시하는 사람의 경우에도 보시하지 못한다면 또한 부끄러울 뿐이므로 곧 그것은 남을 번뇌하게 만든다. 걸식을 해도 음식을 얻을 수가 없으면 굶어야 하기 때문에 그것은 곧 자신을 번뇌하게 만든다.

'옷을 걸치고'는 25조의 대가사[大衣]를 걸치는 것이다.

'발우를 들고'는 옛날 성도하던 시절에 사천왕이 바친 紺瑠璃鉢이다.

모름지기 옷을 걸치고 발우는 드는 사람은 고·락의 양변을 벗어나 있다. 모든 재가인들의 경우에는 좋고 화려한 비단과 깨끗한 의복과 보배그릇을 보면 게으름만 증장하고 樂에 집착을 한다. 그리고 출가한 외도들은 고행 및 躶形을 유지하여 손으로 밥을 받들기 때문에 천박하고 苦에 집착을 한다. 이런 까닭에 부처님의 수행법에서는 일부러 옷을 걸치고 그릇을 드는 것이다.

舍衛國 此云聞物 謂名聞勝德之人 奇異珍寶之物 多出此國 西域記 國

周六十餘里 內城周二十里 故云處廣 智度論云 居家九億 故曰人多 佛
入舍衛大城次第乞者 不越貧從富 不捨賤從貴 大慈平等 無有選擇 還
至本處者 化事已終 還歸祇園 飯食者 佛欲使行施者得福滿足也 有說
食欲至口 有威德天在側隱形 接至他方施作佛事 斯則示現而食 非眞
食也 收衣鉢者 休息攀緣 心無勞慮 洗足者 清淨身業 不染塵累 此二
皆爲後世軌範 故爾示現 敷座而坐者 自敷座具 結跏趺坐 端身而住 正
念不動 示將欲說法也

'사위국'은 번역하면 聞物이다. 말하자면 名聞하고 勝德한 사람이
란 뜻이고, 기이한 진보라는 물건을 뜻하는데, 이 경우에 대부분 사
위국을 가리킨다.

『대당서역기』에서는 '국가의 둘레는 60여 리이고 내성의 둘레는
20리이다. 때문에 處廣이라 말한다.'고 기록하고 있다. 『대지도론』
에서는 가구의 수가 九億이라 말하고 있으므로 인구가 많다고들 말
한다.

부처님께서 '사위대성에 들어가서 차제로 걸식하셨다.'는 말은 가
난한 자는 건너뛰고 부유한 자만 좇은 것도 아니고, 천민을 건너뛰
고 고귀한 신분의 사람을 좇은 것도 아니며, 대자비의 평등으로 누
구이든 간에 선택을 하지 않은 것이다.

'본래자리에 돌아왔다.'는 것은 중생의 교화를 마치고는 기원정사
로 돌아온 것을 말한다.

'공양[飯食]'이란 부처님께서는 보시하는 사람으로 하여금 복덕을 얻
음에 만족시키려는 것이다. 그래서 어떤 경우에는 밥을 먹고 싶다고
말하며 음식을 입으로 가져가면 어떤 위덕천이 곁에 모습을 숨기고
있다가 음식이 입에 닿는 찰나에 그것이 타방세계에 이르러 불사가

된다. 지금 이 경우에도 곧 시현하여 음식을 먹는 것이지 眞食이 아니다.

‘옷을 걸치고 발우를 들고’는 휴식의 인연을 말한 것으로서 마음에 근심이 없는 것을 가리킨다.

'발을 씻고’는 신업을 청정하게 하는 것으로 번뇌에 물들지 않는 것이다.

‘옷을 걸치고 발우를 들고’ 및 '발을 씻고’의 두 가지 행위는 모두 후세의 궤범이 되었다. 그러므로 그것을 시현한 것이다.

‘자리를 펴고 좌선을 하셨다.’는 것은 자신이 직접 좌구를 펼치고, 결가부좌하여 몸을 단정히 하여, 그곳에 머물러서 正念으로 不動한 것이다. 이것은 이제 설법을 하려는 모습을 나타낸 것이다.

如來每會說般若 皆自敷座具 爲般若出生諸佛 卽是佛母 表敬般若 故自敷座 智者頌曰 法身本非食 應化亦如然 爲長人天福 慈悲作福田 收衣息勞慮 洗足離塵緣 欲證三空理 跏趺示入禪

여래는 항상 설법 때마다 반야를 설하는 경우에는 모두 자신이 직접 좌구를 폈다. 이것은 반야야말로 제불을 출생하는 것으로 곧 불모이기 때문에 반야에 대한 경의를 표하는 것이다. 그러므로 자신이 직접 좌구를 편다.

[천태지자 대사는 다음과 같이 게송으로 말했다.

“법신은 본래 음식으로 형성되지 않았고

응신과 화신도 또한 그와 마찬가지라네

다만 인간과 천상의 복덕을 증장하려고

중생을 위한 대자대비로 복전이 되었네
가사 걸친 행위는 곧 번뇌 멎는 것이고
발을 씻는 행위 곧 번뇌 벗어난 것이네
또한 삼공의 도리를 증득하려는 까닭에
몸은 곧장 결가부좌로 선정에 들었다네"][33]

昔龍潭信禪師問天皇曰 某自到來 不蒙指示心要 皇曰 自汝到來 吾未嘗
不指汝心要 信曰 何處指示 皇曰 汝擎茶來 吾爲汝接 汝行食來 吾爲汝
受 汝和南時 吾便低首 何處不指示心要 信低頭良久 皇曰 見則直下便見
擬思卽差 信當下開解 復問 如何保任 皇曰 任性逍遙 隨緣放曠 但盡凡
心 別無聖解 後棲止龍潭 李翶刺史問 如何是眞如般若 信曰 我無眞如
般若 李曰 幸遇和尙 信曰 此猶是分外之言

[옛적에 용담숭신 선사가 천황도오 선사에게 질문하였다.
"제가 이곳에 찾아온 것은 심요에 대한 가르침을 받고자 한 것이
아닙니다."
천황도오가 말했다.
"그대가 이곳에 찾아온 것에 대하여 나도 일찍이 그대에게 심요를
지시한 적이 없었다."
숭신이 말했다.
"그러면 어떻게 하면 가르침을 받을 수 있겠습니까."
천황이 말했다.

33) 宗鏡 述, 覺連 重集,『銷釋金剛科儀會要註解』卷3, (卍續藏24, p.677下)

"그대가 차를 내오면 나는 그대를 위해 차를 받아서 마신다. 그대가 밥을 내오면 나는 그대를 위해 밥을 받아서 먹는다. 그대가 공손히 인사를 하면 나는 곧 고개를 끄덕여준다. 그런데 어찌 심요를 가르쳐주지 않았다고 말하는 것인가."

숭신이 고개를 숙이고 양구하였다.

이에 천왕이 말했다.

"보려면 곧바로 보아야 한다. 뭐라고 생각할라치면 곧 어그러지고 만다."

그러자 숭신이 다시 물었다.

"그러면 저는 어떻게 보임하면 되겠습니까."

천황이 말했다.

"마음이 가는대로 소요하고, 인연이 닿는대로 내버려 두어라. 무릇 범부심만 없어지면 그만이지 별도로 성인의 이해라는 것은 없다."

숭신은 이후에 용담에 주석하였다.

이고 자사가 찾아와서 물었다.

"진여의 반야란 도대체 무엇입니까."

숭신이 말했다.

"저한테는 진여의 반야가 없습니다."

이고가 말했다.

"오늘에야말로 다행스럽게도 화상을 뵙게 되었군요."

숭신이 말했다.

"그런 말씀조차도 진여의 반야에서 보자면 본분을 벗어난 말씀입니다."]34)

---

34) 『景德傳燈錄』 卷14, (大正藏51, p.313中-下) 참조.

又僧問趙州 學人乍入叢林 乞師指示 州云 喫粥了也未 僧云 喫了 州云
洗鉢盂去 其僧因此契悟 天童頌云 粥罷令教洗鉢盂 豁然心地自相符 而
今參飽叢林客 且道其間有悟無 由二則觀之 可知如來自著衣持鉢至敷
座而坐 已說眞如般若竟 何事於言

[또한 한 승이 조주에게 물었다.
"학인은 총림에 갓 들어왔습니다. 바라건대 스님께서 가르쳐주시
기 바랍니다."
조주가 말했다.
"죽은 먹었느냐."
승이 말했다.
"예, 먹었습니다."
조주가 말했다.
"그러면 밥 먹은 발우나 씻어두거라."
그 승은 그 말을 듣고 깨쳤다.
이에 대하여 천동정각은 게송으로 다음과 같이 말했다.
"죽을 먹은 후에 발우 씻으라는 말에
활연히 마음 깨우쳐 의기투합되었네
지금도 총림객을 배부르게 먹인다네
자 말해 보라 그간의 깨침의 소식을"]35)

이 두 가지 일화를 통해보면, 여래가 스스로 옷을 걸치고 발우를
들고 내지 좌구를 펼치고 좌선을 했다는 내용을 알 수가 있을 것이

---

35) 『宏智禪師廣錄』 卷2, (大正48, p.22上)

다. 이것으로써 이미 진여의 반야에 대한 설명은 마쳤는데, 어찌 더 이상 언설이 필요하겠는가.

【경문2】

時 長老須菩提在大衆中 卽從座起 偏袒右肩 右膝著地 合掌恭敬而白佛 言 希有 世尊 如來善護念諸菩薩 善付囑諸菩薩 世尊 善男子善女人 發 阿耨多羅三藐三菩提心 應云何住 云何降伏其心 佛言 善哉 善哉 須菩 提 如汝所說如來善護念諸菩薩 善付囑諸菩薩 汝今諦聽 當爲汝說 善男 子 善女人 發阿耨多羅三藐三菩提心 應如是住 如是降伏其心 唯然 世 尊 願樂欲聞

그때 장로 수보리³⁶⁾가 대중 가운데 있다가 그 자리에서 일어나 오른쪽 어깨의 옷을 벗어 드러내고 오른쪽 무릎을 땅에 대고 합장을 하고 공경스럽게 부처님께 사뢰어 말씀드렸다.

"희유하십니다, 세존이시여.³⁷⁾ 여래께서는 모든 보살을 잘 두호하여 보살펴주시고 모든 보살을 잘 부촉해주십니다. 세존이시여, 아뇩다라삼먁삼보리심을 일으킨 선남자·선여인은 마땅히 어떻게 안주하고 어떻게 그 마음을 다스려야 합니까."

부처님께서 말씀하셨다.

"잘 했다. 참으로 잘 했다. 수보리여, 그대가 말한 것처럼 여래는 모든 보살을 잘 두호하여 보살펴주고 모든 보살을 잘 부촉해준다.

---

36) 수보리는 善現·善吉·吉祥·空生·善實·慧命 등으로 번역되어 불린다.
37) 이하부터 일반적인 경전의 삼단분류 가운데 [正宗分]에 해당한다.

그대는 이제 잘 듣거라. 마땅히 그대한테 말해주겠다. 아뇩다라삼
먁삼보리심을 일으킨 선남자·선여인은 마땅히 다음과 같이 안주하
고 다음과 같이 그 마음을 다스려야 한다."

"예, 그리하겠습니다. 세존이시여, 원컨대 기꺼이 듣고자 합니다."[38]

▨ 通曰

須菩提本東方靑龍陀佛 現聲聞身 入釋迦會 多生解空 但證偏空 及聞
寶明空海 始證空而不空 是大阿羅漢 住於八地 居是不動地者 名住地
菩薩 向後九地十地 說法度生 不住於住矣 須菩提於此設立問端 爲諸
菩薩破除疑執 諸菩薩發無上菩提心 自初地以來 趣寂之意多 唯求進於
住地旣現法樂住已 十方諸佛又咄之云 起起 善男子當度衆生 迴智向悲
轉靜向動 中間寧無生心動念之處 若不降伏其心 祖<則?>有違於住矣
若一向耽著於住 則有違於度生矣 於度生之中 降伏其心 不失住意 雖動
亦靜也 故問應云何住 云何降伏其心

▨ 종통3

수보리는 본래 동방의 청룡타불이지만 성문의 몸으로 화현하여 석
가모니의 법회에 들어온 것이다. 다생에 걸쳐서 공을 터득했지만 무
릇 편공만을 증득하였다. 이에 보명공해를 듣고서야 비로소 공이면
서도 불공인 도리를 증득하여 곧 대아라한으로서 제팔지에 거주하

---

38) "예, 그리하겠습니다. 세존이시여, 원컨대 기꺼이 듣고자 합니다."는 대목에 대하여 다
음과 같이 두 가지 해석이 가능하다. 첫째는 "예, 그리하겠습니다. 세존이시여."라고
기꺼이 듣고자 하였다. 둘째는 "예, 그리하겠습니다. 세존이시여, 기꺼이 듣고자 합니
다." 현재 조계종표준『금강경』에서는 전자의 해석방식을 따르고 있다.

였다. 이 제팔지의 부동지에 거주하는 자는 주지보살이라 말하는데, 향후에 제구지와 제십지에서 설법하여 중생을 제도하지만 거주하는 지위에도 집착이 없다.

수보리가 여기에서 설립한 질문의 단서는 제보살이 타파해야 하는 疑·執과 제보살이 발생해야 하는 무상보리심을 위한 것이었다. 초지부터 그 이래로 고요한 마음의 상태[寂意]에 나아간 자가 대다수이지만, 수보리는 오직 응운하주·운하항복기심[住·地]에 나아가려는 것만 추구하였다. 그리하여 이미 현법에 樂住하고 있지만, 시방의 제불은 또한 그것에 대하여 '일어나라, 빨리 일어나라. 선남자여, 장차 중생을 제도하려면 지혜와 자비를 회·향하고, 靜과 動으로 轉·向하며, 그 중간에서는 무생심으로 動念의 도리를 잠재워야 한다.'고 책려한다.

만약 번뇌심을 다스리지[降伏其心][39) 못하면 곧 청정심의 住[40)에 어긋나고, 만약 오직 청정심의 住에만 빠져서 집착하면 곧 중생의 제도에 어긋난다. 그래서 중생의 제도 가운데서도 번뇌심을 다스리는 것을 상실하지 않도록 신경을 써야[住意] 한다. 그래서 비록 動이면서도 또한 靜이어야 한다. 때문에 應云何住하고 云何降伏其心이라 질문한 것이다.

所云住者 非住於相 如凡夫所住 亦非住於空 如二乘所住 乃眞如實際 非

---

39) 降伏其心은 자신의 번뇌심을 다스리는 경우의 上求菩提와 중생을 번뇌로부터 건져주는 경우의 下化衆生의 두 가지를 의미한다.
40) 住는 청정심에 안주하는 것으로서 상구보리의 自利를 의미한다.

假非空 住於中道諦也 所云降伏其心者 非按伏六識 如凡夫所修 亦非斷
滅七識 如二乘所修 乃八識心田微細習氣 以眞如熏之 令轉識成智 譬降
賊衆 爲我良民 故曰降伏也 此如阿難不歷僧祇獲法身 希更審除微細惑
非須菩提莫能究竟 詎可輕談乎哉

'住'라고 말한 것은 범부가 주하는 것과 같이 형상에 주하는 것도
아니고, 또한 이승이 주하는 것과 같이 공에 주하는 것이 아니다. 이
에 假도 아니고 空도 아닌 진여의 실제로서 중도제에 주하는 것이다.

'항복기심'이라고 말한 것은 범부의 수행과 같이 육식을 按伏하는
것도 아니고, 또한 이승의 수행과 같이 칠식을 단멸하는 것도 아니
다. 이에 진여로써 훈습하는 팔식의 心田에 나타나는 미세한 습기로
하여금 轉識成智하는 것이다. 비유하면 도둑떼를 항복시켜서 우리
와 똑같은 양민으로 만들어주는 까닭에 항복이라 말한 것이다.

이것은 저 아난이 아승지겁을 경력하지 않고 법신을 획득하여 미세
한 번뇌를 단제한 것으로서 희유한 것이다. 따라서 수보리가 아니라
면 구경에 터득하지 못하는 것인데 어찌 가볍게 담론할 수 있는 것이
겠는가.

刊定記<疏論纂要?>曰 時長老至付囑諸菩薩 整像讚佛也 德高曰長 年
多曰老 須菩提 此云空生 又云善現 從座起者 師資之道 尊卑分殊 欲有
諮詢 不可坐問 偏袒右肩 右膝著地 合掌冥心 皆恭敬也 亦可配於三業
座起袒肩合掌等 身業也 恭敬 卽意業也 白佛言下 卽口業也

『소론찬요』에서는 '그때 장로 수보리가 … 제보살을 잘 부촉하십

니다.'는 대목에 대하여 整像을 통하여 부처님을 찬탄한 것이라고 말한다.[41)]

덕이 높은 것을 '長'이라 말하고, 연배가 많은 것을 '老'라 말한다.

'수보리'는 번역하면 空生인데, 善現이라고도 말한다.

'자리에서 일어나'라는 것은 스승과 제자 사이의 도리로서 尊·卑가 분명한 것을 나타낸다. 어떤 것을 질문하려는 경우에 앉은 채로 질문해서는 안되기 때문이다.

'오른쪽 어깨의 옷을 벗어 드러내고 오른쪽 무릎을 땅에 대고 공경스럽게 합장을 하여 마음을 고요하게 한' 것은 모두 공경하는 자세이다.

또한 위의 내용을 삼업에 배대할 수가 있다. 자리에서 일어나 오른쪽 어깨의 옷을 벗고 합장한 것 등은 신업이고, 공경한 것은 곧 의업이며, 부처님께 사뢰어 말씀드린 것은 곧 구업이다.

希有具四種義 一時希有 二處希有 三德希有 四事希有 世尊者 十號之一
能永蠲夷四魔畏故 如來者 三無數劫 福智圓滿 如是而來 亦云從眞如起
來成正覺 而化衆生 護念有二 爲攝受根熟者 令悟眞實 成就自利行 又令
轉化 無量衆生 成就利他行 付囑亦有二 哀彼根未熟者 已生佛法住 令之
增長 未生勝法 付之令生 將小菩薩 付大菩薩 囑大菩薩 化小菩薩 如父
母遺囑子孫也

'희유'라는 말에는 네 가지 뜻이 있다. 첫째는 시절이 희유하고, 둘째

41) 『金剛般若經疏論纂要』 卷上, (大正藏33, p.157下) 참조.

는 장소가 희유하며, 셋째는 덕이 희유하고, 넷째는 사건이 희유하다.

 '세존'이란 여래의 십호 가운데 하나이다. 사마의 두려움을 영원히 쓸어버리고 편안한 상태가 되는 것이다. 여래란 삼아승지겁[三無數劫] 동안 복덕과 지혜를 원만케 하여 如是하게 도래한 존재이다. 또한 진여로부터 일어났다[從眞如起]는 것으로 도래하여 정각을 성취하고 중생을 교화하는 존재이다.

 '호념'이라는 말에는 두 가지가 있다. 첫째는 근기가 성숙한 자를 섭수하여 진실을 깨우쳐서 자리행을 성취토록 하는 것이다. 둘째는 근기가 성숙한 자를 섭수하여 무량한 중생을 轉化하여 이타행을 성취토록 하는 것이다.

 '부촉'이라는 말에도 또한 두 가지가 있다. 첫째는 근기가 미숙한 자를 불쌍하게 여겨 이미 불법을 발생하여 주하는 경우는 그것을 증장토록 한다. 둘째 근기가 미숙한 자를 불쌍하게 여겨 아직 뛰어난 불법을 발생하지 못한 경우는 그들에게 뛰어난 불법을 발생토록 하는 것이다. 곧 소승보살에게는 대승보살에 의지하라고 말하고,[付] 대승보살에게는 소승보살을 교화하라고 말하는[囑] 것이다. 마치 부·모가 자·손에게 유촉하는 경우와 같다.[42]

彌勒菩薩偈曰 巧護義應知 加彼身同行 卽加被菩薩 自利利他之行也 不退 得未得 是名善付囑 卽已得不退者令彼增長 未得不退者令生勝心之謂也

 미륵보살의 게송에서는 "교묘하게 호념한다는 뜻을 마땅히 알라/

---

42) 여기에서 유촉을 받는 경우는 付이고, 유촉을 하는 경우는 囑이다.

곧 가피 받은 몸으로 중생과 함께 한다/"[43]고 말한다. 곧 가피를 받은 보살은 자리행과 이타행을 실천하는데, 중생이 불법을 터득하건 터득하지 못하건 간에 물러남이 없는 것을 선부촉이라 말한다.

여기에서 이미 불법을 터득하여 물러남이 없는 자에게는 그것을 증장시키도록 해주고, 아직 불법을 터득하지 못한 자에게는 뛰어난 마음을 발생토록 해주는 경우를 말한다.

梵語菩薩 此云覺有情 約境而論 所求是覺 所度是有情也 善男子以下 正
發問端也 阿耨多羅三藐三菩提心 此云無上正徧正覺 謂以正智覺眞諦
如理而知 則非凡夫之邪覺 以徧智覺俗諦如事而知 則非二乘之徧覺 準
智度論 從因至果 有五種菩提 一發心菩提 卽十信是 二伏心菩提 卽三賢
是 三明心菩提 卽初地至七地是 四出到菩提 八九十地是 五無上菩提 卽
如來地 今約能發心 卽當第一 約所發 卽第五 能所合論 貫通初後也

범어로서 '보살'은 번역하면 각유정이다. 대상에 의거하여 논하자면 추구되는 대상은 각이고, 제도되는 대상은 유정이다.

'아뇩다라삼먁삼보리심을 일으킨 선남자 · 선여인은 … '의 대목은 본격적으로 질문이 시작되는 부분이다. 아뇩다라삼먁삼보리심은 번역하면 無上正徧正覺이다. 말하자면 正智覺의 진제로써 여리하게 아는 것으로 곧 범부의 邪覺과 다르고, 徧智覺의 俗諦로써 如事하게 아는 것으로 이승의 偏覺과도 다르다.

43) 호념과 부촉에 대해서는 天親, 『金剛般若波羅蜜經論』 卷上, (大正藏25, p.781中) 참조.

『대지도론』에 의거하면 因으로부터 果에 이르는 데 다섯 가지의 보리가 있다. 첫째는 발심보리로서 곧 십신이 이에 해당한다. 둘째는 복심보리로서 곧 삼현이 이에 해당한다. 셋째는 명심보리로서 곧 초지부터 제칠지까지가 이에 해당한다. 넷째는 출도보리로서 제팔지부터 제십지까지가 이에 해당한다. 다섯째는 무상보리로서 곧 여래지가 이에 해당한다.[44] 이제 능발심에 의거하면 곧 첫째의 경우에 해당하고, 소발심에 의거하면 곧 다섯째의 경우에 해당한다. 능발심과 소발심을 합쳐서 논하자면 첫째부터 다섯째까지 관통한다.]」[45]

應云何住者 未發心時 住六塵境 旣發心已 誠宜改轍 則當住何境界 云何降伏其心者 未發心時 妄心起卽逐妄 旣發心已不可隨之 則當何以降伏 故佛答意 昔住六塵之境 今住四心 昔時著相 今不著相 如是眞實修行 發菩提心 豈忘失耶

'어떻게 안주하고'라는 것은 아직 발심하지 않는 경우는 육진의 경계에 주하겠지만, 이미 발심한 경우는 진실로 반드시 改轍해야 하는 까닭에 '어떤 경계에 주해야 합니까.'[46]라고 물은 것이다. '어떻게 그 마음을 다스려야 합니까.'라는 것은 아직 발심하지 않은 경우는 망심이 일어난 즉 망심을 쫓아가지만, 이미 발심한 경우는 망심을 따를 수 없는 까닭에 어떻게 그 마음을 다스려야 하는가를 여쭌 것이다.

---

44) 『大智度論』卷53, (大正藏25, p.438上)
45) 『金剛經纂要刊定記』卷3, (大正藏33, p.197上-中)
46) 본 『宗通』에서는 '어떻게 안주하고'를 '어떤 경계에 주해야 합니까.'라는 내용으로 간주한 것이다.

때문에 부처님께서 답변한 뜻은 옛적에는 육진의 경계에 머물렀지만 지금은 사종심에 머물러야 하고, 옛적에는 형상에 집착했지만 지금은 형상에 집착해서는 안된다는 것이다.

이와 같이 진실하게 수행하여 보리심을 발생한다면 어찌 그것을 망실하겠는가.

佛言 善哉善哉是讚也 如汝所說是印也 護念付囑 能令佛種不斷 是事必然 空生發言 言當其事 是故調御印讚之也 汝今諦聽勅聽也 當爲汝說許說也 諦謂審實之義 意令審諦眞實 用心聽也

'부처님께서 말씀하셨다. 잘 했다. 참으로 잘 했다.'는 것은 칭찬하는 것이다. 수보리 그대가 말한 것을 인정한다는 것이다. 호념과 부촉으로 불종자가 단절되지 않도록 하는 것은 반드시 필요하다. 공생이 말한 것은 바로 이 점을 말한 것이다. 이런 까닭에 부처님[조어장부]께서는 그것을 인정하신 것이다.

'그대는 이제 잘 듣거라.'는 것은 설법에 대하여 잘 들을 것을 명령한 것이다.

'마땅히 그대한테 말해주겠다.'는 것은 설법할 것을 허락한다는 것이다. 잘[諦]이라는 말은 진실을 자세하게 살핀다는 뜻이다. 마음으로 진실을 자세하게 살피도록 하는 것으로서 주의를 기울여서 들으라는 것이다.

善男子等 標也 應如是等 勸也 標勸之意 意在欲說 卽懸指向下正答之文

以安住之中卽有降伏 若不能降伏妄心 必不能安住大乘也 當爲汝如是
如是委細而說 唯然二句 善現佇聞也 唯諾皆順從之詞 華嚴十地品云 如
渴思冷水 如飢思美食 如病思<憶?>良藥 如衆蜂依蜜<如蜂貪好蜜?>
我等亦如是 願聞甘露法 蜂採百華以成蜜 人集萬行以證眞 蜂成蜜已 依
蜜而活 人證眞已 依眞而住 今願聞之相 亦如是也

　‘아뇩다라삼먁삼보리심을 일으킨 선남자·선여인은’의 대목은 주
체를 나타낸 것이고, ‘마땅히 다음과 같이’는 권장하는 것으로서, 각
각 수행의 주체를 드러냄과 수행을 권장하는 마음[意]이다.

　여기에서 장차 설법하려는 마음[意]은 곧 저 멀리 향하에서 정식으
로 답변하는[正答] 경문을 가리키는데 안주 가운데 곧 항복이 포함되
어 있다. 만약 망심을 다스리지[降伏] 못하면 결코 대승심에 안주하지
못한다. 때문에 장차 그대를 위하여 이렇게 저렇게[如是如是] 자세하게
설한다는 것이다.

　‘예, 그리하겠습니다.’는 두 마디는 선현이 가만히 말씀을 듣겠다
는 것이다. ‘唯’와 ‘諾’은 모두 순종한다는 말이다. 『화엄경』[십지품]에
서 다음과 같이 말한다.

　　"목이 마를 때 냉수를 생각하듯
　　주릴 때 맛있는 밥을 생각하듯
　　몸 아플 경우에 양약 생각나듯
　　벌떼가 좋은 꿀을 더듬어 찾듯
　　저희도 또 그와 같은 모습이니
　　원컨대 감로 설법 듣고자 하네"[47]

---

47) 『大方廣佛華嚴經』 卷34, (大正藏10, p.180中)

벌떼가 온갖 꽃을 가려내어 꿀을 모으듯이 사람도 만행을 모아서 진리를 증득한다. 벌떼가 꿀을 모아놓고서 그 꿀에 의지하여 살아가듯이 사람들도 또한 진리를 증득하고서 진리에 의지하여 머문다. 지금 설법을 듣고자 하는 모습도 또한 그와 마찬가지이다.

障蔽魔王領諸眷屬 一千年隨金剛齊菩薩 覓起處不得 忽一日得見 乃問曰 汝當依何而住 我一千年覓汝起處不得 齊曰 我不依有住而住 不依無住而住 如是而住 善哉善哉 若能如是而住 毋爲障蔽魔王所窺 斯眞能降伏其心者矣 然則金剛齊菩薩云者 殆善於金剛般若之義 而因以得名者耶

장폐마왕은 모든 권속을 거느리고 천년 동안 금강제보살을 따라서 마음이 일어나는 도리를 찾아보았지만 찾지 못하다가 홀연히 어느 날 마음을 볼 수가 있었다.

이에 다음과 같이 질문하였다.

"그대는 장차 무엇에 의지하여 머무는 것입니까. 저는 천년 동안이나 마음이 일어나는 도리를 찾았지만 찾지 못했습니다."

금강제보살이 말했다.

"나는 有住에 의지하지 않고 주하고, 無住에도 의지하지 않고 주한다."

이와 같이 주하는 것을 가리켜서 '잘 했다. 참으로 잘 했다.'고 말한다. 만약 이와 같이 주한다면 장폐마왕에게 결코 들키는 경우가 없다. 이것이야말로 진정으로 항복기심하는 사람이다. 그런즉 금강제보살이 말한 것은 금강반야의 뜻에 거의 합치된다. 그럼으로써 금강제라는 명칭을 얻은 것이다.

【경문3】

佛告須菩提 諸菩薩摩訶薩應如是降伏其心 所有一切衆生之類 若卵生
若胎生 若濕生 若化生 若有色 若無色 若有想. 若無想 若非有想非無想
我皆令入無餘涅槃而滅度之 如是滅度無量無數無邊衆生 實無衆生得滅
度者 何以故 須菩提 若菩薩有我相 人相 衆生相 壽者相卽非菩薩

부처님께서 수보리에게 말씀하셨다.

"모든 보살은 반드시 다음과 같이 그 마음을 다스려야 한다.

'존재하는 일체중생의 부류로서 알로 낳은 것이든지 태로 낳은 것
이든지 습기로 낳은 것이든지 변화해서 낳은 것이든지, 색계에서 사
는 것이든지 무색계에서 사는 것이든지, 식무변처에서 사는 것이든
지, 무소유처에서 사는 것이든지, 비유상비무상처에서 사는 것이든
지 간에 내가 모두 무여열반에 들어가게 하여 멸도시켰지만, 이와
같이 무량하고 무수하며 무변한 중생을 멸도시켜도 실로 중생은 멸
도를 얻은 자가 없다.'

왜냐하면 수보리여, 만약 보살에게 아상·인상·중생상·수자상[48]
이 있으면 곧 보살이 아니기 때문이다."

---

48) 我相(ātman-saṃjñā 자아가 있다는 관념)·人相(pudgala-saṃjñā 개아가 있다는 관
념)·衆生相(sattva-saṃjñā 끊임이 없이 지속적인 중생이 있다는 관념)·壽者相(jīva-
saṃjñā 영혼이 있다는 관념)은 人의 四相이고, 이하에 등장하는 有相·無相·非法
相·非法相은 法의 四相이다. 그러나 경문에는 有相과 無相은 생략된 모습이다. 이로
써 대승경전으로서 『금강경』에는 人의 四相이 공하고 法의 四相이 공하다는 八相의 俱
空인 대승교리가 드러나 있다.

空生初請問 善逝應機酬<誧?> 先答云何住 次教如是修 胎生卵濕化 咸
令悲智收 若起眾生見 還同著相求

부대사는 게송으로 다음과 같이 말했다.
"공생이 먼저 간청하여 질문을 청하였는데
선서는 공생에게 모든 질문에 답변하였네
첫째로 우선 운하주에 대하여 답변하였고
다음은 이와 같이 수행하라고 가르쳤다네
태 난 습 화생처럼 탄생하는 기준 방식은
모두 자비와 지혜로 거두어주신 결과였네
그렇지만 만약 중생의 견해를 일으킨다면
도로 형상에 집착하여 추구함과 똑같다네"[49]

🔲 通曰

此正答所問也 問中安住降伏幷擧 今唯標降伏者何 蓋無上菩提 本無
相狀 本離能所 發是心者 欲其常住 得無退失 最難爲力 緣微細無明
隱隱生發 稍起一念 卽離本位 不得名住矣 若勉强防閑 不令生起 卽落
防閑 不得名住矣 若念念相應 住著不捨 又落住著 不得名住矣 唯眞如
自體 具足金剛慧 足以照破而降伏之 此經所重在般若智用 故以降伏
爲綱宗 有此降伏之智 不但心不住時 能降伏之使住 卽心得所住 亦能
降伏之使無住 無住而住 是爲眞住 故單言降伏 則安住自在其中 單言
安住而闕降伏 則安住不成 所以獨標降伏也

49)『梁朝傅大士頌金剛經』, (大正藏85, p.1下)

▨ 종통4

이것은 질문에 대한 본격적인 답변 부분이다.

묻는다 : 질문에서는 안주와 항복의 두 가지를 언급하였다. 그런
데 지금 오직 항복에 대해서만 답변으로 드러낸 것은 무
엇인가.

답한다 : 무릇 무상보리는 본래 相·狀이 없고 본래 능·소를 벗어
나 있다. 그 무상보리심을 일으킨 사람은 무상보리심을 상
주토록 하려고 퇴실이 없는 경지를 터득하고 가장 큰 어려
움을 힘으로 삼는다. 그러나 은은하게 발생하는 미세무명
을 반연하여 미세망념이 조금이라도 일어나면 일념에 곧
바로 本位를 벗어나게 되어 安住라고 말할 수가 없게 된다.
또한 만약 애써서 미세망념을 방비하고 제한하여[防閑] 일
어나지 않게 하면 곧 防閑에 떨어지게 되어 安住라고 말
할 수가 없게 된다.

또한 만약 염념에 상응하여 주착을 버리지 못하면 또한
주착에 떨어지게 되어 安住라고 말할 수가 없게 된다. 오
직 진여 자체에만 금강지혜가 구족되어 있어 미세망념을
살펴서 타파할 수가 있으므로 그것을 항복시킨다.

이『금강경』에서는 반야의 지혜와 그 작용을 중시한다. 때
문에 항복을 종지[綱宗]로 삼는다. 이와 같이 미세망념을
항복시키는 지혜가 있으면 청정심이 不住일 경우에도 항
복시키는 경지의 住가 되어 청정심에 住하는 것이 될 뿐
만 아니라, 또한 항복시키는 경지에 無住할지라도 無住로
써 住하게 되는데, 이것이야말로 진정한 住이다.

降伏之用大矣 心狹小則欲其廣大 心卑劣則欲其最上 心喜愛則欲其平
常 心顚倒則欲其正智 故發菩提心者 必具足此四種心 方與菩提相應 方
得名爲覺有情也

　마음을 다스리는[降伏] 작용은 참으로 위대하다. 마음이 협소한 즉
그 협소한 마음을 광대하게 만들려고 하고, 마음이 비열한 즉 그 비
열한 마음을 최상으로 만들려고 하며, 마음이 들뜬[喜愛] 즉 그 들뜬
마음을 평상으로 만들려고 하고, 마음이 전도된 즉 그 전도된 마음
을 正智토록 하려고 한다. 때문에 보리심을 발생한 자는 반드시 이
와 같은 네 가지 마음을 구족해야만 바야흐로 보리에 상응할 수가 있
고 바야흐로 보살[覺有情]이라는 명칭을 얻을 수가 있다.

彌勒菩薩偈云 廣大第一常 其心不顚倒 利益深心住 此乘功德滿 此乃顯
示菩薩果利益衆生四種相應之深心 諸菩薩當安住於是也

　미륵보살은 게송으로 다음과 같이 말했다.
　"광대심과 제일심과 상심과
　전도됨이 없는 마음으로써
　대이익의 마음에 머무르니
　보살승의 공덕은 가득하다"50)
　이것은 보살이 果를 통해서 중생에게 베풀어주는 이익을 네 가지
상응하는 深心으로 현시한 것이다. 모든 보살은 반드시 이와 같은

50) 天親,『金剛般若波羅蜜經論』卷上, (大正藏25, p.781下)

사종심에 주해야 한다.

何謂廣大心 所有一切衆生之類 謂禀息風含情覺者 若卵生諸鳥等 胎生
諸人等 濕生諸蟲等 化生諸天等 四生六道 各多族類 此諸衆生住於何處
若有色者 欲界及色界天所依止處也 若無色者 無色界空無邊處天所依
止處也 此復幾種 若有想者 識無邊處天起空想者是也 若無想者 無所有
處天離少想者是也 若非有想非無想者 卽有頂非非想天無麤想有細想
者是也 三界衆生 此皆攝盡 如是一切 皆我所度 其心何廣大也

묻는다 : 광대심이란 무엇을 말하는가.

답한다 : 존재하는 일체중생의 부류는 말하자면 숨을 쉬고 꿈틀거
리며 깨어있는 것들을 가리킨다. 난생은 모든 새의 종류
등이고, 태생이란 모든 사람의 종류 등이며, 습생은 모든
벌레의 종류 등이고, 화생은 모든 天의 종류 등인데 사생
은 육도에 각자 수많은 族類가 있다.

묻는다 : 이 모든 중생은 어디에 살고 있는가.

답한다 : 유색이란 욕계 및 색계천을 의지처로 삼는 경우이다. 무
색이란 무색계의 공무변처천을 의지처로 삼는 경우이다.
여기에도 다시 여러 종류가 있다. 유상이란 식무변처천에
서 空想을 일으키는 경우에 해당한다. 무상이란 무소유처
천에서 少想마저 벗어난 경우에 해당한다. 비유상비무상
이란 곧 유정천인 비비상천에서 추상은 없고 미세상만 있
는 경우에 해당한다.

삼계의 중생은 모두 이 구류중생에 포함된다. 이와 같은

일체중생을 내가 모두 제도하였으니 그 마음이 얼마나 광대한가.

何謂第一心 度衆生非難 度衆生入於涅槃爲難 度衆生入涅槃非難 度衆生皆入無餘涅槃爲難 涅槃有四種 一自性涅槃 凡聖同有 二有餘依涅槃 卽二乘出煩惱障有苦依身故 三無餘依涅槃 卽二乘灰身滅智 身出生死苦無依故 四無住處涅槃 悲智相兼 不住菩薩變易生死 不住二乘灰斷涅槃 乃眞無住處 前三爲有餘 後一爲無餘 卽佛境界 以此度脫衆生 意欲盡三界所有九類衆生 有性無性 齊成佛道 是最上第一心也

묻는다 : 제일심이란 무엇인가.

답한다 : 중생을 제도하는 것은 어렵지 않다. 중생을 제도하여 열
반에 들어가게 하는 것이 어렵다. 중생을 제도하여 열반
에 들어가게 하는 것은 어렵지 않다. 중생을 제도하여 그
모두를 무여열반에 들어가게 하는 것이 어렵다.

열반에 네 종류가 있다.

첫째는 자성열반으로 범부와 성인이 함께 하는 경우이다.
둘째는 유여의열반으로 곧 이승이 번뇌장을 벗어났지만
고가 의지하는 몸이 있는 경우이다. 셋째는 무여의열반으
로 곧 이승이 회신멸지하여 몸이 생사를 벗어나서 고가
의지할 것이 없는 경우이다. 넷째는 무주처열반으로 자비
와 지혜가 함께하여 보살의 번역생사에도 머물지 않고,
이승의 회신열반에도 머물지 않는데 이것이 진정한 무주
처이다.

앞의 세 가지 경우는 유여열반이고, 마지막 한 가지 경우는 무여열반으로 곧 불경계이다.

이로써 중생을 도탈시키고 의욕은 모두 삼계에 존재하는 구류중생의 유성과 무성을 다 성불시키는 그것이 곧 최상의 제일심이다.

何謂常心 一切衆生及與己身 眞如平等無別異故 如是滅度無量衆生 皆入無餘涅槃 實無衆生得滅度者 淨名云 一切衆生卽寂滅相 不復更滅 若見衆生有可度者 便是喜愛心 愛有去來 卽不能常 唯能攝愛 度與不度 其心不二 故名爲常也

묻는다 : 상심이란 무엇인가.

답한다 : 일체중생과 자기의 몸은 진여평등으로서 다름이 없다. 때문에 이와 같이 무량한 중생을 멸도시켜 다 무여열반에 들어가게 하였지만 실제로 멸도를 터득한 자는 하나도 없다. 『정명경』에서는 '일체중생은 적멸상이므로 다시는 멸도되지 않는다.'[51]고 말한다.

그러므로 만약 멸도할 중생이 있다고 간주하는 것은 곧 喜愛心이다. 愛에는 거·래가 있으므로 곧 能常이 될 수가 없다. 오직 愛를 능섭해야만 멸도와 불멸도의 그 마음이 둘이 아니다. 그러므로 常이라 말한다.

51)『維摩詰所說經』卷中, (大正藏14, p.542中) "諸佛知一切衆生畢竟寂滅卽涅槃相 不復更滅" 참조.

衆生滅度無異自身 寧於自身起於他想 設若見一衆生是我所度 此何過
耶 以迷於第一義 起我相人相衆生相壽者相 背覺合塵 是名顚倒 顚倒見
者 所謂凡夫 卽不名菩薩 若證眞實第一義者 衆生等想決定不生 如預流
人不起身見 旣無自相 卽無他相 自他平等 一切衆生皆不可得

묻는다 : 중생을 멸도시키는 것은 자신을 멸도시키는 것과 다름이
　　　 없는데, 어찌 자신과 중생이 다르다는 생각을 일으키겠는
　　　 가. 설령 한 중생이라도 내가 멸도시켰다고 간주한다고
　　　 해서 그것이 어째서 허물인가.

답한다 : 미혹하기 때문에 제일의에 대하여 아상 · 인상 · 중생상 ·
　　　 수자상을 일으켜서 깨침을 등지고 번뇌에 합치되는데 이
　　　 것을 전도라 말한다. 전도견을 가지고 있는 사람은 소위
　　　 범부로서 곧 보살이라 말할 수가 없다. 만약 진실로 제일
　　　 의를 증득한 사람이라면 중생과 같은 생각을 결코 발생하
　　　 지 않는다. 예류인이 身見을 일으키지 않는 것과 같이 이
　　　 미 自相이 없은 즉 他相도 없어서 자 · 타가 평등하므로 일
　　　 체중생도 모두 없다.

志公云 以我身空諸法空 千品萬類悉皆同 卽此謂也

　지공이 말한 "내 몸이 공하니 제법이 공하고/ 천품과 만류가 모두
그와 같다/"[52]는 것이 곧 그것을 가리킨 것이다.

52)『金剛經纂要刊定記』卷4, (大正藏33, p.200上)

正智與爾炎不同 爾炎 此云所知障 有所知障 卽名顚倒 無所知障 卽名正
智 爲正智無分別心 而爾炎有分別心也 如上四相證悟了覺 正是爾炎識
所在

正智와 爾炎[53]은 같지 않다.

이염은 번역하면 소지장인데, 소지장이 있은 즉 顚倒라 말하고 소
지장이 없은 즉 正智라 말한다. 그래서 정지는 무분별심의 경우에
해당하고, 이염은 유분별심의 경우에 해당한다. 위의 경우처럼 四
相을 證과 悟와 了와 覺하는 것도 곧 이염식에 달려 있다.[54]

見有涅槃可證 卽是我相 悟知所證之非 卽是人相 了達證悟當離 卽是衆
生相 存有所了之覺 卽是壽者相 此四相原與圓覺經無二 所謂審除微細
惑者 正指此也

증득해야[證] 할 열반이 있다고 간주하는 것은 곧 아상이고, 지해로
증득된 것은 잘못인 줄을 알아차리는[悟] 것은 곧 인상이며, 장차 벗
어나야 할 것을 증오한 줄을 확실하게[了] 통달한 것은 곧 중생상이
고, 확실하게 통달했다는 느낌[覺]이 남아있는 것은 곧 수자상이다.

이 사상의 근원은 저 『원각경』의 경우와 다르지 않다.[55] 소위 미세

---

53) 爾炎은 범어인데 지혜의 어머니[智母]라는 의미와 선정의 경계[定中境界]라는 의미가
    있다.
54) 이염식을 이해[會]하면 智가 되고, 분별망상의 이염식이 소멸되면 열반이다. 때문에 四
    相을 證·悟·了·覺하는 데에도 이염식을 어떻게 다루느냐에 따라서 결정된다는 말
    이다.
55) 『원각경』에서 말하는 사상은 다음과 같다. 아상은 모든 중생의 마음으로 원각을 증득하

한 번뇌를 살펴서 없애는 것이야말로 바로 이것을 가리킨다.

菩薩已發心又能度生者 方可謂之摩訶薩 是大菩薩有一分生相無明 不
捨衆生 此中實無衆生得滅度者一語 正其降伏之要也 若見有一衆生得
滅度者 卽著於證悟了覺之相 卽非正智 故當降伏 降伏四相 卽得自安住
於無餘涅槃 亦能令衆生安住於無餘涅槃

　보살로서 이미 발심을 하고 또한 중생을 멸도시킬 수 있는 사람은
바야흐로 마하살이라 말할 수 있다. 이것은 대보살에게 일분의 生相
無明(최초의 일념을 不覺하고 있는 상태의 무명)이 남아있지만 결코 중생을 저버
리지 않는 것을 가리킨다.

　이 가운데서 실로 멸도를 얻은 중생이 없다는 한마디는 바로 그 항
복의 요체이다. 만약 한 중생이라도 멸도를 터득한 사람이 있다고
간주한다면 곧 證·悟·了·覺의 相에 집착하는 것이 되고 말기 때
문에 곧 正智가 아니다. 그러므로 반드시 사상을 항복시켜야 한다.
사상을 항복시키면 곧 저절로 무여열반에 안주하게 되고 또한 중생
으로 하여금 무여열반에 안주할 수 있게끔 한다.

處於生死 不爲生死所轉 故曰無上涅槃 處於煩惱 不爲煩惱所轉 故曰無

는 것이고, 인상은 모든 중생의 마음으로 원각을 증득했다고 인식하는 것이며, 중생상
은 모든 중생의 마음으로 자신이 원각을 증득했으면서도 그런 줄을 모르는 것이고, 수
명상은 모든 중생의 마음으로 청정한 원각을 관조했다고 알아차리는 것이다. 이것은 모
두 유위법만 초래할 뿐이다. 『大方廣圓覺修多羅了義經』, (大正藏17, p.919中~下) 참조.

上菩提 此二轉依 乃圓滿果位住於佛地者也 故曰此乘功德滿 非般若智
爲之因 能有是乎

　생·사에 처해 있으면서도 생·사에 휩쓸리지 않기 때문에 무상열
반이라 말하고, 번뇌에 처해 있으면서도 번뇌에 휩쓸리지 않기 때문
에 무상보리라 말한다.
　이 두 가지 무상열반과 무상보리[轉依]야말로 원만한 과위로서 불지
에 머무는 사람이다. 때문에 이 가르침으로 공덕이 원만한 것은 반
야지를 원인으로 삼지 않고서야 어찌 그것이 가능하겠는가.

史山人問圭峰禪師曰 諸經皆說度脫衆生 且衆生卽非衆生 何故更勞度
脫 答云 衆生若是實 度之則爲勞 旣自云卽非衆生 何不例度而無度 又問
諸經說佛常住 或卽說入滅度 常卽不滅 滅卽非常 豈不相違 答云 離一切
相 卽名諸佛 何有出世入滅之實乎 見出沒者 在乎機緣 機緣應 則菩提樹
下而出現 機緣盡 則娑羅林間而涅槃 其猶淨水無心 無像不現 像非我有
蓋外質之去來 相非佛身 豈如來之出沒 此二問答 足剖析此篇甚深義矣

　[사산인이 규봉선사에게 물었다.
　"제경전에서는 모두 중생의 제도에 대하여 설하고 있는데 또한 중
생은 곧 비중생이라고도 설합니다. 그렇다면 무슨 까닭에 다시 제도
를 시키느라고 의도적으로 노력하는[勞] 것입니까."
　규봉이 답했다.
　"만약 중생이 진실[實]이라면 중생을 제도하는 것은 곧 의도적인 노
력[勞]일 것입니다. 그런데 이미 그대 스스로 비중생이라고 말하였는

데, 그것이야말로 어찌 제도한다고 말하면서 제도가 없다는 예가 아니겠습니까."

사사인이 다시 물었다.

"제경전에서는 부처님의 상주에 대하여 설하고 있는데, 또한 부처님의 멸도에 대해서도 설합니다. 상주라면 곧 멸도가 아니고 멸도라면 곧 상주가 아니므로 그 어찌 相違가 아니겠습니까."

규봉이 답했다.

"『금강경』에서는 일체상을 벗어나면 곧 제불이라 말합니다. 그런데 세간에 출현하시고 멸도에 들어가셨다는 것이 진실[實]이겠습니까. 출세[出]와 입멸[沒]을 본다는 것은 곧 기연에 달려있는 것입니다. 기연에 상응한 즉 보리수 밑에서 출현하신 것이고, 기연이 다한 즉 사라수의 나무들 사이에서 열반하신 것입니다. 마치 청정한 물은 무심하여 온갖 형상이 드러나지 않음이 없는 것과 같습니다. 형상에 我가 있는 것이 아니라 무릇 외부의 형질이 거·래할 뿐입니다. 마찬가지로 형상은 부처님의 몸이 아닌데 어찌 여래에게 출·몰이 있겠습니까."]56)

위의 두 가지 문답은 면밀하고 철저한 해석[足剖析]으로서 이 篇57)의 심심한 뜻을 보여주고 있다.

---

56) 『景德傳燈錄』 卷14, (大正藏51, p.307中-下)
57) 사산인과 종밀 사이에 있었던 10가지 질문과 답변을 가리키는데, 여기에 인용된 대목은 제육과 제칠의 경우에 해당한다.

龐居士嘗遊講肆 隨喜金剛經 至無我無人處 致問曰 座主旣無我無人 是誰講誰聽 主無對 士曰 某甲雖是俗人 麤知信向 主曰 祇如居士意作麼生 士以偈答曰 無我復無人 作麼有疏親 勸君休歷座 不似直求眞 金剛般若性 外絶一纖塵 我聞幷信受 總是假名陳 主聞偈 欣然仰歎 若居士者 其菩薩再來哉

　[일찍이 방거사가 경전을 공부하였다. 『금강경』을 즐겨 읽었는데 나[我]가 없고 남[人]도 없다는 대목에 이르자 좌주에게 질문을 하였다.

　"좌주여, 이미 나가 없고 남이 없는데 누가 경전을 강의를 하고 누가 경전을 듣는단 말입니까."

　좌주가 대꾸하지 못했다. 그러자 방거사가 말했다.

　"저는 비록 세속인이지만 그 내용을 조금은 알고 신행하고 있습니다."

　좌주가 말했다.

　"그렇다면 거사의 생각은 어떻습니까."

　이에 방거사가 게송으로 다음과 같이 답변하였다.

　"나도 없지만 또한 다른 사람들도 없는데

　　어찌 친밀함 및 소원함 분별이 있겠는가

　　그대는 이제 좌주의 소임일랑 그만 두고

　　곧 깨침을 추구하는 것이 좋지 않겠는가

　　금강반야의 견고하고 예리한 지혜자성은

　　밖으론 미세한 번뇌 죄다 멀리 단절하네

　　여시아문부터 시작하여 신수봉행 끝까지

　　모든 경문 방편의 가명으로 설한 것이네"

좌주는 게송을 듣고서 흔연하게 찬탄하였다.][58]

저 방거사야말로 참으로 보살이 再來한 분이셨다.

【경문4】

復次 須菩提 菩薩於法 應無所住行於布施 所謂不住色布施 不住聲香味
觸法布施 須菩提 菩薩應如是布施 不住於相 何以故 若菩薩不住相布施
其福德不可思量 須菩提 於意云何 東方虛空可思量不 不也 世尊 須菩提
南西北方四維上下虛空可思量不 不也 世尊 須菩提 菩薩無住相布施 福
德亦復如是不可思量 須菩提 菩薩但應如所教住

"또한 수보리여, 보살이 저 법에 마땅히 집착이 없이 보시를 실천
해야 한다. 이른바 색에 집착이 없이 보시하고, 성·향·미·촉·법
에 집착이 없이 보시해야 한다.

수보리여, 보살이 마땅히 이와 같이 보시하되 상에 집착이 없어야
한다. 왜냐하면 만약 보살이 상에 집착이 없이 보시하면 그 복덕이
불가사량하기 때문이다.

수보리여, 어떻게 생각하느냐. 동방이 허공을 사량할 수 있겠느냐."

"못하겠습니다. 세존이시여."

"수보리여, 남방·서방·북방·사유·상하의 허공을 사량할 수
있겠느냐."

"아닙니다, 세존이시여."

---

58) 『景德傳燈錄』 卷8, (大正藏51, p.263中)

"수보리여, 보살이 상이 집착이 없이 보시하는 복덕도 또한 그와 같이 불가사량하다. 수보리여, 보살은 무릇 가르쳐준 대로 안주해야 한다."

傳大士頌曰 若論無相施 功德極難量 行悲濟貧乏 果報不須望 凡夫情行 劣 初且略稱揚 欲知檀狀貌 如空徧十方

부대사는 게송으로 다음과 같이 말했다.
"만약 집착이 없는 보시행을 논하자면
공덕이 지극하여 헤아릴 수가 없다네
자비로 빈핍한 중생 제도하는 데에는
결코 그 과보를 기대해서는 안된다네
범부는 생각과 행동 뛰어나지 못하니
처음엔 간략하게 보시 실천 일러주고
보시의 공덕을 자세하게 알고자 하면
시방 허공처럼 충만하다 말해 준다네"[59]

通曰

菩薩利益衆生 須行六度萬行 六度之中 般若居其一 修般若是法身因 修 餘五度是報化因 如上降伏微細四相 但於理諦上降伏 此下修行六度 教 以事諦上降伏 修福不修慧 則法身不圓 修慧不修福 則報化不圓 故般若

59) 『梁朝傳大士頌金剛經』, (大正藏85, p.2中)

常爲五度之先導 五度不得般若 卽不名到彼岸 前云廣大心 第一心 常心
不顚倒心 四者具足 卽名降伏 旣能降伏 卽能離相 旣能離相 卽能行於不
住施也 故修行卽下所顯示六波羅蜜相應安住降伏是也

▨ 종통5

　보살은 중생의 이익을 위하여 모름지기 육도만행을 실천해야 한
다. 육도 가운데 반야의 경우도 그 가운데 하나로 들어 있다. 반야를
닦는 것은 법신의 인이고, 그 밖의 다섯 바라밀은 보신 · 화신의 인
이다.

　위에서 미세한 四相을 항복시켰는데 그것은 무릇 理諦의 항복이었
다. 이하에서 수행하는 육도의 가르침은 事諦의 항복이다.

　복덕을 닦더라도 지혜를 닦지 않으면 법신이 원만하지 못하고, 지
혜를 닦더라도 복덕을 닦지 않으면 보신 · 화신이 원만하지 못한다.
때문에 반야는 항상 나머지 다섯 가지 바라밀[五度]보다 맨 앞에서 이
끌어간다. 그래서 다섯 가지 바라밀만 있고 반야를 터득하지 못하면
도피안이라 말할 수가 없다.

　위에서 말한 광대심과 제일심과 상심과 부전도심의 네 가지가 구
족되어야 항복이라 말한다. 이미 항복이 되면 그것이 곧 집착의 초
월[離相]이다. 집착의 초월이 되면 집착이 없는 보시[不住施]를 실천할
수가 있다. 때문에 집착이 없는 보시의 수행은 곧 이하에서 현시하
는 육바라밀로서 안주 및 항복에 상응하는 것이다.

何謂相應 但行施 戒等 不能離相 或能離相 不行施 戒等 皆非相應 直於
行施戒等處離相 離相處行施戒等 方得名爲相應行也 故謂菩薩於佛法

中不應住於事相而行布施

묻는다 : 여기에서 상응한다는 것은 무엇을 말하는 것인가.

답한다 : 무릇 보시와 지계 등만 실천하고 집착의 초월[離相]이 되지
　　　　 않거나, 혹 집착은 초월했지만 보시와 지계 등을 실천하
　　　　 지 못하면 그것은 모두 상응하지 못한 것이다. 곧 보시와
　　　　 지계를 실천하는 경지에서 집착을 초월하고, 집착을 초월
　　　　 한 경지에서 보시와 지계를 실천해야 바야흐로 상응행이
　　　　 라 말할 수가 있다. 그러므로 보살이라면 불법에서 반드
　　　　 시 事·相에 집착이 없이 보시를 실천해야 한다고 말하는
　　　　 것이다.

施有三種 義該六度 一者資生施 二者無畏施 三者法施 資生施者 施以財
物資他生也 無畏施者 由持戒忍辱故無心害物 設有冤家亦不讐報 不生
怖畏也 法施者 由精進故 於諸善事心不懈退 由禪定故 如鑒止水善知彼
情 由智慧故 如理如事不顚倒而說法也 彌勒菩薩偈曰 檀義攝於六 資生
無畏法 此中一二三 名爲修行住 一卽資生 二卽無畏 三卽法也

보시에는 삼종이 있는데 그 뜻은 육도에 두루 해당한다. 첫째는 자
생시이고, 둘째는 무외시이며, 셋째는 법시이다.

자생시는 다른 중생에게 財·物·資를 보시하는 것이다.

무외시는 지계와 인욕을 말미암은 까닭에 중생을 해꼬지할 마음이
없는 것이다. 설령 원수라 할지라도 또한 보복하지 않고 두려워하게
하는 마음을 발생하지 않는 것이다.

선어록으로 읽는 금강경

법시는 정진을 말미암은 까닭에 모든 善事에 대하여 마음에 懈退가 없는 것이고, 선정을 말미암은 까닭에 고요한 물을 비추어보듯이 상대방의 마음을 잘 파악하는 것이며, 지혜를 말미암은 까닭에 如理하고 如事하여 전도됨이 없이 설법하는 것이다.

미륵보살은 게송으로 다음과 같이 말했다.

"보시에 육바라밀이 다 담겨 있는데
곧 말하자면 자생과 무외와 법이다
여기에서 자생과 무외와 법의 셋을
가리켜 이른바 수행의 주라 말하네"[60]

여기에서 一은 자생시이고, 二는 무외시이며, 三은 법시를 가리킨다.

云何不住於相 謂不住於色聲香味觸法等 不希求意外諸境而行布施 一謂<爲?>愛著現在自身故而不行施 二爲報他過去之恩故而行施 三爲希望未來富饒果報故而行施 此令一切皆遣 不論心境空有 起心動念 卽乖法體 直須施時其心平等 不見施物 施者 受者 方成無住也 彌勒菩薩偈曰 自身及報恩 果報斯不著 護存己不施 防求於異事 爲自身故 卽有存己不施之過 爲報恩 果報故 卽有求於異事之過

묻는다 : 상에 집착이 없다는 것은 무엇인가.
답한다 : 말하자면 색・성・향・미・촉・법 등에 집착이 없는 것
이다. 보시한다는 생각 이외의 모든 경계에 대하여 어떤

60) 天親, 『金剛般若波羅蜜經論』 卷上, (大正藏25, p.782上-中)

것도 희구하지 말고 보시를 실천하는 것을 가리킨다. 곧 첫째는 현재에 자신에 애착하는 까닭에 보시를 실천하지 못하는 경우이고, 둘째는 저 과거에 받은 은혜에 보답하기 위하여 보시를 실천하는 경우이며, 셋째는 미래에 富饒한 과보를 희망하는 까닭에 보시를 실천하는 경우이다.

이와 같은 세 가지 경우의 일체를 모두 버리고서 心·境·空·有 등을 논하지 말아야 한다. 그와 같은 마음[心·念]이 일어나면[起·動] 곧 법체에서 어그러져버리고 만다. 그러므로 모름지기 보시하는 경우에는 그 마음을 평등하게 하여 보시물과 보시하는 사람과 보시를 받는 사람이 있다고 보지 않는 것을 바야흐로 무집착[無住]이 성취되는 것이다.

미륵보살은 게송으로 다음과 같이 말했다.
"자기의 자신 그리고 내가 받은 보은
과보 이 세 가지에 집착하지 않는다
자신만 보존하려면 보시하지 못한다
세간의 유위현상을 추구하지 않는다"[61]
곧 자신을 위하는 까닭에 곧 자기라는 관념이 남아있어서 보시하지 못하는 허물이 있고, 은혜에 대한 보답 그리고 과보를 위하는 까닭에 곧 유위현상[異事]을 추구하는 허물이 있다.

---

61) 天親, 『金剛般若波羅蜜經論』 卷上, (大正藏25, p.782中)

不住色等 但擧六塵一科 若盡擧 自五陰 六根 十八界 十二因緣 四聖諦 及
三十七助道品 至菩提涅槃等 凡八十一科 俱應無所住 如是修行六波羅
蜜 因得淸淨 故曰菩薩應如是布施不住於相 謂菩薩於第一義中 施者 受
者及以施物 名義智境諸想不生 是卽伏心因以淸淨

　　색에 집착이 없이 보시한다는 등의 내용은 단지 육진 가운데 한 가
지만 언급한 것이다. 만약 육진의 여섯 가지를 모두 언급해보면, 오
음으로부터 육근·십팔계·십이인연·사성제 및 삼십칠조도품에
이르고 보리와 열반 등에 이르기까지 무릇 81科[62]가 되는데 이들 모
두에 대하여 반드시 집착이 없어야 한다는 것이다.
　　이와 같이 육바라밀을 수행함으로써 완성[淸淨]을 터득한다. 때문에
'보살은 반드시 이와 같이 상에 집착이 없이 보시해야 한다.'는 것은
보살의 경우에 제일의 가운데서 보시하는 사람과 보시를 받는 사람
과 보시물이라는 名·義·智·境의 모든 분별상을 내서는 안된다는
것을 말한다. 이것은 곧 항복기심을 인하여 완성[淸淨]되는 것이다.

或有難云 旣於施等離其相狀 如何當獲福德利益 爲答此故 說生福甚多
彼菩薩不離世諦故行於布施 不離第一義諦故不住於相 不住於相卽是降
伏 布施淸淨卽是安住 兼福修慧 慧不偏枯 兼慧修福 福難比量 譬如東西
南北四維上下十方虛空 徧一切處 高大殊勝究竟不窮 非思量所及 而菩
薩修因淸淨 無相可得 其感果報福德難思亦猶乎是 福足慧足 名兩足尊

62)『大藏一覽』卷3,（嘉興藏21, pp.487中-488下）"指要錄注出般若名相八十餘科 庶發披
　　閱者智智爾 … 諸佛無上正等菩提(因圓果滿)" 참조.

是極果也 故曰此乘功德滿 於是結勸之曰 菩薩但應如所教住 魏譯云 但
應如是行於布施

어떤 사람은 다음과 같이 따진다 : 이미 보시 등에서 그 相狀을 벗어
   난다면 장차 어떤 복덕과 이익을 획득한다는 것인가.
이런 까닭에 다음과 같이 답변한다 : 대단히 많은 복덕을 발생한다고
   말한다. 제일의제를 벗어나지 않는 까닭에 상에 집착하지
   않고, 상에 집착하지 않은 즉 그것이 항복이고, 보시를 완
   성하는 것[淸淨]이 곧 안주이다. 복덕을 겸하여 지혜를 닦
   으면 그 지혜는 치우치지 않고 마르지 않으며, 지혜를 겸
   하여 복덕을 닦으면 그 복덕은 헤아리기 어려울 정도로
   많다. 비유하면 동 · 서 · 남 · 북과 사유와 상 · 하의 시방
   에 걸친 허공 널리 일체처에는 제아무리 高大하고 殊勝하
   며 究竟이라 해도 끝이 없고 사량으로 미칠 수가 없는 것
   과 같다. 이처럼 보살의 수행[修因]과 그 완성[淸淨]은 상을
   통해서 터득되는 것이 아니고, 그로 인하여 얻는 과보와
   복덕은 사량으로도 또한 그것에 미치기가 어렵다.
복덕이 구족되고 지혜가 구족되는 것을 兩足尊이라 말하는
   데 이것이 곧 極果이다. 때문에 위에서 미륵보살은 '보살승
   의 공덕은 가득하다.'고 말했다. 여기에서 결론적으로 그것
   을 권장하여 말한 것이 곧 '보살은 무릇 가르쳐준 대로 안
   주해야 한다.'는 대목이었다. 이 대목에 대하여 보리유지는
   '무릇 반드시 이와 같이 보시해야 한다.'⁶³⁾고 번역하였다.

63) 菩提流支, 『金剛般若波羅蜜經』, (大正藏8, p.753上)

據須菩提問處應云何住 惟恐不得其住 而世尊教之行於布施不住於相
令於不住用心 何相反也 蓋不住而住 卽住眞空 如鳥不住空 却能住空 若
住於空 卽不住空也 文殊般若經云 佛告文殊師利 當云何住般若波羅蜜
文殊言 以不住法 爲住般若波羅蜜 復問云何不住法 名住般若波羅蜜 文
殊言 以無住相 卽住般若波羅蜜 三昧經云 如來所說法 悉從於無住 我從
無住處 是處禮如來 故菩薩當如其所教以無住爲住可也

수보리가 질문한 '마땅히 어떻게 안주해야 합니까.'에 의거하자
면 그것은 안주하지 못할까를 염려한 것이다. 이에 세존은 그 질문
에 대하여 상에 집착이 없이 보시하라고 가르치면서 그러한 용심
에조차 집착하지 말라고 한다. 이것이 어찌 서로 반대되는 설명이
겠는가.

무릇 집착이 없이 주하는 것은 곧 진공에 주하는 것이다. 마치 새
가 허공에 머물지 않으면서 도리어 허공에 주하는 것과 같다. 만약
허공에 머물러버린다면 곧 허공에 주할 수가 없다. 『문수반야경』에
서 다음과 같이 말한다.

[부처님께서 문수사리에게 물으셨다.
"반야바라밀에 어떻게 주해야 하는가."
문수가 말씀드렸다.
"집착이 없는 법으로써 반야바라밀에 주해야 합니다."
다시 부처님께서 물으셨다.
"그러면 어찌해야 집착이 없는 법으로써 반야바라밀에 주한다고
말할 수 있는 것인가."
문수가 말씀드렸다.

"상에 집착이 없으면 그것이 곧 반야바라밀에 주하는 것입니다."[64]

『금강삼매경』에서 다음과 같이 말한다.
"여래께서 설해 주신 가르침은
무주를 통해서 나온 것이라네
이에 저희도 무주의 도리에서
그 맘으로 여래께 예배합니다"[65]
그러므로 보살은 반드시 그와 같이 가르침을 받은대로 집착이 없이 주해야 한다.

昔洞山問僧甚處來 曰遊山來 山曰 還到頂麼 曰到 山曰 頂上有人麼 曰無人 山曰 恁麼則不到頂也 曰 若不到頂 爭知無人 山曰 何不且住 曰某甲不辭住 西天有人不肯 山曰 我從來疑著這漢 天童擧趙州云 有佛處不得住 無佛處急走過 拈云 沈空滯迹 犯手傷鋒 俱未是衲僧去就 直須莫入人行市 莫坐他牀榻 正不立玄 偏不附物 方能把住放行有自由分 此二尊宿 深明無住之旨 乃知曹洞無上眞宗 二邊不立 中道不安 是般若眞血脈路

[옛적에 동산이 한 승에게 물었다.
"어디를 다녀오는 길인가."

64) 『文殊師利所說摩訶般若波羅蜜經』 卷上, (大正藏8, p.726下) 참조.
65) 『金剛三昧經』, (大正藏9, p.372中)

승이 말했다.

"산에 갔다 오는 길입니다."

동산이 물었다.

"정상까지 다녀왔는가."

승이 말했다.

"예."

동산이 물었다.

"정상에 누가 있던가."

승이 말했다.

"아무도 없었습니다."

동산이 말했다.

"그렇다면 그대는 정상까지 다녀온 것이 아니란 말이구나."

승이 물었다.

"스님께서는 정상에 가보지도 않고서 어찌 사람이 없는 줄을 아신다는 겁니까."

동산이 말했다.

"그대는 잠자코 그만두는 것이 좋겠다."[66]

승이 말했다.

"제가 그만두지 못하는 것은 서천의 어떤 사람도 수긍하지 못했기 때문입니다."

동산이 말했다 .

---

66) 且住 : 잠깐 기다리다, 잠깐 머물다, 당분간 하던 일을 그만두다는 뜻으로서 제자가 정
　　상에 다녀왔으면서도 동산이 질문한 뜻을 이해하지 못하고 있는 그 어리석음을 그치고
　　이제부터라도 동산이 질문한 뜻을 이해할 것을 요구해야 한다는 것을 가리킨다.

"나도 본래부터 그 놈에 대하여 의심하고 있었다."][67]

[천동정각은 조주의 '부처가 있는 곳에는 머물지 말라. 부처가 없는 곳은 빨리 지나쳐라.'는 말을 가지고 언급하면서 다음과 같이 拈하였다.

"공에 빠지니 자취에 막히고 손을 놓치니 칼끝이 상한다. 이것은 모두 납승이 나아갈 길이 아니다. 모름지기 사람들이 많이 나다니는 시장에는 들어가지 말고, 좌선하는 평상에는 절대 앉지 말며, 正에는 현묘함[玄]도 내세우지 말고 偏에는 어떤 사물도 붙이지 말라. 그래야 바야흐로 파주와 방행을 자유롭게 활용할 수가 있다."][68]

동산과 굉지의 두 존숙은 무집착[無住]의 뜻을 깊이 알고 있었다. 이에 조동종지의 경우야말로 무상진종임을 알겠다. 곧 양변에도 머물지 않고 중도에도 안주하지 않는 그것이 반야의 진정한 혈맥의 통로이다.

己上正答竟 此下躡跡斷疑

이상 경문의 전체적인 입장에 대한 대강의 답변[正答]을 마친다. 이

---

67) 『筠州洞山悟本禪師語錄』, (大正藏47, p.511上)
68) 『宏智禪師廣錄』卷3, (大正藏48, p.29中) 正은 玄妙 내지 本質 등의 理를 의미하고, 偏은 事物 내지 現象 등의 事를 의미한다. 여기에서 굉지의 말은 反常合道의 도리를 통하여 무분별과 무집착의 도리를 설명하고 있다. 把住와 放行은 스승이 제자를 지도하는 방식인데, 파주는 낱낱이 간섭하여 일러주는 방식이고 방행은 자유방임으로 내맡기는 방식이다.

하부터는 단락의 조목조목을 들어서 그 의심을 단제해주겠다.[69]

通曰

已上問答 遣須菩提之微疑 顯如來之正脈 普度衆生 攝歸於如來藏海 修
行無相 玄同於諸佛法身 泯智障於佛地 等法界於虛空 涅槃住而無住 諸
法爲而無爲 福德威力一切成就 便合經終入流通分 緣善現所問 以趣寂
達度生 以度生違趣寂 情生分別 兩不圓融 世尊建大法幢 與之決破 謂度
而無度 何礙於寂 寂而無寂 何妨於度 要令調伏布施等事 遠離取相之心
無住而住 卽是常住 此中微妙 尤難曉了 念而無念 相而無相 說而無說
證而無證 種種相違 能無疑乎 前疑旣息 後疑復生 疑心不息 卽非降伏
若謂無疑 執著安住 卽是成心 成心不除 住非所住 故種種調伏 凡以斷微
細之疑也

종통6

 이상의 대강의 문답은 수보리의 감추어진 의심을 제거하고 여래의
正脈을 드러내어 널리 중생을 제도하고 여래장해로 攝歸하는 것이
었다. 곧 무분별상[無相]을 수행하여 제불법신과 깨침과 합일이 된 상
태이고[玄同], 불지의 경지처럼 智障을 소멸하며, 허공처럼 법계와 평
등하고, 열반에 주하지만 집착이 없으며[無住], 제법에 속해있지만 유
위가 아니다[無爲]. 이로써 복덕과 위력의 일체를 성취하고 곧 경전에

---

69) 경문의 처음부터 여기까지를 경전의 총론으로 간주하고, 이하의 경문부터 끝까지는 경
  전의 각론에 해당한다는 것을 나타낸다. 본『금강경종통』으로 보면 제1권은 총론이고,
  제2권부터 제7권 마지막까지가 천친의 27斷疑에 따른 각론에 해당한다.

합치하여 끝내 [유통분]에 들어간다.

선현의 질문을 인연하자면 趣寂[70]함으로써 度生과 어긋나고 도생함으로써 추적과 어긋난다는 분별식정이 발생하면 추적과 도생이 원융하지 못한다.

그래서 세존은 대법당을 건립하여 그것으로써 추적과 도생이라는 분별식정을 타파하였다. 말하자면 제도하였지만 제도함이 없는데 어찌 추적에 장애가 되겠고, 추적해도 추적이 없는데 어찌 제도에 장애가 되겠는가. 요컨대 보시 등의 바라밀을 조복케 함으로써 집착심[取相之心]을 멀리 벗어나서 집착이 없이 주하는데 그것이 곧 상주이다.

그 상주의 미묘함은 더욱더 이해하기가 어렵다. 곧 생각하지만 분별의 생각이 없고, 자세히 보지만 분별로 봄이 없으며, 설법을 하지만 설법의 집착이 없고, 깨쳤지만 깨침의 집착이 없으며, 갖가지로 어긋나지만 그것을 의심할 수가 없다. 이전의 의심이 이미 그치고나면 뒤의 의심이 다시 발생하는데, 이처럼 의심이 그치지 않으면 곧 그것은 항복이 아니다.

만약 의심이 없다고 말한다면 그것은 안주에 집착한 것으로서 곧 成就心이다. 성취심을 단제하지 못하면 주해도 진정한 주가 아니다. 때문에 갖가지로 조복하여 무릇 미세한 의심까지도 모두 단제해야 한다.

此經但言其斷 不言其起 其起處至微 難以言顯 唯世尊佛眼 一一照燭 不

---

70) 趣寂은 깨달음을 성취한 상태로서 상구보리의 자리를 의미한다.

待其問 而默爲斷之 此等金剛慧 豈凡情所可測耶

　이 『금강경』의 경문에서는 단지 그 斷(번뇌심의 항복)에 대해서만 말
했을 뿐이지 그 起(청정심을 불러일으키는 문제에 해당하는 안주)에 대해서는 말
하지 않았다. 그 起의 도리는 지극히 미묘하여 언설로 드러내기가
어렵다. 오직 세존의 불안으로써만 낱낱이 비추어서 굳이 질문을
기다리지 않고도 침묵으로써 그것을 단제해준다. 이것이야말로 금
강의 지혜이다. 그러니 어찌 범부의 식정으로써 짐작이나 할 수가
있겠는가.

彌勒菩薩偈曰 調伏彼事中 遠離取相心 及斷種種疑 亦防生成心 此偈
授之無著 無著轉授之天親 無著於此經分爲十八住 天親於此經分爲二
十七斷疑 或一住中有兩疑三疑 或一疑中有三住四住 其論各不同何哉
無著以第一住配十住發心等位 第二住配十行位中前六行位 第三住配
七行位 第四住配八行九行十行位 第五住至第十四住配十迴向位 第十
五住配四加行位 第十六住當世第一地 第十七住當初地 第十八住從二
地已去 乃至佛位 通名如來地 是經以無相爲宗 豈合列位淺深 雖則情
惑漸薄 位地轉高 義相稍同 略爲配攝 未嘗不可 然牽合他經 滯於名相
而甚深義趣 反爲所掩 此天親所以特主斷疑 遵彌勒旨也 後來受持是經
者宜共遵之

　미륵보살은 게송으로 다음과 같이 말했다.
　"施와 受 및 財物을 다 조복하여
　　형상에 집착하는 마음을 여의고

또한 갖가지 의심까지 벗어나며

갖가지 의심의 발생까지 막는다"[71]

이 게송은 미륵보살이 무착에게 준 것인데, 무착은 그것을 천친에게 전수하였다. 무착은『금강경』의 내용을 18住로 나누었고, 천친은 『금강경』의 내용을 27斷疑로 나누었다. 그래서 이 무착의 住와 천친의 斷疑를 대조해보면 어떤 一住에는 兩疑 또는 三疑가 배대되기도 하고, 어떤 一疑에는 三住 또는 四住가 배대되기도 한다.

　　묻는다 : 그렇다면 이처럼 무착과 천친의『論』이 각각 같지 않은데 어쩐 일인가.

　　답한다 : 무착은 제일주는 십주의 발심 등[72]의 지위에 배대하였고, 제이주는 십행위 가운데 앞의 육행위[73]에 배대하였으며, 제삼주는 십행위 가운데 제칠행[無着行]을 배대하였고, 제사주는[74] 십행위 가운데 제팔행 · 제구행 · 제십행을 배대하였으며, 제오주부터 제십사주까지는 십회향위를 배대하였고, 제십오주는 사가행위를 배대하였으며, 제십육주는 세제일의의 一地에 해당하고, 제십칠주는 초지에 해당하며, 제십팔주는 제이지부터 불지에 이르는데 통칭 여래지라고 말한다.

　　이『금강경』은 무분별상[無相]으로써 종지를 삼는다. 어찌

---

71)『金剛般若波羅蜜經論』卷上, (大正藏25, p.782中」
72) 發心住, 治地住, 修行住, 生貴住, 具足方便住, 正心住, 不退住, 童眞住, 法王子住, 灌頂住를 말한다.
73) 歡喜行, 饒益行, 無瞋恨行, 無盡行, 離痴亂行, 善現行을 가리킨다.
74) 尊重行, 善法行, 眞實行을 가리킨다.

위에서 나열한 계위의 淺 · 深에 합치되겠는가. 비록 식정의 미혹은 점차 엷어지지만 位와 地가 점차 높아질수록 義와 相이 점차 동일해지므로 간략하게 배대하고 포섭하는 것도 미상불 가능하다. 그러나 다른 경전을 끌어다가 합치시킨다면 名 · 相에 막혀서 심심한 義趣가 도리어 가려져버리고 만다.

이로써 천친은 특별히 斷疑를 主로 삼으면서 미륵의 종지[旨]를 따르고 있다. 그러므로 이후에 이『금강경』을 받고 지니는 자는 반드시 모두가 천친의 입장을 따라야 한다.

金剛般若波羅蜜經宗通 卷一
금강반야바라밀경종통 제일권

一斷求佛行施住相疑

此疑從前文不住相布施而來 功德施菩薩論曰 若菩薩施時法亦不住 云
何以相好故行於施耶 百福相等功德法聚 名爲世尊 若不住法 云何得成
諸佛體相 爲遣此疑 故經云<曰?>

• 제일단의 : 보시를 실천하여 부처를 추구하는 것도 상에 집착하
는 것이 아닌가 하는 의심을 단제한다.

이 의심은 종전의 경문 '不住相布施'의 대목으로부터 유래한 것이
다. 공덕시보살의 『논』에서는 다음과 같이 말한다.

"보살이 보시할 경우에는 법에조차 집착하지 않는다. 그런데 어
찌 상호 때문에 보시를 실천한다는 것인가. 온갖 복상이 평등하고
공덕의 법이 모이는 것을 세존이라 말한다. 만약 법에조차 집착이
없다면 어떻게 제불의 몸에 있는 相[三十二相]을 성취했겠는가. 이와
같은 의심을 없애주기 위한 까닭에 경전에서는 다음과 같이 말한
다."75)

---

75) 『金剛般若波羅蜜經破取著不壞假名論』卷上, (大正藏25, p.888中)

【경문5】

須菩提 於意云何 可以身相見如來不 不也世尊 不可以身相得見如來 何
以故 如來所說身相 卽非身相 佛告須菩提 凡所有相 皆是虛妄 若見諸相
非相 卽見如來

"수보리여, 어떻게 생각하느냐. 가히 身相을 통하여 여래를 볼 수
가 있겠느냐."

"아닙니다, 세존이시여. 가히 신상을 통해서는 여래를 볼 수가 없
습니다. 왜냐하면 여래께서 말씀하신 신상은 곧 신상이 아니기 때문
입니다."

부처님께서 수보리에게 말씀하셨다.

"무릇 모든 상은 다 허망하다. 만약 모든 형상은 진상이 아님을 본
다면 곧 여래를 볼 것이다."

傳大士頌曰 如來擧身相 爲順世間情 恐人生斷見 權且立虛名 假言三十
二 八十也虛聲 有身非覺體 無相乃眞形

부대사는 게송으로 다음과 같이 말했다.

"여래께서 신상을 언급한 것은
　세간의 사람을 위한 것이었네
　사람들이 단견을 낼까 염려해
　방편으로 허명 내세운 것이네
　언설로써 삼십이상 말한 것과
　여든 가지 상호를 드러냈지만

그건 신상이지 각체가 아니니
형상 없어야 진정한 형상이네"[76]

通曰

法身如來者 來而未嘗來也 故曰如來 凡夫見其來 執之爲有相 恒住於有
以爲修因 二乘見其不來 執之爲無相 恒住於無以爲修因 菩薩已知報化
非有 離凡夫見 已知法身非無 離二乘見 但趣向佛乘 猶存法愛 今聞六度
修行之時 自六塵以至菩提涅槃 一切諸法不應住著 將何所持循而證法
身耶 佛以法身若卽相者 則卽相可以見如來 法身若離相者 則離相可以
見如來 卽之不可 離之不可 故不應住於法而證法身也 不卽則見 其未嘗
來 不離則見 其未嘗不來 故曰卽見如來 三諦圓融 因果一契 方與無上菩
提相應也

종통7

　법신여래는 도래하였지만 일찍이 도래한 적이 없으므로 여래라 말
한다. 그러나 범부는 그 도래한 모습을 보고 그것에 집착해서 유상
으로 간주하고 항상 유에 머물러서 修因으로 삼는다. 이승은 도래하
지 않는다는 것을 보고 그것에 집착하여 무상으로 간주하고 항상 무
에 머물러서 修因으로 삼는다.

　보살은 이미 보신·화신은 유가 아님을 알고서 범부견해를 떠나
고, 이미 법신은 무가 아님을 알고서 이승견해를 떠난다. 그리하여
다만 불승만을 향하지만 법애가 남아 있다. 이에 지금 육도수행의

---

76) 『梁朝傅大士頌金剛經』, (大正藏85, p.22中)

때임을 듣고서 육진으로부터 보리 · 열반에 이르기까지 일체제법에 결코 주착이 없어야 한다면 장차 어떤 것을 가지고 그로부터 법신을 증득하겠는가.

부처님의 법신이 만약 상에 즉한 것이라면 곧 상에 즉해서 여래를 볼 수가 있을 것이고, 법신이 만약 상을 떠난 것이라면 곧 상을 떠나서 여래를 볼 수가 있을 것이다. 그러나 상에 즉할 수도 없고 상을 떠날 수도 없다. 때문에 결코 그러한 법에 대하여 집착이 없어야만 법신을 증득한다. 그렇지 않고도 볼 수가 있다면 그것은 일찍이 도래한 것이 아니고, 떠나지 않고도 볼 수가 있다면 그것은 일찍이 도래하지 않은 것이 아니다. 그러므로 '곧 여래를 볼 것이다.[即見如來]'고 말한다. 삼제가 원융하고 인 · 과가 계합되어야 바야흐로 무상보리에 상응한다.

刊定記曰 佛問須菩提 於汝意中 還可用三十二相之身 見法身如來 爲不可耶 空生見佛擧相以問 卽知不得相求 故答云 不也 不可以三十二相得見如來 恐末代衆生不達此理 取相爲眞 故復自徵其意云 以何義故 不可以三十二相見法身如來耶 以如來所說三十二相之身 卽非法身之相故 以三十二相者 由多劫修行成就 墮在有爲之數 當爲生住異滅四相所遷 況對機宜有無不定 焉可將此而爲法身 若法身佛體者 非前際生 非後際滅 無有變遷 不可破壞 異此有爲 故說三十二相不是法身相也

『간정기』에서 다음과 같이 말한다.

[부처님께서 수보리에게 물었다. "그대는 삼십이상의 몸을 활용

하여 법신여래를 볼 수가 있다고 생각하느냐, 불가능하다고 생각하느냐."]⁷⁷⁾

공생은 부처님을 친견하고 相을 들어서 질문함으로써 곧 상은 추구해서는 안된다는 것을 알아차렸다. 때문에 답변으로 "아닙니다. 가히 삼십이상을 통해서는 여래를 볼 수가 없습니다."라고 말했다.

말법시대의 중생이 이와 같은 도리를 통달하지 못하여 형상에 집착하는 것을 진리라고 간주할 까봐 염려한 까닭에 거듭해서 그 뜻을 다음과 같이 "왜냐하면 삼십이상을 통해서는 법신여래를 볼 수가 없기 때문입니다."고 징험하였다.

여래가 설한 삼십이상의 몸은 곧 법신상이 아니기 때문이다. 삼십이상이란 다겁에 걸친 수행을 말미암아 성취된 것이지만, 유위의 숫자에 빠진 것으로 장차 생·주·이·멸의 사상으로 변천된 것이다. 하물며 마땅히 유·무로 정해질 수가 없는 對機의 경우에 어찌 이것으로 법신을 삼을 수 있겠는가.

만약 법신의 佛體와 같다면 그것은 전제에 발생하는 것도 아니고 후제에 소멸되는 것도 아니어서 변천이 없고 파괴되지도 않아서 유위법과 다르다. 때문에 삼십이상은 법신상이 아니라고 설하는 것이다.

彌勒菩薩偈曰 分別有爲體 防彼成就得 三相異體故 離彼是如來 三相卽四相 以住異同時 故合爲一耳 此須菩提所見 已知法身無相 猶未明法身

77)『金剛經纂要刊定記』卷4, (大正藏33, p.201中) 참조.

不離乎<於?>相也 故佛印可之曰 凡所有相 皆是虛妄 一切有爲之相 皆從妄念而生 妄念本空 無有自性 念尙無性 況所現相而實有耶 不但三十二相如幻不實 凡世出世間一切聖凡等相皆非實也 相旣非實 非相卽實 將無離此虛妄之相 別求無相之佛耶 故又遮之曰 若見諸相非相 卽見如來 所謂法身無相 非離諸相外 別有法身也 以色卽是空 空卽是色故 但亡分別 相自不生 相旣不生 唯一眞實 此眞實者 卽寓於虛妄之中 卽眞卽妄 卽妄卽眞 人但見其相 我見其非相 如相馬者 得之牝牡驪黃之外 卽見眞如自性法身如來也

미륵보살은 게송으로 다음과 같이 말했다.

"여래신상을 유위체라 분별하는데
그와 같은 상의 성취를 부정한다
삼상은 무위법신과는 이체이므로
이것을 여읜 것을 여래라 말한다"[78]

여기에서 말한 삼상은 곧 사상을 가리킨다. 住相과 異相은 동시이기 때문에 합하여 하나로 간주한 것이다. 이것은 수보리의 소견으로서 이미 법신이 무상인 줄을 알고 있지만 법신이 형상을 떠나 있지 않다는 것은 설명하고 있지 않다. 그러므로 부처님께서 그것을 인가하여 "무릇 모든 상은 다 허망하다."고 말한다. 일체의 유위상은 모두 망념으로부터 발생한 것이다. 망념은 본래 공하여 자성이 없다. 念도 오히려 자성이 없는데, 하물며 겉으로 드러난 형상이 실유이겠는가.

삼십이상은 幻과 같아서 진실이 아닐 뿐만 아니라, 무릇 세간과 출

---

78)『金剛般若波羅蜜經論』卷上,(大正藏25, p.782下)

세간의 일체 성·범 등의 형상도 또한 모두 진실이 아니다. 이미 형상은 진실이 아니므로 非相은 곧 진실이다. 장차 이 허망한 형상을 벗어날 것도 없는데 별도로 無相佛을 추구하겠는가. 그러므로 다시 그것을 방지하여 "만약 모든 형상은 진상이 아님을 본다면 곧 여래를 볼 것이다."고 말한다. 소위 법신은 무상이므로 제상의 밖을 벗어나서 별도로 법신이 있는 것이 아니다.

색이 곧 공이고 공이 곧 색이기 때문이다. 그래서 무릇 분별만 없애면 형상은 저절로 불생이 된다. 형상이 이미 불생인 것만이 유일한 진실이다. 이 진실이란 곧 허망 가운데 있어서 진실에 즉하면 곧 허망에 즉하고 허망에 즉하면 곧 진실에 즉한다. 그런데도 사람들은 단지 그 형상만을 보지만 나 여래는 그 非相을 본다. 저 말과 같은 형상을 가지고 말하자면 암컷과 수컷 및 검은 것과 누런 것이라는 분별의 밖에 벗어나야만 곧 진여자성과 법신여래를 볼 수가 있다.

寶積如來解曰 如來眞身本無生滅 湛然常住 託陰受形 同凡演化 入神母胎 擺此凡相各別 故云如見諸相非相 卽見如來 頌曰 凡相滅時性不滅 眞如覺體離塵埃 了悟斷常根果別 此名佛眼見如來 不但三十二相 相卽非相 是名如來 凡世出世間一切諸相 相皆無相 無非眞如無爲法體 一眞平等無二無別 總法界性爲一法身 如是見者 由證乃知 故不以虛妄之相見如來 而以微妙之相見如來也 法身旣不可以相見 亦不可以離相見 則求佛者 固不可以執相求 亦不可以離相求 果本無住 因亦無住 若能遠離衆生希望 不住於有 乃至法身亦無所得 不住於無 恒如是行不住於相 卽於佛身速得成滿 又何疑於因果不相符耶

[보적여래는 다음과 같이 해석하였다. "여래의 진신은 본래 생·멸이 없이 담연상주하다. 그렇지만 오음에 의탁하여 형체를 받아서 범부와 동일한 모습을 연출하고 귀신의 모태에 들어가며 온갖 형상으로 각각 다른 모습을 걸친다. 때문에 '모든 형상은 진상이 아님을 본다면 곧 여래를 볼 것이다.'고 말한다."

이에 게송으로 말한다.

모든 형상은 소멸해도 자성은 소멸하지 않는다
진여의 각체는 본래부터 번뇌망상을 떠나 있다
단멸과 상주와 뿌리와 열매가 곧 다른 줄 알면
그것을 일컬어 불안으로 여래를 본다고 말한다][79)]

비단 삼십이상만 그런 것이 아니다. 형상은 곧 진상이 아닌데 이것을 여래라 말한다. 무릇 세간 및 출세간의 일체제상은 형상으로서 모두가 진상이 아니다. 진여의 무위법체는 동일진성의 평등과 無二·無別하여 모두가 법계자성으로서 동일법신 아님이 없다.

이와 같이 보는 사람은 증득을 말미암아야 이에 알 수가 있다. 때문에 허망한 형상을 통해서는 여래를 볼 수가 없고, 미묘한 진상을 통해야 여래를 볼 수가 있다. 법신은 이미 형상을 통해서도 볼 수가 없고, 또한 형상을 떠나서도 볼 수가 없다. 그러므로 부처를 추구하는 사람은 본디 형상에 집착하는 추구해서도 안되고, 또한 형상을 떠나서 추구해서도 안된다. 果에 본래 집착이 없으므로 因에도 또한 집착이 없다.

만약 중생의 희망을 멀리 벗어날 수가 있다면 유에 집착하지 말고,

79) 洪蓮, 『金剛經註解』卷1, (卍續藏24, p.770上)

내지 법신에도 또한 소득이 없다면 무에도 집착하지 말아야 한다. 항상 이와 같이 형상에 집착하지 않으면 곧 불신을 속히 성만될 것인데, 또한 어찌 인·과가 서로 부합되지 않을 것을 의심하겠는가.

天童擧經云 若見諸相非相 卽見如來 法眼云 若見諸相非相 卽不見如來
拈云 世尊說如來禪 法眼說祖師禪 會得甚奇特 不會也相許 萬松自讚其
像云<求萬松自讚 云?> 凡所有相 皆是虛妄 若見諸相非相 卽見眉毛眼
上 不費半星氣力 向釋迦法眼分疆列界處 方便講和 一統天下 豈非好事
天童如來禪祖師禪 更不敢妄生分別 會得奇特且置 <他+?>旣不會 爲
甚也相許 不見道 打破大唐國 覓箇不會底不得 以上諸尊宿 發明諸相非
相一種消息 不妨各出手眼 非覿面如來 固不能操縱如此

　[천동정각은 다음과 같은 이야기를 언급하였다.
　"곧 경전에서는 '만약 모든 형상은 진상이 아님을 본다면 곧 여래를 볼 것이다.'고 말했고, 법안문익은 '만약 모든 형상은 진상이 아님을 본다면 곧 여래를 보지 못할 것이다.'라고 말했다."
　이에 대하여 천동정각은 다음과 같이 拈하였다.
　"세존은 여래선의 입장에서 설하였고, 법안은 조사선의 입장에서 설하였다. 이런 줄을 이해한다면 대단히 기특하겠지만, 이해하지 못한다 해도 그런대로 봐줄만 하다."][80]

　[[(만송이 옛적에 형주의 정토사에 주석하고 있었다. 문인은 만송

80)『宏智禪師廣錄』卷3, (大正藏48, p.28下)

이 주석하는 집을 그림으로 그리고는 거기에다 만송에게 自讚을 붙여줄 것을 요구하였다.) 이에 만송은 그 그림에 대하여 다음과 같이 자찬을 붙였다.

"무릇 모든 상은 다 허망하다. 만약 모든 형상은 진상이 아님을 본다면 곧 눈속에 들어간 눈썹터럭을 볼 것이다. 조금[半星]의 기력도 소비하지 않고 석가의 법안으로 사리를 분별하는[分疆列界] 방법을 가지고 방편적인 강화로써 천하를 통일하였으니 어찌 호사가 아니겠는가.

천동이 말한 여래선과 조사선에 대하여 다시는 감히 함부로 분별을 발생해서는 안된다. 이해하는 경우에는 기특하기 때문에 차치한다 하더라도, 그가 이해하지 못한 경우에는 또 어찌 그것을 인정할 수 있겠는가. 다음과 같은 말을 들어보지 못했는가. 대당국을 전부 뒤져본다 하더라도 끝내 불법을 이해하지 못한 사람은 찾을 수가 없다."[81]

이상 제존숙들은 모든 형상은 진상이 아닌 일종의 소식을 발명하여 각자의 수단과 안목을 드러내는데 있어서 장애가 없었다. 그러므로 여래를 친견하지 않고서는 본디 이와 같이 操縱할 수가 없다.

二斷因果俱深無信疑

此疑從前無住行施 非相見佛兩段經文而來 無住行施 因深也 無相見佛果深也 如我親承 方能領悟 末世鈍根 云何信受 旣不信受 將無空說耶

---

81) 『萬松老人評唱天童覺和尙拈古請益錄』 第15則, (卍續藏67, p.469上)

• 제이단의 : 인과 과가 모두 깊으면 굳이 信할 필요가 없는 것이
           아니가 하는 의심을 단제한다.[82]

  이 의심은 앞의 無住行施와 非相見佛의 두 단락의 경문에서 유래
된 것이다. 보시 등에 집착이 없는 것은 인이 깊은 것이고, 상을 벗
어나서 여래를 친견하는 경우는 과가 깊은 것이다. 수보리 저는 친
히 여래를 받들고 있기 때문에 바야흐로 깨칠 수가 있지만, 미래말
세의 둔근한 중생은 어떻게 信·受해야 하고, 이미 신·수할 수가
없다면 헛되지 않은 설법이라 할 수 있겠는가.

【경문6】

須菩提白佛言 世尊 頗有衆生 得聞如是言說章句 生實信不 佛告須菩
提 莫作是說 如來滅後 後五百歲 有持戒修福者 於此章句能生信心 以
此爲實

  수보리가 부처님께 여쭈었다.
  "세존이시여, 이와 같은 언설장구를 듣고 진실한 믿음을 내는 중
생이 얼마나 있겠습니까."
  부처님께서 수보리에게 말씀하셨다.

---

82) 相에 집착이 없이 보시하는 것은 인의 深義이고, 불이 유위의 체가 아니라는 것은 과
   의 深義이기 때문에 이로부터는 굳이 信心을 낼 필요가 없는 것이 아닌가 하는 의심을
   단제한다. 이 의심은 앞의 無住行施와 非相見佛의 경문에서 유래된 것이다. 인이 깊은
   것은 보시 등에 분별이 없는 것이고, 과가 깊은 것은 여래의 경우 상을 여읜 것을 가리
   킨다.

"그렇게 말하지 말라. 여래가 입멸한 이후의 후오백세에도 계를 지니고 복을 닦는 사람은 이 장구에서 신심을 내는데 그것은 사실이다."[83]

傅大士頌曰 因深果亦深 理密奧難尋 當來末法世 唯恐<慮=>法將沈 空生情未達 聞義恐難任 如能信此法 定是覺人心

부대사는 게송으로 다음과 같이 말했다.
"인이 깊고 과도 또 그처럼 깊으니
 도리가 심오하여 헤아리기 어렵네
 당래의 말법시대 후오백세 맞아서
 정법이 사라짐을 염려할 뿐이라네
 공생은 거기까지 통달하지 못하여
 중생이 불법 감당키 어렵다하지만
 말법중생은 지금의 설법을 듣고서
 반드시 깨침을 터득한다고 말하네"[84]

83) 持戒는 戒이고, 修福은 定이며, 生信은 慧이다. 삼학을 구비하기 때문에 후오백세에도 實信 곧 淨信을 낼 수가 있다. 實信은 청정한 믿음인데 여기에 3종이 있다. 곧 첫째는 直心인데 正念은 진여의 법계이기 때문이다. 둘째는 深心인데 일체의 모든 선행을 즐겨 모으기 때문이다. 셋째는 大悲心인데 일체중생의 고통을 없애주려 하기 때문이다.
84) 『梁朝傅大士頌金剛經』, (大正藏85, p.2下)

【경문7】

當知 是人不於一佛二佛三四五佛而種善根 已於無量千萬佛所種諸善根 聞是章句 乃至一念生淨信者 須菩提 如來悉知悉見 是諸衆生得如是無量福德

　"반드시 알아라. 그 사람은 한 부처님·두 부처님·셋·넷·다섯 부처님께만 선근을 심은 것이 아니다. 이미 무량한 천만 부처님 처소에서 모든 선근을 심었기 때문에 이 장구를 듣고 내지 일념에 곧 청정한 믿음을 낸다.
　수보리야, 여래는 그 모든 중생이 그와 같은 무량한 복덕을 얻는 것을 다 알고 다 본다."

傳大士頌曰 信根生一念 諸佛盡能知 生因於此日 證果未來時 三大經多劫 六度久安施 熏成無漏種 方號不思議

　부대사는 게송으로 다음과 같이 말했다.
　"믿음의 선근이 일념에 발생했음을
　제불은 다 알고 또 보고 계신다네
　오늘날 인을 발생시키는 것으로는
　미래세에 과보를 증득하는 것이고
　삼대아승지겁 동안 다겁에 걸쳐서
　오랫동안 육바라밀로 보시한 것은
　무루종자 훈습하여 성취된 것으로

바야흐로 불가사의라 말할만 하네"[85]

【경문8】

何以故 是諸衆生 無復我相 人相 衆生相 壽者相 無法相 亦無非法相 何
以故 是諸衆生若心取相 卽爲著我人衆生壽者 若取法相 卽著我人衆生
壽者 何以故 若取非法相 卽著我人衆生壽者

"왜냐하면 이러한 모든 중생은 다시는 아상·인상·중생상·수자
상이 없으며, 법상도 없고 또한 비법상도 없기 때문이다.[86]

왜냐하면 이러한 모든 중생이 만약 마음을 형상에 집착하면 곧
아·인·중생·수자에 집착하는 것이 되며, 만약 마음을 법상에 집
착해도 곧 아·인·중생·수자에 집착하는 것이 되기 때문이다.

왜냐하면 만약 마음을 비법상에만 집착해도 곧 아·인·중생·수
자에 집착하는 것이 되기 때문이다."

傳大士頌曰 人空法亦空 二相本來同 徧<遍=>計虛分別 依他礙不通 圓
成沈<說=>識海 流轉若飄蓬 欲識無生處<忍?> 心外斷行踪

---

85) 『梁朝傳大士頌金剛經』, (大正藏85, p.2下)
86) '법상도 없고'라는 것은 능취와 소취의 일체법이 없다는 것이고, '또한 비법상도 없다.'
   는 것은 무아는 진공으로서 실유하다는 것을 말한다. 그래서 이 아집과 법집의 둘을 여
   의어야 비로소 불지견을 얻고 淨信의 근본인 선근복덕을 성취한다. 그리하여 이 둘 곧
   아집과 법집을 아울러 없애는 것이다.

부대사는 게송으로 다음과 같이 말했다.
"인이 공하고 또 법도 같이 공하니
 인과 법 두 상은 본래 동일하다네
 변계소집은 허망한 분별 마음이고
 의타기는 분별장애로 막혀 있으며
 원성실성은 유식의 바다에 빠져서
 질풍처럼 바다에 떠돌며 유전하네
 무생법인의 도리를 알고자 한다면
 마음 밖의 모든 종적 끊어야 하네"[87]

【경문9】

是故不應取法 不應取非法

"이런 까닭에 마땅히 법에 집착해서도 안되고 비법에 집착해서도
안된다."

傳大士頌曰 有因名無<假?>號 無相有馳名 有無無別體 無有有無形 有
無無自性 妄起有無情 有無如谷響 無<勿?>著有無聲

　부대사는 게송으로 다음과 같이 말했다.
"유는 명칭을 말미암은 거짓으로서

---

87)『梁朝傳大士頌金剛經』, (大正藏85, p.2下)

무상이지만 짐짓 명칭으로 있다네
유와 무는 서로 다른 체가 아니고
유와 무의 형체가 따로 있지 않네
유와 무는 꼭 정해진 자성 없지만
망상에서 유무의 분별심 일어나네
그렇지만 유무는 메아리와 같으니
유무라는 메아리에 집착하지 말라"[88]

【경문10】

以是義故 如來常說 汝等比丘 知我說法 如筏喩者 法尚應捨 何況非法

　　"이런 뜻으로 인하여 여래는 항상 '그대 비구들이여, 내 설법은 뗏
목의 비유와 같은 줄 알아야 한다.'고 설한다. 이처럼 법마저 오히려
버려야 하는데 하물며 비법이겠는가."[89]

---

88) 『梁朝傳大士頌金剛經』, (大正藏85, pp.2下-3上)
89) 『筏喩經』에서는 "만일 뗏목의 비유를 아는 자라면 善法도 오히려 버릴 것인데 하물며
불선법이겠는가. 물을 건너가려고 하면 먼저 마땅히 뗏목을 취해 타고 가지만 저 쪽 언
덕에 닿은 뒤에는 그 뗏목을 버리고 가는 것 같이 하라."고 하였다. 『中阿含經』卷54
「阿梨吒經」, (大正藏1, p.764中-下) ; 『增一阿含經』卷38, (大正藏2, pp.759下-760
上). 또한 稱友의 『俱舍論疏』에는 "일체의 유위에 열반이 있다는 것은 무여열반을 말하
는 것이다. 만약 그렇다면 유루에 무여열반이 있기 때문에 유루에 有離의 성품이 있다
는 것은 지당할지라도 道聖諦는 어떤가. 법문은 뗏목의 비유와 같이 智者는 '법마저도
버리는데 하물며 非法이랴.' 라고 말하기 때문에 道聖諦에도 또한 出離가 있다. 때문에
일체의 유위는 有離이다."라고 하였다.

傅大士頌曰 渡河須用筏 到岸不須船 人法知無我 悟理：勞筌 中流仍被溺 誰論在二邊 有無如取一 卽被汙心田

부대사는 게송으로 다음과 같이 말했다.
"물을 건너려면 뗏목이 필요하지만
 언덕에 도달해서는 배가 필요없네
 인공과 법공으로 무아법을 알아서
 공도리 깨우치면 수단이 필요없네
 생사의 중류 집착으로 말미암는데
 뉘라서 양변에 있다고 논쟁하는가
 유와 무를 동일하다고 취급한다면
 분별심의 구덩이에 빠지고 만다네"[90]

通曰

此段經文 括盡一經旨趣 故傳大士頌之極詳 此經以無相爲體 無住爲宗 體無相不可以意想窺 用無住不可以執情度 古德云 <喩+?>如太末蟲 處處能泊 唯不能泊於火燄之上 衆生心<衆生亦爾?>處處能緣 獨<唯?>不能緣於般若之上 此其所以爲甚深也 云何無相 謂無人我相 無法我相 云何無住 謂不住於相 不住於法 不住於非法 無相何以爲果 無住何以爲因 法身無爲 不墮諸數 本來無相 只爲心有所住 便於無相之體不得圓滿 所以攝有相歸無相者 在觀照智也 如象脇經說 若出生死 證涅槃界 愛非愛果 法非法因 一切皆捨 雖正因正果 尙在所捨 此甚深般若 最爲難信之法也

90)『梁朝傅大士頌金剛經』,(大正藏85, p.3上)

▦ 종통8

이 단락의 경문은 경전 전체의 지취를 모두 갈무리하고 있다. 때문에 부대사는 게송으로 그것을 상세하게 드러냈다. 이 경전은 무상으로써 본체를 삼고 무주로써 종지를 삼는다. 그런데 본체는 無相하여 意想으로는 엿볼 수가 없고, 묘용은 무주로서 執情으로는 헤아릴 수가 없다.

그래서 고덕은 다음과 같이 말했다.

"비유하면 太末蟲이란 벌레처럼 어느 곳에나 달라붙지만 오직 화염에는 달라붙지 못한다. 중생심도 또한 그와 같아서 어느 곳이나 반연하지만 오직 반야에는 반연하지 못한다."[91]

이것은 바로 반야가 심심한 까닭이다.

묻는다 : 無相이란 무엇인가.

답한다 : 인아상이 없고 법아상이 없는 것이다.

묻는다 : 無住란 무엇인가.

답한다 : 상에도 집착이 없고 법에도 집착이 없으며 비법에도 집착이 없는 것이다.

묻는다 : 無相은 어찌하여 果가 되고, 無住는 어찌하여 因이 되는가.

답한다 : 법신은 무위로서 모든 법수에 떨어지지 않는 것으로 본래 無相이다. 다만 마음에 집착이 있으므로 곧 無相의 본체가 원만하지 못한다. 때문에 유상을 섭수하여 무상으로 귀착하는 자에게는 관조의 지혜가 있다. '象脇經에서 말한 것처럼 만약 생·사를 벗어나서 열반계를 증득하면 애도

---

91) 『大慧語錄』卷25, (大正藏47, p.919中)

愛果가 되지 않고 법도 法因이 되지 않으며 일체를 모두 초월하게 된다.'[92] 그래서 비록 正因과 正果일지라도 오히려 버려야 할 대상이다. 그러므로 이 심심한 반야야말로 가장 믿기 어려운 법이다.

刊定記云 初善現聞此因果俱深章句 不勝慶幸 始者但知無相 而不知卽相無相之深果 始者但知常住 而不知住而無住之深因 以佛世時 尙有難信此深法者 不知現在當來 能有衆生聞是章句生眞實信心 以爲實有是事否耶 佛爲遣此疑 故訶勸之曰 莫作是說

『간정기』에서도 말했지만, 처음에 선현은 여기 인·과가 깊은 章句를 듣고서 기쁨을 이기지 못하였다. 처음에는 단지 無相만을 알고 相에 즉한 無相의 깊은 果는 알지 못하였고, 처음에는 단지 常住만을 알고 住하되 無住하는 깊은 因은 알지 못하였다.

부처님이 세상에 계실 때에도 오히려 이 깊은 법을 믿지 못하는 사람은 현재와 미래에 이 章句를 듣고서 진실한 신심을 발생하는 중생이 있는 줄은 결코 모른다. 바로 부처님은 이와 같은 의심을 없애주기 위한 까닭에 그것을 꾸짖어 '그렇게 말하지 말라.'고 말했다.

一切衆生皆有佛性 聞法生信 豈謂無人 如佛滅後 後五百歲 凡五簡五百初五百中解脫牢固 二五百中禪定牢固 三五百中多聞牢固 四五百中塔

---

92) 『金剛般若波羅蜜經破取著不壞假名論』卷上, (大正藏25, p.889上)

寺牢固 後五百中鬪諍牢固 此則敎力漸衰 正法將滅之時 有持戒修福者
戒定具足 能發慧覺 以此爲實 正解因果甚深義趣 而無顚倒之惑者矣

　일체중생에게는 모두 불성이 있다는 설법을 듣고서 믿음을 발생하
는데 어째서 그러한 사람이 없다고 말할 것인가. 부처님께서 멸도하
신 이후 후오백세란 무릇 다섯 개의 오백세가 있다.
　첫째의 오백세 중에는 해탈뇌고의 시대이고, 둘째의 오백세 중에
는 선정뇌고의 시대이며, 셋째의 오백세 중에는 다문뇌고의 시대이
고, 넷째의 오백세 중에는 탑사뇌고의 시대이며, 다섯째의 오백세
중에는 투쟁뇌고의 시대이다.
　이것은 교학의 힘이 점차 쇠퇴해져 장차 정법이 소멸되는 시대이지
만, 계를 지키고 복덕을 닦는 자는 지계와 선정을 구족하여 지혜와 깨
침을 발생할 터인데 이것은 진실이다. 그 사람이야말로 곧 인 · 과의
심심한 의취를 제대로 이해하여 전도에 미혹되지 않는 사람이다.

彌勒菩薩頌曰 說因果深義 於後惡世時 不空以有實 菩薩三德備

　미륵보살은 게송으로 다음과 같이 말했다.
　"인과의 심오한 뜻을 설함은
　저 오탁악세 말법 시대에도
　헛됨 없이 진실하기 때문에
　보살은 세 가지를 구비한다"[93]

---

93) 『金剛般若波羅蜜經論』 卷上, (大正藏25, p.783中)

若無戒定慧三德　孰能以此爲實而生信耶　當知是人於多佛所久事善友
習聞正法　則緣勝也　種諸善根　三毒久伏　六度增長　則因勝也　因緣俱勝
方生實信　是知實信誠不易得　無論聞是章句　實信一切諸佛本來清淨　一
切衆生盡成佛道　乃至一念淨信此經　是諸佛因　是諸佛果　如是信經之人
得福無量　猶如十方虛空　不可思量

　만약 계·정·혜의 삼학이 없다면 어찌 '이것은 진실로서 믿음을
발생한다.'는 것이 가능하겠는가. 그러한 사람은 수많은 부처님을
오랫동안 섬겨온 선우로서 정법을 익히고 들어온 즉 緣이 뛰어난 경
우이고, 또한 제선근을 심고 탐·진·치의 삼독심을 오랫동안 다스
리며 육도를 증장한 즉 因이 뛰어난 경우임을 반드시 알아야 한다.
　이처럼 인과 연이 뛰어나야 바야흐로 진실한 믿음을 발생한다. 이
로써 진실한 믿음은 실로 쉽게 터득되는 것이 아님을 알 것이다. 말
할 것도 없이 이러한 장구를 듣고서 일체제불은 본래청정하고, 일체
중생은 모두 불도를 성취하고 있으며, 내지 일념만이라도 이 경전에
대하여 청정하게 믿으면 그것이야말로 제불의 인이고 제불의 과이
다. 이와 같이 경전을 믿는 사람은 무량한 복덕을 얻는데, 그것은 마
치 시방의 허공과 같이 불가사량하다.

彌勒菩薩偈曰　修戒於過去　及種諸善根　戒具於諸佛　亦說功德滿

　미륵보살은 게송으로 다음과 같이 말했다.
　"과거전생에 모든 계를 닦고
　또한 제선근을 널리 심어서

제불 밑에서 계를 구족하니
또한 공덕이 이에 가득하다"[94]

如來於彼咸悉知見 凡夫知以比智 見以肉眼 故有不知不見 如來於見處
卽知 非比智知 知處卽見 非同肉眼見 故無所不知 無所不見也

　여래는 그들에 대하여 모두 다 알고 본다. 범부는 比智로 알고 육
안으로 보기 때문에 알지 못하고 보지 못하는 경우가 있다. 그러나
여래는 보는 곳에서 그대로 아는 것이지 比智로 아는 것이 아니고,
아는 곳에서 그대로 보는 것이지 육안으로 보는 것과 같지 않기 때
문에 알지 못하는 것이 없고 보지 못하는 것이 없다.

彌勒菩薩偈云 佛非見果知 願智力現見 求供養恭敬 彼人不能說

　미륵보살은 게송으로 다음과 같이 말했다.
　"불은 比知로 과보를 보지 않고
　現智 곧 願智力을 통해서 본다
　그래서 공경공양으로 구하려는
　사람은 설한 바를 이해 못한다"[95]

---

94) 『金剛般若波羅蜜經論』卷上, (大正藏25, p.783中)
95) 『金剛般若波羅蜜經論』卷上, (大正藏25, p.784上)

得福有二 謂生得取得 生者 正修福業 能生善因 卽信解持說者也 取者
卽今熏成種子 後感將來果報也 此諸供養恭敬 非比智知 非肉眼見 故曰
彼人不能說

　복덕을 터득하는 것에 두 가지가 있는데, 말하자면 생득과 취득
이다.
　생득이란 제대로 복업을 닦아서 선인을 발생한 즉 믿고 이해하며
받고 지니며 연설하는 것이고, 취득이란 즉금에 훈습으로 성취된 종
자로서 이후 장래에 과보를 받는 것이다. 이 모든 공양과 공경은 比
智로 아는 것이 아니고 육안으로 보는 것이 아니기 때문에 '그들 범
부는 설할 수가 없다.'고 말한다.

以何義故 信經之人得如是無量福德耶 是諸衆生 如是持說 如是熏修 無
復我人衆生壽者之相 已得人無我慧 無復執於有爲之法相 亦無執於無
爲之非法相 得法無我慧 人法俱空 量等太虛 故其福德不可量也

　묻는다 : 어떤 뜻에서 경전을 믿는 사람은 이와 같은 무량한 복덕
　　　　　을 터득하는 것인가.
　답한다 : 이들 모든 중생은 여시하게 받고 지니며 연설하고 여시하
　　　　　게 훈습하며 수행하여 다시는 아상·인상·중생상·수자
　　　　　상이 없다. 그리고 이미 人無我의 지혜를 터득해서는 다
　　　　　시 무위의 비법상에 대하여 집착이 없고, 법무아의 지혜
　　　　　까지 터득하여 인·법이 모두 공하여 그 역량이 태허와 같
　　　　　기 때문에 그 복덕이 불가량하다.

四相固云相矣 法與非法屬於分別 何以亦謂之相耶 爲其所分別者 不離
我我所相 起法非法想 非於無我土木等生分別也

　묻는다 : 사상은 굳이 말하자면 상이다. 법과 비법은 분별에 속한
　　　　　데 어째서 또 그것을 상이라 말하는 것인가.
　답한다 : 그것이 분별이 되는 것은 아와 아소의 상을 벗어나지 못하
　　　　　여 법과 비법이라는 분별상[想]을 일으킨다는 것이지, 아가
　　　　　없는 토 · 목 등에 대하여 분별을 발생하는 것은 아니다.

彌勒菩薩偈曰 彼壽者及法 遠離於取相 亦說知彼相 依八八義別

　미륵보살은 게송으로 다음과 같이 말했다.
　"저 수자의 사상과 법의 사상은
　　취착의 상을 멀리 벗어나 있다
　　또한 설한 팔상을 알아야 한다
　　팔종 所治 팔종 能治의 차별을"96)

人我四相 法我四相 共成八義 略有淺深 般若能知八義遠離於相 卽謂具
慧 如執自五蘊種種差別爲我 計諸蘊旣謝 復取諸趣爲人 計諸蘊流轉相
續不斷爲衆生 計一生命根常住爲壽者 此凡夫所著有爲：相也

---

96)『金剛般若波羅蜜經論』卷上, (大正藏25, p.783中)

인아의 사상은 법아의 사상과 함께 八義가 되는데 거기에는 얕고 깊음이 있다. 반야지혜가 팔의를 알아서 상을 멀리 떠나는 것을 곧 具慧라 말한다. 오온으로부터 갖가지에 집착하는 것은 아상이고, 제온에 대한 계탁은 이미 사라졌지만 다시 제취에 집착하는 것은 인상이며, 제온이 유전하고 상속되어 단절되지 않는다고 계탁하는 것은 중생상이고, 일생의 명근이 상주한다고 계탁하는 것은 수자상이다. 이런 것은 범부가 집착하는 것으로 유위의 추상이다.

彌勒菩薩偈曰 差別相續體 不斷至命住 復趣於異道 是我相四種 此之謂也

　　미륵보살은 게송으로 다음과 같이 말한다.
　"차별의 아상과 상속되는 體인 중생상과
　　부단히 終命에 이르도록 주하는 인상과
　　또다시 새로운 세상에 태어나는 수자상
　　이것이야말로 아상의 네 가지 종류이다"[97]
　바로 이것을 가리킨다.

若除四相 卽於相除之可也 何爲復不住於法 非法耶 若心取於色相者 貪戀五塵之境 以是爲因 卽著諸蘊幻質四相 若心取有爲之法 離境求心 以是爲因 卽著正悟了覺四相 比例而觀 若心取無爲之法 諸法皆空 以是爲因 卽著於捨藏法執四相 其可謂之無相法身乎

---

97) 『金剛般若波羅蜜經論』 卷上, (大正藏25, p.783中)

묻는다 : 만약 인의 사상만 단제하면 곧 상에서 법의 사상도 단제
　　　　할 수가 있다. 그런데 어째서 다시 법과 비법에 집착하지
　　　　말라는 것인가.

답한다 : 만약 마음이 색상에 집착하는 사람이 오진의 경계에 貪
　　　　戀하는 것으로써 인을 삼으면 곧 諸蘊과 幻質의 사상에
　　　　집착하게 되지만, 만약 마음이 유위법에 집착하여 경계
　　　　를 떠나서 마음을 추구하는 것으로써 인을 삼으면 곧 正
　　　　悟와 了覺의 사상에 집착하게 된다. 이와 비교하여 관찰
　　　　하자면, 만약 마음이 무위법에 집착하여 제법이 모두 공
　　　　한 것으로써 인을 삼으면 곧 捨藏과 法執의 사상에 집착
　　　　하게 되는데 그것은 가히 무상법신이라 말할 수가 있겠
　　　　는가.

彌勒菩薩偈曰 一切空無物 實有不可說 依言詞<辭?>而說 是法相四種
蓋指此也

　미륵보살은 게송으로 다음과 같이 말했다.
　"일체는 공하여 物相이 없지만
　　실유의 존재는 곧 불가설이다
　　그러나 언사를 가지고 설하니
　　이것이 네 가지의 법상이라네"[98]
　　무릇 이것을 가리킨다.

---

98)『金剛般若波羅蜜經論』卷上, (大正藏25, p.783下)

一切空者 卽人空 法空見也 人法俱空 都無分別 卽實有不可說也 雖不可
說 不是頑空 但依世諦言詞而說 卽是中道諦也 於此有著有住 不離偏計
依他二執 而圓成實性沈於識海 不能證於無相之果 是故修無上菩提正
因者 不應取法 不住於生死法也 不應取非法 不住於涅槃法也 二邊不住
卽歸中道 究竟中道亦不應住著也

　일체공이란 곧 인이 공하고 법도 공하다고 보는 것이다. 人과 法이
모두 공한 것은 모두 무분별이므로 실에 즉하여 불가설이다. 비록
불가설일지라도 그것은 완공이 아니다. 다만 세제의 언사에 의거하
여 설한 것으로 그것은 곧 중도제이다.
　여기에서 집착이 있고 분별이 있으면[有著有住] 변계소집성과 의타기
성을 벗어나지 못하고, 원성실성이라는 유식의 바다에 빠져서 無相
果를 증득하지 못한다. 이런 까닭에 無上菩提의 정인을 닦는 사람은
결코 법에 집착해서도 안되고 생사법에 집착해서도 안되며, 비법에
집착해서도 안되고 열반법에 집착해서도 안된다. 이처럼 양변에 집
착이 없으면 곧 중도에 돌아가는데 구경의 중도에도 또한 결코 주착
하지 말아야 한다.

彌勒菩薩偈曰 彼人生 <依?> 信心 恭敬生實相 聞聲不正取 正說如是取

　미륵보살은 게송으로 다음과 같이 말했다.
　"지계 및 수복덕인은 신심과
　공경에 의하여 실상을 낸다
　저 소리에 집착은 안되지만

올바른 설법은 취해야 한다"[99]

此何義耶 謂於般若一念生淨信者 不如言取義 隨順第一義智 以無住爲
義故

　　묻는다 : 이것은 무슨 뜻인가.
　　답한다 : 말하자면 반야에 대하여 일념 동안만이라도 청정한 믿음
　　　　　　을 발생하는 것은 뜻을 취한다는 말만은 못하다. 왜냐하
　　　　　　면 뜻을 취한다는 말은 곧 第一義智에 수순함으로써 무주
　　　　　　로써 뜻을 삼기 때문이다.

如來常說汝等比丘知我說法 如筏喩者<者+?> 如欲濟川 先應取筏 至
彼岸已 卽應捨去 欲度煩惱大流 應修一切善法 旣登涅槃岸已 法亦應捨
善法尚不應取 以實相無相故 何況不善非法 離於實相外者耶 以上有無
諸法 皆非法也 故不應取

　　"여래는 항상 '그대 비구들이여, 내 설법은 뗏목의 비유와 같은 줄
알아야 한다.'고 설한다."는 것은 강을 건너고자 하면 먼저 뗏목을 취
하여 피안에 도착해서는 곧 버려야 하는 것을 말한다.
　　마찬가지로 번뇌의 大流를 건너고자 하면 반드시 일체의 선법을
닦아야 한다. 그리하여 열반의 언덕에 올라서는 법도 또한 반드시

99) 『金剛般若波羅蜜經論』 卷上, (大正藏25, p.783下)

버려야 한다. 오히려 선법도 결코 취하지 말아야 하는데, 그것은 실상이야말로 무상이기 때문이다. 하물며 불선의 비법으로서 실상 밖에 벗어나 있는 것이겠는가.

이상과 같이 유와 무의 제법은 다 비법이므로 결코 집착하지 말아야 한다.

彌勒菩薩偈曰 彼不住隨順 於法中證智 如人捨船筏<栰=> 法中義亦然

미륵보살은 게송으로 다음과 같이 말했다.
"저것은 주함이 없이 수순하여
법 가운데서 지혜를 증득한다
사람이 배나 뗏목을 버리듯이
법에서 말하는 뜻도 그러하다"[100]

彼證智者 本不住於隨順相應法中 而未證者 必於隨順相應法中而證智 如筏可憑也 亦可捨也 然則文字般若 何爲亦應捨耶 爲除信經者微細執故 前以信心淸淨 得福無量 非不正因正果 若細執不除 終爲聖道之障 故能於經而離經 於法而離法 但除其病 而不除其體 斯善乎甚深般若之旨矣

묻는다 : 저 법에서 지혜를 증득한 사람은 본래 수순하여 상응하는
법에 집착이 없는 것이지만, 아직 지혜를 증득하지 못한

---

100) 『金剛般若波羅蜜經論』卷上, (大正藏25, p.784上)

사람은 반드시 수순하여 상응하는 법에서 지혜를 증득해
야 하고, 또한 증득한 그 지혜를 버릴 줄 알아야 한다. 그
런즉 그것은 문자반야인데 어째서 또 그것조차도 버려야
만 하는 것인가.

답한다 : 경전을 믿는 자는 미세한 집착마저도 버려야 하기 때문이
다. 앞에서 신심이 완성[淸淨]됨으로써 얻는 복덕은 무량하
고 正因 · 正果 아님이 없었다. 그런데 만약 미세한 집착
을 단제하지 못한다면 끝내 성도에 장애가 되기 때문에 경
전에 대해서도 경전에 대한 집착을 벗어나야 하고 법에 대
해서도 법에 대한 집착을 벗어나야만 한다. 다만 그 병만
단제할 뿐이지 그 체는 단제하지 않는다. 이와 같은 善이
야말로 심심한 반야의 종지이다.

僧問同安 依經解義 三世佛冤 離經一字 卽同魔說 此理如何 安云 孤峰
逈秀 不挂煙蘿 片月橫空 白雲自異 丹霞頌云 雲自高飛水自流 海天空闊
漾虛舟 夜深不向蘆灣宿 逈出中間與兩頭 只此逈出中間與兩頭一語 括
盡般若甚深義 傅大士頌謂中流仍被溺 正謂般若亦應捨也 深哉

[한 승이 동안도비에게 물었다.

"경전에 의거하여 뜻을 해석하는 것은 삼세제불의 원수이고, 경전
에서 한글자라도 벗어나는 것은 곧 마설과 같다는데, 그것은 무슨
도리입니까."

동안이 말했다.

"우뚝한 봉우리에 아득히 솟아 있어서 연무에 걸리지 않고, 조각

달은 허공에 걸려 있고 흰구름은 변화다양하다.”

　단하자순은 게송으로 다음과 같이 말했다.

　“구름은 하늘에 높이 날고 물은 저멀리 흘러가니

　　하늘은 높고 바다는 넓은데 빈 배만 출렁거리네

　　깊은 밤에도 오랫동안 홀로 깨어 잠들지 않으니

　　세간 및 출세간 아득히 벗어나 중도에 머문다네”][101]

　무릇 이 ‘세간 및 출세간 아득히 벗어나 중도에 머문다네’의 한마
디는 반야의 심심한 뜻을 모두 갈무리하고 있다. 위에서 부대사가
게송으로 말한 ‘생사의 중류 집착으로 말미암는데’라는 말이야말로
바로 반야를 말한 것인데, 그 또한 반드시 버려야 할 것이므로 참으
로 깊은 도리이다.

三斷無相云何得說疑

此疑從第一疑中不可以身相得見如來而來　向云佛身無相　若證無相時
法與非法皆捨　卽不合有得有說　何故世尊以一念相應正智現覺　於諸法
有所說耶　有說卽墮有爲　安在其無爲耶　爲遣此疑　故經曰

　• 제삼단의 : 불이 유위상을 떠난 無相이라면 어떻게 법을 설하는
　　　　　것인가 하는 의심을 단제한다.[102]

---

101)『禪林類聚』卷8, (卍續藏67, p.49中)
102) 이것은 위에서 無想(相)因을 말하였는데 어떻게 그것이 無相果가 되는 겁니까 하는 것
　　이다. 곧 무슨 까닭에 석가모니 부처님께서는 마갈타의 적멸도량에서 깨침을 성취하
　　고, 바라나시의 녹야원에서 설법하여 사람을 건지며, 쿠시나가라의 쌍림에서 입멸을

이 의심은 제일단의 가운데서 '신상을 통해서는 여래를 볼 수가 없다.'는 대목으로부터 유래한 것이다. 저 위에서 佛身은 無相이라고 말했다. 만약 無相을 증득하였을 때 법과 비법을 모두 버려야 한다면 곧 유득과 유설에 합치되지 않을 것이다.

그런데 무슨 까닭에 세존은 일념에 正智와 現覺에 상응하고 또 제법을 설하였는가. 설법이 있으면 곧 유위에 떨어질 것인데, 어찌 그것이 무위에 해당되겠는가. 이와 같은 의심을 없애려는 까닭에 경문에서는 다음과 같이 말한다.

【경문11】

須菩提 於意云何 如來得阿耨多羅三藐三菩提耶 如來有所說法耶 須菩提言 如我解佛所說義 無有定法名阿耨多羅三藐三菩提 亦無有定法 如來可說 何以故 如來所說法 皆不可取 不可說非法非非法

"수보리야, 어떻게 생각하느냐. 여래가 아뇩다라삼먁삼보리를 얻었느냐. 여래가 설한 법이 있느냐."

수보리가 여쭈었다.

"제가 부처님께서 설하신 뜻을 이해하기로는 정해진 법이 없는 것을 아뇩다라삼먁삼보리라 말합니다. 또한 정해진 법이 없는 것을 여래께서 설하셨습니다.

왜냐하면 여래께서 설하신 법은 모두 취할 수도 없고 설할 수도 없는 것으로 법도 아니고 비법도 아니기 때문입니다."

하는 것 등 無相果를 성취한 겁니까를 의심한 것이다.

傅大士頌曰 菩提離言說 從來無得人 須依二空理 當證法王身 有心俱是
妄 無執乃名眞 若悟非非法 逍遙出六塵

　부대사는 게송으로 다음과 같이 말했다.
　"보리는 언설을 벗어나 있으므로
　종래 그것을 터득한 사람이 없네
　모름지기 이공의 도리에 의해야
　반드시 법왕신을 증득할 것이네
　소득심이 있으면 모두 허망이고
　집착이 없어야 진실이라 말하네
　만약 비법도 아님을 깨닫는다면
　아득히 육진의 경계 벗어난다네"[103]

【경문12】
所以者何 一切賢聖 皆以無爲法而有差別

　왜냐하면 일체의 현·성은 다 무위법의 입장에서만 방편차별을 두
기 때문입니다.

傅大士頌曰 人法俱名執 了卽二無爲 菩薩能齊證 聲聞離一非 所知煩惱
盡<障?> 空中無所依 常能作此觀 得聖定無疑

---

103)『梁朝傅大士頌金剛經』, (大正藏85, p.3上)

부대사는 게송으로 다음과 같이 말했다.

"인아와 법아는 모두 집착이므로
둘을 모두 요해해야 二無爲라네
보살은 인아와 법아를 깨치는데
성문은 인아만 깨쳐 치우친다네
소지장과 번뇌장이 다 소멸되어
번뇌가 공하면 집착조차 없다네
늘상 이와 같이 관찰할 줄 알면
여래선정 터득하여 의심이 없네"[104]

【경문13】

須菩提 於意云何 若人滿三千大千世界七寶以用布施 是人所得福德 寧
爲多不 須菩提言 甚多 世尊 何以故 是福德卽非福德性 是故如來說福德
多 若復有人 於此經中受持乃至四句偈等 爲他人說 其福勝彼 何以故 須
菩提 一切諸佛及諸佛阿耨多羅三藐三菩提法 皆從此經出 須菩提 所謂
佛法者 卽非佛法

"수보리야, 어떻게 생각하느냐. 만약 어떤 사람이 삼천대천세계에
칠보를 가득 채워 그것으로 보시한다면 이 사람이 얻은 복덕은 얼마
나 많겠느냐."
수보리가 여쭈었다.
"대단히 많습니다, 세존이시여. 왜냐하면 그 복덕은 복덕의 성품

---

104) 『梁朝傅大士頌金剛經』, (大正藏85, p.3上)

이 아니기 때문에 여래께서는 복덕이 많다고 설하셨기 때문입니다."

"만약에 또한 어떤 사람이 이 경전을 받고 지니거나 그 가운데 사구게 등을 타인에게 설해준다면 그 복덕이 저 복덕보다 많을 것이다. 왜냐하면 수보리야, 일체제불과 제불의 아뇩다라삼먁삼보리법은 다이 경전에서 나왔기 때문이다.

수보리야, 이른바 불법이란 곧 불법이 아니다."

傅大士頌曰 寶滿三千界 齋持作福田 唯成有漏業 終不離人天 持經取四
句 與聖作良緣 欲入無爲海 須乘般若船

부대사는 게송으로 다음과 같이 말했다.
"삼천대천세계 가득 채운 보배를
 활용하여 터득한 복덕의 과보는
 오직 유루업만 성취될 뿐이므로
 끝내 인천과보 벗어나지 못하네
 경전을 수지해 사구게를 취하면
 여래의 가르침과 좋은 인연맺고
 무위의 바다에 들어가고자 하면
 모름지기 반야선을 타야 한다네"[105]

---

105) 『梁朝傅大士頌金剛經』, (大正藏85, p.3中)

如來無住妙法 大不可思議 論實際理地 一無所得 以普利羣生之故 不妨
現起種種形相言音 凡有見聞 靡不獲益 其實於諸法性 離諸分別 不由作
意 得卽無得 說卽無說 是爲中道第一義諦也 空生但明法身邊事 故以如
來無得無說 一切賢聖皆以無爲法而有差別 世尊却指出法身向上事 不
妨一切諸佛從此生 無上菩提法從此出 但所謂佛與法者 卽非佛與法 皆
無所得故 如是妙法 有能信受者 福德眞不可量也

🔲 **종통9**

집착이 없는 여래의 묘법은 대불가사의하다. 그것을 실제의 理
地에서 논하자면 조금의 상[所得]도 없이 널리 군생을 이롭게 하는 까
닭에 갖가지 形相과 言音을 현기하는데 장애가 없다. 그리고 무릇
견문을 하면서도 이익을 획득하지 못함이 없어서 기실 제법성에 대
해서도 모든 분별을 벗어나 있고, 작의를 말미암지 않으므로 소득이
있어도 무소득이며, 설법이 있어도 무소설이므로 이것이야말로 곧
중도제일의제이다.

공생은 무릇 법신의 주변사에 대해서만 설명했기 때문에 여래는
무득이고 무설이었다. 그래서 이에 일체의 현·성은 모두 무위법의
차원에서만 차별을 둔다. 이에 세존은 다시 법신을 초월하는 향상사
를 지시하였는데, 그것이 곧 일체제불이 그로부터 발생하고 무상보
리법도 그로부터 발생하는데 장애가 없다는 것이었다. 무릇 소위 부
처와 불법이란 곧 부처와 불법이 아닌데 그것은 모두 무소득이기 때
문이다. 이와 같은 묘법을 믿고 받으며 지니는 사람은 진실로 그 복
덕이 불가사량하다.

刊定記曰 佛問須菩提 於汝意中所謂如何 謂我得菩提爲不得耶 謂我說
法爲不說耶 須菩提一向解空 豈不知佛有三種 一者法身佛 二者報佛 三
者化佛 今世尊卽是化身 此乃元非證覺 亦不說法度生 故無有定法名得
菩提 亦無有定法<名+?>如來可說 此何以故 以如來所說無上菩提之法
非耳能聽 不可取故 非口能宣 不可說故 欲言其有 則無狀無名 一切法無
實體相故 本未嘗有也 故曰非法 欲言其無 則聖以之靈 眞如無我相實有
故 又未嘗無也 故曰非非法 以爲法則又非法 以爲非法則又非非法 說者
旣不二說 聽者亦不二取 故謂如來無得無說也

『간정기』에서도 말했다시피, 부처님께서 수보리에게 다음과 같이
물었다.

"그대는 어떻게 생각하느냐. 나 여래가 보리를 터득했느냐 터득
하지 못했느냐, 그리고 나 여래가 설법을 했느냐 설법하지 않았느
냐."

수보리는 줄곧 공을 이해하는[解空] 사람인데 어찌 부처에게 첫째는
법신불이고, 둘째는 보신불이며, 셋째는 화신불의 삼종이 있는 줄을
모르겠는가. 지금의 세존은 곧 화신불인데, 원래는 증각불도 아니
고, 또한 설법을 하여 중생을 제도하는 것도 아니다. 때문에 정해진
법이 없는 경우에 대하여 보리를 터득했다고 말하고, 또한 정해진
법이 없는 경우에 대하여 여래가 설법했다고 말한다.

왜냐하면 여래가 설한 무상보리의 법은 귀로 들을 수 있는 것도 아
니므로 취할 수가 없고, 입으로 펼칠 수 있는 것도 아니므로 설할 수
가 없다. 그래서 그것을 존재한다[有]고 말하려고 하지만 형상이 없
고 명칭이 없다. 그것은 일체법에 실체가 없는 까닭에 근본적으로
일찍이 존재했던 적이 없으므로 비법이라 말한다. 그리고 그 존재하

지 않는다[無]고 말하려고 하지만 성스러워서 신령하다[靈]. 그것은 진여로서 아상이라는 실유가 없고, 또한 일찍이 존재하지 않았던 적이 없으므로 비비법이라 말한다. 이로써 법이면서 또한 비법이고, 비법이면서 또한 비비법이다.

　이처럼 설법하는 사람에게는 이미 설과 비설이라는 二說이 없고, 듣는 사람에게는 이미 취와 비취라는 二取가 없는 까닭에 소위 여래는 무득이고 무설이라 말한다.

彌勒菩薩偈曰 應化非眞佛 亦非說法者 說法不二取 無說離言相

　미륵보살은 게송으로 다음과 같이 말했다.
　"응신과 화신은 진불도 아니고
　또한 설법하는 사람도 아니네
　설법에서 법과 비법의 불취는
　설법의 언상 초월한 까닭이네"106)

不二取者 不取法非法也 豈惟如來爲然 一切賢聖依眞如法淸淨得名 皆是此無爲之法 無爲本無所作爲 故不見其有 不見其無 無爲卽無可分別 故不得而取 不得而說 彼之自性 遠離言語相 非可說事故 但賢人分證此理 分得淸淨 聖位全證此理 具足淸淨 皆修證此菩提之法 而果位不無差別耳 如象馬兎同渡一河 能渡有差 所渡無別故 世尊以一切無爲法不可

106) 『金剛般若波羅蜜經論』卷上, (大正藏25, p.784中)

立宗 恐人聞說是法無爲 不可取說 便欲一向毀廢 諸佛如來無從出生 無
上菩提無從了證 所謂佛法者 將不墮於空乎 於是較量持經功德以問須
菩提 於意云何 若人以金銀瑠璃珊瑚瑪瑙赤眞珠玻瓈七寶 充滿三千大
千世界 由小千而中千 由中千而大千 凡萬億日月 萬億四天下 以如是寶
持用布施 寶如是其珍也 布施如是其廣也 所得福報寧爲多否 須菩提言
甚多 以何義故說多耶 是珍寶廣施之福德 但是事福 不能持荷菩提 非般
若福德種性 若依般若修行 令自性不墮諸有 是名福德性 肩荷如來 性周
沙界 其福德亦如是積聚 是爲理福 不可言福與不福 福旣不有 無以言多
世俗有者 有相有爲 可以言福 以有福故 兼可言多 是故如來說福德多 佛
卽印可之曰 如汝所說 若復有人 於此般若章句 信受持誦 自利也 爲他人
說 利他也 無論全部貫徹始終 乃至隨說四句偈等 不離般若自性以爲功
德 其福勝彼以寶施者無量無邊 不可以心所測也

　　두 가지를 취하지 않는다[不二取]는 것은 법과 비법을 취할 수가 없
다는 것인데, 어찌 오직 여래만 그렇겠는가. 일체의 현·성들도 진
여법에 의거하여 청정이라는 명칭을 획득하였는데 그 모두가 바로
이 무위법이었다. 무위는 본래 작위가 없는 것이기 때문에 그 유를
볼 수가 없고 또 그 무도 볼 수가 없다. 그리고 무위는 곧 분별할 수
가 없기 때문에 취할 수가 없고 설할 수가 없다. 무위의 자성은 언어
의 형상을 벗어나 있기 때문이고, 또 설할 수 있는 것도 아니기 때문
이다.

　　무릇 현인은 이 도리를 부분적으로 증득하여[分證] 부분적으로 완성
[分得淸淨]할 수 있고, 성인의 지위에서 이 도리를 온전하게 증득[全證]
하고 전체를 완성[具足淸淨]할 수 있다. 모두 이 보리법을 수행하고 증
득하지만 그 과위에는 차별이 없을 수가 없다. 마치 코끼리와 말과

토끼가 모두 물을 건너가는 경우에 건너가는 데에는[能渡] 차별이 있지만 도달하는 데에는[所渡] 차별이 없는 것과 같다.

세존께서는 일체의 무위법을 가지고는 종지를 내세울 수가 없었다. 왜냐하면 사람들이 그 무위법의 경우 들을 수도 없고 취할 수도 없다는 것을 듣고서 줄곧 포기[毀廢]할지도 모르고, 또한 제불여래는 출생한 적도 없고 무상보리는 了證한 적도 없어서, 소위 불법에 대하여 장차 무기공에 떨어지지 않을까 하는 것을 염려한 까닭이었다. 이에 경전을 받고 지닌 공덕을 비교함으로써 수보리에게 다음과 같이 물었다.

'어떻게 생각하느냐. 어떤 사람이 금 · 은 · 유리 · 산호 · 마노 · 적진주 · 파려 등 칠보를 가지고 삼천대천세계에 곧 소천세계를 말미암아 중천세계가 되고, 중천세계를 말미암아 대천세계가 되며, 무릇 만억 개의 해와 달 그리고 만억 개의 사천하에 충만시킨다. 이와 같은 보배를 가지고 보시에 활용한다. 보배가 이와 같이 진귀하고 보시가 이와 같이 광대하다. 그러면 그것으로 얻는 복덕은 얼마나 많겠느냐.'

이에 수보리가 '대단히 많습니다.'라고 말했다. 그러면 어떤 뜻에서 수보리는 많다고 말했는가. 곧 진보로써 널리 보시하는 복덕은 다만 재물복덕[事福]일 뿐으로서 보리를 감당할 수가 없어서 반야의 복덕종성은 아니다. 만약 반야의 수행에 의거하여 자성이 諸有에 떨어지지 않도록 한다면 곧 복덕성이라 말한다. 그 복덕성은 여래를 어깨에 짊어지고 그 복덕성은 항사세계에 두루한다. 이것이 자성복덕[理福]인데 福과 不福이라고 말할 수가 없다. 그 복은 이미 유 · 무가 아니므로 언설로써만 많다는 것이다. 세속에서 말하는 유는 우상이고 유위이기 때문에 언설로써 복이라 말할 수가 있는데, 그처럼 복이 있는 까닭에 아울러 많다고 말하는 것이다. 이런 까닭에 여래는 복덕이 많다고 말한다. 부처님께서는 인가하여 다음과 같이 말한다.

[그대가 말한 것처럼 만약에 또 어떤 사람이 이 반야경의 장구를 믿고 받으며 지니고 독송하는 것은 自利이고, 남에게 연설해주는 것은 利他라고 말한다. 전부 시·종을 관철하여 논할 수는 없지만 내지 사구게 등이 설해지는 곳마다 반야자성을 벗어나지 않는 것은 공덕이 되는데, 그 공덕의 복은 앞에서 보배로써 보시하는 경우보다 무량·무변 배나 뛰어나서 마음으로 헤아릴 수조차 없다.]

彌勒菩薩偈曰 受持法及說 不空於福德 福不趣菩提 二能趣菩提 二卽受持及說也

미륵보살은 게송으로 다음과 같이 말했다.
"법을 수지하고 설하는 경우
 복덕은 허망한 것이 아니다
 복은 보리가 되지 못하지만
 수지와 설은 보리가 된다네"[107]
 여기에서 二는 수지와 설법을 가리킨다.

---

107) 『金剛般若波羅蜜經論』卷上, (大正藏25, pp.784下-785上)

四句偈說者不一 或云無我相四句 或云凡所有相四句 或云若以色見我
及一切有爲法四句 或以一句二句三句至四句 如六祖以摩訶般若波羅蜜
經爲四句 以上諸說不一 但以佛言隨說四句印之 皆是四句 皆可持說 可
無諍論矣

　사구게에 대해서는 설명하는 사람마다 동일하지 않다. 어떤 사람
은 무아상 등의 사구를 언급하고, 어떤 사람은 범소유상 등의 사구
를 언급하며, 어떤 사람은 '약이색견아' 및 '일체유위법' 등의 사구를
언급하고, 어떤 사람은 가령 육조대사가 '마하반야바라밀경'이라는
제목을 가지고 사구로 삼은 것처럼 일구 혹 이구 혹 삼구 내지 사구
로 된 것을 가지고 사구라고 언급하기도 한다.
　이상 제설은 동일하지가 않다. 그러나 무릇 수시로 설해진 부처님
의 말씀 가운데 내용을 인가한 것이라면 모두 사구에 해당한다. 이
에 모두 사구의 설법으로 받고 지닐 수가 있기 때문에 논쟁할 필요
가 없다.

以何義故持說此經勝於財施者耶 以無上菩提從此經出 本眞之理不生不
滅 煩惱覆之則隱 智慧了之則顯 持說此法 妙慧自彰 菩提法身現矣 是名
了因 以諸佛如來從此經生 報化之身本來無有 持說此法 餘者受報 無邊
色相以嚴其身 十方國土周行無礙 是名生因

　묻는다 : 이 경전을 받고 지니면 재물보시보다 뛰어나다고 말하는
　　　　　것은 무슨 뜻인가.
　답한다 : 무상보리가 이 경전에서 나왔기 때문이다. 본래 진여의 도

리는 불생·불멸이지만 번뇌가 그것을 뒤덮어서 감추어
져 있다. 그러나 지혜로써 그것을 알아차리면 곧 현현한
다. 그러므로 이 경전의 반야법을 받고 지니며 설한다면
미묘한 지혜가 저절로 현창하고 보리법신이 드러나는데
이것을 了因이라 말한다.

그리고 제불여래도 이 경전에서 발생하였는데 보신불과
화신불은 본래 有가 아니지만 이 경전의 반야법을 받고
지니며 설한다면 누구라도 그 과보를 받아서 끝없는 색
상으로써 그 몸을 장엄하고 시방국토에 걸림없이 주행하
는데 이것을 生因이라 말한다.

彌勒菩薩偈曰 於實爲了因 亦爲餘生因

미륵보살은 게송으로 다음과 같이 말했다.
"실상법신을 요인이라 이름하는데
 또 보신과 화신처럼 생인도 된다"[108]

---

108) 『金剛般若波羅蜜經論』卷上, (大正藏25, p.785上) 生因은 生因과 了因의 二因 가운데
하나로서 果를 내는 因種으로 초목의 종자를 초목의 因이라 하는 것과 같다. 본래 구
비되어 있는 법성의 도리로서 일체선법을 발생시키는 주체적인 요소. 마치 씨앗이 싹
을 틔우는 것과 같은 도리이다. 了因은 보조적으로 사물의 생성을 도와주는 인연을 말
한다. 마치 불빛으로 사물을 비추어 숨은 것을 나타나게 하는 것과 같다. 지혜로써 법
성의 도리를 비추어보는 것. 마치 등불이 사물을 요요하게 비추어주기 때문에 볼 수
가 있는 것과 같은 도리이다. 『涅槃經』卷28 참조.

持經功德 能成就一切諸佛菩提法如此 豈世間有漏之福 能與之並較哉
若復泥著持經功德 開顯是佛法身 見有性者 於法未悟 反增其障 故復告
曰 所謂佛法者 卽非佛法 言佛法者 約世諦故有 卽非佛法者 約第一義卽
無 謂俗諦相中 有迷悟染淨凡聖之異 故說佛法從經而出 眞諦之理 離於
迷悟染淨凡聖之相 畢竟無佛法可得也

　경전을 받고 지니는 공덕은 이와 같이 일체제불의 보리법을 성취
하는데, 어찌 세간의 유루복덕으로 그것과 나란히 비교할 수 있겠는
가. 만약 또 경전을 받고 지니는 공덕에 장애[泥著]가 있으면 이 불법
신을 개현하고 자성을 본 사람이라 할지라도 법을 깨치지 못하고 도
리어 그 장애만 증장된다. 때문에 다시 '소위 불법이란 곧 불법이 아
니다.'고 말한다.

　'소위 불법'이란 세제법에 의거한 까닭에 有이고, '곧 불법이 아니
다.'는 것은 제일의제에 즉한 것으로 곧 無이다. 말하자면 속제의 형
상 가운데는 미·오, 염·정, 범·성의 차이가 있는 까닭에 불법이
경전으로부터 나왔다고 설하지만, 진제의 도리에서는 미·오, 염·
정, 범·성의 형상을 벗어나 있어서 필경에 터득할 불법이란 없다.

彌勒菩薩偈曰 唯獨諸佛法 福成第一體

　미륵보살은 게송으로 다음과 같이 말했다.
　"오직 실상법신의 제불법이야말로

그 복이 제일가는 체를 성취한다"[109]

論佛與法 出世之福無與比者 以第一義觀之 一切無有 所謂福成第一體
也 均之爲不可取不可說之法 歸之於無爲者 似墮偏空 不如卽佛法非佛
法 不失爲中道諦也 住而無住 無住而住 其爲至妙至妙者乎

　깨침[佛]과 설법[法]을 논하자면 출세의 복덕으로서 그것에 비교할
것이 없는 것은 제일의제에서 그것을 관찰한 것이기 때문에 일체가
없다. 소위 '그 복이 제일가는 체를 성취한다.'는 경우로서 취할 수가
없고 설할 수가 없다는 것과 동일하다.
　그러나 무위법의 차원으로 돌아오면 그것은 마치 편공에 떨어진
것과 같아서 卽佛法만도 못하고 非佛法만도 못하여 중도제를 상실
하고 만다. 주하되 무주이고 무주이되 주가 되어야 그것이 지극히
미묘하고 지극히 미묘하다.

昔雪峰問德山 從上宗乘 學人還有分也無 山打一棒曰 道甚麽　曰不會
至明日請益 山曰我宗無語句 實無一法與人 峰因此有省 巖頭聞之曰 德
山老人 一條脊梁骨 硬如鐵 拗不折 然雖如此 於唱敎門中 猶較些子 法
眼云 證佛地者 名持此經 經中云 一切諸佛 及諸佛阿耨多羅三藐三菩提
法 皆從此經出 且道喚什麽作此經 莫是黃卷赤軸底是麽　且莫錯認定盤
星 又僧問首山 一切諸佛皆從此經出 如何是此經 山曰 低聲低聲 僧云

109)『金剛般若波羅蜜經論』卷上, (大正藏25, p.785上)

금강반야바라밀경종통 제이권

如何受持 山曰 不染汗 投子頌曰 水出崑崙山起雲 釣人樵父昧來因 只
知洪浪巖巒闊 不肯抛絲棄斧聲 若能抛絲棄斧 直窮向上一路 水自我出
雲自我起 又何著於語言文字而自染汗哉

[옛적에 설봉의존이 덕산선감에게 물었다.
"예로부터 내려온 선종의 종지가 저한테도 있는 것입니까."
그러자 덕산이 설봉을 한 대 때려주고 말했다.
"그대는 깨침이 뭐라고 생각하는가."
설봉이 말했다.
"모르겠습니다."
다음날 설봉이 가르침을 청하자 덕산이 말했다.
"우리의 종승에는 말이 없다. 실로 어떤 법도 남에게 일러줄 것이
없다."
그러자 그 말을 듣고 설봉은 깨친 바가 있었다. 후에 암두전할이
그 말을 전해듣고는 말했다.
"덕산노인이 가지고 있는 한 가닥 척량골은 무쇠처럼 견고하여 꺾
을래도 결코 꺾을 수가 없구나. 비록 그렇기는 하다만 가르침을 주
창하는 것으로 보면 형편이 없구나."]110)

[법안문익이 말했다.
"불지에 오른 사람이라야 바야흐로 이 경전을 받고 지녔다고 말할

---

110)『禪林類聚』卷11, (卍續藏67, p.70下) "雪峯存禪師首謁鹽官 自後三登投子 九上洞山 因
緣不契 後參德山 問從上宗乘學人還有分也無 山打一棒云道甚麼 師不會 至明日請益
山云 我宗無語句 實無一法與人 師因此有省 (一本小異) 巖頭聞云 德山一條脊梁骨硬似
鐵 雖然如是 於唱教門中猶較些子" 참조.

수가 있다. 경전에서는 '일체제불과 제불의 아뇩다라삼먁삼보리법은 모두 이 경전에서 나왔다.'고 말한다. 자, 말해 보라. 그러면 이 경전을 무엇이라 불러야 하겠는가. 노란 책과 붉은 책끈이 그것 아닌가. 저울대 위의 눈금을 잘못 읽지 말라."][111]

[또 어떤 승이 수산성념에게 물었다.
"일체제불이 모두 이 경전에서 나왔다는데 이 경전이란 도대체 무엇입니까."
수산이 말했다. "조용, 조용히 해라."
승이 말했다.
"그러면 경전을 어떻게 받고 지녀야 합니까."
수산이 말했다.
"다만 오염시키지만 않으면 된다."][112]

[투자의청이 게송으로 다음과 같이 말했다.
"물 흘러내리는 곤륜산에서 구름이 일어나는데
 낚시하고 나무하는 사람 그 이유를 통 모르네
 단지 큰 물결과 넓은 바위산인 줄만 이해하고
 낚싯줄과 도끼 버리라는 소리에는 깜깜하구나"][113]

만약 낚싯줄을 버릴 줄 알고 도끼를 버릴 줄 안다면 곧바로 향상일

111) 『碧巖錄』 第97則, (大正藏48, p.220中)
112) 『景德傳燈錄』 卷13, (大正藏51, p.304中) "師曰 知恩者少負恩者多 問一切諸佛皆從此
    經出 如何是此經 師曰 低聲低聲 僧曰 如何受持 師曰 切不得汚染" 참조.
113) 『禪林類聚』 卷8, (卍續藏67, p.49中)

로에 도달할 수 있을 것이다. 물도 나 자신한테서 흘러나오고 구름도 나 자신한테서 일어난다. 그런데 또한 어째서 언어문자에 집착하여 스스로 오염되는 것인가.

四斷聲聞得果是取疑

此疑從上所謂佛法卽非佛法而來　天親菩薩論曰　向說聖人無爲法得名以是義故　彼法不可取不可說　若須陀洹等聖人取自果　云何說彼法不可取　旣如證如說　云何成不可說　爲遣此疑　成彼法不可取不可說　故經云

- 제사단의 : 성문의 네 가지 득과를 언급하여 그것은 집착이 아닌가 하는 의심을 단제한다.[114]

이 의심은 위의 '불법은 곧 불법이 아니다.'는 대목으로부터 온 것이다.

천친보살은 『논』에서 다음과 같이 말한다.

[묻는다 : 앞에서 성인은 무위법으로 성인이라는 이름을 얻는다고 하였다. 이런 까닭에 그 무위법은 취할 수가 없고 설할 수도 없다. 그렇다면 만약 수다원 등의 성인이 스스로 성인의 果를 취했다는 것이 되는데 어째서 그 법을 취할 수 없다고 말하는가. 그리고 이미 증

---

114) 여기의 의심은 만약 제법이 不可取 · 不可說 · 無依 · 無得이라면 어떻게 소승이 사과를 얻고 내지 대승이 佛을 증득하는가. 이 의심에 대하여 대 · 소승은 모두 증득이 있기 때문에 이것은 無依도 아니고 無得도 아님을 알 수 있다. 그리고 대 · 소승은 모두 증득이 있다고 설하기 때문에 이것은 不可說의 뜻이 아님을 알 수 있다.

득하였고 설하였다면 어째서 설할 수가 없다고 말하는가.

　답한다 : 이와 같은 두 가지 의심을 끊어주기 위하여 '그 법은 취할 수가 없고 설할 수도 없다.'라고 말한 것이다.][115]

【경문14】

須菩提 於意云何 須陀洹能作是念 我得須陀洹果不 須菩提言 不也 世尊
何以故 須陀洹名爲入流 而無所入 不入色聲香味觸法 是名須陀洹 須菩
提 於意云何 斯陀含能作是念 我得斯陀含果不 須菩提言 不也 世尊 何
以故 斯陀含名一往來 而實無往來 是名斯陀含 須菩提 於意云何 阿那含
能作是念 我得阿那含果不 須菩提言 不也 世尊 何以故 阿那含名爲不來
而實無不來 是故名阿那含 須菩提 於意云何 阿羅漢能作是念 我得阿羅
漢道不 須菩提言 不也 世尊 何以故 實無有法名阿羅漢 世尊 若阿羅漢
作是念 我得阿羅漢道 卽爲著我人衆生壽者 世尊 佛說我得無諍三昧 人
中最爲第一 是第一離欲阿羅漢 世尊 我不作是念 我是離欲阿羅漢 世尊
我若作是念 我得阿羅漢道 世尊卽不說須菩提是樂阿蘭那行者 以須菩
提實無所行 而名須菩提是樂阿蘭那行

　"수보리야, 어떻게 생각하느냐. 수다원[116]이 '나는 수다원과를 얻었

115) 『金剛般若波羅蜜經論』 卷上, (大正藏25, p.785中)
116) 須陀洹은 수행자의 부류에 흘러들어간다 또 합류한다는 의미이기 때문에 預流 · 入
　　流라고도 의역한다. 부파불교에서 성자의 단계를 나타내는 四向 또는 四果의 初位이
　　다. 곧 須陀洹 · 斯陀含 · 阿那含 · 阿羅漢의 하나하나를 須陀洹向 · 須陀洹果와 같이
　　向과 果로 나누고 있기 때문에 합해서 四向四果 · 四雙八輩라고도 한다. 『大毘婆沙論』
　　卷4, (大正藏27, p.240上)에는 다음과 같이 말한다. "또 다음으로 만약 처음으로 果를
　　얻으면 곧 四果 가운데 최초의 果를 얻으면 預流라고 한다. 나머지는 그렇지 않다. 또

다.'고 생각하겠느냐."

수보리가 여쭈었다.

"아닙니다, 세존이시여. 왜냐하면 수다원은 이름이 入流지만 들어감도 없기 때문입니다. 색·성·향·미·촉·법에 들어가지 않는 이것을 수다원이라 말합니다."

"수보리야, 어떻게 생각하느냐. 사다함[117]이 '나는 사다함과를 얻었다.'고 생각하겠느냐."

수보리가 여쭈었다.

"아닙니다, 세존이시여. 왜냐하면 사다함은 이름이 一往來이지만 실로 왕래도 없기 때문입니다. 이것을 수다원이라 말합니다."

"수보리야, 어떻게 생각하느냐. 아나함[118]이 '나는 아나함과를 얻었다.'고 생각하겠느냐."

수보리가 여쭈었다.

"아닙니다, 세존이시여. 왜냐하면 아나함은 이름이 不來이지만 실

다음으로 만약 처음에 果를 얻으면 이것을 四向四果 속의 최초의 果라면 곧 預流라고 이름한다. 나머지는 그렇지 않다. 또 다음으로 만약 처음에 果를 얻으면 이것은 四雙八輩補特伽羅 속의 최초의 果라면 곧 預流라고 말한다. … 묻는다 : 무슨 뜻으로 인하여 預流라 하는가. 답한다 : 流는 聖道를 말하고, 預는 入을 말한다. 그 聖道에 들어가기 때문에 預流라 말한다."

117) 斯陀含은 一來 또는 一往來라 의역한다. 四向四果 가운데 須陀洹에 이어 제2위에 위치하는데 이 사다함의 계위에 도달하면 天이나 人間 세계에 한 번 태어나 변하여 깨침을 얻고는 다시는 天이니 인간 세계에 생을 받지 않는다. 인간계에서 이 斯陀含果를 얻으면 天界에 갔다가 다시 인간세계에 돌아와 열반에 든다. 또한 天界에서 이 斯陀含果를 얻으면 인간의 세계에 갔다가 다시 천계로 돌아와 열반에 든다. 이와 같이 반드시 천계와 인간세계를 한 번 왕래한다는 것이다. 『大毘婆沙論』 卷53 참조.

118) 阿那含은 不還 또는 不來라 의역한다. 四向四果의 제3위에 위치하는데 욕계의 번뇌를 모든 끊은 성자를 말한다. 이 아나함의 계위에 오르면 욕계의 번뇌를 다하여 죽은 후에는 색계와 무색계에 태어나서 욕계에는 다시 생을 받지 않기 때문에 不還·不來라 한다. 『大毘婆沙論』 卷174 및 卷175 참조.

로 不來라는 것도 없기 때문입니다. 이것을 아나함이라 말합니다."

"수보리야, 어떻게 생각하느냐. 아라한[119]이 '나는 아라한도를 얻었다.'라고 생각하겠느냐."

수보리가 여쭈었다.

"아닙니다, 세존이시여. 왜냐하면 실로 법에 아라한이라 말할 수 있는 것은 없기 때문입니다. 세존이시여, 만약 아라한이 '나는 아라한도를 얻었다.'고 생각한다면 아·인·중생·수자에 집착하는 것이 됩니다. 세존이시여, 부처님께서는 저를 '무쟁[120]삼매를 얻은 사람 가운데 최고로서 제일이다. 이는 제일의 이욕아라한이다.'고 말씀하십니다.

세존이시여, 그러나 저는 '나는 이욕아라한이다.'는 생각을 하지 않습니다.

세존이시여, 제가 만약 '나는 아라한도를 얻었다.'고 생각한다면 세존께서는 곧 '수보리는 아란나 수행을 누리는 자이다. 수보리는 실로 수행한 바가 없다. 수보리는 아란나 수행을 누리는 자라고 말한다.'는 말씀을 하지 않으셨을 것입니다."

---

119) 阿羅漢은 흔히 應供·殺賊·不生이라 의역한다. 應供은 존경하여 공양하는 것에 응할 수 있다는 의미로서 예로부터 佛을 가리키는 말로서 여래십호의 하나로 열거되고 있지만, 부파불교에서는 이상적인 修業者를 가리키는 말이 되었다. 또한『中阿含』舍梨子相應品敎化病經 第8, (大正藏1, p.458下)에는 給孤獨長者와 舍梨子의 문답으로 장자가 四向四果를 얻은 것을 설하고 있다.

120) 無諍三昧는 阿蘭那(無諍)에 머무는 자라는 뜻이다. 중생을 괴롭게 하지 않고 중생으로 하여금 번뇌를 일으키지 않게 하는 것이다. 한역『中阿含』卷169 拘樓瘦無諍經(大正藏 1, pp.701中-703下)에는 "그 때문에 비구들이여, 나는 有諍法과 無諍法을 알 것이다. 그리하여 有諍法과 無諍法을 알고서 無諍道를 행할 것이다. 비구들이여, 이와 같이 배우지 않으면 안된다 그리고 비구들이여, 선남자인 수보리는 無諍道를 행한 자이다." 고 말한다. 無諍의 뜻에 대해서는『大毘婆沙論』卷179, (大正藏27, p.896下) 참조.

傅大士頌前三果曰 捨凡初入聖 煩惱漸輕微 斷除人我執 創始至無爲 緣
塵及身見 今者乃知非 七返人天後 趣寂不知歸

　부대사는 앞의 三果에 대하여 게송으로 다음과 같이 말했다.
　"범부위 초월해 곧 초지 들어가면
　번뇌 점차 경미하여 끝내 멸하네
　인아의 사상에 대한 집착 끊어야
　비로소 무위법 증득할 수 있다네
　번뇌 및 유신의 견해를 인연하여
　지금에야 이에 잘못인 줄 알았네
　일곱 번이나 인천을 반복한 후에
　적정에 들어가 돌아올 줄 모르네"[121]

又頌第四果曰 無生卽無滅 無我復無人 永除煩惱障 長辭後有身 境亡心
亦滅 無復起貪瞋 無悲空有智 儵然獨任眞

　또한 제사과에 대하여 게송으로 다음과 같이 말했다.
　"발생 없음이 곧 그대로 소멸이고
　아상 없음이 곧 인상 없음이라네

121)『銷釋金剛科儀會要註解』卷4, (卍續藏24 p.691下) ;『梁朝傅大士頌金剛經』, (大正藏
　　85, p.3中)

영원히 번뇌장 또 멀리 단제하고
길이 후유로 받은 몸을 버렸다네
경계 소멸하고 또 마음 소멸하여
결코 탐욕과 진에 일으킴 없지만
자비가 없이 한낱 지혜만 있어서
얽매임 벗어나 홀로 진리 누리네"[122)

종통10

묻는다 : 위에서 말한 '무위법은 취할 수가 없고 설할 수도 없다.'는
것은 본래 수보리의 말이다. 그런데 무슨 까닭에 자기의
말에 대하여 의심을 발생하는 것인가.
답한다 : 부처님께서 설하신 '소위 불법이란 곧 불법이 아니다.'는

것은 바로 저 무위법마저도 타파한 것이다. 저것은 제법을 민절시켜서 無로 귀착시킨 것이므로 부처님께서 제법을 현기하였지만 그것이 있음[有]을 볼 수가 없다. 곧 무위법까지도 또한 있음[有]을 볼 수가 없다는 것이다. 때문에 수보리는 '만약 무위법도 또한 자성이 없다면 곧 저 일체의 현·성으로서 사과의 성문 등과 같이 각각 차별이 있고 각각 유소득인데, 어떻게 이미 얻은 果까지도 또한 果가 아니라는 것이 될 수 있겠습니까.'라고 의심을 한다. 부처님께서는 얻은 果는 일찍이 無였던 적이 없다. 다만 스스로 증득했다고 하지 않았을 뿐으로 곧 가히 얻을만한 果가 있다고 보지 않는 것이다. 때문에 사과의 유·무를 가지고 그렇게 간주하는 것을 따지는 것이다. 그들 일체 성현들은 원래 그렇게 간주해서는 안된다는 것을 알고 있다. 그래서 이미 그와 같이 간주하지 않는데 또 어떤 果相이 있겠는가. 이에 여래가 설한 卽佛法과 非佛法을 믿는 것이야말로 진실로 그것이 무주의 묘법이다.

下文以如來有所得法試問之 卽知實無所得 又以菩薩莊嚴佛土試問之 卽知實非莊嚴 故佛印之曰 應如是生淸淨心 應無所住而生其心 非是住 於無爲 便可爲賢聖法也

이하의 경문에서 여래는 유소득법으로써 그것을 점검하여 물음으로써 곧 실제로 무소득임을 알게 해준다. 또한 보살이 불국토를 장엄하는 것으로써 그것을 점검하여 물음으로써 곧 실제로 비장엄임을 알게 해준다.

때문에 부처님께서는 그것을 인가하여 '반드시 그와 같이 청정심을 발생해야 한다, 반드시 집착이 없이 그 마음을 발생하야 한다.'고 말씀하신다. 이로써 무위법에도 집착하지 않아야만 곧 현·성의 법이라 할 수가 있다.

刊定記曰 於意云何 汝謂須陀洹人作念云得須陀洹果否 答云不也 若是者 以何義故得名須陀洹 以從凡夫地 入聖人流類 而心無所得故 云何無得 於色等六塵境界 皆無取故 若取六塵 卽入凡流 逆聖流 唯不取著 卽入聖流 逆凡流也 故名須陀洹

『간정기』에서 말한다.

[부처님께서 물었다.

"어떻게 생각하느냐. 그대는 수다원이 수다원과를 얻었다고 간주한다고 말할 수 있겠느냐."

수보리가 답변하였다.

"그렇지 않습니다."

부처님께서 물었다.

"만약 그렇다면 무슨 뜻에서 수다원이라 말했겠느냐."

수보리가 답변하였다.

"범부지로부터 성인의 流類에 들어가 마음이 무소득한 까닭입니다."

부처님께서 물었다.

"어째서 무소득인가."

수보리가 답변하였다.

"색 등의 육진 경계에서 모두 집착이 없기 때문입니다. 만약 육진에 집착하면 곧 범부류에 들어가고 성인류를 거스릅니다. 오직 집착이 없어야만 성인류에 들어가고 범부류를 거스릅니다. 때문에 수다원이라 말합니다."[123]

四果之中 初爲見道 次二修道 後一無學 初見道者 謂十六心. 斷三界四諦下八十八使. 分別麤惑 云何十六心 謂欲界四諦下 各一忍一智 以成八心 又合上二界爲一四諦 類下欲界觀斷 亦各一忍一智 以成八心 卽十六心也 忍卽無間道 是正斷惑時 智卽解脫道 是斷了時 所謂苦法智忍 苦法智 苦類智忍 苦類智 乃至道法智忍 道法智 道類智忍道類智 斷至十五心道類智忍 名初果向 至第十六心道類智時 名證初果 人天二別 極七返生 何故七生 餘七結故 七結者何 謂欲界貪瞋癡 色無色界愛掉慢無明 從中復斷欲界中修所斷惑有四 卽貪瞋癡慢 此是俱生細惑 任運起者 以難斷故 分爲九品 所謂上上 乃至下下 此九品惑 二三果人斷之 斷至五品 名二果向 斷六品盡 名第二果

사과 가운데 처음의 하나 곧 수다원은 견도이고, 다음의 둘 곧 사다함과 아나함은 수도이며, 나중의 하나 곧 아라한은 무학이다. 처음의 견도자는 16심을 가리킨다. 삼계의 사제 이하 88使를 단제하여

123) 『金剛經纂要刊定記』卷4, (大正藏33, p.206上-中) 이하 참조.

추혹을 분별한다.[124]

묻는다 : 16심이란 무엇인가.

답한다 : 욕계의 사제 이하에 각각 一忍과 一智가 있어서 8심이 되고, 또한 위의 색계와 무색계를 합하여 하나의 사제가 있는데 (法과 類가운데) 類 아래에서 욕계의 경우처럼 관찰하여 단제한 것에도 또한 각각 一忍과 一智가 있어서 8심이 되는데, 이것들을 합하면 16심이 된다.

忍은 곧 무간도인데 이것은 바로 단혹시이고, 智는 곧 해탈도인데 이것은 바로 단료시이다. 소위 고법지인, 고법지, 고류지인, 고류지 내지 (집법지인, 집법지, 집류지인, 집류지, 멸법지인, 멸법지, 멸류지인, 멸류인) 도법지인, 도법지, 도류지인, 도류지를 말한다. 이 가운데 斷이 제15심의 도류지인에 이르면 그것을 初果向이라 말한다. 제16심의 도류지에 이르렀을 때는 證初果라 말한다. 인간과 천상의 차별 가운데 마지막 일곱 번째에 환생[反生]한다.

묻는다 : 무슨 까닭에 일곱 번의 환생[七生]인가.

---

124) 88使는 다음과 같이 나열하기도 한다. 욕계의 32使는 다음과 같다. 고제는 탐 · 진 · 치 · 만 · 의 · 신견 · 변견 · 계금취견 · 견취견 · 邪見의 10가지. 고집제는 탐 · 진 · 치 · 만 · 의 · 견취견 · 邪見의 7가지. 고멸제는 탐 · 진 · 치 · 만 · 의 · 견취견 · 邪見의 7가지. 고멸도제는 탐 · 진 · 치 · 만 · 의 · 계금취견 · 견취견 · 邪見의 8가지. 색계 및 무색계의 각 28使는 다음과 같다. 고제는 탐 · 치 · 만 · 의 · 신견 · 변견 · 계금취견 · 견취견 · 邪見의 9가지. 집제는 탐 · 치 · 만 · 의 · 견취견 · 邪見의 6가지. 멸제는 탐 · 치 · 만 · 의 · 견취견 · 邪見의 6가지. 도제는 탐 · 치 · 만 · 의 · 계금취견 · 견취견 · 邪見의 7가지. 이로써 욕계의 32사 + 색계의 28사 + 무색계의 28사로서 88사가 된다.

답한다 : 일곱 가지 번뇌[七結]가 남아있기 때문이다.

묻는다 : 일곱 가지 번뇌란 무엇인가.

답한다 : 말하자면 욕계의 탐·진·치의 셋과 색계와 무색계의 애·도·만·무명의 넷이다. 그 가운데 다시 斷이 있는데, 욕계에서 수행하여 斷하는 것에 탐·진·치·만의 네 가지 혹이 있다.

이 俱生細惑은 마음대로 발기된다. 이에 단제하기가 어려운 까닭에 소위 상상 내지 (상중·상하·중상·중중·중하·하상·하중) 하하 등 구품[125]으로 나눈다. 이 구품혹은 사다함과 및 아나함과의 사람이 그것을 단제하는데, 斷이 제5품 곧 中中에 이르면 사다함과 아나함의 향[二果向]이라 말하고, 제6품 곧 中下가 완전히 단제되면 사다함과[第二果]라 말한다.

向位中有二種家 家謂天及人 天家家者 謂於天趣 或於一天 或二三天 諸家流轉 而般涅槃 人家家者 謂於人趣 或於此州 或餘州中 諸家流轉 而般涅槃 已損六生 但餘一生 是故一往天上 更須一來人間受生斷餘惑也 如是次第 復斷二品 一生爲間 當般涅槃 是卽名三果向 九品永斷 名第三果 更不還生於欲界 杜絶紆絆 故無再來 卽以見道八品無爲 乃修道九品無爲 爲此果體 此二三果人斷惑 猶如截木橫斷而已

향위에 대하여 二種家의 무리가 있는데, 말하자면 天家의 무리와

---

125) 번뇌의 강도에 따라서 번뇌가 제일 강한 것이 上上이고 제일 약한 것이 下下이다.

人家의 무리이다. 천가의 무리는 말하자면 천상에 나아가는 것인데, 혹 일천 혹 이천·삼천 등 제가에 유전을 거쳐서 반열반하는 경우이다. 인가의 무리는 말하자면 인간에 나아가는 것인데, 혹 남섬부주 혹 그 밖의 다른 주 등 제가에 유전을 거쳐서 반열반하는 경우이다. 이 경우에 이미 육생을 버렸고 단지 일생만 남아있는 까닭에 한 번만 천상에 왕래한다. 그래서 모름지기 한 번 인간에서 생을 받고 나머지 혹을 단제한다.

이와 같은 차제로 다시 二品을 단제하는데, 一生으로 기간을 삼아 반드시 반열반에 들어간다. 이것을 곧 삼과향이라 말한다. 그리고 구품을 영원히 단제하는 것을 제삼과라 말한다. 다시는 욕계에 돌아오지 않고 윤회의 밧줄을 두절하는 까닭에 재래가 없다. 그래서 곧 견도의 팔품무위와 수도의 구품무위는 그 果體가 된다.

여기 사다함과와 아나함과의 사람이 혹을 단제하는 것은 마치 나무를 잘라서 그것을 활용하여 강을 건너가는[橫斷] 것과 같다.

如是復斷初禪地欲 乃至有頂第九品無間道時 一切說名阿羅漢向 此無
間道 亦名金剛喩定 以能永壞諸惑隨眠 至解脫道 名盡智 與漏盡得同時
生故 如是名住阿羅漢果 總以八十九品無爲 爲此果體 不生云者 謂我生
已盡 梵行已立 所作已辦 不受後有 然前三句卽是盡智 後句卽是無生智
謂不向三界之中受有苦身也 以世間因亡果喪 出世間因成果證 應作自
他利益事故 應爲一切人天有貪著者所供養故

이리하여 다시 초선의 경지에서 욕망을 단제하고, 내지 유정천 제구품의 무간도에 이르렀을 때 설일체부에서는 아라한향이라 말한다. 이 무간도는 또한 금강유정이라고도 말한다. 영원히 모든 혹과 수면을 파괴함으로써 해탈도에 이르는 것을 盡智라 말하는데, 그것은 漏盡이 터득됨과 동시에 발생하기 때문이다. 이리하여 아라한과에 주한다고 말할 경우에는 총 89품의 무위로써 그 果體를 삼는다.

不生이라 말하는 것은 소위 나 자신의 생이 이미 다하고, 범행은 이미 성립되었으며, 해야 할 수행은 이미 모두 갖추어져서 후유를 받지 않는 것이다. 그러나 앞의 삼구 곧 盡智와 이후의 구 곧 生智는 말하자면 삼계에서는 후유를 받는 괴로운 몸[受有苦身]의 과보를 향하지 않는다. 그것은 세간의 因이 사라지고 果가 없어지며 출세간의 인이 성취되고 과가 증득되기 때문이다. 그리고 반드시 자리와 이타의 이익을 실천하는 까닭에 응당 일체 인·천의 탐착하는 사람들로부터 공양을 받을 것이기 때문이다.

如是四人皆不作念我能得果 何以故 在證時無所得故 如云實無有法名須陀洹 至實無有法名阿羅漢 何故不生得果念耶 若是念生 有我等取 無異凡夫 四果人皆離身見 無彼取故 旣無取心 證卽無證

이와 같이 四果人은 모두 자신이 과를 터득했다고 간주하지 않는다. 왜냐하면 증득했을 경우에는 무소득의 경지에 주하기 때문이다. 저 경문에서는 '실로 수다원이라고 할 만한 명칭이 없다. 내지 실로 아라한이라 명칭할 법이 없다.'고 말한다.

묻는다 : 무슨 까닭에 과를 터득했다는 관념을 발생하지 않는가.
답한다 : 만약 과를 터득했다는 관념을 발생한다면 我가 있다는 등

의 관념에 집착하는 것이므로 필경에 범부와 다르지 않다. 四果人은 모두 身見을 떠나 있어서 그에 대한 집착이 없기 때문이다. 그래서 이미 집착하는 마음도 없고 증득했어도 증득했다는 집착이 없다.

彌勒菩薩偈曰 不可取及說 自果不取故

미륵보살은 게송으로 다음과 같이 말했다.
"취할 수도 없고 또 설할 수도 없다
 그것은 自果를 얻지 못한 까닭이다"[126)]

佛於往日曾說於我得是無諍三昧 不惱衆生 能令衆生不起煩惱故 若人嫌立 則復爲坐 乃至不向貧家乞食 皆爲不惱他也 人中第一者 諸大弟子各有一能 皆稱第一 如迦葉頭陀 阿難多聞之類 善現無諍最爲第一 於諸離欲阿羅漢之中稱爲第一 佛雖讚我 我於此時輒無是念 若我當此之時作如是念 我得阿羅漢道 行於無諍 不悟卽空 何故如來讚言第一 言第一樂寂靜者 悟卽空故 以須菩提不作是念 實無所行 故佛讚我無諍第一也 無諍者 謂離煩惱障 及離三昧障 由離煩惱障 得阿羅漢故 離三昧障 得無諍故

옛적에 부처님께서는 일찍이 '나는 무쟁삼매를 터득하여 중생을

---

126)『金剛般若波羅蜜經論』卷上, (大正藏25, p.785中)

번뇌토록 하지 않았다. 그리고 중생으로 하여금 번뇌를 일으키지도 않도록 하였다. 어떤 사람이 서 있는 것을 싫어하면 곧 다시 앉았다. 내지 가난한 집에 가서 걸식하지 않았다. 그런 것들이 모두 중생을 번뇌하지 않도록 한 것이었다.'고 설하였다.

사람들 가운데 제일이라는 것은 모든 대제자들에게는 각각 하나의 공능이 있으므로 모두 제일이다. 가섭이 경우는 두타제일이고, 아난의 경우는 다문의 부류에서 제일이며, 선현의 경우는 무쟁에서 최고이며 제일이다.

그래서 모든 이욕아라한들 가운데서 제일이라 일컬어진다고 부처님께서는 비록 저 선현을 찬탄하지만, 선현에게는 그런 경우에도 번번이 그런 생각을 하지 않는다. 왜냐하면 선현이 만약에 그런 상황에 처했을 때에 다음과 같이 '나 선현은 아라한도를 터득하였다. 무쟁삼매를 실천하였다.'고 간주한다면 그것은 깨쳐서 공을 성취한 것이 아니다.

묻는다 : 그러면 무슨 까닭에 여래는 제일이라고 찬탄을 한 것인가.
답한다 : 제일가는 사람으로서 적정을 누리는 자라고 말한 것은 수보리의 경우에 깨쳐서 공이 되었기 때문이다. 그래서 수보리는 '실로 나는 무쟁삼매를 실천한 것이 없다. 때문에 부처님께서는 저를 무쟁삼매에서 제일이라고 찬탄하신다.'는 생각을 하지 않는다.

'무쟁'이란 말하자면 번뇌장 및 삼매장을 벗어난 것이다. 번뇌장을 벗어남을 말미암아 아라한을 터득하고, 삼매장을 벗어남을 말미암아 무쟁삼매를 터득한다.

彌勒菩薩偈曰 依彼善吉者 說離二種障

미륵보살은 게송으로 다음과 같이 말했다.
"저 수보리가 답변한 설명에 의하면
 번뇌장 및 소지장을 벗어난 까닭이다"[127]

須菩提住於此定 障及諍皆不與俱 故隨俗言無諍行 無諍行也 實無所行
更何疑於得果是取哉 此世尊令彼自解自悟 默除所疑也

 수보리는 무쟁삼매에 주함으로써 온갖 장애와 모든 다툼을 다 물
리칠 수가 있었다. 때문에 세속제를 따라서 무쟁행이라 말한다. 무
쟁행이란 실로 소행이 없는 것인데 어째서 다시 과를 터득했다는 것
도 곧 집착이 아닌가라고 의심하는 것인가.
 이에 세존께서는 그렇게 의심하는 사람들로 하여금 스스로 이해하
고 스스로 깨치도록 해주려고 침묵으로써 의심하는 것을 단제해주
었다.

昔翠微無學禪師因供養羅漢 僧問 丹霞燒木佛 和尚爲甚麼供養羅漢 師
曰 燒也不燒著 供養亦一任供養 曰 供養羅漢 羅漢還來也無 師曰 汝每
日還喫飯麼 僧無語 師曰 少有靈利底 又長慶有時云 寧說阿羅漢有三毒
不說如來有二種語 不道如來無語 只是無二種語 保福云 作麼生是如來

---

127)『金剛般若波羅蜜經論』卷上, (大正藏25, p.785中)

語 慶云 聾人爭得聞 保福云 情知你向第二頭道 慶云 作麽生是如來語
保福云 喫茶去 雪竇頌云 頭兮第一第二 臥龍不鑒止水 無處有月波澄 有
處無風浪起 稜禪客 稜禪客 三月禹門遭點額 即此二則公案 俱具金剛般
若眼 照用現前 却解得如來語

[옛적에 취미무학 선사가 나한에게 공양하고 있는데 어떤 승이 물
었다.

"단하선사는 목불을 불살랐다고 하는데 화상께서는 어째서 나한
에게 공양을 드리는 겁니까."

무학이 말했다.

"불살라도 또한 불살랐다는 집착이 없고, 공양을 드리는 경우에도
또한 마음대로 공양을 드린다."

승이 물었다.

"나한에게 공양을 드리면 나한이 공양을 받으러 오는 겁니까."

무학이 말했다.

"그대는 매일 밥을 먹는가."

승이 아무런 말도 하지 못하자 이에 무학이 말했다.

"그래도 조금은 영리하구나."][128]

[또한 장경혜릉이 어느 때 다음과 같이 말했다.

"차라리 아라한에게 삼독심이 남아있다고 말할지언정 여래에게
두 가지 말씀이 있었다고도 말하지 말라. 여래에게 말씀이 없었다고
말하는 것이 아니라, 다만 두 가지 말씀이 없었을 뿐이다."

128) 『五燈會元』 卷5, (卍續藏80, p.116中-下)

보복종전이 말했다.

"여래의 말씀이란 도대체 무엇입니까."

장경혜릉이 말했다.

"귀머거리가 어찌 설법을 들을 수 있겠는가."

보복이 말했다.

"스님이 第二義諦의 입장에서 말했다는 것쯤은 이해할 수 있습니다."

장경이 말했다.

"그렇다면 여래의 말씀이란 도대체 무엇인가."

보복이 말했다.

"차나 드시지요."

설두중현이 게송으로 다음과 같이 말했다.

"제일의제와 제이의의 다양한 설법이여

와룡은 예로부터 고인 물에 살지 않네

용이 없는 고요한 물에 달빛은 어리고

와룡 있으면 바람 없는데도 물결이네

혜릉선객은 역시 선객다운 혜릉이구나

춘 삼월의 우문에서 괜히 이마 다쳤네"][129)

이 두 가지 공안은 모두 금강반야의 안목을 구비한 것으로서 照와 用을 현전시켜 여래의 말씀을 이해했다는 집착을 물리쳐버린 것이다.

---

129)『碧巖錄』第95則, (大正藏48, p.218上-下)

五斷釋迦然燈取說疑

此亦從前第三疑中來 功德施菩薩論曰 若預流等不得自果 云何世尊遇
然燈佛獲無生忍 彼佛爲此佛說法 若如是 云何彼法不可執不可取 爲遣
此疑 故經云

- 제오단의 : 석가모니께서 연등부처님 처소에서 설법을 얻었다는
  것은 집착이 아닌가 하는 의심을 단제한 것이다.[130]

이 제오단의도 또한 앞의 제삼단의의 대목에서 유래한 것이다. 공
덕시보살의 『논』에서는 "만약 예류 등에서 예류과를 터득하지 못한
다면 어떻게 세존께서는 연등불을 무생법인을 획득했는가."[131]라고
말하였다.

저 연등불께서 이 석가불을 위하여 설법한 것이 이와 같다면 어째
서 저 연등불의 법에 대하여 집착해서는 안되고 취해서도 안되는 것
인가 하는 이런 의심을 없애주기 위한 까닭에 경전에서는 다음과 같
이 말한다.

【경문15】

佛告須菩提 於意云何 如來昔在然燈佛所 於法有所得不 不也 世尊 如來
在然燈佛所 於法實無所得

---

130) 無依와 無得의 뜻을 설명하여 有依와 得의 의심을 파함으로써 앞의 불가취 불가설
  의 뜻을 맺고 있다.
131) 『金剛般若波羅蜜經破取著不壞假名論』卷上, (大正藏25, p.890上)

부처님께서 수보리에게 말씀하셨다.

"어떻게 생각하느냐. 여래가 옛적에 연등불[132] 처소에 있으면서 얻은 법이 있었느냐."

"아닙니다, 세존이시여. 여래께서는 연등불 처소에서 법을 실로 얻은 바가 없습니다."

傅大士偈曰 昔時稱善慧 今日號能仁<人?> 看緣緣是妄 識體體非眞 法性非因果 如理不從因 謂得然燈記 寧知是後<舊?>身

부대사는 게송으로 다음과 같이 말했다.

"다시는 탐욕과 진에 일으킴 없고
과거에는 선혜비구라 불리웠는데
오늘날에는 능인이라 불리운다네
연이란 연은 다 허망이라고 보고
체란 체는 진실이 아니라고 아네
법성은 인과 과의 법칙이 아니고
진여 도리는 인을 말미암지 않네

---

132) 연등불은 말하자면 定光佛이다. 석존의 因位 시절에 수기를 준 부처님이다. 곧 석가불이 옛날 보살이었을 때의 일이다. 제7지에 올라 마납선인으로 수행하고 있었을 때 정광불이 성에 오신다는 소문을 듣고 마침내 한 여인으로부터 꽃을 사서 정광불께 흩뿌리고 또한 깊이 경모하는 마음을 드러내고자 머리카락을 풀어 진흙을 덮었다. 그리하여 정광불의 설법을 듣고 곧 제8지에 올랐는데 그 때가 석가불의 수행으로 제3아승지의 초반이었다. 그러자 꽃을 팔았던 여인이 그 소문을 듣고 정광불께 꽃을 공양하고 돈을 받지 않았다. 대신 마납선인과 함께 발원을 하였다. 그 인연으로 내세에 항상 부부로서 선지식이 되었는데 그가 곧 야쇼다라였다.

소위 연등불의 수기를 얻은 것이
어떻게 과거의 몸인 줄 알겠는가"[133]

刊定記曰 於汝意云何 謂我昔於然燈佛所 於授記言說之中 有法爲所
得 爲無所得 答云 不也 如來昔在然燈佛所 於授記言說之中 實無法爲
所得 蓋然燈佛所說 但是語言 釋迦所聞 惟聞語言 語言從緣 緣無自性
言語所說 不取證法故 然所以得記者 但以自無分別智 證自無差別理
智與理冥 境與神會 但一眞實 更無枝葉 豈有所說所得耶 是知證法離
言說相 故不可說 證法離心緣相 故不可取也

『간정기』에서 다음과 같이 말한다.

["그대는 어떻게 생각하느냐. 말하자면 나 여래가 옛적 연등불 처
소에서 수기를 받은 언설 가운데서 터득한 법이 있었겠느냐, 없었겠
느냐."
수보리가 답변하여 말씀드렸다.
"아닙니다. 여래께서는 옛적에 연등불 처소에서 수기를 받은 언설
가운데서 실로 터득한 법은 없었습니다."][134]

무릇 연등불이 설한 것도 단지 언어뿐이었고, 석가불이 들은 것도
오직 언어만 들었을 뿐이다. 언어는 연을 따른 것인데 연의 자성은

133)『梁朝傳大士頌金剛經』,(大正藏85, p.3下)
134)『金剛般若經疏論纂要刊定記會編』卷7,(嘉興藏31, p.719上)"問意云 於汝意中如何 謂
我昔於然燈佛所 於授記言說之中 有法爲所得 爲無所得 答意云 如來昔在然燈佛所 於
授記言說之中 實無法爲所得"참조.

없다. 설해진 언어로는 법을 취할 수도 없고 증득할 수도 없다. 때문에 수기를 받은 사람도 다만 자기의 무분별의 지혜로써 자기의 무차별의 도리를 증득했을 뿐이다.

그래서 지혜[智]와 도리[理]가 冥合되고 경계[境]와 마음[神]이 會合된 것으로서 단지 일진실에 다시는 지엽이 없는 것인데 어찌 설한 것이 있고 터득한 것이 있겠는가. 이로써 증득된 법은 언설상을 떠나 있기 때문에 불가설이고, 증득된 법은 심연상을 떠나 있기 때문에 불가취임을 알 수가 있다.

彌勒菩薩偈曰 佛於然燈語 不取理實智 以是眞實義 成彼無取說

미륵보살은 게송으로 다음과 같이 말했다.
"佛은 연등불의 語를 통해서는
도리상 實智를 취하지 않았다
이와 같은 진실의 뜻이야말로
불가취와 불가설의 뜻이 된다"[135]

功德施菩薩論曰 復有經說 我所有法 皆不可得 若聲聞獨覺及以如來 或以<曰?>言語 不能取於證法 非智不取 此說達經 經說第一義 非智之所行 何況文字 有餘經中 世尊自釋然燈佛所得無生智 不取於法 如彼經言 海慧當知 菩薩有四 所謂初發心菩薩 修行菩薩 不退轉菩薩 一生補處菩

135)『金剛般若波羅蜜經論』卷上, (大正藏25, p.785下)

薩 此中初發心菩薩 見色相如來 修行菩薩 見功德成就如來 不退轉菩薩
見法身如來 海慧 一生補處菩薩 非色相見 非功德成就見 非法身見 何以
故 彼菩薩以淨慧眼而觀察故 依淨慧住 依淨慧行 淨慧者 無所行 非戲
論 不復是見 何以故 見非見 是二邊 遠離二邊 是即見佛 若見於佛 即見
自身 見身清淨 見佛清淨 見佛清淨者 見一切法皆悉清淨 是中見清淨智
亦復清淨 是名見佛 海慧 我如是見然燈如來 得無生忍 證無得無所得理
即於此時上昇虛空 高七多羅樹 一切智智明了現前 斷眾見品 超諸分別
異分別 偏分別 不住一切識之境界 得六萬三昧 然燈如來即授記我 汝於
來世 當得作佛 號釋迦牟尼 是授記聲 不至於耳 亦非餘智之所能知 亦非
我惛蒙都無所覺 然無所得 亦無佛想 無授記說 授記想 乃至廣說 言無想
者 顯是智證 而無所取故 想者心法 非是語故 當知此中說智之境界 是故
言以淨慧眼而觀察故

　공덕시보살은『논』에서 다음과 같이 말한다.

　[또 경전에는 '내가 가지고 있는 법은 모두 불가득이다. 만약 성문
과 독각 그리고 여래일지라도 혹 언어로써는 증득한 법을 취할 수가
없다. 그것은 지혜가 아니면 취할 수가 없다.'는 말이 있다. 그러나
이 말은 경전의 본의에 위배된다. 왜냐하면 경설의 본의는 제일의제
로서 지혜로도 행할 수가 없다는 것인데 하물며 문자이겠는가.….
　그 밖의 다른 경전에서도 세존은 스스로 '연등불 처소에서 터득한
무생지혜는 취할 수 있는 법이 아니다.'고 해석한다. 저 경전에서 말
한 海慧가 있어야만 반드시 알 수 있다. 보살에 네 종류가 있다.
소위 초발심보살과 수행보살과 불퇴전보살과 일생보처보살이다.
　이 가운데 초발심보살은 색상의 여래를 보고, 수행보살은 공덕으

로 성취된 여래를 보며, 불퇴전보살은 법신의 여래를 보고, *海慧*를 지닌 일생보처보살은 색상의 여래를 보지도 않고 공덕으로 성취된 여래를 보지도 않으며 법신의 여래를 보지도 않는다.

왜냐하면 일생보처보살은 청정한 혜안으로써 관찰하기 때문에 청정한 지혜에 의하여 주하고 청정한 지혜에 의하여 행한다. 청정한 지혜란 곧 집착이 없는 행위[無所行]로서 희론도 아니고 또 見도 아니다.

왜냐하면 견과 비견은 二邊인데 이변을 멀리 벗어나 있기 때문에 그것이 곧 견불이다. 만약 부처를 보면 곧 자신을 보는 것이다. 그래서 자신의 청정을 보면 곧 부처의 청정을 본다. 부처의 청정을 보는 자는 일체법이 모두 청정함을 본다.

그 가운데서 청정한 지혜를 보는 그 자체도 또한 청정한데 이 경우를 곧 부처의 *海慧*를 본다고 말한다. 나 여래는 이와 같이 연등여래를 친견하고 무생법인을 터득하여 터득함도 없고[無得]과 터득했다는 상도 없는[無所得] 도리를 증득하였다.

그리고는 곧 그때 허공으로 상승하였는데 칠다라수 높이만큼에서 일체지지가 명료하게 현전하였고, 모든 견품을 단제하였으며, 모든 분별과 異分別과 偏分別을 초월하였고, 일체식의 경계에 집착하지 않았으며, 육만 가지의 삼매를 터득하였다. 이에 연등여래께서는 나 여래에게 다음과 같이 수기를 주셨다. '그대는 내세에 반드시 부처가 되리라. 명호는 석가모니이다.'

이처럼 수기한 목소리는 귀에 들리지 않았을 뿐만 아니라 또한 그 밖의 지혜로운 사람들도 알 수가 없었으며, 또한 나조차도 혼몽하여 전혀 느끼지 못하였다. 그처럼 그것은 터득했다는 것도 없었고,[無所得] 또한 부처라는 생각도 없었으며,[無佛想] 수기했던 설법과 수기했다는 생각과 내지 자세한 설법도 없었다.

　여기에서 無想이라 말한 것은 곧 지혜의 증득을 드러낸 것으로서 집착한 것이 없었기 때문이고, 想이란 심법으로서 언어가 아니기 때문이다. 여기에서는 지혜의 경계를 설한 것임을 반드시 알아야 한다. 이런 까닭에 청정한 지혜안목으로써 관찰했다고 말한 것이다.]136)

復次 無生忍者 是心法 非語法故 復次 證於無得無所得者 以法無性 無
能取得 此無得理有可得耶 都無所得 豈智能取 復次斷衆見品 超諸分別
見品分別 智法非語 復次不住一切識之境界 不言不依一切語境 故無所
取 是智境界

　또한 무생법인이란 心法으로서 語法이 아니다.

　또한 터득함도 없고[無得] 터득했다는 상도 없는[無所得] 도리를 증득했다는 것은 법에 자성이 없어서 취함과 터득함이 없다는 것이다. 그런데 이런 무득의 도리를 터득할 수 있겠는가. 모두가 무소득이라면 어찌 지혜[智]를 취할 수 있겠는가.

　또한 여러 가지 견품을 단제하는 것은 제분별을 초월하는 것이지만, 견품을 분별하는 경우는 지혜의 법이지 언어의 법이 아니다.

　또한 일체식의 경계에 집착이 없다는 것은 일체 언어의 경계에 의지하지 않는다는 것을 말하는 것이 아니다. 때문에 집착이 없어야만 그것이 지혜의 경계이다.

---

136)『金剛般若波羅蜜經破取著不壞假名論』卷上, (大正藏25, p.890上-中)

云何餘師因謂遮語 昔師子尊者問於鶴勒尊者曰 我欲求道 當何用心 祖
曰 汝欲求道 無所用心 曰 旣無用心 誰作佛事 祖曰 汝若有用 卽非功德
汝若無作 卽是佛事 經云 我所作功德 而無我所故 師子聞是語<言?>已
卽入佛慧 祖以法眼付之 偈曰 認得心性時 可說不思議 了了無可得 得時
不說知

그 밖의 법사들이 遮語를 인유한 까닭은 무엇이었겠는가.

[옛적에 사자존자가 학륵나존자에게 물었다.
"제가 깨침을 추구하려고 합니다. 장차 어떻게 마음을 작용해야 합
니까."
학륵나 조사가 말했다.
"만약 그대가 깨침을 추구하려면 작용하는 마음이 없어야 한다."
사자존자가 물었다.
"작용하는 마음이 없으면 무엇으로 불사를 합니까."
학륵나 조사가 말했다.
"만약 그대가 마음을 작용한다면 그것은 곧 공덕이 되지 못한다.
그러나 만약 그대가 작용한다는 마음이 없으면 그것이 곧 불사이다.
경전에서도 '나는 공덕을 쌓았지만 그것이 내 공덕이라는 생각이 없
다.'고 말했다."
사자존자가 그 말을 듣고나서 곧 부처님의 지혜에 들어갔다. … 이에
학륵나조사는 정법안장을 부촉하고, 게송으로 다음과 같이 말했다.
"마음의 성품을 깨칠 때면
  부사의라 말할 수 있다네
  분명하나 얻을 수가 없고

얻을 때는 안다고 못하네"][137]

此無得無爲 須菩提亦知 但須菩提是不退轉菩薩 見法身如來 佛所說一
生補處菩薩 非法身見 此其所以異耳 故佛以淨慧眼示之 所謂佛法卽非
佛法 彼卽默然自了 殆非尋常所測

　이 무득과 무위에 대하여 수보리도 역시 알고 있었다. 다만 수보
리는 불퇴전보살로서 법신의 여래를 보았을 뿐이다. 부처님께서 설
한 일생보처보살은 법신을 보는 것으로는 되지 못한다. 이런 까닭에
달랐을 뿐이다.
　때문에 부처님께서 청정한 지혜의 안목으로 그것을 보고서 '소위
불법이란 곧 불법이 아니다.'고 말했다. 그것은 곧 묵연하게 스스로
요해하는 것이기 때문에 보통의 근기로는 헤아릴 수가 없다.

六斷嚴土違於不取疑
此亦從前第三疑中不可取而來　功德施菩薩論曰　若智亦不能取諸佛法
何故菩薩以智取佛土功德而興誓願　爲遣此疑　故經云

　• 제육단의 : 불국토를 장엄했다는 것은 不取의 가르침에 어긋나는
　　　　　　　것이 아닌가 하는 것에 대한 의심을 단제한다.

---

137) 『景德傳燈錄』 卷2, (大正藏51, p.214中)

이 의심도 또한 앞의 제삼단의의 불가취로부터 유래한 것이다.[138]
공덕시보살은 『논』에서 다음과 같이 말한다.

[만약 지혜로도 또한 제불국토를 취할 수 없다면 무슨 까닭에 보살
은 지혜로써 불국토의 공덕을 취하여 서원을 일으킨 것입니까. 이와
같은 의심을 없애주기 위하여 경전에서는 다음과 같이 말한다.][139]

【경문16】

須菩提 於意云何 菩薩莊嚴佛土不 不也 世尊 何以故 莊嚴佛土者 卽非
莊嚴 是名莊嚴 是故須菩提 諸菩薩摩訶薩應如是生淸淨心 不應住色生
心 不應住聲香味觸法生心 應無所住而生其心

"수보리야, 어떻게 생각하느냐? 보살이 불토를 장엄했느냐."
"아닙니다, 세존이시여. 왜냐하면 불토를 장엄한다는 것은 곧
장엄한 것이 아니기 때문에 그것을 바로 장엄한다고 말하는 것입
니다."
"그러므로 수보리야, 모든 보살마하살은 반드시 이와 같이 청정심
을 내야 한다. 반드시 색에 집착하여 마음을 내어서는 안되고, 마땅
히 성·향·미·촉·법에 집착하여 마음을 내어서는 안된다. 반드시

---

138) 만약 제법이 불가취 불가설이라면 어째서 보살은 淨佛土行을 취하는가. 이러한 의문
    을 해석해 주기 위하여 이 경문이 여기에 온 것이다. 이하 제칠단의와 더불어 '무위법
    에 이미 불가설하고 불가취라면 무슨 까닭에 보살이 청정불국토를 장엄하는 것인가.
    어째서 그 밖의 세간에서 다시 법왕신을 취하는가.'에 대하여 설명한다.
139) 『金剛般若波羅蜜經破取著不壞假名論』卷上, (大正藏25, p.890中)

집착이 없이 마음을 내어야 한다."

傳大士頌曰 掃除心意地 名爲淨土因 無論福與智 先且離貪瞋 莊嚴絶能所 無我亦無人 斷常俱不染 穎脫出囂塵

 부대사는 게송으로 다음과 같이 말했다.
 "마음에 상에 대한 의지를 없애야
 곧 정토를 장엄하는 인이라 하네
 복덕과 지혜에 대해 논하지 말고
 먼저 탐욕 및 진에부터 벗어나서
 불국토 장엄에 능과 소 단절하고
 아상도 없고 또한 인상도 없으며
 단견 및 상견까지 모두 단절해야
 번뇌티끌을 깔끔하게 탈출한다네"[140]

通曰

須菩提謂一切賢聖皆以無爲法而有差別 雖知法不可取 以其無爲而不可取也 世尊以所謂佛法者卽非佛法 而不可取不可說 卽寓於佛法中也 彼惟執著無爲之法 不可取中正是取也 故始而疑四果是取 而信其本不作念 卽四果離四果矣 旣而疑授記是取 而信其實無所得 卽授記離授記矣 旣而疑莊嚴是取 而信其卽非莊嚴 卽莊嚴離莊嚴矣 旣而疑報身是取 而

---

140)『梁朝傅大士頌金剛經』, (大正藏85, pp.3下~4上)

信其佛說非身 卽報身離報身矣 四果 授記 莊嚴 報身 皆佛法也 卽非佛
法 指出法身向上事也

🌸 종통11

　수보리가 말한 일체의 현·성은 다 무위법의 입장에서만 방편차별
을 두기 때문이라는 경우는 비록 법이 취할 수 없음을 알지라도 그
것은 무위법이기 때문에 취할 수 없다는 것이다. 그리고 세존이 말
한 '소위 불법이란 곧 불법이 아니다.'는 말은 취할 수도 없고 설할
수도 없는 즉 무위불법 가운데서 하는 말이다. 그것은 오직 무위법
의 차원에서만 집착하는 것으로서 취할 수 없는 가운데서 곧 취하는
것이다.

　때문에 바야흐로 사과에 대하여 그것이 取가 아닌가 하고 의심하
는 것이다. 그러나 그것은 본래 그렇게 간주해서는 안되는[不作念] 것
을 믿기 때문에 사과에 즉하면서도 사과를 벗어나 있다. 이미 수기
에 대하여 그것은 取가 아닌가 하고 의심하였지만, 그것은 사실 무
소득인 줄 믿은 까닭에 수기에 즉하면서도 수기를 벗어나 있다. 또
한 이미 불국토를 장엄한 것에 대하여 그것은 取가 아닌가 하고 의
심하였지만, 그것은 곧 비장엄인 줄 믿는 까닭에 장엄에 즉하면서도
장엄을 벗어나 있다. 또한 이미 보신에 대하여 그것은 取가 아닌가
하고 의심하였지만, 그것은 비신을 설한 것인 줄 믿는 까닭에 보신
에 즉하면서도 보신을 벗어나 있다.

　이리하여 사과·수기·장엄·보신 등의 경우 모두 불법이면서 곧
불법이 아니라는 것은 법신의 향상사까지도 벗어나 있음을 가리킨
것이다.

須菩提執著法身是有 故欲其住 欲其降伏 而不知無住之爲住也 此無
住爲一經之綱宗 爲發最上乘者說 豈可容易解乎

수보리는 법신에 대하여 곧 有라고 집착하였다. 때문에 그 마음을
안주하고자 하면서도 그리고 그 마음을 다스리고자[降伏] 하면서도 집
착이 없이 주하는 방법을 모르고 있다. 바로 이 무주야말로 이 경전
의 綱宗으로서 최상승심을 발생한 사람을 위하여 설한 것인데, 어찌
용이하게 이해할 수가 있겠는가.

刊定記曰 世尊欲明法性眞土 故擧菩薩興功運行 六度齊修 迴向發心 嚴
淨佛土 以問須菩提 答云不也

『간정기』에서 말했듯이, 세존께서는 법성의 진토를 설명하려는 까
닭에 보살이 일으키는 공덕 쌓는 수행으로서 육바라밀을 모두 닦고
회향하고 발심하여 불국토를 엄정을 언급하여 수보리에게 질문을
하였다.[141]
그러자 수보리는 '그렇지 않습니다.'라고 답변하였다.

以何義故 不取相莊嚴佛土耶 不以相莊嚴是眞實也 土有二種 一法相土
謂有形相可得 二法性土 謂離一切相 無所見聞 莊嚴亦有二種 一形相 謂
金地寶池等 二第一義相 謂修習無分別智 通達惟識眞實之性 淨智所流

---

141) 『金剛經纂要刊定記』 卷5, (大正藏33, p.208上) 참조.

唯識所現 顯發過恒沙功德而爲莊嚴 此卽不能有所執取 若言實有形質
是可取性 我能成就國土嚴勝者 斯成妄語

묻는다 : 무슨 뜻에서 형상의 장엄불국토를 취해서는 안된다는 것
인가.

답한다 : 형상장엄은 진실이 아니기 때문이다.

국토에 두 종류가 있다. 첫째는 법상국토인데 말하자면
형상을 얻을 수가 있다. 둘째는 법성국토인데 말하자면
일체상을 벗어나 있어서 견·문의 대상이 아니다.

그리고 장엄에도 두 종류가 있다.

첫째는 형상인데 말하자면 금으로 된 대지 및 보배로 된
연못 등이다.

둘째는 제일의상인데 말하자면 무분별지혜를 수습함으
로써 유식의 진실한 법성에 통달하고 청정지혜가 유출되
어 유식으로 현현하여 항사를 능가하는 공덕을 현발하여
장엄하는 것이다.

이 제일의상은 곧 형상에 집착하는[有所執取] 것으로는 불가
능하다. 그러므로 만약 실제로 형질이 있고 법성을 취할
수 있어서 자신이 성취한 국토의 장엄이 뛰어나다고 말하
는 사람이 있다면 그것이야말로 곧 망어가 되는 것이다.

彌勒菩薩偈曰 智習唯識通 如是取淨土 非形第一體 非嚴莊嚴意

미륵보살은 게송으로 다음과 같이 말했다.

"智의 習은 唯識에 통하므로
이처럼 정토를 취해야 한다
形은 제일의 體勝이 아니듯
장엄도 장엄의 뜻이 아니다"[142]

卽非莊嚴者 揀法相土 有色等性 非眞莊嚴也 是名莊嚴者 顯法性土 以一
切功德成就莊嚴 無形質可取 是第一莊嚴也 是故下 佛依淨心莊嚴勸也
故曰以是義故 汝諸菩薩應生淸淨之心 若人以形相爲眞佛土 便欲以形
相莊嚴而言我作 我成就者 卽住於色等境中 旣住色已 卽是染心 何名淨
耶 爲遮此故 故云應如是生淸淨心 不應住色等六塵 生希望得果心也 不
住色等一切諸法 心卽無住 無住之心 心卽淸淨 淸淨之心 故應生也 若都
無心 便同空見 故令生此眞心 天眞之心本不生滅 但緣住境卽不相應 心
若不住 般若了然 亦非作意令其生起 恐人迷此 故爲顯而遮之 前不令住
色等 是遮有 後令生心 是遮無 旣離有無 卽名中道 如斯體達 是眞莊嚴
何有佛土而不淸淨哉 故淨名云 欲淨其土 當淨其心 隨其心淨 卽佛土淨
以智成就而不住著 奚但一莊嚴爲然 當隨在生無所住心也 昔五祖爲六
祖說金剛經 至應無所住而生其心 六祖言下大悟 乃言何期自性本自淸
淨 何期自性本不生滅 何期自性本自具足 何期自性本無搖動 何期自性
能生萬法 五祖曰 不識自心 學法無益 若言下識自本心 見自本性 卽名丈
夫天人師佛 善自護持 遂以衣鉢付之 偈曰 有情來下種 因地果還生 無情
旣無種 無性亦無生

142)『金剛般若波羅蜜經論』卷上, (大正藏25, p.786上)

'곧 장엄이 아니다'는 것은 法相土를 간별한 것이다. 색 등의 성품이 있으면 진정한 장엄이 아니기 때문이다.

'이것을 장엄이라 말한다'는 것은 法性土를 드러낸 것이다. 일체의 공덕으로 성취된 장엄은 형질로 취할 수 있는 것이 아니기 때문에 그것은 제일장엄이다.

'이런 까닭에' 이하는 부처님이 청정심에 의하여 장엄할 것을 권장한 부분이다. 때문에 '이런 까닭에 그대들 모든 보살은 반드시 청정심을 발생해야 한다.'고 말한다.

묻는다 : 어떤 사람이 형상으로써 진정한 불국토라고 간주한다면 그것은 곧 형상의 장엄을 가지고 자신이 만들었다고 말하려는 것이다. 자신이 장엄을 성취했다는 것은 곧 이미 색 등의 경계에 집착한 것이다. 이미 색에 집착하였다면 그것은 곧 염심인데 어떻게 청정이라 말할 수 있겠는가.

답한다 : 그것을 막아주기 위한 까닭에 '반드시 이와 같이 청정심을 발생해야 한다. 결코 색 등의 육진에 집착하여 희망을 발생하거나 과심을 얻어서는 안된다.'고 말했다. 색 등의 일체제법에 집착하지 않으면 마음이 곧 무주가 되는데 무주심이 되면 그 마음은 곧 청정하다. 때문에 반드시 발생해야 한다는 것이다.

그렇지 않고 만약 그냥 무심이라면 그것은 곧 공견과 같은 까닭에 그것으로 하여금 진심을 발생토록 하는 것이다. 천진심에는 본래 생·멸이 없고 다만 주하는 경계를 반연해도 상응하지 않을 뿐이다. 그래서 만약 마음에 집착이 없으면 반야가 분명해질 뿐만 아니라 또한 마음에 그것을 생기하도록 하지도 않지만, 사람들이 이것에 미혹할 것을 염려하는 까닭에 드러내어 그것을 막아주는 것이다.

위 전자의 경우는 색 등의 육진에 집착하지 말라고 했던 것은 곧 유를 막는 것이었고, 지금 후자의 경우에 마음을 발생토록 한 것은 곧 무를 막는 것이다. 이리하여 이미 유와 무를 떠나면 그것을 곧 중도라 말한다.

묻는다 : 이와 같이 체달하면 그것이 진정한 장엄인데 어째서 불국토가 있으면 청정이 아니라고 말하는 것인가.

답한다 : 때문에 『정명경』에서는 "국토를 청정케 하려면 반드시 그 마음을 청정케 해야 한다. 그 마음의 청정을 따라서 곧 불국토가 청정해진다."[143]고 말한다. 지혜를 통해서 성취한 까닭에 집착이 없는데 어째서 무릇 한 국토의 장엄에 대해서만 그러겠는가. 반드시 태어나는 곳마다 마음에 집착이 없다.

[옛날에 오조홍인이 육조혜능에게 『금강경』 설해주었다. 그런데 '결코 집착하지 말고 그 청정심을 발생해야 한다.'는 대목에 이르러 육조혜능은 곧바로 대오하고서 이에 말했다.

"자성은 본래부터 청정한 줄을 어찌 짐작이나 했겠습니까. 자성은 본래 불생불멸인 줄을 어찌 짐작이나 했겠습니까. 자성은 본래부터 구족되어 있는 줄을 어찌 짐작이나 했겠습니까. 자성은 본래 동요가 없는 줄을 어찌 짐작이나 했겠습니까. 자성이 만법을 발생한다는 것

---

143) 『維摩詰所說經』 卷上, (大正藏14, p.538下)

을 어찌 짐작이나 했겠습니까."

그러자 오조홍인이 말했다.

"자심을 모르면 법을 배워도 이익이 없다. 만약 곧장 자기의 본심을 알고 자기의 본성을 본다면 곧 조어장부·천인사·불이라 일컫는다. 그대는 잘 호지하라."

그리고 마침내 의·발을 부촉하였다. 이에 전법게를 말했다.

"유정이 나타나 종자를 뿌리더니
  땅을 인연하여 열매를 맺었다네
  무정이 왔다면 종자가 없을테고
  자성이 없다면 발생도 없을터다"]¹⁴⁴⁾

南嶽懷讓禪師云 一切法皆從心生 心無所生 法無所<能?>住 若達心地
所作無礙 非遇上根 宜愼辭哉 此六祖所得無住生心一語 遂爲南嶽密傳
心印云

[남악회]양 선사는 다음과 같이 말했다.

"일체법은 모두 마음으로부터 발생한다. 그러나 마음은 所生된 적이 없고, 법은 能住했던 적이 없다. 만약 심지에 통달하면 일체의 행위에 장애가 없다. 상근기가 아니라면 반드시 그런 말은 삼가야 한다."]¹⁴⁵⁾

---

144) 『六祖大師法寶壇經』, (大正藏48, p.349上)
145) 『景德傳燈錄』 卷5, (大正藏51, p.241上)

이것은 육조대사로부터 터득했던 집착이 없이 마음을 발생했던 마음[無住生心]의 한마디이다. 그리하여 마침내 남악회양은 심인을 밀전하게 되었다고 말하는 것이다.

金剛般若波羅蜜經宗通 卷二
금강반야바라밀경종통 제이권

金剛般若波羅蜜經宗通 卷三
금강반야바라밀경종통 제삼권

七斷受得報身有取疑

此疑亦從第三疑中不可取而來 功德施菩薩論曰 若不取一切法者 云何
受樂報佛取自法王身 云何餘世間復取彼是法王身 爲遣此疑 故經云

• 제칠단의 : 수행을 통하여 보신을 얻은 것도 집착이 아닌가 하는
   것에 대한 의심을 단제한다.

이 의심도 또한 제삼단의의 不可取로부터 유래한 것이다. 공덕시
보살이 『논』[146]에서 말한 것처럼 만약 일체법을 취하지 않는다면 어
떻게 수락보불은 자법왕신을 취하였고, 어떻게 그 밖의 세간에서도
또한 그들이 그 법왕신을 취하였겠는가.

바로 이와 같은 의심을 없애주기 위하여 경전에서 다음과 같이 말한다.

【경문17】

須菩提 譬如有人 身如須彌山王 於意云何 是身爲大不 須菩提言 甚大
世尊 何以故 佛說非身 是名大身

---

146) 『金剛般若波羅蜜經破空論』卷上, (大正藏25, p.890下) "若不取一切法 云何諸佛取遍
   滿自在身耶 爲遣此疑 經曰" 참조.

"수보리야, 비유하자면 어떤 사람의 몸이 크기가 수미산[147]과 같다고 하자. 어떻게 생각하느냐. 그 몸을 크다고 하겠느냐."

수보리가 대답하였다.

"대단히 큽니다. 세존이시여, 왜냐하면 부처님께서는 몸이 아니라고 설하시는데 그것을 곧 큰 몸이라 말하기 때문입니다."

傳大士頌曰 須彌高且大 將喩法王身 七寶齊圍繞 六度次相隣 四色成山相 慈悲作佛因 有形終不大 無相乃爲眞

부대사는 게송으로 다음과 같이 말했다.

"수미산은 매우 높고 또 거대하여
그것을 법왕신으로 비유하였다네
일곱 가지 보배 주위를 둘러싸고
여섯 바라밀로 서로 이웃 삼으며
산의 형상은 네 가지의 색상이고
자비로 부처가 되는 인행을 삼네
형체 색상은 곧 위대하지 못하니
끝내 無相으로 곧 진실 삼는다네"[148]

---

147) 須彌山은 범어로 須彌盧이고 번역하면 妙高이다. 이 산은 네 가지 보배로 이루어져 있고 높이가 뭇 산들보다 높이 솟아 있기 때문에 산왕이라 한다. 부처님의 보신은 모든 번뇌를 떠나 있으므로 '非'라 이름하고, 존숭받는 바가 기특하므로 '大'라 말한다. 고대 인도의 신화적인 우주관에서 설명되고 있는 산으로서 불교에서도 이 수미산설을 채용하여 중국 및 한국에까지 전해졌다. 그러나 제경론에 기록되어 있는 바는 적잖이 다른 점이 있다. 『長阿含經』 제18 閻浮提品, 『入世阿毘曇論』 제2 數量品 등 참조.

148) 『梁朝傳大士頌金剛經』, (大正藏85, p.4上)

通曰

須菩提問云何住 云何降伏 是於無上菩提欲有修證而得 世尊以無上菩提不假修證 縱能修證 不是本來自性天眞佛也 若修六度萬行無量功德成就報土 名爲金光莊嚴淨土 成就報身 名爲千丈盧舍那身 終是業力所持 有漏有爲之果 難比淸淨本然無漏無爲之果 故淸淨本然之土 是眞淨土 淸淨本然之身 是眞大身 所謂佛身充滿於法界是也 若於此信得及 不假修證 本自圓成 豈非甚難希有者乎

종통12

　수보리가 질문한 '어떻게 안주해야 하고 어떻게 마음을 다스려야 하는가.'라는 것은 무상보리를 수·증을 통해서 터득하려는 것이었다. 그러나 세존은 무상보리는 수·증을 의지하지 않는다고 말한다. 설령 수·증을 통해서 가능하다고 해도 그것은 본래자성의 천진불이 아니다.

　만약 육도만행을 닦은 무량한 공덕을 통해서 보토를 성취한다면 그것을 금광장엄정토라 말하고, 보신을 성취한다면 천장노사나불이라 말한다. 그러나 이것은 끝내 업력으로 유지되는 것이므로 유루·유위의 과보로서 그것을 청정본연한 무루·무위의 과보와 비교하기는 어렵다. 때문에 청정본연한 국토이어야 진정한 정토이고 청정본연한 몸이어야 진정한 대신인데, 소위 불신이 법계에 충만하다는 것은 바로 이것을 가리킨다.

　만약 이러한 줄을 믿어서 그런 경지에 도달한다면 수·증을 의지하지 않고 본래부터 원만하게 성취되어 있을[本自圓成] 터인데, 그것이야말로 어찌 대단히 어렵고 희유한 것이 아니겠는가.

刊定記曰 譬如有人身如須彌山王 如是等句 此喻顯示彼相似法自在之
身 以何義故名之爲大 如須彌山勢力高遠 故名爲大 而不取彼山王體 我
是山王 以山無分別故 報佛亦如是 以得無上法王體 故名爲大 而不取彼
法王體 我是法王 以無分別故 如何得是無分別耶 以於無量劫修諸福行
萬慮都忘 如智寂然 故無分別

『간정기』에서 말한 것처럼[149] '비유하자면 어떤 사람의 몸이 수미산
왕만큼 크다고 하자.….'는 것과 같은 어구에서 이것은 저것과 비슷
한 법자재신의 현시를 비유한 것이다.

묻는다 : 무슨 뜻에서 그것을 '大'라고 말한 것인가.
답한다 : 저 수미산은 세력이 高遠하다. 때문에 '大'라고 말한다. 그
러나 그것은 산왕 자체가 나는 산왕이라고 집착하는 것이
아니라 산이 무분별이기 때문이다. 보불도 또한 그와 마
찬가지로 無上한 법왕의 자체를 터득한 까닭에 '大'라고
말한다. 그러나 그것은 법왕 자체가 나는 법왕이라고 집
착하는 것이 아니라 무분별이기 때문이다.
묻는다 : 그 무분별의 경지는 어떻게 터득하는가.
답한다 : 무량겁 동안 모든 복덕행을 닦았으면서도 그것에 대한 온
갖 생각을 다 잊어서 지혜마저도 적연해지는 까닭에 무분
별이다.

149) 『金剛經纂要刊定記』卷3, (大正藏33, p.193上) 참조.

彌勒菩薩偈曰 如山王無取 受報亦復然 遠離於諸漏 及有爲法故

미륵보살은 게송으로 다음과 같이 말했다.
"산왕에게는 집착이 없듯이
수락보신불도 또한 그렇다
곧 모든 번뇌 및 유위법을
아득히 벗어났기 때문이다"[150]

如經 何以故 佛說非身是名大身 非謂有身名爲大身 彼受樂報佛體離於
諸漏 若如是 卽無有物 卽是非身 由此非有身 說爲有身 以唯有淸淨身故
皎然緻淨 實有自體 非是仗他因緣生故 遠離有爲法故 安在其爲有取也

경문에서 말한 '왜냐하면 부처님께서는 몸이 아니라고 설하시는데
그것을 곧 큰 몸이라 말하기 때문입니다.'는 경우는 유신을 가리켜
대신이라 말한다는 것이 아니라 그 수락보불로서 자체가 모든 번뇌
를 벗어나 있다는 것이다.

묻는다 : 만약 그렇다면 곧 物이 없어야만 그것이 곧 비신이라는 것
인가.
답한다 : 그 유신이 아닌 경우를 말미암아 유신이라 설하는 것은 오
직 청정신만 남아있기 때문이다. 분명하고 지극히 청정하
여 실로 자체가 있는 경우는 다른 인연을 의지하여 발생

150)『金剛般若波羅蜜經論』卷上, (大正藏25, p.786中)

한 것이 아니라 아득히 유위법을 벗어나 있는 까닭이다.
그러니 그것이 어찌 집착이 있는[有取] 경우이겠는가.

文殊菩薩問世尊 何名大身 世尊日 非身是名大身 具一切戒定慧了清淨
法 故名大身 須菩提謂佛說非身是名大身 蓋本於此 僧問大龍 色身敗壞
如何是堅固法身 <大+?>龍云 山華<花=>開似錦 澗水湛如藍 雪竇頌
曰 問曾不知 答還不會 月冷風高 古巖寒檜 堪笑路逢達道人 不將語默對
手把白玉鞭 驪珠盡擊碎 不擊碎 增瑕類 國有憲章 三千條罪 若論宗門中
堅固法身亦不許住著 況非法身者乎

[문수보살이 세존께 여쭈었다.
"무엇을 대신이라 말합니까."
세존이 말했다.
"비신을 곧 대신이라 말한다. 일체의 계·정·혜를 구비하고 청정
법을 요해한 까닭에 대신이라 말한다."][151]

경문에서 수보리가 말한 '부처님께서는 몸이 아니라고 설하시는데
그것을 곧 큰 몸이라 말하기 때문입니다.'는 것도 무릇 이런 뜻에 근
거하고 있다.

[한 승이 대룡에게 물었다.
"색신은 무너지고 맙니다. 그러면 견고한 법신이라 무엇입니까."

151) 洪蓮, 『金剛經註解』卷2, (卍續藏24, p.780中)

대룡이 말했다.

"산에 핀 꽃은 마치 비단과 같고, 시냇물은 마치 쪽빛처럼 맑구나."

설두중현은 게송으로 다음과 같이 말했다.

"질문을 해도 도통 알 수가 없고
답변을 해도 또한 알 수가 없네
달 싸늘히 식고 바람 또 거친데
오래된 바위에 차가운 전나무여
우습다 길가다 도인을 만났는데
말씀 및 침묵으로 당할 수 없네
손엔 흰 옥으로 만든 채찍 들고
흑룡의 여의주 다 깨부셔버렸다
만약 철저하게 깨부수지 않으면
또 어설픈 흠집만 더 남게 되네
나라에는 준수할 헌법이 있으니
그 조항 무려 삼천 가지 된다네"][152)

만약 선종의 문중에서 이것을 논하자면 견고한 법신마저도 또한 인정받지 못할 집착이다. 하물며 비법신의 경우이겠는가.

【경문18】

須菩提 如恒河中所有沙數 如是沙等恒河 於意云何 是諸恒河沙寧爲多

---

152) 『碧巖錄』第82則, (大正藏48, p.208上-下)

不 須菩提言 甚多 世尊 但諸恒河尚多無數 何況其沙 須菩提 我今實言
告汝 若有善男子 善女人 以七寶滿爾所恒河沙數三千大千世界 以用布
施 得福多不 須菩提言 甚多 世尊 佛告須菩提 若善男子善女人 於此經
中乃至受持四句偈等爲他人說 而此福德勝前福德 復次 須菩提 隨說是
經乃至四句偈等 當知此處 一切世間天人阿脩羅 皆應供養 如佛塔廟 何
況有人盡能受持讀誦 須菩提 當知是人 成就最上第一希有之法 若是經
典所在之處 卽爲有佛 若尊重弟子

"수보리야, 저 항하에 있는 모래알 수만큼의 항하가 있다면 어
떻게 생각하느냐. 이 모든 항하에 있는 모래알의 수는 얼마나 많
겠느냐."

수보리가 여쭈었다.

"대단히 많습니다, 세존이시여. 단지 항하만 하더라도 오히려 무
수한데 하물며 그 모래알 수이겠습니까."

"수보리야, 나는 지금 진실한 말로 그대에게 설하는 것이다. 만약
어떤 선남자 · 선여인이 칠보를 가지고 그 모든 항하의 모래알 수만
큼의 삼천대천세계를 채워서 그것으로 보시한다면 얻는 복덕이 많
겠느냐."

수보리가 여쭈었다.

"대단히 많습니다, 세존이시여."

부처님께서 수보리에게 말씀하셨다.

"만약 선남자 · 선여인이 이 경전 내지 받고 지니거나 사구게[153] 등

---

153) 四句偈에 대하여 『大毘婆沙論』卷178, (大正藏27, p.892中)에서는 다음과 같이 말한
다. "어느 때에 보살이 心勇猛하기 때문에 7晝夜를 지나도록 한 발로 서서 눈도 깜짝

을 타인에게 설해 준다면 그 복덕은 앞의 그 복덕보다 뛰어나다. 또한 수보리야, 이 경전 내지 사구게 등이 설해지는 곳은 모두 그곳에는 바로 일체세간의 천·인·아수라 등이 모두 응당 불탑처럼 공양한다는 것을 알아야 한다. 하물며 어떤 사람이 빠짐없이 받고 지니며 독송하는 것이겠는가.

수보리야, 그 사람은 최상의 제일의 희유한 법을 성취한다는 것을 마땅히 알아야 한다. 또한 만약 이 경전이 있는 곳이라면 그곳은 바로 부처님이 계시는 곳이고, 또 존중받는 제자가 있는 곳임을."

傅大士頌曰 恒沙爲比量 分爲六種多 持經取四句 七寶詎能過 法門遊歷處 供養感脩羅 經中稱最勝 尊高似佛陀

부대사는 게송으로 다음과 같이 말했다.
"항하의 모래 수를 통해 비교하면
여섯 종류 예로 설명이 가능하다
지경 공덕에서 한 사구게 취해도
칠보 공덕 어찌 그보다 크겠는가
어떤 경우라도 법문 있는 곳이면
모든 수라가 공양을 베풀어 주네
경전 중에 최승으로 찬탄한 것은

이지 않고 하나의 게송으로써 불을 찬탄한다. 그리고 일념도 게으름을 피우지 않고 한결같이 정진바라밀을 원만하게 한다." 또한 『優婆塞戒經』 卷1, (大正藏24, p.1037上)에서는 "다만 하나의 사구게를 읽는 것만으로도 잘 解脫分法을 획득한다. 무엇 때문에 그런가. 일체중생의 마음은 같지 않기 때문이다."라고 말한다.

그 존귀함이 마치 부처님 같다네"[154]

刊定記曰 前三疑之後 四果之前 已說寶施之喩 今復說者 豈不重耶 蓋前
說一三千界寶施 此說無量三千界寶施 雖則總是多義 總是勝較量 然其
後者 卽多中之多 勝中之勝 故重說也

묻는다 : 『간정기』에서는 앞의 제일단의부터 제삼단의까지의 삼단
　　　　이후 제사단의 곧 四果 이전에서 이미 칠보로 보시한 비
　　　　유를 설명하였다.[155] 그런데 지금 여기에서 다시 설한 것
　　　　이 어찌 거듭된 것이 아니겠는가.

답한다 : 무릇 앞에서는 하나의 삼천대천세계에 보배를 가득 채워
　　　　서 보시하는 것에 대하여 설하였다. 그런데 여기에서는
　　　　무량한 삼천대천세계에 보배를 가득 채워서 보시하는 것
　　　　에 대하여 설하였다.
　　　　비록 전체적으로 보면 많은 뜻이 있고 전체적으로 보면
　　　　뛰어난 비교일지라도 후자의 경우는 곧 많음 가운데 많
　　　　음이고 뛰어남 가운데 뛰어남이다. 때문에 거듭 설한 것
　　　　이다.

---

154) 『梁朝傅大士頌金剛經』, (大正藏85, p.4上-中)
155) 『金剛經纂要刊定記』卷5, (大正藏33, p.209中) 참조.

彌勒菩薩偈曰 說多義差別 亦成勝較<挍?>量 後福過於前 故重說勝喩
斯則言說重 而義意不重

　미륵보살은 게송으로 다음과 같이 말했다.
　"재물복덕이 많다는 뜻을 차별하고
　법복덕 뛰어난 바를 비교함으로써
　후자가 전자를 능가함을 설하려고
　거듭하여 뛰어난 비유를 설한다네"[156]
　이것은 곧 言說은 소중하지만 義意는 소중하지 않다는 것이다.

此之勝喩何不先擧 以諸凡夫未見眞實 先爲廣說 不生信解 漸次聞之 乃
生信故 所重在人通也

　묻는다 : 이와 같이 뛰어난 비유를 어째서 앞에서는 언급하지 않았
　　　　　는가.
　답한다 : 왜냐하면 모든 범부는 아직 진실을 보지 못했기 때문에 먼
　　　　　저 자세하게 설한다면 信·解를 발생하지 못한다. 그들은
　　　　　점차 법문을 들어야만 이에 믿음을 발생할 수가 있기 때
　　　　　문이다.

　이 경우는 사람[人]에 대하여 통달하는 것이 소중함을 말한 것이다.

---

156) 『金剛般若波羅密經論』 卷中, (大正藏25, p.786下)

又前喩未說四果無心 釋迦無得 嚴淨國土不嚴而嚴 修證佛身無證而證
後乃旣明斯義 法理兼深 所重在法通也

　또한 앞의 비유에서는 아직 사과의 무심, 석가의 무득, 불국토의
엄정은 엄정함이 없이 엄정한 것, 불신을 수·증한 것은 수·증이
없이 수증하였다는 것에 대하여 설하지 않았다. 뒤의 비유에 이르러
서 그 뜻이 분명하게 되고나서야 법의 도리가 아울러 깊어지기 때문
이다.
　이 경우는 설법[法]을 통달하는 것이 소중함을 말한 것이다.

由是較量之喩 亦復殊勝 故問須菩提 如恒河中所有沙數 如是沙等恒河
於意云何 是諸恒河沙寧爲多不 須菩提言 甚多 以殑伽河周四十里 沙細
如麵 如是沙等恒河 是諸恒河尙多無數 何況諸恒河中之沙耶 故謂甚多也

　이로 말미암아 비교를 나타내는 비유는 또한 더욱더 뛰어나게 된
다. 때문에 수보리에게 '저 항하에 있는 모래알 수만큼의 항하가 있
다면 어떻게 생각하느냐. 이 모든 항하에 있는 모래알의 수는 얼마
나 많겠느냐.'라고 물었다. 그러자 수보리는 '대단히 많습니다.'라고
답변하였다.
　긍가의 물은 넓이가 사십 리인데, 그 모래는 마치 밀가루처럼 미
세하다. 그 모든 모래 수와 동등한 항하가 있다면 그 모든 항하만 해
도 오히려 무수한데, 하물며 모든 항하에 있는 모래 수이겠는가. 때
문에 '대단히 많습니다.'라고 말했다.

若有善男子善女人 以七寶滿爾所恒河沙數三千大千世界以用布施 得福
多不 須菩提言甚多 但以一恒河沙世界七寶布施 其福已多 況以諸恒河
沙數世界七寶布施 豈不甚多 佛言 若但布施而不持經者 不趣菩提 其福
德未爲勝也 若善男子善女人 於此經中受持四句偈等 爲他人說 自利利
他 能趣菩提 其福德勝前七寶布施之福德 無量無邊不可數計也 何以見
其福德之勝哉 受持福多 凡有十三種勝因 而得成福 且以處可恭敬 人可
尊崇者言之

　부처님께서 물은 '만약 어떤 선남자·선여인이 칠보를 가지고 그 항
하의 모래 수효 만큼의 삼천대천세계에 칠보를 가득 채워서 보시에
활용한다면 그것을 얻는 복덕이 많겠는가.'에 대하여 수보리는 '대단
히 많습니다. 단지 하나의 항하에 있는 모래 수효만큼의 삼천대천세
계에다 칠보를 가지고 보시하더라도 그 복덕은 많을 것입니다. 하물
며 그 모든 항하의 모래 수효만큼의 삼천대천세계에다 칠보를 가지고
보시한다면 어찌 대단히 많지 않겠습니까.'라고 말했다.

　그러자 부처님께서 '만약 보시만 하고 경전을 받고 지니지 않는 자
는 보리에 나아가지 못한다. 왜냐하면 그 복덕은 뛰어나지 못하기
때문이다. 그러나 어떤 선남자·선여인이 이 경전 가운데서 사구게
등을 받고 지니며 남에게 연설해준다면, 그것은 자리이고 이타이기
때문에 보리에 나아간다. 왜냐하면 그 복덕은 앞의 칠보로 보시한
복덕보다 뛰어나서 무량하고 무변하며 수를 통하여 계산할 수가 없
기 때문이다. 그런데 그 복덕의 뛰어남을 어찌 볼 수나 있겠는가.'라
고 말씀하셨다.

　이 경우처럼 경전을 받고 지닌 복덕은 많은데, 무릇 열세 가지의
뛰어난 인연으로 복덕을 성취한다.

자, 이하에서는 그 장소에 대하여 공경하는 것과 그 사람에 대하여 존숭하는 것에 대하여 말하겠다.

復次須菩提 隨說是經乃至四句偈等 當知此處卽是支提 一切世間皆應
供養 如帝釋爲天衆說法 諸天皆向座恭敬作禮 爲重於法 乃尊於處 藏佛
舍利謂之塔 奉佛形像謂之廟 說法之處如佛塔廟 明處可敬也 彌勒菩薩
偈曰 尊重於二處

'또한 수보리야, 이 경전 내지 사구게 등이 설해지면 곳이라면 어디든지 곧 탑[支提]으로서 일체의 세간에서 반드시 공양하는 줄을 알아야 한다.'는 대목은 곧 제석천이 천상의 대중을 위해서 설법하는 것처럼 제천이 모두 탑이 있는 자리를 향해서 공경하고 예배를 한다는 것을 말한 것이다. 그것은 법을 존중하는 것으로서 이에 장소를 존중하는 것이다.

부처님의 사리를 소장하고 있는 곳을 '탑'이라 말하고, 부처님의 형상을 받드는 곳을 '묘'라 말한다. 그래서 설법하는 장소는 마치 부처님의 탑·묘와 같다.

이것은 곧 장소를 공경하는 경우를 설명한 것이다.

그래서 미륵보살은 게송으로 "설법처와 설법인을 존중함으로써"[157]라고 말했다.

---

157) 『金剛般若波羅蜜經論』卷中, (大正藏25, p.787上)

宣說四句之處 尚得天人供養 何況盡此經文能受持耶 前說其處 此說於人 前明四句偈之處 此明盡受持之處 反覆而言 故云何況也 當知是人盡能受持讀誦 盡能信解般若波羅蜜甚深妙義 以能成就最上法身 第一報身 希有化身 勝出諸乘世間無比之法 若是經典所在之處 隨何方所 卽爲有佛 及諸弟子 明人可尊也 謂報化必依法身 法身又從經顯 旣有能顯之敎 必有所顯之佛 又經是敎法 佛是果法 果由理顯 理由行致 斯則三佛備足 四法俱圓 所在之處 豈生輕劣 又一切賢聖皆以無爲法得名 經顯無爲 必有賢聖尊重弟子 又經卽法寶 卽爲有佛卽佛寶 若尊重弟子卽僧寶 經典所在之處 卽三寶共居 若彼施寶之人 及施寶之地 無如是事 故此爲勝

사구게가 설해지는 곳에는 반드시 천상과 인간에서 공양을 드린다. 하물며 이 경문을 처음부터 끝까지 받고 지니는 것이겠는가. 앞에서는 그 장소를 설하였지만, 이제 여기에서는 사람에 대하여 설한다.

앞에서는 사구게의 장소에 대하여 설명하였다. 그것은 모두 받고 지니는 장소에 대한 설명을 반복해서 말한 것이다. 때문에 '하물며'라고 말했다. 모두 받고 지니며 읽고 염송하며 모두 반야바라밀의 매우 깊은 묘의를 믿고 이해하는 사람은 최상의 법신과 제일의 보신과 희유한 화신과 모든 가르침을 훨씬 능가하여 세간에서는 비교할 대상이 없는 법을 성취하는 줄을 반드시 알아야 한다. 만약 이 경전이 소재하는 장소는 어떤 방향과 장소이든지 곧 부처님과 제대아라한 등이 계시는 곳인데, 이것은 곧 존중하는 사람을 설명한 것이다.

말하자면 보신과 화신은 반드시 법신에 의지한다. 법신은 또한 경전으로부터 현현한다. 이미 그것을 현현시키는 경전이 있으므로 반드시 거기에 현현되는 부처님이 계셔야 한다. 또한 경전은 곧 敎法이고, 부처님은 果法이다. 果[보신불]는 理[법신불]를 말미암아 현현하고, 理는 行[화신불]을 말미암아 도달한다. 이런즉 삼신불이 구족되면 삼신에다 장소를 포함하여 四法이 모두 원만한데, 경전이 소재한 장소에 대하여 어찌 輕劣하다는 생각을 발생하겠는가.

또한 일체의 현·성은 모두 무위법의 차원에서 그 명칭을 얻었다는 것에서 경전은 무위임을 드러내는데, 거기에는 반드시 현·성의 존중받는 제자가 있다는 것이다.

또한 경전은 곧 법보이고, 곧 부처님이 계신 즉 불보이며, 존중받는 제자와 같은 즉 승보이다. 이에 경전이 소재하는 곳은 곧 삼보가 함께 거주하는 것이다. 그러므로 만약 저 보배를 베풀어주는 사람과 보배가 베풀어지는 장소라면 그와 같은 상황[如是事]은 달리 찾아볼 수가 없는 까닭에 뛰어난 것이 된다.

前說一切諸佛從此經生 猶可信也 今說經典所在卽爲有佛 實難信也 前說無上菩提從此經出 猶可信也 今說持說四句卽能成就最上第一希有之法 實難信也 此無上妙法 超過一切 豈七寶布施之多可比量哉

앞에서 설했던 일체제불도 이 경전으로부터 발생하였다는 것은 오히려 믿을 수 있다. 그러나 지금 설하는 경전이 소재하는 장소는 곧 부처님이 계신다는 것은 실로 믿기가 어렵다. 그리고 앞에서 설했던 무상보리가 이 경전으로부터 출현하였다는 것은 오히려 믿을 수 있다. 그러나 지금 설하는 사구게를 받고 지니며 설함으로써 최상·제일·희유한 법을 성취한다는 것은 실로 믿기가 어렵다.

이 無上한 묘법은 일체를 초과한다. 그러니 어찌 칠보의 보시를 통하여 얻은 복덕이 많다는 것으로써 이것과 비교나 할 수 있겠는가.

隋時蜀民苟氏 嘗於空地遙望虛空 手寫金剛般若經 遂感諸天覆護 遇雨
此地不濕 牧童皆避於此 至唐武德間 有僧語村人曰 此地向來有人書經
諸天設寶蓋於上覆護 不可令人作踐 後設欄圍繞 供養佛像 常聞天樂之
聲 此其章明較著者也

　[수나라 때 촉지방에 살았던 순씨는 일찍이 공터에서 멀리 허공을
바라보면서 금강반야바라밀경을 손으로 서사하였다. 마침내 제천이
감응하여 그를 위호해주었는데, 비가 내려도 그곳은 젖지 않았기 때
문에 목동들은 모두 그 자리에서 비를 피하였다.
　당나라 무덕 연간에 이르러 한 스님이 그 마을 사람들에게 말했다.
　"이 곳은 옛적에 어떤 사람이 경전을 서사하였기 때문에 제천이 그
위에 보개를 설치하여 보호해준 것이다. 그러므로 사람들이 이곳을
밟고 다니도록 해서는 안된다."
　후에 그것에 울타리를 치고 불상을 공양하였다. 그러자 항상 천상
의 음악소리가 들렸다.][158]

158) 『金剛般若波羅蜜經感應傳』, (卍續藏87, p.485上-中) "隋時益州新繁縣西王李村 居
　　士苟氏 晦跡不顯 人莫知之 嘗於村東空地上 遙望虛空 手寫　金剛般若經 遂感諸天龍
　　神覆護 凡遇雨 此地不濕 約有丈許 如屋覆然 每雨 則牧童小兒 皆避於此 至唐武德年
　　間 有僧語村人曰 此地向來有人書經於此 致有諸天設寶蓋於上覆護 切不可令人作踐
　　爾後設欄圍繞 供養佛像 每遇齋日 集遠近善友 誦經脩善 嘗聞天樂 聲振一方 遂爲吉祥
　　之地(矣)" 참조.

이 경우에도 위의 경문[159]을 분명하게 비교해둔 것을 설명한 것이다.

昔臨濟到達磨塔頭 塔主問先禮佛 先禮祖 濟曰 祖佛俱不禮 主曰 祖佛與
長老有甚冤家 濟拂袖便出 此唯成就第一希有之事 故能倒行逆施若此

[옛적에 임제가 달마의 탑이 있는 곳에 도착하였다. 탑주가 물었다.
"부처님께 먼저 예배하시겠습니까, 아니면 달마조사께 먼저 예배하시겠습니까."
임제가 말했다.
"달마조사에게도 그리고 부처님에게도 모두 예배하지 않겠습니다."
탑주가 말했다.
"달마조사와 부처님에 대하여 스님은 무슨 억하심정이라도 있는 것입니까."
그러자 임제는 옷소매를 치켜올리고는 곧장 그 자리를 떠나버렸다.][160]

이것은 오직 제일 · 희유한 법만을 성취한 까닭에 이와 같이 倒行
逆施(시대의 흐름에 역행한다든가, 도리에 맞지 않는 행위를 하는 모습)할 수가 있었다.

【경문19】

爾時 須菩提白佛言 世尊 當何名此經 我等云何奉持 佛告須菩提 是經名
爲金剛般若波羅蜜 以是名字 汝當奉持 所以者何 須菩提 佛說般若波羅
蜜 卽非般若波羅蜜(時本有是名般若波羅蜜句 原本無) 須菩提 於意云
何 如來有所說法不 須菩提白佛言 世尊 如來無所說

　그때 수보리가 부처님께 여쭈었다.
　"세존이시여, 마땅히 이 경전을 무엇이라 이름해야 합니까. 그리
고 저희들은 어떻게 받들어 지녀야 합니까."
　부처님께서 수보리에게 말씀하셨다.
　"이 경전의 명칭은 금강반야바라밀경이다. 그리고 그 이름으로 그
대들은 마땅히 받들어 지녀라. 왜냐하면 수보리야, 부처님이 설한
반야바라밀은 곧 반야바라밀이 아닌데 그것을 곧 반야바라밀이라
말하기 때문이다.(명나라 현재본에는 '곧 반야바라밀이라 말하기 때문이다.'는 구절이 있
지만 원본에는 없다.)[161]
　수보리야, 어떻게 생각하느냐. 여래가 설한 법이 있느냐."
　수보리가 부처님께 여쭈었다.
　"세존이시여, 여래께서는 설하신 법이 없습니다."

傅大士頌曰 名中無有義 義上復無名 金剛喻眞智 能破惡堅眞<貞?> 若
到波羅岸 入理出迷情 智人心自覺 愚者外求聲

---

161) '是名般若波羅蜜'이라는 대목이 구마라집본을 비롯한 번역본에는 없는데도 불구하고
　　중국에서 대장경을 편찬하는 과정에서 보입했다는 말이다.

금강반야바라밀경종통 제삼권

175

부대사는 게송으로 다음과 같이 말했다.

"명자 속에는 뜻이 들어있지 않고
뜻에는 또한 명자도 있지 않다네
금강으로써 진여지혜를 비유하여
견고한 집착의 관념 타파해 주네
만약 바라밀 저 언덕에 도달하면
깨침에 들고 또 미정을 벗어나네
지혜인은 자기마음을 자각하지만
우인은 밖을 향해 소리 추구하네"[162]

【경문20】

須菩提 於意云何 三千大千世界所有微塵是爲多不 須菩提言 甚多 世尊
須菩提 諸微塵 如來說非微塵 是名微塵 如來說 世界 非世界 是名世界

"수보리야, 어떻게 생각하느냐. 삼천대천세계에 있는 미진이 많겠느냐."

수보리가 부처님께 여쭈었다.

"대단히 많습니다, 세존이시여."

"수보리야, 여래가 설한 모든 미진은 곧 미진이 아닌데 그것을 미진이라 말한다. 그리고 여래가 설한 세계는 세계가 아닌데 그것을 세계라고 말한다."

---

162) 『梁朝傅大士頌金剛經』, (大正藏85, p.4中)

傅大士頌曰 積塵成世界 析界作微塵 界喩人天果 塵爲有漏因 塵因因不實
界果果非眞 果因知是幻 逍遙自在人

　부대사는 게송으로 다음과 같이 말했다.
　"미진 쌓여 또 세계가 성취되지만
　세계를 부수어 또 미진을 만드네
　세계는 인과 천의 과보 비유하고
　미진은 유루의 인 비유한 것이네
　미진인은 모든 인속에 실이 없고
　세계과는 모든 과속에 진이 없네
　과와 인이 허깨비인 줄 이해하면
　어디에나 소요하는 자재인이라네"163)

【경문21】

須菩提 於意云何 可以三十二相見如來不 不也 世尊 不可以三十二相得
見如來 何以故 如來說 三十二相卽是非相 是名三十二相 須菩提 若有善
男子善女人 以恒河沙等身命布施

　"수보리야 어떻게 생각하느냐. 삼십이상을 통해서 여래를 볼 수가
있겠느냐."
　"아닙니다, 세존이시여. 삼십이상을 통해서는 여래를 볼 수가 없
습니다. 왜냐하면 여래께서 설하신 삼십이상은 곧 상이 아닌데 그것

---

163)『梁朝傅大士頌金剛經』,（大正藏85, p.4中）

을 삼십이상이라 말하기 때문입니다."

 "수보리야, 만약 어떤 선남자 · 선여인이 항하의 모래알 수만큼의
신명을 바쳐 보시한다고 하자."

傅大士頌曰 施命如沙數 人天業轉深 旣掩菩提相 能障涅槃心 猿猴探水
月 莨菪拾華<花=>針 愛河浮更沒 苦海出還沈

 부대사는 게송으로 다음과 같이 말했다.
 "항하의 모래 수만큼 신명 바쳐도
 인간과 천상의 업보 더 깊어지네
 이미 아뇩보리 형상 가려 덮으면
 열반심을 향하는 데 장애 된다네
 원숭이가 물에 비친 달을 움켜쥐고
 독초에서 꽃잎 바늘 주우려 하듯
 애욕의 강에 뜨고 가라앉고 하며
 벗어난 고해에 다시 잠기고 마네"[164]

【경문22】

若復有人 於此經中 乃至受持四句偈等 爲他人說 其福甚多

 "만약 또한 이 경전 내지 수지하거나 사구게 등을 타인에게 설해

---

164)『梁朝傅大士頌金剛經』, (大正藏85, p.4中-下)

준다고 하자. 그러면 이 복덕이 저 복덕보다 훨씬 많다."

傳大士頌曰 經中稱四句 應當不離身 愚人看似夢<妄?> 智者見唯眞 法
性無前後 無中非故新 蘊空無實相 憑何見有人

　부대사는 게송으로 다음과 같이 말했다.
　"경전에서 들어보였던 사구게송은
　반드시 내 몸에서 놓아선 안되네
　우인은 실이 없는 허망으로 보되
　지인은 달리 오직 진리로 본다네
　제법의 자성에는 전과 후가 없고
　가운데도 없고 또 故新도 없다네
　오온은 다 공하여 실상이 없는데
　그 무엇 의지하고 누구를 보리요"165)

通曰

須菩提因佛讚歎此經所在之處卽爲有佛 當爲人天供養 如佛塔廟 此經
最勝 能受持者其福最多 故請此經何名 而奉持之 佛以般若波羅蜜於六
度中最爲第一 此經名金剛般若 取能斷之義 幷其般若而遣之 蓋至尊至
貴無上法門也 其名最勝 能爲一切成佛勝因故 名旣無名 說亦無說 本性
無生 義無有上故 由是觀於微塵世界爲麤相分者 不離煩惱染因 由是觀

---

165) 『梁朝傅大士頌金剛經』, (大正藏85, p.4下)

於三十二相爲親相分者 未爲正覺體性 故持經功德 世界微塵不足爲多
三十二相不足爲奇 以受持是經能爲法身之因 故非世間有爲有漏因果可
比也 雖以恒沙身命布施 不如持說四句得福之多 況七寶布施身外之物
所得福德豈能及耶

🁢 종통13

수보리는 부처님의 찬탄을 받고서, 이 경전이 소재하는 장소는 곧 부처님이 계시는 곳이므로 반드시 인간과 천상이 부처님의 탑·묘처럼 공양을 올린다고 말한다.

이 경전은 가장 뛰어나기 때문에 받고 지니는 사람은 그 복덕이 가장 많다. 때문에 이 경전의 제명은 무엇인가, 그리고 어떻게 경전을 받들어 지녀야 하는가에 대하여 청문한다. 이에 부처님께서는 반야바라밀이야말로 육바라밀 가운데서도 최고로서 제일이므로 이 경전을 금강반야라고 불렀다. 그것은 능단의 뜻을 취하고 아울러 그 반야로써 번뇌를 물리친다는 것이다. 그래서 무릇 지극히 높고 지극히 고귀한 無上法門이다.

그 금강이라는 명칭은 가장 뛰어나서 일체가 성불하는 뛰어난 인이 되는 까닭에 명칭이라 말해도 명칭이 없고, 설법을 해도 또한 설법이 없다. 그 본성은 무생이고, 뜻은 그보다 높은 것이 없기 때문이다. 이로 말미암아 미진과 세계를 麤相分으로 관찰하는 것도 번뇌의 染因을 벗어나지 않고, 이로 말미암아 삼십이상을 親相分으로 관찰하는 것도 아직 정각의 체성은 아니다. 때문에 경전을 받고 지니는 공덕에 비하면 세계와 미진의 경우도 많다고 할 수가 없고 삼십이상의 경우도 기특하다고 할 수가 없다.

이 경전을 받들고 지님으로써 법신의 인이 된다. 때문에 세간의 유위와 유루의 인과에 비교할 것이 아니다. 비록 항하의 모래 수만큼 신명을 보시할지라도 하나의 사구게를 받고 지니며 설함으로써 얻는 복덕의 많음만은 못하다. 하물며 칠보로 보시하는 身外의 재물로써 얻는 복덕이 어찌 그것에 미치겠는가.

功德施菩薩論曰 受持福多 以十三種因而得成福 所謂處可恭敬故 人可尊崇故 一切勝因故 彼義無上故 越外內多故 勝佛色因故 越<超?>內施福故 同佛出現故 希能信解故 難有修行故 信修果大故 信解成就故 威力無上故 世尊何故慇懃說此諸因相耶 以諸衆生行資生施 求財位果 不持正法 斷諸苦因 故再三讚歎而激勸之也

공덕시보살은『논』에서 다음과 같이 말한다.

[받고 지닌 공덕의 복덕은 많은데 열 세 가지의 인으로써 복덕을 성취한다. 하나, 소위 장소를 공경하기 때문이고, 둘, 사람을 존숭하기 때문이며, 셋, 일체가 뛰어난 인이기 때문이고, 넷, 저 뜻이 無上하기 때문이며, 다섯, 안팎으로 많음을 초월하기 때문이고, 여섯, 부처님의 색신의 인이 뛰어나기 때문이며, 일곱, 내시의 복덕을 초월하기 때문이고, 여덟, 부처님의 출현과 같기 때문이며, 아홉, 믿고 이해하는 것이 희유하기 때문이고, 열, 수행하기 어렵기 때문이며, 열 하나, 믿고 수행하는 과가 위대하기 때문이고, 열 둘, 믿음과 이해를 성취하기 때문이며, 열 셋, 위력이 無上하기 때문이다.

묻는다 : 세존은 무슨 까닭에 은근하게 이 모든 인의 모습을 설하

였는가.

답한다 : 제중생은 자생보시를 실천하고 재위의 과보를 추구할 뿐
　　　　이지 정법을 가지고 모든 고인을 단제하지 못하기 때문이
　　　　다.][166)

때문에 재삼 찬탄하여 그것을 경전을 받고 지니는 공덕을 권장하
는 것이다.

所云處可恭敬 人可尊崇 已見上文

여기에서 말한 첫째의 장소를 공경하는 것과, 둘째의 사람을 존숭
한다는 말은 이미 위의 경문에서 살펴보았다.[167)

今一切勝因者 須菩提問當何名此法門 佛言 經名金剛般若 能斷一切惑
染疑執 若斷疑執 成佛必矣 豈不勝乎 故當奉持 然諸佛菩薩 以般若波羅
蜜 於世出世法最勝了知 今此法門名曰金剛 有何所以 佛說般若波羅蜜
卽非般若波羅蜜 謂三界諸法智 能稱量 知不堅固 彼不堅固者 猶是此岸
而般若智最堅固者 名到彼岸 智功德岸無能量者

166)『金剛般若波羅蜜經破取著不壞假名論』卷上, (大正藏25, p.890下)
167) 이하부터는 열세 가지의 인으로써 복덕을 성취한다는 것에 대하여 낱낱이 설명을 가
　　한다.

지금 셋째의 '일체가 뛰어난 인'이란 '수보리가 장차 이 법문은 무엇이라 제명해야 하는지를 묻자, 부처님께서는 경전의 명칭은 금강반야라고 말했다는 대목이 이에 해당한다.

　여기에서 일체의 미혹에 물듦과 의문과 집착을 단제하는데, 만약 의심과 집착을 단제한다면 성불은 필연적인 것이다. 그러니 어찌 뛰어난 것이 아니겠는가. 때문에 반드시 받들어 지녀야 한다는 것이다. 제보살은 반야바라밀이 세법과 출세법에서 가장 뛰어난 줄을 요지하기 때문에 지금 이 법문을 금강이라 제명한 것이다.

　묻는다 : 무슨 까닭인가.
　답한다 : 부처님께서 설한 반야바라밀은 곧 반야바라밀이 아니기
　　　　　때문이다. 말하자면 삼계의 제법에 대하여 智는 칭량할
　　　　　수 있지만 知는 견고하지 못하기 때문이다. 그것이 견고
　　　　　하지 못한 것은 마치 차안과 같다. 그러나 반야지혜는 가
　　　　　장 견고한데 그것을 도피안이라 말한 것은 지혜공덕의 언
　　　　　덕은 헤아릴 수가 없기 때문이다.

彌勒菩薩偈曰 彼智岸難量 以第一義中 本性無生 難可思量 云何爲到 卽
般若智亦須能斷 此法門與一切諸佛如來證法作勝因也 偈云 因習證大
體 其斯之謂乎

　미륵보살이 게송으로 말한 "저 智岸은 이승이 헤아리기 어렵고"[168]

---

168) 『金剛般若波羅蜜經論』 卷中, (大正藏25, p.787中)

라는 것은 제일의에서는 본성이 무생이므로 사량하기가 어려운데 어떻게 도달하겠는가. 그처럼 반야지도 역시 마땅히 능단이다.

이 법문은 일체제불 및 여래가 깨친 법으로서 勝因이 된다. 게송에서 말한 "大體를 찹하고 證하는 因이 된다"[169]는 것은 바로 이 경우를 말한다.

所謂彼義無上者 佛問須菩提 於意云何 如來有所說法否 須菩提已知如來所說法 皆不可取不可說 至是答云 如來無所說 言無有法是如來獨說 皆是諸佛共宣揚故 由諸佛親所證會等流之性 至尊無上 縱有所說 皆如其證 證中無說 豈有異說耶 偈云 由等流殊勝 卽是義無有上也

소위 넷째의 '저 뜻이 무상이다.'는 것은 '부처님께서 수보리에게 어떻게 생각하느냐, 여래가 설한 법이 있느냐고 묻자, 수보리는 이미 여래께서 설한 법은 모두 불가취이고 불가설임을 알고 있기 때문에 여래는 설한 법이 없다고 답변하였다.'는 대목이 이에 해당한다.

설법이 없다는 말은 곧 여래의 獨說인데 그것은 제불이 공통적으로 선양한 것이다. 제불이 친히 증득하고 이해한 등류의 자성을 말미암은 至尊·無上은 설령 설한 법이 있다고 할지라도 그 설법은 모두 증득한 것과 같아서 증득 가운데는 설법이 없다는 것인데, 여기에 어찌 異說이 있겠는가. 게송에서 말한 "등류의 뛰어남을 말미암

169) 『金剛般若波羅蜜經論』 卷中, (大正藏25, p.787上).

아"[170]라는 말은 곧 '저 뜻이 무상이다.'는 것을 가리킨다.

所謂越外内多者 佛問須菩提 於意云何 三千大千世界所有微塵 是爲多不 須菩提言甚多 以三千世界散爲微塵 以微塵積爲三千世界 如積微塵功行 得成人天勝果 如是可以爲多乎 彼珍寶布施福德 是染煩惱因 以能成就染煩惱果 以能成就染煩惱事故 是因爲有漏之因 果爲有爲之果也 如是微塵世界 總皆不實 二俱非有 故如來說爲非塵 說爲非界 然此地塵 不是染等性塵 是故名作地塵 又彼世界 非是煩惱染因界 爲此說爲世界 由此言之 彼布施福德 乃是煩惑塵坌之因 彼福縱善 與外塵無記等 猶爲劣也 以此比於受持之福不見其多 謂寶施不及塵界 塵界不及持經 由於彼習煩惱 而此斷除煩惑故也 偈云 彼因習煩惱 經勝所以 豈不昭然 世界有衆生 故名爲内多 微塵但形色 故名爲外多 此持經功德 不落無記性 所以超越外内多也

  소위 다섯째의 '안팎으로 많음을 초월한다'는 것은 '부처님께서 수보리에게 어떻게 생각하느냐 삼천대천세계의 모든 미진은 많겠느냐고 묻자, 수보리는 대단히 많다고 답변하였다.'는 대목이 이에 해당한다.
  삼천대천세계가 흩어져서 미진이 되듯이 미진이 쌓이면 삼천대천세계가 된다. 미진의 공행을 쌓으면 인간과 천상세계의 뛰어난 과가 형성되는데 이와 같은 경우가 가히 많다는 경우[多]가 된다. 저 진보로 보시한 복덕은 염번뇌의 인이므로 염번뇌의 과를 성취한다.
  이처럼 염번뇌의 상황[事]이 성취되기 때문에 이 인은 유루인이고

---

170) 『能斷金剛般若波羅蜜多經論釋』 卷中, (大正藏25, p.878中)

과도 유위과이다. 이와 같이 미진세계는 모두 다 실이 아니다. 이 인과 과는 모두 유가 아니므로 여래는 非塵이라 설한다. 그러나 이 地塵은 染 등의 性塵은 아니기 때문에 地塵이 된다고 말한다.

또한 저 세계는 번뇌염인의 세계가 아니라 이것은 언설로서의 세계이다. 이런 말을 말미암아 저 보시의 복덕도 이에 번뇌분진의 인이다. 저 복덕은 설령 善이라 할지라도 外塵의 무기와 같은 것이므로 하열하다. 이로써 받고 지니는 복덕과 비교하자면 그 복덕의 많음을 볼 수가 없다. 말하자면 칠보의 보시는 미진과 세계에 미치지 못하고, 미진과 세계는 경전을 받고 지니는 것에 미치지 못한다.

저 칠보의 복덕은 習煩惱를 말미암지만 이 持經의 복덕은 煩惑을 단제하기 때문이다. 게송에서 말한 "재시는 번뇌를 習한 因이 되지만"[171]이라는 말은 持經이 뛰어나기 때문이라는 것이 어찌 분명하지 않은가. 세계에 중생이 깃들어 있기 때문에 內多라고 말하고, 미진은 단지 형색일 뿐이므로 外多라고 말한다. 이 경전을 받들고 지니는 공덕은 무기성에 떨어지지 않는다. 때문에 '안팎으로 많음을 초월한다'는 것이다.

所謂勝佛色因者 佛問須菩提 於意云何 可以三十二相見法身如來否 答云不也 不可以三十二相見法身如來 以何義故 不可以三十二相爲法身如來 如來說三十二相 非是法身無爲之相 但是化身有爲之相故 法身無爲眞實性故 色身有爲影像相故 卽如修行所有福業 能成佛身相 但是應身 此於持說功德 能成法身 亦爲是劣 由彼衆相 非是正覺體性 而持說能

---

171) 『金剛般若波羅蜜經論』 卷中, (大正藏25, p.787上)

得大覺性故 故謂彼爲劣 彼相雖劣 亦勝過施寶<寶施?>之染福 況爲法
身因者 而不超越 是故劣亦勝也 偈云 此降伏染福 若福德中之勝福 更能
降伏可知 故云勝佛色因也 所謂超內施福者 佛告須菩提 若有善男子 善
女人 以恒河沙等身命布施 彼以七寶施者 是身外之財 此以身命施者 是
謂內財 捨身恒河沙數 不爲不多矣 破其慳貪 不謂不盡矣 其獲福報 視
彼捨資生珍寶者 其福尤勝 何以故 彼捨身命 苦身心故 偈云 苦身勝於彼
習此苦因 不趣菩提 終爲有漏之果 若復有人 於此經中 乃至受持四句偈
等 爲他人說 是謂法施 自利利他 能趣菩提 終成勝果 故其福勝彼無量阿
僧祇 是謂超內施福德也 此約內財較量 倍顯經勝 然則此經名爲金剛般
若波羅蜜者 離文字相 故無所說 離煩惱相 故非微塵 離人天相 故非世界
乃至離佛色身 故非三十二相 亦離般若自性 故非般若波羅蜜 如是最上
第一希有之法 但可自信 但可自悟 如其不悟 雖捐無量七寶以求之 必不
可得 雖捨無數身命以求之 必不可得 惟須菩提深契其旨 能不流涕而歎
其難遇乎

　　소위 여섯째의 '부처님의 색신의 인이 뛰어나다'는 것은 '부처님께
서 수보리에게 어떻게 생각하느냐, 삼십이상을 통해서 여래를 볼 수
가 있느냐고 묻자, 수보리는 아닙니다, 삼십이상을 통해서는 여래를
볼 수가 없다고 답변하였다.'는 대목이 이에 해당한다.

　묻는다 : 삼십이상을 통해서는 법신여래를 볼 수가 없다는 것은 무
　　　　　슨 뜻인가.
　답한다 : 여래가 설한 삼십이상은 법신의 무위상이 아니라 다만 화
　　　　　신의 유위상일 뿐이다. 법신은 무위로서 진실한 자성이기
　　　　　때문이고 색신은 유위로서 영상의 모습이기 때문이다. 곧

수행을 통해서 지니는 복덕은 불신의 형상을 성취하는데 그것은 단지 응신일 뿐이다. 따라서 여기에서 설법을 받고 지니는 공덕으로 법신을 성취하는 것도 또한 하열하다. 그것은 갖가지 형상을 말미암은 것이지 정각의 체성이 아니다. 그래서 설법을 받고 지녀야만 대각의 정체를 성취하는 까닭에 그것을 하열하다고 말한다.

그렇지만 이 형상은 비록 하열하지만 또한 칠보로 보시한 염복덕보다는 훨씬 뛰어나다. 이에 법신의 인이 되기는 하지만 그것을 초월하지 못한다. 이런 까닭에 하열하면서도 또한 뛰어나다. 그래서 게송에서는 "법시는 재시 및 32상을 능가한다"[172]고 말했다.

만약 복덕 가운데서 뛰어난 복덕이라면 다시 항복의 상태이어야 함을 알 수가 있다. 그러므로 '부처님의 색신의 인이 뛰어나다'고 말한다.

所謂超內施福者 佛告須菩提 若有善男子 善女人 以恒河沙等身命布施
彼以七寶施者 是身外之財 此以身命施者 是謂內財 捨身恒河沙數 不爲
不多矣 破其慳貪 不謂不盡矣 其獲福報 視彼捨資生珍寶者 其福尤勝 何
以故 彼捨身命 苦身心故 偈云 苦身勝於彼 習此苦因 不趣菩提 終爲有
漏之果 若復有人 於此經中 乃至受持四句偈等 爲他人說 是謂法施 自利
利他 能趣菩提 終成勝果 故其福勝彼無量阿僧祇 是謂超內施福德也 此
約內財較量 倍顯經勝 然則此經名爲金剛般若波羅蜜者 離文字相 故無

172)『金剛般若波羅蜜經論』卷中, (大正藏25, p.787上)

所說 離煩惱相 故非微塵 離人天相 故非世界 乃至離佛色身 故非三十二
相 亦離般若自性 故非般若波羅蜜 如是最上第一希有之法 但可自信 但
可自悟 如其不悟 雖捐無量七寶以求之 必不可得 雖捨無數身命以求之
必不可得 惟須菩提深契其旨 能不流涕而歎其難遇乎

　소위 일곱째의 '내시의 복덕을 초월한다'는 것은 '부처님께서 수보
리에게 물었다. 만약 선남자·선여인이 항하의 모래 수만큼의 신명
을 바쳐서 보시하고, 또 저들이 칠보로써 보시한다고 하자.'는 대목
이 이에 해당한다.

　이 身은 外財인데 여기에서 신명을 바쳐서 보시한다는 것은 곧 內
財이다. 항하의 모래 수만큼 사신하는 것은 복덕이 많지 않을 수가
없다. 간탐만 타파하는 것도 정성을 다했다고 하지 않을 수가 없다.
그로써 얻는 복덕의 과보는 저 자생과 진보를 버리는 것으로 간주되
어 그 복덕이 더욱 뛰어나다. 왜냐하면 저 신명을 바치는 것은 몸과
마음을 괴롭게 하기 때문이다. 그래서 게송에서는 "신명보시는 재물
보시보다 뛰어나다"[173]고 말했다.

　그러나 이와 같은 苦身의 인을 수습해도 보리에 나아가지는 못한
다. 왜냐하면 고신의 인은 끝내 유루의 과이기 때문이다.

　그러나 만약 또 어떤 사람이 이 경전에서 내지 사구게 등을 받고
지니며 남에게 설해준다면 그것을 법시라 말하는데, 자리와 이타가
되어 보리에 나아가서 끝내 뛰어난 과보를 성취한다. 때문에 이 법
시의 복덕이 저 신명의 보시보다 무량·아승지 배나 뛰어나다. 이것
을 가리켜 '내시의 복덕을 초월한다'고 말한다.

---

173) 『金剛般若波羅蜜經論』 卷中, (大正藏25, p.787中)

이것을 內財에 의거하여 비교해보아도 경전의 뛰어남이 몇 배나 드러난다. 그런즉 이 경전의 제명을 금강반야바라밀로 삼은 것은 문자상을 벗어나 있기 때문에 설한 것이 없고, 번뇌상을 벗어나 있기 때문에 미진이 아니며, 인천상을 벗어나 있기 때문에 세계가 아니고, 내지 부처님의 색신상을 벗어나 있기 때문에 삼심이상이 아니며, 뿐만 아니라 또한 반야의 자성을 벗어나 있기 때문에 반야바라밀도 아니다.

이와 같이 최상·제일·희유한 법이므로 무릇 스스로 믿어야 하고 무릇 스스로 깨쳐야 한다. 그것을 깨치지 못하면 비록 무량한 칠보로써 그것을 추구해도 헛된 것이므로 결코 터득할 수가 없고, 비록 무수한 신명을 바쳐서 그것을 추구해도 결코 터득할 수가 없다. 오직 수보리만이 깊이 그 종지에 계합하였기 때문에 눈물을 흘리지 않고서 그 만나기 어려운 기회를 찬탄할 수 있었겠는가.

黃蘗云 佛有三身 法身說自性虛通法 報身說一切淸淨法 化身說六度萬行法 法身說法 不可以言語音聲形相文字而求 無所說 無所證 自性虛通而已 故曰無法可說 是名說法 報身 化身 皆隨機感現 所說法 亦隨事應根 以爲攝化 皆非眞法 故曰 報化非眞佛 亦非說法者 又云 如來所說 皆爲化人 如將黃葉爲金 止小兒啼 決定不實 若有實得 非我宗門下客 且與你本體有甚交涉 故經云實無少法可得 名爲阿耨菩提 若也會得此意 方知佛道魔道俱錯 本來淸淨皎皎地 無方圓無長短無大小<無大小無長短?>等相 無漏無爲 無迷無悟 了了見 無一物 亦無人 亦無佛 大千沙界海中漚 一切聖賢如電拂 一切不如心眞實 法身 從古至今 與佛祖一般 何處欠少一毫毛 旣會如是意 大須努力 黃蘗一宗 純是金剛大意 故知此經實爲傳佛心印者

[황벽희운이 말했다.

"부처에는 삼신이 있다. 법신은 자성이 텅 비어 막힘이 없는 법을 설하고, 보신은 일체의 청정한 법을 설하는 것이며, 화신은 육도만행의 법을 설한 것이다. 법신의 설법은 언어·음성·형상·문자로 추구할 수가 없다. 그래서 설법도 없고 깨침도 없어서 자성이 텅 비어 막힘이 없을 뿐이다. 때문에 가히 금강경에서는 '설할 법이 없는 것을 곧 설법이라 말한다.'고 하였다.

보신과 화신은 모두 근기에 따라서 감응하여 현현한 것이다. 설한 법도 또한 상황에 따라서 근기에 감응하여 섭화하기 위한 것이므로 그것은 모두 진법이 아니다. 그러므로 '응신과 화신은 진불도 아니고/ 또한 설법하는 사람도 아니네'174)라고 말한다."]175)

또 다음과 같이 말했다.

["여래가 설한 법은 모두 사람을 교화하기 위한 것이다. 마치 낙엽을 돈이라고 말하여 어린이의 울음을 그치게 하는 경우와 같아서 결코 진실이 아니다. 만약 실로 터득함이 있다면 우리 종문의 선객이 아니다. 또한 그대의 본분[本體]과 아무런 상관도 없다. 그러므로 금강경에서는 '실로 어떤 법도 터득함이 없는 것을 아뇩다라삼먁삼보리라고 말한다.'고 말한다.

만약 이런 뜻을 이해했다면 바야흐로 불도와 마도가 모두 잘못임을 알아야 한다. 본래 청정하고 밝은 경지로서 방·원도 없고, 대·

174) 『金剛般若波羅蜜經論』 卷上, (大正藏25, p.784中)
175) 『黃檗山斷際禪師傳心法要』, (大正藏48, p.382上)

금강반야바라밀경종통 제삼권

소도 없으며, 장·단 등의 모습도 없고, 번뇌와 조작이 없으며[無漏無爲], 미혹도 없고 깨침도 없다. 분명하게 보면 일물도 없고, 또한 중생도 없으며, 또한 부처도 없다. 삼천대천세계의 바다에 있는 물거품이고, 일체의 현·성도 번개가 반짝이는 것과 같아서 이들 일체는 마음이 진실한 것만 못하다. 법신은 예로부터 지금까지 불·조와 더불어 동일하다. 그런데 어느 곳에 터럭 끝만치라도 없거나 모자람이 있겠는가. 이미 이와 같은 뜻을 알았다면 열심히 노력해야 한다."]176)

황벽의 종지는 순전한 금강의 대의이다. 그러므로 이 경전은 실로 佛心印을 전승하는 것임을 알아야 한다.

【경문23】

爾時 須菩提聞說是經 深解義趣 涕淚悲泣 而白佛言 希有世尊 佛說如是 甚深經典 我從昔來所得慧眼 未曾得聞如是之經

그때 수보리가 이 경전의 깊은 뜻을 알아차리고는 눈물을 흘리면서 슬피 울었다. 그리고 부처님께 여쭈었다.
"희유한 일입니다, 세존이시여. 부처님께서 설하신 이와 같이 대단히 심오한 경전을 제가 옛적부터 얻은 혜안으로도 아직껏 이와 같은 경전은 들어본 적이 없습니다."

傳大士頌曰 聞經深解意<義?> 心中喜且悲 昔除煩惱障 今能離所知 徧
<遍=>計於先了 圓成證此時 宿乘無閡<礙?>慧 方便勸人持

　　부대사는 게송으로 다음과 같이 말했다.
　　"설법한 경전의 깊은 뜻을 듣고서
　　마음에 기쁨과 또 슬픔이 일었네
　　저 옛날 이미 번뇌장 단제했지만
　　지금에야 소지장 떠날 수 있었네
　　이전에 요해한 것 널리 계탁하여
　　지금에야 깨달음을 원만성취하니
　　과거에 터득한 무애 지혜 통하여
　　방편으로 모든 중생 수지케 하네"[177]

【경문24】

世尊 若復有人得聞是經 信心淸淨 卽生實相 當知是人成就第一希有功
德 世尊 是實相者 卽是非相 是故如來說名實相

　　"세존이시여, 만약 또 어떤 사람이 이 경전을 듣고 신심이 청정해
져 곧 실상을 낸다면 마땅히 그 사람은 제일의 희유한 공덕을 성취
한 사람인 줄 알겠습니다.
　　세존이시여, 그 실상이란 곧 형상이 아니기 때문에 여래께서는 설
하여 실상이라 말한 것입니다."

---

177) 『梁朝傳大士頌金剛經』, (大正藏85, p.4下)

傅大士頌曰 未有無心境 曾無無境心 境忘心自滅 心滅境無侵[178] 經中稱
實相 語妙理能深 證知惟<唯=>有佛 小聖詎堪任

  부대사는 게송으로 다음과 같이 말했다.
  "집착 없는 마음의 경계도 없었고
   경계 없다는 마음도 일찍 없었네
   경계 잊으면 마음 절로 소멸되고
   마음 소멸되면 경계 침범도 없네
   경전에서 실상을 낸다고 한 말은
   언어 미묘하고 도리 또 심오하네
   오직 부처님만 그 도리 증지하니
   소승의 성인들은 감당할 수 없네"[179]

【경문25】

世尊 我今得聞如是經典 信解受持不足爲難 若當來世 後五百歲 其有衆
生 得聞是經 信解受持 是人卽爲第一希有 何以故 此人無我相 無人相
無衆生相 無壽者相 所以者何 我相卽是非相 人相 衆生相 壽者相 卽是
非相 何以故 離一切諸相 卽名諸佛

  "세존이시여, 제가 지금 들은 이 경전을 신해하고 수지하는 것은
어렵지 않습니다. 그러나 만약 당래세 후오백세에 어떤 중생이 이

---

178) 『梁朝傅大士頌金剛經』, (大正藏85, p.4下)의 '心滅無境心'을 '心滅境無侵'으로 교정함.
179) 『梁朝傅大士頌金剛經』, (大正藏85, p.4下)

경전을 듣고서 신해하고 수지한다면 그 사람은 곧 제일의 희유한 사람일 것입니다.

왜냐하면 그 사람은 아상이 없고 인상이 없고 중생상이 없고 수자상이 없기 때문입니다. 그 까닭은 아상은 곧 진상이 아니고, 인상·중생상·수자상도 곧 진상이 아니기 때문입니다.

왜냐하면 일체의 모든 상을 여의면 곧 제불이라 말하기 때문입니다."

傅大士頌曰 空生聞妙理 如蓬植在蔴 凡流信此法 同火出蓮華 恐人生斷見 大聖預開遮 如能離諸相 定入法王家

부대사는 게송으로 다음과 같이 말했다.
"집착 없는 마음의 경계도 없었고
 공생이 미묘한 도리를 들은 것은
 마치 쑥밭에다 심은 삼과 같다네
 범부라 할지라도 그 법을 믿으면
 불속에서 연꽃이 피는 것과 같네
 중생이 곧 단견을 낼까 염려하여
 세존이 미리 열고 또 닫아주시니
 중생은 일체의 형상을 멀리 떠나
 선정 통해 법왕의 집에 들어가네"[180]

---

180)『梁朝傅大士頌金剛經』,(大正藏85, p.5上)

【경문26】

佛告須菩提 如是 如是 若復有人 得聞是經 不驚不怖不畏 當知是人甚爲
希有

　부처님께서 수보리에게 말씀하셨다.
　"그와 같다. 바로 그와 같다. 만약 어떤 사람이 이 경전을 듣고도
놀라지 않고 무서워하지 않으며 두려워하지 않는다면 그 사람은 대
단히 희유한 사람인 줄을 마땅히 알아야 한다."

傅大士頌曰 如能發心者 應當了二邊 涅槃無有相 菩提離所緣 無乘及乘
者 人法兩俱捐 欲達眞如理 應當識本源

　부대사는 게송으로 다음과 같이 말했다.
　"아뇩다라삼먁삼보리심 일으킨 자
　　반드시 열반과 보리 알아야 하네
　　열반의 속성에는 실체의 상 없고
　　보리의 도리에는 반연의 상 없네
　　가르침과 가르침을 준 사람 없어
　　설한 사람도 설해진 법도 없다네
　　이에 진여 도리를 통달코자 하면
　　반드시 본래 근원 알아야 한다네"[181]

---

181) 『梁朝傳大士頌金剛經』, (大正藏85, p.5上)

【경문27】

何以故 須菩提 如來說第一波羅蜜 卽非第一波羅蜜 是名第一波羅蜜

"왜냐하면 수보리야, 여래가 설하는 제일바라밀은 곧 제일바라밀
이 아닌데 그것을 제일바라밀이라 말하기 때문이다."

傳大士頌曰 波羅稱彼岸 於中十種名 高卑緣妄識 次第爲迷情 燄<焰=>
裏尋求水 空中覓響聲 眞如何得失 今始號圓成

  부대사는 게송으로 다음과 같이 말했다.
 "바라밀다를 도피안이라 말하는데
  거기에 열 가지 명칭이 들어있네
  높다 낮다는 말은 망식 인연했고
  앞과 뒤의 차제는 미정 때문이네
  불꽃 속에서도 시원한 물을 찾고
  허공에서도 음향 및 음성을 찾네
  진여에 어찌 잃고 얻음 있겠냐만
  이제서야 원만성취했다 말한다네"[182]

─────────────
182)『梁朝傳大士頌金剛經』,（大正藏85, p.5上)

此中深讚持經得福之多者 謂得淸淨之福 非世間之福也 受持四句偈等 其
福甚多 豈徒取記誦言說 便可得福哉 貴在於信 貴在於行 如此領受 如此
修行 不著於三十二相 卽得實相 與佛何別 不著於我人衆生壽者四相 卽不
爲世界人天因果拘繫 惟其超三界之外 故界內之福 不足以擬之 惟其與佛
無別 故福慧兩足 人天莫敢望也 爲此金剛般若卽般若離般若 威力無上 是
最上第一希有之法 信者誠難 有能信解之者 其福豈可量哉

종통14

　여기에서 경전을 듣고 지니는 복덕이 많다고 깊이 찬탄한 것은 소
위 청정한 복덕의 터득을 가리킨 것이지 세간의 복덕은 아니다.

묻는다 : 사구게 등을 받고 지니기만 해도 그 복덕이 대단히 많은
　　　　데, 어째서 불필요하게 기억하고 암송하며 말하고 설법함
　　　　[記·誦·言·說]을 취하여 다시 복덕을 얻는 것인가.
답한다 : 소중한 것은 믿음에 달려있고, 믿음은 실천에 달려있다.
　　　　이와 같이 이해하여 받아들이고 이와 같이 수행해야 한다.
　　　　삼십이상에 집착이 없어서 곧 실상을 터득하면 부처와 무
　　　　슨 차별이 있겠는가.
　　　　그리고 아·인·중생·수자의 사상에 집착이 없어서 곧
　　　　세·계와 인·천과 인·과에 구속되지 않으면 그대로 삼
　　　　계의 밖으로 초월한다. 때문에 삼계[界內]의 복덕으로는 그
　　　　것을 헤아릴 수가 없지만, 잘 생각해보면 부처와 더불어
　　　　차별이 없다. 그러므로 복덕과 지혜를 모두 구족하여 인
　　　　천에서는 감히 바라볼 수조차 없다.

이 금강반야는 곧 반야이면서도 반야를 벗어나 있어서 그 위력이 無上하다. 그것은 최상·제일·희유한 법이므로 믿는 사람도 진실로 찾아보기가 어렵다. 이에 믿고 이해하는 사람의 복덕이야말로 어찌 헤아릴 수가 있겠는가.

所謂同佛出現者 佛興於世 薄福難逢 此經亦然 預聞者少 爾時須菩提 聞此法門 深生信解 悲泣雨淚 捫淚而白佛言 希有世尊 佛說如是甚深經典 謂般若智慧 照見五蘊皆空 是深般若 今說卽般若非般若 空而不空 是甚深般若 我從昔來所得慧眼 但得人空慧 了徧計空 未曾得聞如是之經 旣空其法 復空其空 證於圓成 了無所得 我本羅漢 隨佛出家 於此正法 昔尙不聞 是故希有同於佛現

소위 여덟째의 '부처님의 출현과 같다'는 것은 부처님의 세상에 출흥해도 박복한 사람은 만나기가 어렵다. 이 『금강경』도 또한 그와 같아서 일찍이 들었던 사람이 별로 없다.

'그때 수보리가 이 법문을 듣고 깊이 믿음과 이해를 발생하여 비가 오듯이 슬프게 눈물을 흘렸다. 그 눈물을 닦고나서 부처님께 말씀드렸다. 희유하십니다, 세존이시여. 부처님께서 설한 이와 같이 심심한 경전'의 대목은 반야지혜로써 오온이 모두 공한 줄을 조견하였는데 그것이 곧 깊은 반야이고, 지금 설한 반야가 곧 반야가 아니고, 공이면서 공이 아닌 것이 바로 이 심심한 반야임을 말한 것이다.

'제가 옛적부터 터득한 혜안'이란 단지 인공의 지혜만 터득한 것으로서 널리 공을 계탁한 것이므로 일찍이 이와 같은 경전을 들어볼 수가 없었다. 이미 그 법이 공한데 그 공조차도 또 공해야 아법구공[法俱空]

成]을 증득하여 무소득을 요달한다. 나는 본래 나한으로서 부처님을 따라서 출가하였지만 이 정법에 대해서는 옛적에 들어본 적도 없다. 이런 까닭에 희유하기가 마치 '부처님의 출현과 같다'는 것이다.

如是之經云何希有 以上義故 佛說般若波羅蜜卽非般若波羅蜜 彼智岸 難量 唯佛能知 餘無知者 故曰上義

묻는다 : 이와 같은 경전은 어째서 희유한가.
답한다 : 이상의 뜻에서 보았듯이 부처님이 설한 반야바라밀은 곧 반야바라밀이 아니다. 저 지혜의 언덕은 헤아리기가 어렵다. 오직 부처님만이 알 수가 있는 것이지 그 밖의 어떤 사람도 아는 자가 없다. 그러므로 위의 뜻처럼 희유하다고 말한 것이다.

所謂希能信解者 若復有人 得聞是經 能生信心 此信若生 不信諸法 故云 淸淨 此中有實相 於餘不共故 除佛法 餘處無實故 以彼處未曾有 未曾生 唯信此經 則生實相 偈云 亦不同餘法故 實相者 謂一切法無生 亦無所生 是眞如實際之相也 旣生實相 則三身功德 自此周備 當知是人成就第一 希有功德 法本無生 云何生實相耶 所謂實相者 約第一義說 卽是非相 蓋 此經頓除二執 雙顯二空 空病亦空 悉無所得 旣無得無說 何相之有 若一 向無相 恐成斷滅 是故如來依世諦故說名實相 雖生實相 不壞無生 故指 非相以爲實相也

소위 아홉째의 '믿고 이해하는 것이 희유하다'는 것은 '만약 또 어떤 사람이 이 경전을 듣고 신심을 발생한다면'의 대목이 이에 해당한다. 이와 같은 믿음이 발생하여 다른 제법을 믿지 않기 때문에 청정이라 말한다. 이 가운데 있는 실상은 다른 이승들의 경우와 동일하지 않기 때문이고, 불법을 제외하고 다른 곳에는 실상이 없기 때문이다. 다른 경전에는 일찍이 없었던 적이 없고, 또 일찍이 발생했던 적도 없다. 오직 이 경전을 믿는 것에서만 곧 실상이 발생한다. 때문에 게송에서는 "또한 이승외도의 법과 같지도 않다"[183]고 말했다.

실상이란 말하자면 일체법이 발생하는 것도 없고[無生] 또한 발생시키는 것도 없는데[無所生] 이것이야말로 진여실상의 모습이다. 이미 실상을 발생한 즉 삼신의 공덕이 이로부터 두루 구비된다. 그러므로 그런 사람은 제일 희유한 공덕을 성취할 것임을 반드시 알아야 한다.

묻는다 : 법은 본래 무생인데 어째서 실상을 발생한다고 하는가.
답한다 : 소위 실상이란 제일의제에 의거하여 설하자면 곧 그것은 비상이다. 무릇 이 경전은 아집과 법집의 이집을 깨끗이 단제하고 아공과 법공의 이공을 다 드러내어 空病까지도 또한 공하여 모두 무소득이다. 그래서 이미 무득이고 무설인데 무슨 相이 있겠는가. 만약 오직 無相이기만 한다면 그것은 단멸이 되지 않을까 염려한 까닭에 여래는 세제에 의거하여 '실상이라 말한다'고 설한 것이다. 그러므로 비록 실상을 발생하더라도 그것은 무생을 파괴하는 것

183) 『金剛般若波羅蜜經論』 卷中, (大正藏25, p.787中)

이 아니다. 때문에 비상이라는 것을 가리켜서 실상으로
삼은 것이다.

若人能信諸法無生 而不壞假名 卽相而離相 卽生滅而證不生滅 以是之
故 成就第一希有功德 唯佛能證之 非小聖所及 故謂信解希有也

만약 어떤 사람이 제법은 무생으로서 파괴되지 않는 가명임을 믿
는다면 상에 즉하여 상을 벗어나고 생멸에 즉하여 불생멸을 증득한
다. 이런 까닭에 제일 희유한 공덕을 성취한다. 그것은 오직 부처만
이 증득할 수가 있는 것이지 소승의 성인이 비치는 경지가 아니다.
때문에 '믿고 이해하는 것이 희유하다'고 말한다.

所謂難有修行者 須菩提言 我今得聞如是法門 堅實深妙 親稟佛言 信解
受持 不爲難事 若當來世 最後五百歲時 去聖漸遠 正法將滅 覽斯遺教
信解法空 二邊俱離 如是受持 甚爲希有 是人非徒守記誦空言者比 故謂
爲難也

소위 열째의 의 '수행하기 어렵다'는 것은 '수보리가 말씀드렸다.
저는 지금 이와 같은 경문을 들을 수가 있지만'의 대목이 이에 해당
한다.
수보리의 경우는 견실하고 심심미묘하게 친히 부처님 말씀을 받아
들여서 믿고 이해하며 받고 지니는 것이 어려운 것이 아니다. 그러
나 만약 당래세의 최후오백세의 시대에는 부처님께서 가신 지도 점

차 멀어지고 정법이 소멸되려는 즈음에는 그 遺敎를 열람하고 법공을 믿고 이해하며 양변을 모두 벗어나서 이와 같이 받고 지니는 경우가 대단히 희유할 터인데도 불구하고 그 사람은 헛되게 기억을 하고[守記] 헛되게 말씀을 염송하는[誦空言] 사람이 아니라는 것에 비유한 것이다. 그러므로 '수행하기 어렵다'고 말한 것이다.

所謂信修果大者 謂彼信解受持 以何義故稱爲希有 是諸衆生於此經信解及行故 無復我相人相衆生相壽者相 此則了人無我性 不生我等相也 所以令無我等相者 則何以故 有所取我 是中乃生能取之相 我相自體 不外心心所法 是心心所法 本自非有 但依世俗言說 謂有我相人相衆生相壽者相 若以第一義說 卽是非相 此則了法無我故 證於雙空也

소위 열 한째의 '믿고 수행하는 과가 위대하다'는 것은 그 사람이 믿고 이해하며 받고 지니는 것을 말한다.

묻는다 : 희유하다고 말하는 것은 무슨 뜻인가.

답한다 : 모든 중생이 이 경전을 믿고 이해하기 때문에 다시는 아상·인상·중생상·수자상이 없다. 이것은 곧 인무아성을 요해하여 아상·인상·중생상·수자상이 발생하지 않는 까닭에 상·인상·중생상·수자상을 발생시키지 않는다는 것이다. 그것은 왜냐하면 소취의 아가 있으면 그 가운데서 능취의 상이 발생하기 때문이다.

아상의 자체는 심법과 심소법을 벗어나지 않는데 그 심법과 심소법은 본래 유가 아닌데 다만 세속제의 언설에 의거하여 아상·인상·중생상·수자상이 있다고 말할 뿐이다. 만약 제일의제의 언설로써 보자면 그것은 곧 상이 아니다. 그것은 곧 법무아를 요해한 까닭에 쌍공을 증득한 것이다.

以何義故令人法俱空耶 爲未離乎相 卽不名佛 惟離人相 離法相 乃至離空相 一切俱離 則名諸佛 本來眞實之相也 本來雖無一物 不落斷見 實有諸佛體相 名爲大果 信能受持 證是大果 故爲希有也 從爾時須菩提聞說是經到此 言有六重 謂聞法悲啼 信生實相 對彰難易 明無我人 法執兼亡 盡成佛道 如斯所說皆誠諦之言 故佛印定之曰 如是如是 重言云者 表言當之極耳

묻는다 : 인공과 법공을 모두 가능하게 한다는 것은 무슨 뜻인가.
답한다 : 상을 벗어나지 못하면 곧 부처라 말할 수가 없다. 오직 인상을 벗어나고 법상을 벗어나며 내지 공상을 벗어나서 일체를 모두 벗어나면 곧 제불로서 본래 진실한 상이라 말한다. 본래는 비록 무일물로서 단견에 떨어지지는 않을지라도 제불의 체상이 실유한 것을 대과라 말한다. 믿음을 받고 지녀서 곧 대과를 증득하기 때문에 희유하다.

'그때 수보리가 이 경전의 설법을 듣고'라는 대목으로부터 여기의 대목에 이르기까지 말씀에는 여섯 번의 강조[六重]가 있다. 말하자면 첫째는 법문을 듣고서 슬프게 우는 것, 둘째는 믿음으로 실상을 발생하는 것, 셋째는 상대적으로 어렵고 쉬움을 드러내는 것, 넷째는 아상·인상·중생상·수자상이 없음을 설명하는 것, 다섯째는 법집이 아울러 사라지는 것, 여섯째는 끝내 불도를 성취하는 것이다.

　이와 같이 설해진 내용들은 모두 참된 도리의 말씀이다. 그러므로 부처님께서는 그것을 印定하여 '그래, 바로 그렇다.'고 말했다. 如是라고 거듭 말한 것은 말씀이 당연하고 지극하다는 것을 나타낸다.

所謂信解成就者 佛言 若復有人 得聞是經 甚深甚妙 難解難知 乃能當聞
法時 不生越怖驚愕 於非處生懼 如越正理 可駭可訶 謂於趣生道中 而不
驚於諸法無生之說也 當思惟時 不生相續怖懼 不斷疑情怖懼無已 謂於
小乘說空說有中 而不怖於非空非有中道之說也 當修習時 不生畏阻 不
是一向畏懼畢竟驚怖墮故 謂於無上菩提決定向往也 當知是人 遠離衆
生下劣惶惑之見 已爲希有 更趣無上菩提 肩荷如來 甚爲希有 惟有此不
驚不怖不畏之心 是於最上一乘 無乘及乘者 能不生疑 乃得名爲眞信解
也 偈云 堅實解深義其斯之謂乎

　소위 열둘째의 '믿음과 이해를 성취한다'는 것은 '부처님께서 말씀하셨다. 만약 또 어떤 사람이'라는 대목이 이에 해당한다. 이 경전을 듣는다면 대단히 깊고 대단히 미묘하여 이해하기도 어렵고 알기도 어렵다. 그렇지만 이에 장차 그 법문을 들을 경우에도 놀라움[越怖 : 驚愕]을 일으키지 않고, 곤경의 상황[非處]에서 두려움이 발생하더라도 올바른 도리에 근거하여 여법하게 극복하니 참으로 놀랍기도 하고 당돌하기도 하다.

　말하자면 중생계에 태어나 있으면서도 제법이 무생이라는 설법에도 놀라지 않는다. 그래서 반드시 사유할 경우에도 상속되는 두려움과 무서움이 발생하지 않고, 의심하면서 두려움과 무서움을 단제하지 않아도 이미 사라지고 없다. 또 말하자면 소승이 공을 설하고 유를 설하는 가운데 있으면서도 공도 아니고 유도 아닌 중도의 설법에도 두려워하지 않는다. 그래서 수습할 경우에도 두려움과 걱정이 발생하지 않는데, 그것은 줄곧 두려워하고 무서워하는 것이 아니라 필경에 놀라움과 두려움이 사라졌기 때문이다. 결국 말하자면 결정적으로 무상보리를 향해 나아가는 것이다.

그 사람은 하열하고 두려워하며 당혹해하는 중생의 견해를 멀리 벗어나 있으므로 이미 희유하다는 것을 반드시 알아야 한다. 그리고 무상보리에 나아가서 여래를 어깨에 짊어지므로 대단히 희유하다. 생각해보면 이와 같이 놀라지 않고 두려워하지 않으며 무서워하지 않는 마음을 가지고 있다. 그것이야말로 최상일승으로서 가르침도 없고 배우는 사람도 없어서 의심을 일으키지 않으므로 이에 진정한 믿고 이해한다[信解]고 말한다. 게송에서 말한 "이공의 견실한 이해는 깊은 뜻으로서"[184]라는 대목은 바로 이것을 언급한 것이다.

所謂威力無上者 以何義故 聞而不驚不怖不畏爲希有耶 以此金剛般若波羅蜜中是第一波羅蜜 偈云 勝餘脩多羅故 云何名爲第一 法身最大 由此成就 無與等者 一切佛法中至堅至利 淸淨最勝故 偈云 大因及淸淨以此 又諸佛所共說故 復謂族胄高勝也 若約第一義說 卽非第一波羅蜜 昔未曾失今未曾得 本無能到者 誰爲第一 但約世諦說 以其不可取不可說 故名第一波羅蜜也 說到第一波羅蜜 已是極則 又復遣之曰 卽非第一波羅蜜 故謂威力無上也

---

184) 『金剛般若波羅蜜經論』 卷中, (大正藏25, p.787中)

소위 열 셋째의 '위력이 無上하다'는 것은 '법문을 듣고도 놀라지 않고 두려워하지 않으며 무서워하지 않다는 것은 무슨 뜻입니까.'라는 대목이 이에 해당한다. 이 금강반야바라밀 가운데 이것이 곧 제일바라밀이기 때문이다. 때문에 게송에서는 "이승 및 외도의 수다라보다 뛰어나다"[185]고 말했다.

묻는다 : 어째서 제일이라 말하는가.
답한다 : 법신은 가장 위대한데 그것을 성취함으로 말미암아 그것과 동등할 것이 없고[無與等], 일체의 불법 가운데 지극히 견고하고 지극히 예리하며 청정하여 가장 뛰어나기 때문이다. 게송에서는 "제불의 묘과인 大因과 불과의 청정은"[186]이라고 말했다. 또한 제불이 모두 똑같이 설했기 때문이다. 다시 말하자면 가계[族冑]가 고상하고 뛰어나다는 것이다. 만약 제일의제에 의거하여 설명하면 곧 제일바라밀이 아니다. 그래서 옛적에 일찍이 소실된 적도 없었고 지금은 아직 터득하지도 않은 것이다.
묻는다 : 본래 도달할 수가 없는 것인데 무엇이 제일이라는 것인가.
답한다 : 무릇 세제의 설명에 의해서는 그것을 취할 수도 없고 설할 수도 없기 때문에 제일바라밀이라 말한다. 그러나 제일바라밀에 도달한다고 설하면 그것은 이미 극칙이 되어버리므로 또 다시 그것을 부정하여 '곧 제일바라밀이 아니다.'고 말한다. 때문에 '위력이 無上하다'고 말한다.

---

185) 『金剛般若波羅蜜經論』卷中, (大正藏25, p.787中)
186) 『金剛般若波羅蜜經論』卷中, (大正藏25, p.787中)

前門門皆顯經勝 勝之根本 不過此門 彼內外財施 在因無破惑之功 在果
無法身之德 無有如斯眾德圓備 此福望前福聚 昇沈理別 故受持讀誦之
福 爲福德中之勝福德也 前云 佛說非身 是名大身 是果無其果也 此云
佛說第一波羅蜜 卽非第一波羅蜜 是因無其因也 因果俱不可思議 而何
以有取乎 故有取之疑可釋也

앞의 여러 단락에서는 모두 경전의 뛰어난 점을 드러냈다. 그러나
경전이 뛰어난 근본에 대해서는 이 단락에 불과하다. 저 위의 단락
에서는 내 · 외의 재시에서는 因의 경우에 미혹을 타파함이 없는
功이었고, 果의 경우에 법신의 덕이 없는 德이었기 때문에 이와 같
은 여러 가지 덕을 원만하게 구비하지 못하였다.

그러나 이 단락에서는 이 복을 앞의 복과 비교하여 뛰어나고 쳐진
[昇沈] 도리가 다르기 때문에 받고 지니며 읽고 염송하는 복이야말로
복덕 가운데 뛰어난 복덕이 된다.

위에서 말한 '부처님께서는 몸이 아니라고 설하시는데 그것을 곧 큰
몸이라 말하기 때문입니다.'는 대목은 이 과[복덕]에는 그 과[복덕]가 없
다는 것이다. 그리고 여기에서 말한 '여래가 설하는 제일바라밀은 곧
제일바라밀이 아닌데 그것을 제일바라밀이라 말하기 때문이다.'는 대
목은 이 인[수지독송]에는 그 인[재시]이 없다는 것이다. 그래서 인 · 과가
모두 불가사의한데 어째서 복덕을 취함이 있다고 하겠는가. 때문에
이로써 복덕의 취함이 있다는 것에 대한 의심을 해석해주는 것이다.

僧問黃檗云 文殊執劍於瞿曇前者如何 檗云 五百菩薩得宿命智 見過去
生業障<五百+?>者 卽你五蘊<陰=>身是 以見此宿<夙=>命障故 求佛

求菩提涅槃 所以文殊將智解劍 害此有見佛心故 故言你善害 云 何者是
劍 檗云 解心是劍 云 解心旣是劍 斷此有見佛心 祇如能斷見心 何能除
得 檗云 還將你無分別智 斷此有見分別心 云 如作有見有求佛心 將無
分別智劍斷 爭奈有智劍在何 檗云 若無分別智 害有見無見 無分別智亦
不可得 云 不可以智更斷智 不可以劍更斷劍 檗云 劍自害劍 劍劍相害
卽劍亦不可得 智自害智 智智相害 卽智亦不可得 母子俱喪 亦復如是 唯
黃檗洞明金剛般若甚深義 卽般若亦不可得 此其所以爲無上法門也

[한 승이 물었다.

"문수는 어째서 부처님 앞에서 칼을 집어 든 것입니까."

황벽이 말했다.

"오백 명의 보살이 숙명지를 터득하여 과거생의 업장을 보았다. 오백이란 곧 그대 오음의 몸이다. 그래서 숙명의 장애를 보았기 때문에 부처를 추구하고 보리와 열반을 추구하게 된 것이다. 때문에 문수는 智解劍을 가지고 그 부처를 친견하려는 마음조차 베어버린다. 이에 그것을 잘 없애버렸다고 말한다."

승이 물었다.

"그 검이란 무엇입니까."

황벽이 말했다.

"마음을 이해하는 것이 그 검이다."

승이 물었다.

"마음을 이해하는 것이 이미 그 검이라면 부처님을 친견하려는 마음을 단제하는 것도 단지 친견하려는 그 마음을 단제하는 것에 불과합니다. 어떻게 해야 진정으로 단제할 수 있는 것입니까."

황벽이 말했다.

"그대의 무분별지를 가지고 그 친견한다는 분별심을 단제해야 한다."

승이 물었다.

"유견을 가지고 부처를 추구하려는 마음이 있는 경우에는 무분별지의 검으로 단제하지만, 정작 그 지혜의 검은 어디에 있습니까."

황벽이 말했다.

"만약 무분별지로써 유견과 무견을 없앤다고 해도 그 무분별지도 또한 없다."

승이 말했다.

"지혜로는 또한 지혜를 단제할 수가 없고, 칼로는 또한 칼을 벨 수가 없습니다."

황벽이 말했다.

"칼이 스스로 칼을 베고 칼과 칼이 서로 베어도 곧 칼도 또한 없고, 지혜가 스스로 지혜를 없애고 지혜와 지혜가 서로 없애도 곧 지혜도 또한 없다. 어머니와 자식이 모두 죽는 것도 또한 그와 같다."][187]

오직 황벽만이 금강반야의 심심한 뜻을 분명하게 이해하였는데 그 반야도 또한 없다. 이것이 바로『금강경』이 무상법문이 된 까닭이다.

金剛般若波羅蜜經宗通 卷三
금강반야바라밀경종통 제삼권

187) 『古尊宿語錄』卷4, (中華藏77, p.637上-中)

金剛般若波羅蜜經宗通 卷四
금강반야바라밀경종통 제사권

八斷持說未脫苦果疑

此疑從前捨身布施而來 若一切佛法中 般若波羅蜜最爲上者 但持說般若足矣 何用勤苦行餘度耶 今持說者 行菩薩行 割股救鴿 投崖飼虎 如是等行 皆名苦因 云何前捨身命布施者 卽成苦果 而此獨不成苦果耶 爲遣此疑 示現般若攝持餘度 故經云

• 제팔단의 : 경전을 받고 지니며 연설해도 보살은 고행을 닦기 때문에 아직 苦果를 벗어나지 못한 것이 아닌가 하는 의심을 단제한다.[188]

이 의심은 종전의 몸을 바쳐서 보시하는 대목으로부터 유래한 것이다.

묻는다 : 만약 일체의 불법 가운데 반야바라밀이 최상이라면 다만 그 반야를 받고 지니며 연설하는 것만으로도 충분하다. 그

---

188) 앞에서 저 몸을 괴롭게 한다는 것은 신명을 바쳐 보시한다는 것이고, 그 신명을 바쳐 보시한 과보로 얻은 복덕은 수지경전 위타인설의 공덕보다 하열하다고 하였다. 만약 그렇다면 이 법문에 의지하여 수지하고 연설하는 제보살행도 마찬가지의 고행으로서 이 고행도 역시 苦果임에 분명하다. 그런데 어찌하여 이 수지위타인설의 법문은 苦果가 되지 않는다고 하는가.

런데 어째서 勤苦를 활용하면서 나머지 바라밀을 활용하는 것인가. 지금 받고 지니며 연설하는 것은 보살행을 실천하는 것이다. 그러나 자기의 넓적다리 살을 베어서 비둘기에게 보시하고, 언덕에서 몸을 던져 호랑이에게 먹이로 주는 그러한 보살행은 모두 苦困이라 말한다. 그런데 앞에서 몸과 목숨을 바쳐서 보시하는 것은 곧 苦果가 되는데, 어째서 지금 이것만은 苦果가 되지 않는 것인가.

답한다 : 바로 이와 같은 의심을 없애주기 위하여 반야로써 나머지 바라밀의 섭지를 시현한다. 경전에서 다음과 같이 말한다.

【경문28】

須菩提 忍辱波羅蜜 如來說非忍辱波羅蜜 (時本有是名忍辱波羅蜜句非) 何以故 須菩提 如我昔爲歌利王割截身體 我於爾時 無我相無人相無衆生相無壽者相 何以故 我於往昔節節支解時 若有我相人相衆生相壽者相 應生瞋恨 須菩提 又念過去於五百世作忍辱仙人 於爾所世 無我相無人相無衆生相無壽者相

"수보리야, 인욕바라밀에 대해서도 여래는 인욕바라밀이 아니라고 설한다.(애초의 판본대로라면 '이것을 인욕바라밀이라 이름한다.'는 대목이 있어야 한다)

왜냐하면 수보리야, 내가 옛적에 가리왕에게 신체를 잘리웠던 적이 있었는데 그때 내게는 아상이 없었고 인상이 없었고 중생상이 없었고 수자상이 없었다.

왜냐하면 내가 옛적에 사지가 갈가리 찢겼을 때 만약 아상·인상·중생상·수자상이 있었다면 마땅히 진한을 냈을 것이다.

수보리야, 또 생각해 보면 과거 오백 세 동안 인욕선인으로 있으면서 그 오백 세 동안 아상이 없었고 인상이 없었고 중생상이 없었고 수자상이 없었다.”

傅大士頌曰 暴虐唯無道 時稱歌利王 逢君出遊獵 仙人橫被傷 頻經五百世<代=> 前後極時長 承先忍辱力 今乃證眞常

　부대사는 게송으로 다음과 같이 말했다.
　“포학하기만 하고 전혀 도가 없어
　　당시에 가리왕이라 일컬어졌다네
　　놀이로 사냥을 나온 왕과 마주친
　　선인은 좌선을 하다 애꿎게 죽네
　　과거 오백세의 생을 지내는 동안
　　극히 오랜 세월 동안 수행하면서
　　숙세를 이어 인욕 수행 하였는데
　　이번 생에 이르러 깨침 터득했네”[189]

【경문29】
是故須菩提 菩薩應離一切相 發阿耨多羅三藐三菩提心 不應住色生心 不應住聲香味觸法生心 應生無所住心 若心有住 即爲非住 是故佛說 菩薩心不應住色布施 須菩提 菩薩爲利益一切衆生故 應如是布施

---

189) 『梁朝傅大士頌金剛經』, (大正藏85, p.5中)

"이런 까닭에 수보리야, 보살은 마땅히 일체상을 여의고 아뇩다라 삼먁삼보리심을 내야 한다. 마땅히 색에 집착이 없이 마음을 내고 마땅히 성·향·미·촉·법에 집착이 없이 마음을 내어 집착없는 마음을 내야 한다.

만약 마음에 집착이 있다면 곧 그것은 올바른 住가 아니다. 이런 까닭에 부처님은 보살에게 마땅히 마음을 색에 집착하지 말고 보시 하라고 설한다.

수보리야, 보살은 일체중생의 이익을 위하여 마땅히 이와 같이 보 시해야 한다."

傅大士頌曰 菩薩懷深智 何時不帶悲 投身憂虎餓 割肉恐鷹飢 精勤三大 劫 曾無一念疲 如能同此行 皆得作天師

부대사는 게송으로 다음과 같이 말했다.
"보살은 깊은 지혜를 지니고 있어
 언제나 대비심을 그만둔 적 없네
 주린 호랑이 위해 몸을 던져주고
 배고픈 매 위해 살을 베어주었네
 삼대아승지겁 부지런히 수행해도
 일찍이 한 찰나도 피권함 없었네
 이와 같은 보살행 지속 유지하여
 모두 인간 천상의 스승이 되었네"[190]

---

190) 『梁朝傅大士頌金剛經』, (大正藏85, p.5中)

【경문30】

如來說 一切諸相 卽是非相 又說 一切衆生 卽非衆生

　"여래는 일체의 제상은 곧 상이 아니라고 설하며, 또한 일체의 중생은 곧 중생이 아니라고 설한다."

通曰

上言金剛般若是第一波羅蜜 或謂布施爲第一者 以布施能攝餘度 不知餘度無般若 如闕目而無導師 縱得福報 難證法身 較量優劣 斷乎般若爲第一也 故此以第一波羅蜜能攝餘度 如忍辱 卽是持戒 顔色不變 卽是禪定 忍至五百世 卽是精進 而中無我人等相 卽是般若也 故忍辱不住於相布施不住於相 方證菩提 而所謂不住於相者 非金剛慧固莫能照了也 如是雖行忍辱 亦是般若 以此布施 是眞布施 豈彼身命布施求世間福者可同日語哉

종통15

　위에서 금강반야는 곧 제일바라밀이라 말하였다. 이것은 혹 보시를 제일바라밀이라 말한 것인데, 그것은 보시바라밀에 나머지 바라밀이 섭수되어 있다는 것이다. 때문에 나머지 바라밀에는 반야가 없는 줄을 모른다면 그것은 마치 눈이 없으면 導師가 되지 못하는 경우와 같아서 설령 복덕의 과보를 얻는다해도 법신을 증득하기가 어렵다. 그러므로 그 우·열을 비교하자면 단연코 반야가 제일이 된다. 때문에 이 제일바라밀로써 나머지 바라밀을 섭수한다.

　저 인욕한 것은 곧 지계바라밀이었고, 안색이 불변한 것은 곧 선정바라밀이었으며, 오백세 동안 인욕한 것은 곧 정진바라밀이었고, 중간에 있는 아상·인상·중생상·수자상이 없었다는 것은 곧 반야바라밀이었다.

그러므로 인욕을 하되 형상에 집착이 없고, 보시를 하되 형상에 집착이 없어야 바야흐로 보리를 증득한다. 그래서 소위 형상에 집착이 없다는 것은 금강지혜가 견고하지 않으면 비추어볼 수가 없다는 것이다. 이와 같이 한다면 비록 인욕을 실천하는 것도 또한 반야가 된다. 이로써 그 보시가 진정한 보시가 된다.

그런데 어찌 저 몸과 목숨을 바치는 보시로써 세간의 복덕을 추구하는 것을 가히 진정한 보시와 동일한 말이라 할 수가 있겠는가.

功德施論曰 如來忍辱波羅蜜者 以世諦論 則名苦行 便同捨身 俱成苦果 約第一義諦 雖行苦行 有堪忍性故 卽忍辱非忍辱 遠離有此分別心故 此名勝事 有二種義 一是善性故 諸波羅蜜皆以善爲體性故 二是彼岸 功德不可量 非波羅蜜者 無人知彼功德岸<彼岸功德?>故 由斯得名第一最勝義 此苦行勝彼捨身遠矣

공덕시보살의 『논』에서 말한 여래의 인욕바라밀이란 세제로써 논하자면 곧 고행이라 말할 수 있다.

"마치 捨身과 똑같이 모두 苦果가 된다."[191]는 것은 제일의제에 의거한 것인데, 비록 고행을 행할지라도 堪忍의 자성이 있는 까닭이다. 인욕에 즉해서도 인욕의 상이 없어 그 분별심을 멀리 벗어나 있

---

191) 『金剛經纂要刊定記』 卷5, (大正藏33, p.212上)

는 까닭이다.

그래서 이것을 뛰어난 수행[勝事]이라 말하는데 여기에는 두 가지 뜻이 있다.

첫째는 곧 善性이기 때문이다. 그것은 모든 바라밀은 모두 善으로써 體를 삼기 때문이다.

둘째는 곧 彼岸의 공덕이 불가량하기 때문이다. 바라밀이 아니라는 것은 피안의 공덕을 아는 사람이 없기 때문에 그것을 말미암아 제일 최승의 뜻이라 말한다. 이처럼 이 고행은 저 捨身보다도 훨씬 뛰어나다.

彌勒菩薩偈曰 能忍於苦行 以苦行有善 彼福不可量 如是最勝義 以能離相故也

미륵보살은 게송으로 다음과 같이 말했다.
"고행을 참는 까닭은
 고행이 善이기 때문
 그 복덕 불가량하니
 이 뜻이 最勝이로다"[192]
왜냐하면 형상을 떠나 있기 때문이다.

192)『金剛般若波羅蜜經論』卷中, (大正藏25, p.788上)

如我昔爲仙人 山中修道 値歌利王出獵 疲極就臥 諸妃潛禮仙人 王覺 怒
其貪觀女色 乃割截其身體 節節支離解散 我時容顏不變 無有我人等相
王乃悔過 我言大王 我心無瞋 亦如無貪 我若眞實無瞋恨者 令我此身平
復如故 作是語已 平復如故 是時若有我人等相 應生瞋恨 不得平復如故
以無我人等相 不見有我身割截 亦不見有王爲割截 亦非愚癡岡然不覺
一切分別都無所有 方成眞實忍波羅蜜也

내가 전생에 수행자로서 산중에서 수도를 하고 있었을 때 사냥을
나온 가리왕을 만난 적이 있었다. 곧 가리왕이 피곤하여 잠이 들자
모든 비들이 수행자인 나에게 예를 드렸는데, 잠에서 깨어난 왕은
그 모습을 보고 여색에 탐욕을 부리는 것으로 알고 성을 내었다.

이에 수행자의 신체를 잘라서 마디마디 흩어버렸다. 나는 그때 얼
굴색 하나 변하지 않았는데 아상·인상·중생상·수자상이 없었기
때문이었다. 마침내 왕이 잘못을 뉘우치자 나는 대왕에게 말했다. '제
마음에는 화내는 것도 없고, 또한 탐욕도 없습니다. 제가 만약 진실로
성냄이 없는 자라면 저의 이 몸이 평소처럼 회복될 것입니다.' 그 말
을 마치자 평소의 모습으로 회복되었다.

전생의 그때 만약 나에게 아상·인상·중생상·수자상이 있었다
면 반드시 화를 내었을 것이고, 평소의 모습으로 회복되지 않았을
것이다. 그러나 아상 인상 중생상 수자상이 없었기 때문에 여래인
내 몸이 잘리는 것을 보지 않았고, 또한 왕에게 잘린 것도 보지 않았
으며, 또한 우치하고 망연하여 알아차리지 못한 것도 아니었다. 일
체의 분별이 모두 없어야[無所有] 바야흐로 진실한 인욕바라밀이다.

彌勒菩薩偈曰 離我及恚相 實無於苦惱 共樂有慈悲 如是苦行果

　미륵보살은 게송으로 다음과 같이 말했다.
　"我相과 恚相 여의면
　　실로 고뇌란 없다네
　　여락에 자비만 있는
　　이게 苦行의 果라네"[193]

唯離我故不見苦 唯離恚故不見惱 無苦卽見共樂 無惱卽見慈悲 心與慈
悲相應 雖苦不見其苦也 若菩薩苦行之時 見有苦惱 卽便欲捨菩提之心
是故應離諸相 若人不生勝菩提心 應生瞋恨 爲防此過故 謂此苦行果 非
是一時能爲此忍可暫而不可常 又念過去往昔未遇惡王 凡五百世作忍辱
仙人 已於多生無我人等相 忍之熟故 人以累苦難忍 而不知累苦能忍也

　아상을 떠나 있는 까닭에 苦를 보지 않고, 진에를 떠나 있기 때문
에 惱를 보지 않는다. 苦가 없으면 곧 共樂을 보고, 惱가 없으면 곧
자비를 본다. 마음과 자비가 상응되면 비록 고일지라도 그 고를 보
지 않는다. 만약 보살이 고행을 할 경우에 고뇌가 있다고 간주하면
곧 보리심을 버리고 싶어진다.
　이런 까닭에 반드시 제상을 벗어나야 한다. 어떤 사람이 뛰어난 보
리심을 발생하지 않으면 반드시 화를 낼 것이다. 이와 같은 허물을
방지하기 위한 까닭에 '이게 苦行의 果라네'라는 말은 일시적인 행위

193) 『金剛般若波羅蜜經論』 卷中, (大正藏25, p.788上)

만도 아니고, 그 인욕은 임시적인 것으로서 영원한 것도 아니다.

또 생각해보면 과거 전생에 가리왕[惡王]을 만나기 이전에 곧 오백 세 동안 인욕수행자로 있었을 때에 이미 다생에 걸쳐서 아상·인상·중생상·수자상이 없었는데 그것은 인욕이 성숙되었기 때문이다. 그러나 다른 사람들은 숱한 고를 참아내기도 어렵고 숱한 고를 참아내는 줄을 알지도 못한다.

彌勒菩薩偈曰 爲不捨心起 修行及堅固 爲忍波羅蜜 習彼能學心

미륵보살은 게송으로 다음과 같이 말했다.
"보리심을 저버리지 않기 위하여
 地前修行 및 地上法忍 일으키네
 이에 인바라밀 성취하기 위하여
 저 무생법인과 방편행 수습하네"[194]

爲何等心起行相而修行 爲何等心堅固勤求不捨菩提 此謂入初地勝義之心 得忍邊際 卽忍辱非忍辱 卽是此心方便行無住心也 我唯有此離相之行得成於忍 故能與無上菩提相應 是故諸菩薩等 應離一切相發無上菩提心 習彼能學無住之心 但離諸相 卽得菩提 如說坐於菩提座 永斷一切想是也

194) 『金剛般若波羅蜜經論』卷中, (大正藏25, p.788上)

선어록으로 읽는 금강경

묻는다 : 어떤 마음을 일으켜서 수행해야 하고, 어떤 마음으로 견고
하고 부지런히 추구하여 보리심을 버리지 말아야 하는가.

답한다 : 그것은 초지의 勝義心에 들어가 忍의 변제를 터득하여 인욕
에 즉해서도 인욕의 상이 없는 것을 말한다. 곧 그 마음은
방편행으로서 무집착심이다. 나는 오직 그 相을 떠난 수행
으로 忍을 터득하였기 때문에 무상보리에 상응하였다.

이런 까닭에 모든 보살들은 반드시 일체상을 떠나서 무상
보리심을 발생해야 하고, 저 무생법인과 방편행의 무집착
심을 수습해야 한다. 무릇 제상을 떠나야 곧 보리를 터
득한다. 바로 저 보리좌에 앉아서 영원히 일체분별상을
단제한다는 설법은 곧 이것을 가리킨다.

云何離相耶 謂不應住色生心 不應住聲香味觸法生心 應生無所住菩提
之心 若心有住色等境界 卽爲非住菩提也 以住菩提 故無所住 何以故 如
是住者卽爲非住 如有經說 菩提無住處 是故非住是住菩提之異名也 然
則不住於相 是般若智 不但攝忍辱 且攝菩提矣 旣攝菩提 何所不攝 以是
義故 佛於正答問中 說菩薩心不應住色布施 不應住聲香味觸法布施布
施 雖攝六度 然離於施物 施者受者三種分別 卽是般若波羅蜜 故謂般若
能攝六度也

묻는다 : 어찌하면 相을 떠날 수 있는가.

답한다 : '결코 색에 집착하여 마음을 발생해서도 안되고, 성·향
미·촉·법에 집착하여 마음을 내서도 안된다.'는 말은 절
대 집착이 없이 보리심을 발생해야 한다는 것이다. 만약

마음이 색 · 성 · 향 · 미 · 촉 · 법 등의 경계에 집착이 있으면 곧 그것은 보리에 머무는 것이 아니다. 보리에 머무는 까닭에 집착이 없다. 왜냐하면 그와 같이 머무는 것은 곧 진정으로 머무는 것이 아니다.

저 경전에서 설한 것처럼 보리에는 집착이 없다. 이런 까닭에 집착이 없는 것이 곧 진정한 머묾으로서 보리의 다른 명칭이다. 그런즉 상에 집착이 없는 것이 곧 반야지로서 인욕을 섭수하는 것일 뿐만 아니라 또한 보리를 섭수하는 것이다. 이미 보리를 섭수하였다면 어떤 것인들 섭수하지 못하겠는가.

이런 뜻에서 부처님은 바로 질문에 답변으로 '보살은 반드시 색에 집착하여 보시해서는 안되고, 성 · 향 · 미 · 촉 · 법에 집착하여 보시해서도 안된다.'고 말했다. 비록 육바라밀을 섭수했을지라도 보시물과 보시하는 사람과 보시물을 받는 사람의 삼종분별을 떠나야만 곧 반야바라밀이다. 때문에 반야바라밀에는 육바라밀이 섭수되어 있다고 말한다.

若住色等布施 卽有疲乏 而菩提心不生 不住色等布施 卽不疲乏 而菩提心生 諸菩薩摩訶薩爲利益一切衆生之故 應如是布施 不住於相

만약 색 등에 집착하여 보시한다면 곧 피핍하게 되어 보리심이 발생되지 않는다. 그러나 색 등에 집착이 없이 보시한다면 곧 피핍이 없어서 보리심이 발생된다. 모든 보살마하살은 일체중생의 이익을 위한 까닭에 반드시 이와 같이 보시하되 상에 집착해서는 안 된다.

云何利益衆生修行而不住於衆生事耶

　묻는다 : 중생의 이익을 위해 수행하되 중생사에 집착하지 않는다
　　　는 것은 무엇인가.

彌勒菩薩偈曰 修行利衆生 如是因當識 衆生及事相 遠離亦應知

　답한다 : 미륵보살은 게송으로 다음과 같이 말했다.
　　　　"수행은 중생을 이롭게 하는 것이니
　　　　　이같은 了因行을 알도록 해야 한다
　　　　　그리고 일체의 중생과 일체 事相을
　　　　　여의어야 한다는 것도 알아야 한다"[195)]

故布施莫大於法施 法施莫大於滅度一切衆生 若見有衆生可度 卽是著
相 是故如來說一切諸相卽是非相 又說一切衆生卽非衆生 此故以利益
爲修因 衆生及事相 皆應遠離也 何者是衆生事 謂名相衆生及彼陰事故

　때문에 보시는 법시보다 큰 것이 없다. 그리고 법시는 일체중생을
멸도시키는 것보다 큰 것이 없다. 그러나 만약 멸도할 중생이 있다
고 간주하면 곧 상에 집착하는 것이다. 이런 까닭에 여래는 일체의
제상은 곧 진상이 아니라고 설한다. 또한 일체중생은 곧 중생이 아

---

195) 『金剛般若波羅蜜經論』 卷中, (大正藏25, p.788上)

니라고 설한다. 이런 까닭에 중생을 위한 이익으로 수행의 인을 삼아서 중생 및 중생사에 대한 상을 모두 멀리 떠나야 한다.

묻는다 : 중생사란 무엇인가.
답한다 : 중생이라는 名·相 및 중생과 관련된 일체[陰事]를 말한다.

彌勒菩薩偈曰 假名及陰事 如來離彼相 諸佛無彼二 以見實法故

미륵보살은 게송으로 다음과 같이 말했다.
"假名의 名字衆生과 五陰相事
 제불은 두 가지 상을 떠났네
 여래는 두 가지 相을 벗어나
 여실하게 제법을 바라본다네"[196]

彼衆生者 唯是名字施設 喚爲衆生 卽彼假名無實體故 謂一切相貌卽非相貌 如是足明人無我也 世謂衆生爲五陰所成 然彼五陰等法無衆生體 以無實故 無能成之五陰故 謂一切衆生卽非衆生 如是足明法無我也 一切如來明彼二相不實 故離彼相 然所以無彼人 法二相者 以見實法故 若彼二實有者 諸佛如來應有彼二相 何以故 諸佛如來實見故 唯諸佛見於實法 故不見有所度之人 亦不見有能度之智 乃能無所住而行於布施 故發阿耨多羅三藐三菩提心者 當離一切相也

196) 『金剛般若波羅蜜經論』 卷上, (大正藏25, p.788上).

저 중생이란 오직 명자로 시설한 것으로서 중생이라 불릴 뿐이다. 곧 저 가명은 실체가 없는 까닭에 일체의 상모는 곧 진실한 상모가 아니라고 말한다. 이것이 인무아를 설명하는 근본이다.

세간에서는 중생을 오음으로 성취된 것이라고 말한다. 그런데 저 오음 등의 법에는 중생의 체가 없다. 실체가 없기 때문이고, 또 능성의 오음이 없기 때문이다. 그래서 일체중생은 곧 중생이 아니라고 말한다. 이것이 법무아를 설명하는 근본이다.

일체의 여래는 인과 법의 두 가지 相을 벗어나 있어 실체가 없는 까닭에 저 두 가지 상을 떠나있다고 설명한다. 저 인과 법의 두 가지 상이 없다는 것은 진실한 법을 보았기 때문이다. 만약 저 인과 법의 두 가지가 실유라면 제불여래는 반드시 저 인과 법의 두 가지 상이 있다고 말했을 것이다.

왜냐하면 제불여래는 진실을 보기 때문에 오직 제불만이 진실한 법을 본다. 때문에 멸도되는 사람이 있다고 보지 않고, 또한 멸도시키는 지혜가 있다고 보지 않는다. 이에 집착이 없이 보시를 행할 수가 있다. 때문에 아뇩다라삼먁삼보리심을 발생하는 사람은 반드시 일체상을 벗어나야 한다.

僧問黃檗 如我昔爲歌利王割截身體如何 檗云 仙人者 卽是你心 歌利王
好求也 不守王位 謂之貪利 如今學人不積功累德 見者便擬學 與歌利王
何別 如見色時 壞却仙人眼 聞聲時 壞却仙人耳 乃至覺知時 亦復如是
喚作節節支解 云 祇如仙人忍時 不合更有節節支解 不可一心忍 一心不
忍也 檗云 你作無生見 忍辱解 無求解 總是傷損 云 仙人被割時 還知痛
否 <檗云痛+?> 又云 此中無受者 是誰受痛 檗云 你旣不痛 出頭來覓箇

甚麽 又僧問 何者是精進 檗云 身心不起 是名第一牢強精進 纔起心向
外求者 名爲歌利王愛遊臘去 心不外遊 卽是忍辱仙人 身心俱無 卽是佛
道

[한 승이 황벽에게 물었다.

"'나 여래가 옛날 전생에 가리왕에게 신체가 잘렸었다.'는 것은 무
슨 뜻입니까."

황벽이 말했다.

"수행자는 곧 그대의 마음이고, 가리왕은 즐겨 추구하는 것을 가
리킨다. 곧 왕위를 지키지 않고 탐욕과 이익만을 탐하는 것이다. 요
즘 학인들이 공과 덕은 쌓지 않고 보는 것마다 헤아려 배우려고만 하
는데 그것이야말로 가리왕과 무엇이 다르겠는가. 색을 볼 때는 수행
자의 눈을 멀게 하는 것과 같고, 소리를 들을 때는 수행자의 귀를 멀
게 하는 것과 같으며, 내지 느끼고 알 때도 또한 그와 마찬가지이다.
이에 마디마디 사지를 찢는다고 말한 것이다."

승이 물었다.

"그렇다면 저 수행자가 인욕할 때에 또한 마디마디 사지가 찢어졌
다는 것도 합당하지 않고, 일심으로 인욕했다든가 일심으로 인욕하
지 않았다든가 하는 것도 합당하지 않겠습니다."

황벽이 말했다.

"그대가 무생이라는 견해를 발생하여 인욕이라고 이해했다든가
추구함이 없다고 이해했다든가 하는 것은 모두 잘못된 것이다."

승이 물었다.

"인욕수행자도 신체를 잘렸을 때는 고통을 느낍니까."

황벽이 말했다.

"고통을 느낀다."

승이 물었다.

"그 경우에 무아로서 고통을 받는 자가 없는데 그 누가 고통을 받습니까."

황벽이 말했다.

"그대가 이미 고통을 받지 않는데 무엇을 찾겠다고 나서는 것인가."]¹⁹⁷⁾

[또 승이 물었다.

"정진이란 무엇입니까."

황벽이 말했다.

"몸과 마음이라는 분별념을 일으키지 않는 것을 제일 견고한 정진이라 말한다. 밖을 향하여 마음을 일으키면 곧 가리왕이 좋아하는 사냥놀이라 말한다. 마음이 밖으로 나다니지 않는 것이 곧 인욕선인이다. 그리고 몸과 마음이 모두 없는 것이 곧 불도이다."]¹⁹⁸⁾

此金剛第一義也 黃檗把得便用 縱橫無礙 是眞能信解受持者 甚爲希有

이것이 곧 금강의 제일의이다. 황벽이야말로 그것을 금강을 잘 이해하여 종횡무애하게 활용한 것이다. 그래서 황벽이야말로 진정으로 믿고 이해하며 받고 지니는 사람으로서 참으로 희유한 경우에 해당한다.

---

197) 『天聖廣燈錄』 卷8, (卍續藏78, p.455上-中)
198) 『黃檗斷際禪師宛陵錄』, (大正藏48, p.386上)

九斷能證無體非因疑

此疑從前第三第七中來 彼較量內外財施不及持經 以此得菩提故 遂疑
言說是因 菩提是果 以言說證果 理則不成 何者 果是無爲 無爲有體 因
是有爲 有爲無體 無體之道 不到果中 故疑其非因也 爲遣此疑 乃說無實
無虛 原不屬於有無 故經云

> • 제구단의 : 증과의 果에 언교의 주체가 없다면 그것은 증법의
>   因이 되지 않을 것이라는 의심을 단제한다.[199]

이 의심은 종전의 제삼 및 제칠의 대목에서 유래한 것으로서 내시
와 외시는 경전을 받고 지님으로써 보리를 터득한다는 것에 미치지
못한다는 것을 비교한 것이다. 때문에 마침내 언설은 인이고 보리는
과라면 언설로써 과를 증득한다는 도리는 곧 성립되지 않는다고 의
심한 것이다.

왜냐하면 과는 곧 무위이지만 무위에는 체가 있으며, 인은 유위이
지만 유위에는 체가 없다. 체가 없는 도는 과에 도달하지 못하는 까
닭에 그것은 인이 아닌가 하고 의심하는 것이다. 바로 이런 의심을
없애주기 위하여 이에 실도 아니고 허도 아니라고 설한 것이다. 원
래는 유에도 속하지 않고 무에도 속하지 않는다. 때문에 경전에서
다음과 같이 말했다.

---

199) 곧 證果 가운데 언교의 道가 없다면 어찌 언교의 果에 있어서 能作因 곧 證法의 因이
되겠는가 하는 의심이다.

【경문31】

須菩提 如來是眞語者 實語者 如語者 不誑語者 不異語者 須菩提 如來
所得法 此法無實無虛

　"수보리야, 여래는 眞을 말하는 자이고, 實을 말하는 자이며, 如를
말하는 자이고, 不誑하게 말하는 자이며, 不異하게 말하는 자이다.
　수보리야, 여래가 터득한 법 곧 그 법은 실도 아니고 허도 아니다."

傅大士頌曰 衆生與蘊界 名別體非殊 了知心似幻 迷情見有餘 眞言言不
妄 實語語非虛<空?> 始終無變異 性相本來如

　부대사는 게송으로 다음과 같이 말했다.
　"중생과 중생이 사는 오온 세계는
　명칭은 달라도 체는 다르지 않네
　마음이 허깨비와 같은 줄 알지만
　미혹한 중생은 그와 달리 본다네
　眞言은 허망하지 않는 말을 하고
　實語는 공하지 않는 말을 한다네
　시종 변화도 없고 다름도 없으면
　자성 및 형상 본래부터 여래라네"[200]

---

200)『梁朝傅大士頌金剛經』,（大正藏85, p.5中)

每誦此經 如來說一切諸相卽是非相 又說一切衆生卽非衆生 此等說話
其實難信 恐人疑爲誑語 故說如來是眞語者云云 以此法無實無虛故 惟
其無實 不見有諸相可得 不見有衆生可度 惟其無虛 未嘗不現起諸相 未
嘗不現起衆生 卽諸相離諸相 卽衆生離衆生 是之謂無所住而生其心 雖
滅度一切衆生 而不見一衆生得滅度也 此乃一眞如法界 如來者 本此如
而來 故所說者 不異如而說 要令諸菩薩同歸於如如性海也 傳大士偈 始
於衆生與蘊界 終於性相本來如 合上文並頌之 大有當於心 最宜詳味

🔲 종통16

항상 이 경전을 독송하자면, 여래는 일체의 형상은 곧 진상이 아
니라고 말했고, 또한 일체의 중생은 곧 중생성이 아니라고 말했다.
이러한 설화들은 그 사실을 믿기가 어려워서 사람들은 그것을 속이
는 말[誑語]이 아닌가 하고 의심을 한다.

때문에 여래는 그에 대하여 '眞을 말하는 자이고, 實을 말하는 자
이며, 如를 말하는 자이고, 不誑을 말하는 자이며, 不異語를 말하는
자이다.'고 말했다. 왜냐하면 그 설법은 실도 아니고 허도 아니기 때
문이다.

실이 없다는 것을 생각해보면 모든 형상은 얻을 것이 있다고 보지
않고 멸도시킬 중생이 있다고 보지 않는 것이다. 허가 없다는 것을
생각해보면 미상불 모든 형상을 드러내어 일으키고 모든 중생을 드
러내어 일으키는 것이다. 그래서 곧 모든 형상은 모든 형상을 떠나
있고, 곧 중생은 중생을 떠나 있다. 이것을 가리켜서 집착이 없이 그
마음을 일으킨다고 말한 것이다. 비록 일체중생을 멸도시켰다 할지
라도 어떤 중생도 멸도를 얻은 자는 있다고 보지 않는데 이것이 곧

일진여법계이다.

　여래는 본래 그 진여에서 왔기 때문에 설해진 법도 진여와 다르지 않게 설해졌다. 요컨대 제보살로 하여금 모두 진여의 세계[如如性海]로 돌아가게끔 하려는 것이다. 위의 부대사 게송 곧 제일구인 '중생과 중생이 사는 오온 세계는'으로부터 시작하여 제팔구인 '자성 및 형상 본래부터 여래라네'의 마지막에 이르기까지는 위의 경문에 계합되도록 게송으로 말한 것이다. 이에 반드시 마음에 딱 담아두고서 우선적으로 깊이 새겨야 한다.

刊定記曰 如來之言 眞實無異 皆如其事 不誑衆生 今說持經必趣菩提 汝等云何不信 又以如來說於眞實等 故名如來爲眞實語者 眞語者何 謂說佛身大菩提法也 是眞智故 實語者何 謂說小乘四諦法也 諦是實義 如語者何 謂說大乘法有眞如 而小乘無也 不異語者何 謂說三世受記等事 更無差謬 以上四語所說 不離利生行施等法 是法卽道也 菩提妙果 雖不住此有爲法中 而利生行施等道 實爲菩提之因 此言說有爲之因 能證離言無爲之果 又何疑於因果不相符哉

　『간정기』에서는 "여래의 말씀은 진실하여 변이가 없다. 모두 사실과 같아서 중생을 속이지 않는다."[201]고 말했다. 그러므로 경전을 받고 지니면 반드시 보리에 나아간다고 지금 여기에서 설한 것을 그대들은 어찌 믿지 않겠는가. 또한 여래는 진실 등을 설했기 때문에 '여래는 진어자이다.'고 말한다.

---

201) 『金剛經纂要刊定記』 卷5, (大正藏33, p.213中)

묻는다 : 진어란 무엇인가.

답한다 : 말하자면 佛身의 대보리법을 설한 것인데 그것은 眞智이기 때문이다.

묻는다 : 실어란 무엇인가.

답한다 : 말하자면 소승의 사제법을 설한 것인데 그것은 諦가 곧 實義이기 때문이다.

묻는다 : 여어란 무엇인가.

답한다 : 말하자면 대승법에는 진여가 있음을 설한 것인데, 소승법에는 그것이 없기 때문이다.

묻는다 : 불이어란 무엇인가.

답한다 : 말하자면 삼세의 수기 등에 대하여 설한 것인데, 결코 어긋나거나 오류가 없기 때문이다.

이상의 四語로써 설한 것은 중생의 이익을 위한 보시 등의 가르침에 대한 실천을 벗어나지 않는데 그 법이 곧 깨침[道]이기 때문이다. 보리의 묘과는 비록 이 유위법에는 집착하지 않으면서도 중생의 이익을 위한 보시 등의 가르침에 대한 깨침[道]을 실천한다. 그것은 실로 보리의 인이기 때문이다. 그러나 이 언설은 유위의 인이므로 언설을 벗어나야 무위과를 증득할 수가 있다. 그런데 또 어찌 인 · 과가 서로 부합되지 않음을 의심하겠는가.

彌勒菩薩偈曰 果雖不住道 而道能爲因 以諸佛實語 彼智有四種 實智及小乘 說摩訶衍法 及一切授記 以不虛說故

미륵보살은 게송으로 다음과 같이 말했다.

"과는 도에 주하지 않지만

도는 증법의 인이 된다네

모든 부처님 실어가 있네

지혜는 네 가지 종류라네

진실한 智와 소승의 사제

대승의 법에서 말한 진여

삼세에 걸친 일체의 수기

그 모두는 허설이 아니다"[202]

秦什譯時 加不誑語 明四語總不誑也 以何法故不誑於衆生耶 爲如來所
得法無實無虛故 云何無實 如來證第一義 一切法本性無生 無生故不曾
是有也 云何無虛 旣無生 豈有滅 是故非虛 實虛二境皆不可得 於何而見
其有爲 於何而見其無爲哉

요진의 구마라집은 번역하면서 不誑語를 첨가하였는데, 그것은
위의 四語가 모두 不誑임을 설명한 것이다.

묻는다 : 어떤 법이길래 중생에게 不誑이 되는가.

답한다 : 여래가 터득한 법은 실도 아니고 허고 아니기 때문이다.

묻는다 : 실이 없다는 것은 무엇인가.

답한다 : 여래가 증득한 제일의는 일체법의 본성은 무생이다. 무생

---

202) 『金剛般若波羅蜜經論』卷中, (大正藏25, p.788下)

금강반야바라밀경종통 제사권

이기 때문에 증가함이 없이 존재한다.

묻는다 : 허가 없다는 것인가.

답한다 : 이미 무생이거늘 어찌 소멸이 있겠는가. 이런 까닭에 허가 없다. 실과 허의 두 가지 경계가 모두 없다[不可得]. 그런데 어찌 그 유위를 볼 수가 있겠고, 어찌 그 무위를 볼 수가 있겠는가.[203]

彌勒偈曰 順彼實智說<隨順彼實智?> 不實亦不虛<說不實不虛?> 如聞聲取證 對治如是說

미륵보살은 게송으로 다음과 같이 말했다.

"저 진실한 지혜를 수순하기 때문에
　진실도 아니고 허망도 아니라 하네
　들리는 음성을 통해서 취하는 증득
　그것을 대치하려 이와 같이 설하네"[204]

如人聞說依言得菩提 便謂言中有菩提 又聞言中無菩提 便謂畢竟無菩提 不達言空而法實 故有此執 今言無實無虛 正所以對治之也

---

203) 『首楞嚴經義海』 卷6, (永樂北藏168, p.331上) "佛有五語 謂眞語 實語 如語 不誑語 不異語 無僞曰眞 稱理曰實 不變曰如 心境相應曰不誑 懸見未然曰不異也" ; 『首楞嚴義疏注經』 卷2, (大正藏39, p.851中) 비교참조.

204) 『金剛般若波羅蜜經論』 卷中, (大正藏25, p.789上)

마치 어떤 사람이 언설에 의하여 보리를 터득했다는 설법을 들으면 곧 언설 가운데 보리기 있다고 말하는 것과 같고, 또 언설 가운데 보리가 없다는 것을 들으면 곧 필경에 보리가 없다고 말하는 것과 같다. 그것은 언설은 공하고 법은 진실임을 통달하지 못한 까닭에 그와 같은 집착을 한다. 그러므로 지금 실도 아니고 허도 아니라고 말한 것은 바로 그것을 대치하려는 까닭이다.

言說文字 性本非有 言中菩提 亦同言說 如言於火 但有火名 二俱無實 以所說法 不能得彼證法 所以對治言中有菩提之說也 言說無體 依而證實 不無離言之法 如言雖非火 不無離言之火 以此所說法 隨順彼證法 證果是實 故非虛也 所以對治言中無菩提之說也 言說非虛非實 利生行施 亦非虛非實 究竟菩提亦非虛非實 孰謂持說不能於菩提作因哉

언설과 문자의 본성은 본래 유가 아니다. 언설 가운데 있는 보리 또한 언설과 동일하다. 마치 불이라는 언설은 단지 불이라는 명칭만 있지 언설과 불은 모두 실체가 없다. 說法으로는 저 證法을 얻을 수가 없다. 때문에 언설 가운데 보리가 있다는 것을 대치하는 것이다.

언설에는 체가 없지만 언설에 의하여 實을 증득한다. 그러나 언설을 떠나지 않은 법은 없다. 마치 언설은 비록 불이 아니지만 언설을 떠나지 않은 불은 없는 것과 같다. 이로써 설법은 저 증법을 수순한다. 증득된 과는 실이므로 허가 아니다. 때문에 언설 가운데 있는 보리가 없다는 것을 대치하는 것이다.

언설이 실도 아니고 허도 아니듯이, 중생의 이익을 위하여 보시를 실천하는 것도 또한 허도 아니고 실도 아니며, 구경의 보리도 또한 허도 아니고 실도 아니다. 그런데 어찌 설법을 받고 지니는 것이 보리를 짓는 인이 될 수가 없다고 말할 수 있겠는가.

昔伏馱蜜多尊者付法於脇尊者偈云 眞理本無名 因名顯<現=>眞理 受<領=>得眞實法 非眞亦非僞

[옛적에 복태밀다 존자는 협존자에게 정법안장을 부촉하면서 게송으로 다음과 같이 말했다.
　"진리는 본래부터 명칭이 없지만
　　명칭에 의하여 진리가 드러난다
　　그러므로 진실한 법을 깨친다면
　　진리가 없을뿐더러 거짓도 없네"]205)

而脇尊者付法於富那夜奢 偈曰 眞體自然眞 因眞說有理 領得眞眞法 無行亦無止 初脇尊者至華氏國 憩一樹下 右手指地而告衆曰 此地變金色 當有聖人入會 言訖卽變金色 時有長者子富那夜奢合掌前立 祖問曰<尊者問?> 汝從何來 答<夜奢?>曰 我心非往 祖<尊者?>曰 汝何處住 答云<曰?> 我心非止 祖云<尊者曰?> 汝不定耶 答云<曰?> 諸佛亦然 祖曰<尊者曰?> 汝非諸佛 答云<曰?> 諸佛亦非 祖<尊者?> 因說偈曰 此地變金色 預知有聖至 當坐菩提樹 覺華而成已 夜奢復說偈曰 師坐金色地 常說眞實義 回<迴?>光而照我 令入三摩諦 <尊者知其意+?> 祖遂<卽?>度出家 以法付之 此無住妙理 從古已然 於斯信入 大不容易

205)『景德傳燈錄』卷1, (大正藏51, p.209上)

[그리고 협존자는 부나야사에게 정법안장을 부촉하면서 게송으로 다음과 같이 말했다.

　"진여의 본체는 본래부터 참되니

　　진여에 의하여 도리를 설한다네

　　따라서 진여의 법을 깨치고나면

　　갈 바도 없고 멈출 바도 없다네"][206]

[처음에 협존자가 화씨국에 이르러 어느 나무 아래에서 휴식을 취하였는데, 오른손으로 땅을 가리키면서 대중에게 말했다.

　"이 땅이 금색으로 변하면 장차 어떤 성인이 이 법회에 들어올 것이다."

　말을 마치자 곧 땅이 금색으로 변하였다. 그때 어떤 장자의 아들로서 부나야사라는 사람이 합장을 하고 그 앞에 섰다.

　협존자가 물었다.

　"어디에서 왔는가."

　부나야사가 말했다.

　"제 마음은 존자에게 간 적도 없습니다."

　협존자가 물었다.

　"그대는 어디에 사는가."

　부나야사가 말했다.

　"제 마음은 거주하는 곳도 없습니다."

　협존자가 물었다.

　"그대는 한 군데 고정되어 있지 않는단 말인가."

---

206)『景德傳燈錄』卷1,（大正藏51, p.209中)

부나야사가 말했다.

"제불도 또한 마찬가지입니다."

협존자가 물었다.

"그대는 제불이 아니지 않은가."

부나야사가 말했다.

"제불도 또한 제가 아닙니다."

이에 협존자가 게송을 설하여 말했다.

"이 땅이 변하여 곧 금색이 되면

　어떤 성인이 여기에 다가와서는

　이후에 보리수 아래에 앉아서는

　깨침의 꽃 성취할 줄 미리 안다"

이에 부나야사도 또한 게송을 설하여 말했다.

"조사께서 금색의 땅에 앉으시어

　언제나 진실한 뜻을 말씀하시고

　빛을 돌려서 저한테 비춰주시어

　제가 삼마제에 들도록 해주시네"

　협존자는 부나야사의 뜻을 알아차리고 곧 출가시켜 그한테 정법안장을 부촉하였다.][207]

　이와 같이 무주의 묘리는 옛적부터 이미 그래왔다. 이에 그 믿음에 들어가는 것은 참으로 위대하여 쉽게 수용할 수가 없다.

---

207) 『景德傳燈錄』 卷1, (大正藏51, p.209上-中)

十斷如徧有得無得疑(如徧亦作眞如)

此疑從上不住相布施而來

- 제십단의 : 진여의 체가 일체의 시·처에 두루하다면 유득과 무득의 차별이 없을 것이라는 것에 대한 의심을 단제한다.[208](여기에서 如徧라는 말은 또한 眞如라고 표기된 경우도 있다.)

　이 의심은 저 앞에 있는 부주상보시의 대목으로부터 유래한 것이다.

功德施菩薩論曰 若所證法無生無性 非實非虛<妄=> 是卽諸佛第一義身 從此爲因 二身成就<滿=> 菩薩何故捨所證法 住於是<事?>等而行施耶 眞如一切時處皆有 旣徧時處 卽合皆得 何故有得有不得者 爲遣此疑 故經云

　공덕시보살은 『논』에서 다음과 같이 말한다.

　[만약 증득한 법이 무생이고 무성으로서 실도 아니고 허망도 아니라면 그것은 곧 제불의 第一義身이다. 이것이 인이 되어 第二身이 성취된다. 그런데 보살은 무슨 까닭에 증득한 법을 버리고 현상[事] 등

---

208) 의심의 내용은 다음과 같다. 만약 성인이 무위진여법으로 성인이라는 명칭을 얻는다면 그 진여는 일체시·일체처에 항상 존재하는 것이 되는데 어찌하여 不住心으로 불보리를 얻은 즉 그것은 不住가 아니라고 하는가. 만약 일체시·일체처에 실로 진여가 있다면 무슨 까닭에 어떤 사람은 얻고 어떤 사람은 얻지 못하는가.

에 머물러 보시를 실천하는가. 진여는 일체의 시·처에 모두 존재한다. 이미 시·처에 두루한 즉 모든 사람에게 계합되어 있을 터인데 무슨 까닭에 그것을 터득한 사람이 있고 터득하지 못한 사람이 있는가.]209)

바로 이와 같은 의심을 없애주기 위한 까닭에 경전에서는 다음과 같이 말했다.

【경문32】

須菩提 若菩薩心住於法而行布施 如人入闇 卽無所見 若菩薩心不住法
而行布施 如人有目 日光明照 見種種色

"수보리야, 만약 보살이 마음을 법에 집착하여 보시하면 그것은 마치 어떤 사람이 어둠속에 들어가면 곧 볼 수가 없는 것과 같다.
또 만약 보살이 마음을 법에 집착이 없이 보시를 하면 마치 눈을 지닌 어떤 사람이 햇빛이 밝게 빛나면 갖가지 색을 볼 수 있는 것과 같다."

傅大士頌曰 證空便爲實 執我乃成虛 非空亦非有 誰有復誰無 對病應施
藥 無病藥還祛 須依二空理 穎脫入無餘

209)『金剛般若波羅蜜經破取著不壞假名論』卷下, (大正藏25, p.892下)

부대사는 게송으로 다음과 같이 말했다.

"공을 증득하면 곧장 실이 되지만

상에 집착하면 이에 허가 된다네

공도 아니고 또한 유도 아니라면

무엇이 유이고 또 무엇이 무인가

병에 따라 곧 약방문 처방하듯이

병이 없으면 약방문도 또 없다네

약과 병이 공한 도리에 의지해야

곧 집착 떠나 무여열반 들어가네"[210]

通曰

上言如來所得法 此法無實無虛 六祖云 無實者 以法體空寂 無相可得 然
中有恒沙性德 用之不匱 故言無虛 惟其有恒沙之用 不妨行於布施 惟其
體自空寂 故應不住於法 但知布施而不知離相 卽住於實 不免執我之過
但知離相而不知布施 卽住於虛 不免證空之失 皆非中道諦也 能離二邊而
無住者 非具有根本智 及第一般若之力 莫能契其妙也 無上菩提 非實非
虛 無住布施 非空非有 此果因一契之理 豈得謂行施便違於眞如耶 上無
實無虛 承布施而來 此復以布施證明其意 語本聯絡 傅大士偈亦極緜密

종통17

위에서 여래가 터득한 법에 대하여 말하였는데, 그 법은 실도 아
니고 허도 아니었다.

210) 『梁朝傳大士頌金剛經』, (大正藏85, p.5下)

[육조가 말했다.

"실이 아니라는 것은 법체가 본래 공적하여 상을 통해서 얻을 수가 없다. 그러나 거기에는 항하의 모래 수만큼의 자성의 덕이 있어서 아무리 활용해도 끝이 없다. 그러므로 허도 아니다."]²¹¹⁾

생각해보면 거기에 들어있는 항하의 모래 수만큼의 묘용은 보시를 실천하는데 장애가 되지 않는다. 또 생각해보면 그 체는 본래 공적하기 때문에 반드시 법에 집착해서는 안된다. 그런데 다만 보시만 알고 그것이 상을 떠나 있는 줄 모른다면 곧 실에 집착하는 것으로서 아에 집착하는 허물[過]을 벗어나지 못하고, 다만 상을 떠나 있는 줄만 알고 보시를 모른다면 곧 허에 집착하는 것으로서 무기공을 증득한 허물[失]을 벗어나지 못한다. 이것은 모두 중도제가 아니다. 실과 허의 양변을 떠나서 집착이 없는 경우야말로 근본지와 제일반야의 힘을 갖추지 않고는 그 묘용에 계합할 수가 없다.

무상보리는 실도 아니고 허도 아니며, 집착이 없는 보시는 공도 아니고 유도 아니다. 이것은 과와 인이 하나로 계합된 도리이거늘 어찌 보시한다고 말한들 진여에 위배되겠는가. 위의 실도 아니고 허도 아니라는 것은 보시에 계승되어 유래한 것이다. 그래서 이 또한 보시로써 그 뜻을 증명한 것으로 언설은 본래 그것과 닿아 있는데, 그것은 부대사의 게송과도 또한 지극히 긴밀하다.

刊定記曰 眞如偏一切時 偏一切處 有得不得者 由心有住法不住法之異

---

211) 『金剛經解義』, (卍續藏24, p.526上)

耳 若住法行施 則不得眞如 如入闇中 一無所見 若無住行施 則得眞如
如太陽昇天 何所不矚

『간정기』에서 진여는 일체시에 두루하고 일체처에 두루하다고 말한 것은 곧 유득과 무득이 마음의 유주법과 무주법의 차이를 말미암았을 뿐이라는 것이다. 만약 법에 집착하여 보시를 실천한다면 곧 진여를 터득할 수가 없다. 마치 어둠속에 들어간 것과 같아서 아무것도 볼 수가 없다.

그러나 만약 법에 집착하지 않고 보시를 실천한다면 곧 진여를 터득할 수가 있다. 마치 태양이 하늘에 떠오른 것과 같은데 무엇을 보지 못하겠는가.

住法何以不得眞如 由無般若觀照之智 卽執著色等六塵 及空有等法 由
執著故 心不淸淨 爲塵所染 但見布施 不見餘法 雖得染福 不離苦果 縱
有涅槃樂處 近而不達 故如闇中無所見也

묻는다 : 법에 집착하면 어째서 진여를 터득할 수 없는가.
답한다 : 반야의 관조지혜가 없음을 말미암아서 곧 색 등의 육처 및
　　　　공·유 등의 법에 집착하기 때문이다. 집착을 말미암은 까
　　　　닭에 마음이 청정하지 못하여 번뇌[塵]에 물들어서 단지 보
　　　　시만 보고 그 밖의 법은 보지 못한다. 그래서 비록 染福은
　　　　얻었을지라도 苦果를 벗어나지 못하기 때문에 설령 열반
　　　　락의 경지가 가까이 있을지라도 그것에 통달하지 못한다.
　　　　때문에 어둠속과 같아서 아무것도 볼 수가 없다.

彌勒偈曰 時及處實有 而不得眞如 無智以住法 餘者有智得

미륵보살은 게송으로 다음과 같이 말했다.
"일체시처에 진여가 실유하더라도
 실유의 진여를 터득할 수는 없다
 지혜 없어 법에 주하기 때문이네
 다른 사람은 지혜로 진여를 얻네"[212]

不住法何以爲得眞如 由於有目 具根本智 又得日光明照 通達般若 心極
淸淨 決定了知佛法無性 故能悟一切法 不滅不生 不斷不常 不一不異 不
來不去 速成正覺 得大涅槃 如是行不住施 如見種種色也

묻는다 : 법에 집착하지 않으면 어째서 진여를 터득할 수 있는가.
답한다 : 안목이 있음을 말미암아 근본지를 갖추기 때문이다. 또한
         밝게 빛나는 태양빛을 얻어서 반야에 통달하고, 마음이
         지극히 청정하여 결정적으로 불법에는 자성이 없음을 요
         지한다. 때문에 일체법이 불멸이고 불생이며, 부단이고
         부상이며, 불일이고 불이이며, 불래이고 불거임을 깨치고
         속히 정각을 성취하여 대열반을 얻는다. 이와 같이 집착
         이 없이 보시를 실천하는 것은 마치 갖가지 색을 보는 경
         우와 같다.

---

212) 『金剛般若波羅蜜經論』卷中, (大正藏25, p.789上)

彌勒菩薩偈曰 暗<闇=>如愚無智 明者如有智 對法及對治<對治及對
法=> 得滅法如是

　미륵보살은 게송으로 다음과 같이 말했다.
　"闇과 明에서 愚는 無智이고
　　明은 有智를 비유한 것이네
　　對治의 법과 對法의 법처럼
　　得法과 滅法도 또한 같다네"[213]

明與暗對 是對法也 以有智治無智 是對治也 智生則無智滅 明生則暗滅
證寂滅法亦復如是 眞如之理周徧十方 悟亦不增 迷亦不減 得失在人 非
法有相違過也

　밝음과 어둠이 상대하는 것이 곧 대법이고, 유지로써 무지를 다스
리는 것이 곧 대치이다. 지혜가 발생한 즉 무지가 소멸되고 밝음이
발생한 즉 어둠이 소멸된다.
　적멸법을 증득하는 경우도 또한 이와 마찬가지이다. 진여의 도리
가 시방에 널리 가득한데 깨침도 또한 증가함이 없고, 미혹도 또한
감소함이 없다. 득과 실은 모두 사람에게 달려있는 것이지 법에는
서로 어긋나는 허물이 없다.

---

213)『金剛般若波羅蜜經論』卷中, (大正藏25, p.789中)

玄沙云 汝今欲得出今<他?>五蘊身主宰 但識取汝祕密金剛體 古人向汝
道 圓成正徧 徧周沙界 我今少分爲汝 智者可以譬喩得解 汝還見<見此?>
南閻浮提日麽 世間<人+?>所作興營 養身活命 種種心行作業 莫非皆承
<承他=>日光成立 祇<只=>如日體還有許<許-?>多般心行麽 還有不
周徧處麽 欲識<此+?>金剛體 亦須<須-?>如是看<看-?> 祇<只=>如
山河大地 十方國土 色空明暗 及汝身心 莫非盡承汝圓成威光所現 直是
天人羣生類 所作業次 受生果報 有情無情 莫非承汝威光 乃至諸佛成道
成果 接物利生 莫非盡承汝威光 祇<只=>如金剛體 還有凡夫諸佛麽 有
汝心行麽 不可道無便得當去也 知麽 玄沙以日喩金剛體 暗符甚深般若
之旨 心心相印 豈不其然

[현사사비가 다음과 같이 말했다.

"그대가 지금 저 오온의 몸을 주재하고 있는 것을 벗어나고자 한
다면 다만 그대의 비밀스러운 금강체를 알아차려라. 고인이 그대에
게 말한 '원만하게 성취되어 있는데 바르고 너르며, 두루 항사세계
에 골고루 미친다.'는 것을 나도 지금 그대에게 조금이나마 말해주
겠다.

지혜로운 자라면 비유만 가지고도 이해해야 한다. 그대에게는 이
남염부제의 태양이 보이는가. 세간의 사람들이 몸으로 하는 살림살
이와 몸과 목숨을 부지하기 위한 행위 및 마음으로 하는 갖가지 작
용은 모두가 저 태양빛을 말미암아 성립되지 않은 것이 없다. 그런
데 무릇 태양 자체에도 그처럼 많은 마음작용이 있던가, 또한 태양
이 두루하지 않은 곳이 있던가.

이 금강체를 알고자 하는 경우에도 또한 이와 같이 해야 한다. 무
릇 산·하·대지, 시방의 국토, 색·공·명·암 및 그대의 몸과 마

음은 모두 그대에게 원만하게 성취되어 있는 위광의 발현 아님이 없다. 이것은 바로 천상과 인간의 군생들이 작업한 결과로서 생을 받은 과보이다. 유정과 무정도 그대의 위광을 계승하지 않은 것이 없고, 내지 제불이 도를 성취하고 과를 성취하며 중생을 제접하여 이익을 주는 것도 모두 그대의 위광을 계승하지 않은 것이 없다. 무릇 저 금강체에 범부와 제불이 있던가, 또 그대의 마음작용이 있던가. 없다고 말함으로써 지당하다고 간주해서는 안 된다. 알겠는가."]214)

현사는 태양으로써 금강체를 비유하고 어둠은 심심한 반야의 뜻에 부합시켰다. 마음과 마음이 서로 통한[印] 경우에 어찌 그렇지 않겠는가.

【경문33】

須菩提 當來之世 若有善男子 善女人 能於此經受持讀誦 卽爲如來以佛智慧悉知是人 悉見是人 皆得成就無量無邊功德 須菩提 若有善男子 善女人 初日分以恒河沙等身布施 中日分復以恒河沙等身布施 後日分亦以恒河沙等身布施 如是無量百千萬億劫以身布施 若復有人 聞此經典信心不逆 其福勝彼 何況書寫受持讀誦 爲人解說

"수보리야, 당래세에 만약 어떤 선남자·선여인이 이 경전을 수지

---

214)『福州玄沙宗一大師廣錄』卷下, (卍續藏73, pp.21下-22上) ;『景德傳燈錄』卷18, (大正藏51, p.345上-中)

하고 독송하면 곧 여래는 불지혜로 그 사람을 다 보고 그 사람을 다 보아 모두 무량하고 무변한 공덕을 성취시켜 준다.

수보리야, 만약 어떤 선남자·선여인이 아침나절에 항사와 같은 신명으로 보시하고, 점심나절에도 또한 항사와 같은 신명으로 보시하며, 저녁나절에도 역시 항사와 같은 신명으로 보시하는데 이와 같이 무량백천만억겁 동안 신명으로 보시한다고 하자.

만약 또 어떤 사람이 이 경전을 듣고 신심으로 거스르지 않는다고 하자.

그러면 이 복이 앞의 복보다 뛰어나다. 하물며 쓰고 베끼며 받고 지니며 남을 위하여 해설해 주는 것이랴."

傅大士頌曰 衆生及壽者 蘊上假虛名 如龜毛不實 似免角無形 捨身由妄識 施命爲迷情 詳論福比智 不及受持經

부대사는 게송으로 다음과 같이 말했다.
"중생상 그리고 수자상 두 가지는
곧 임시로 오온에 붙인 명칭이네
거북이 터럭과 같이 실체가 없고
토끼의 뿔과 같아서 형체가 없네
몸의 보시도 망식 인유한 것이고
목숨 보시도 미정 인유한 것이네
복덕 및 지혜를 자세하게 논하면

경전을 받고 지니는 것만 못하네"[215]

【경문34】

須菩提 以要言之 是經有不可思議不可稱量 無邊功德 如來爲發大乘者
說 爲發最上乘者說 若有人能受持讀誦 廣爲人說 如來悉知是人 悉見是
人 皆得成就不可量不可稱無有邊不可思議功德 如是人等 即爲荷擔如
來阿耨多羅三藐三菩提 何以故 須菩提 若樂小法者 著我見人見衆生見
壽者見 即於此經 不能聽受讀誦 爲人解說 須菩提 在在處處 若有此經
一切世間天人阿脩羅 所應供養 當知此處 即爲是塔 皆應恭敬 作禮圍繞
以諸華香而散其處

"수보리야, 요약해서 말하자면 이 경전에는 불가사의하고 불가칭
량하며 끝없는 공덕이 있다. 여래는 대승심을 내는 자를 위하여 설
하고 최상승심을 내는 자를 위하여 설한다.

만약 어떤 사람이 수지하고 독송하며 널리 남을 위하여 설한다면,
여래는 그 사람을 다 알고 그 사람을 다 보아서 불가량하고 불가칭
하며 끝없이 불가사의한 공덕을 다 성취케 한다. 이러한 사람들은
곧 여래의 아뇩다라삼먁삼보리를 감당한다.

왜냐하면 수보리야, 저 소승법을 누리는 자는 아견 · 인견 · 중생
견 · 수자견에 집착하기 때문에 곧 이 경전을 청수하고 독송하며 남
에게 해설해 줄 수가 없기 때문이다.

수보리야, 어느 곳이든지 만약 이 경전이 있는 곳이라면 일체세간

215) 『梁朝傅大士頌金剛經』, (大正藏85, p.5下)

의 천 · 인 · 아수라가 마땅히 공양한다.

마땅히 알아라. 그 곳은 곧 탑[216]이 있는 곳으로서 모두 공경하고 예를 드리며 위요하고 여러 가지 향을 그 곳에 흩뿌린다는 것을."

傳大士頌曰 所作依他性 修成功德林 終無趣<趣?>寂意 唯有濟羣心 行悲悲廣大 用智智能深 利他兼自利 小聖詎能任

부대사는 게송으로 다음과 같이 말했다.

"다른 것에 의거해 조작된 성품과
수행을 통해 형성된 공덕의 숲은
끝내 적멸 뜻에 나아가지 못하니
중생심을 제도해야만 가능하다네
자비 실천하되 곧 자비 광대하고
지혜 활용하되 곧 지혜가 깊으며
이타의 행위 및 자리의 행위인들
소승 성인이 어찌 감당을 하리요"[217]

---

216) 窣堵波는 번역하면 高顯이다. 그러나 탑이라 번역한 것은 주변국가에서 와전된 말로서 廟貌을 가리킨다. 탑 속에 부처님을 모셨는데 그 모습이 마치 貌과 같이 생겼기 때문이다. 또한 塔婆라고도 하고 支提라고도 하는데 이곳의 말로는 方墳이라 한다. 곧 법신을 존중하기 때문에 탑을 공경한다. 그리고 이 경전을 존중하기 때문에 그 경전이 소재하는 곳을 공양하는 것이다.

217) 『梁朝傳大士頌金剛經』, (大正藏85, p.6上.)

如來深讚此經 如日光明照 見種種色 是出世間上上智 聲聞緣覺所不能
窺 唯有大乘菩薩 智悲雙運 乃克負荷 若有人能受持此經 莫逆於心 是於
多生種諸善根 故聞斯信 信斯解 解斯行 自利利他 不捨菩提 此乃最上乘
根器 豈修世間福者可倫哉

종통18

　여래가 이 경전에 대하여 태양의 광명이 밝게 비추듯이 갖가지 색
을 본다고 깊이 찬탄한 것은 출세간의 상상지이므로 성문과 연각은
엿볼 수가 없다. 오직 대승보살만이 지혜와 자비를 함께 실천하여
이에 감당할 수가 있다.

　그러므로 만약 어떤 사람이 이 경전을 받고 지니면서 마음에 거스
름이 없으면 그것이야말로 다생에 걸쳐 갖가지 선근을 심은 까닭이
다. 때문에 그 믿음을 듣고 그 이해를 믿으며 그 행위를 이해하고 자
리 및 이타하여 보리를 저버리지 않는다. 이것이야말로 곧 최상승의
根器인데 어찌 세간의 복을 닦는 자가 짝할 수 있겠는가.

何爲諄諄以布施較量也 布施亦六度之一 祇知布施而不知般若 縱以身
命布施至恒沙劫數 終是識情用事 於眞性無與 況衆生是假 身命亦是假
處假作爲 勞而罔功 故般若爲布施眼目 能令布施到於彼岸 足知是經是
第一波羅蜜 當尊敬而奉持之也

묻는다 : 어째서 자세하게 보시를 가지고 비교를 하는가.
답한다 : 보시도 또한 육바라밀 가운데 하나이다. 무릇 보시만 알고

반야를 모른다면 설령 몸과 목숨을 항하의 모래 수를 헤아
릴 만큼의 겁 동안 보시할지라도 끝내 분별식정을 활용한
것일 뿐이므로 진성에는 다가가지 못한다.

하물며 중생도 곧 假이고 몸과 목숨도 또한 곧 假이므로
假에 의거한 작위는 쓸데없이 공력만 낭비하는 것이다.
때문에 반야를 가지고 보시하는 안목이 있어야 보시를 통
하여 피안에 도달할 수가 있다. 그러므로 이 경전은 곧 제
일바라밀인 줄 충분히 알 것이다. 이에 반드시 이 경전을
존경하고 받들어 지녀야 한다.

刊定記曰 得眞如者爲由心淨 心淨由不住法 不住法緣有智 有智蓋由聞
經 故<當?>知此經有其勝德 當來之世 若有善男子 善女人 能於此經依
法修行 其名有三 一受持 二讀誦 三演說 受者受其文 持者持其義 對文曰
讀 暗念曰誦 欲受其文故先讀 欲持其義故先誦 是讀誦乃受持之因 然受
持者思慧 讀誦者聞慧 若無所聞 憑何讀誦 是則從他聞法 內自思惟 爲得
修行智也 此名具三種法 聞思修行 爲自身淳熟故 餘者化衆生 廣說法故

『간정기』에서 다음과 같이 말한다.

[덕을 찬탄한 것은 진여가 마음의 청정을 말미암아 터득된 것
임을 드러낸 것이다. 그리고 마음이 청정한 것은 집착이 없는 법
을 말미암은 것이고, 집착이 없는 법은 지혜를 연유한 것이며,
지혜는 무릇 경전을 들은 것을 말미암은 것이다. 때문에 이 경전

에는 그처럼 뛰어난 덕이 있는 줄을 반드시 알아야 한다.]²¹⁸⁾

당래세에 어떤 선남자·선여인이 이 경전을 가지고 법에 의거하여 수행하는 데에는 세 가지 명칭이 있다. 첫째는 받고 지니는 것이고, 둘째는 읽고 염송하는 것이며, 셋째는 널리 설명해주는 것이다.

첫째의 수지에서 받는다[受]는 것은 그 경문을 받는 것이고, 지닌다[持]는 것은 그 뜻을 지니는 것이다. 그리고 둘째의 독송에서 읽는다[讀]는 것은 경문을 마주하여 읽는 것이고, 염송한다[誦]는 것은 암기하는 것이다. 따라서 그 경문을 받으려는[受] 까닭에 먼저 읽어야 하고, 그 뜻을 지니려는 까닭에 먼저 염송해야 한다. 이처럼 독·송 및 수·지하는 因에서 곧 수·지는 思慧에 해당하고 독·송은 聞慧에 해당한다.

그러므로 만약 聞이 없이 어떻게 독·송에 의지하겠는가. 이런 즉 저 부처님으로부터 법을 듣고 안으로는 스스로 사유하는 것이야말로 수행의 지혜[修行智 : 修慧]를 터득하는 것이다. 여기에서 명칭한 삼종법을 갖추는 것이 곧 문·사·수의 행위인데, 그것은 자신이 순숙해지는 것이기 때문이다. 그 밖에는 중생을 교화하기 위하여 자세하게 설법한 것을 가리킨다.

彌勒菩薩偈曰 於何法修行 得何等福德 復成就何業 如是說修行 名具三種法 受持聞廣說 修從他及內 得聞是修智

---

218)『金剛經纂要刊定記』卷5, (大正藏33, p.214中)

미륵보살은 게송으로 다음과 같이 말했다.

"어떤 법을 수행해야 하는가
 어떤 복덕을 터득할 것인가
 어떤 업을 성취해야 하는가
 다음과 같은 수행을 설한다
 명자에 삼종 수행법 있는데
 受持聞하여 널리 설하는 것
 修는 타인 통해서 터득되고
 聞을 얻으면 修智가 된다네"[219]

此爲自淳熟 餘者化衆生 唯佛智慧悉知悉見是人 旣行勝因 必得妙果 當
能成就無量無邊功德

　이것은 곧 자신이 순숙해지는 것이고, 그 밖에는 중생을 교화하기
위한 것이다. 오직 부처님의 지혜로써만 그런 사람을 모두 알고 모
두 볼 수가 있다. 이미 수행에 뛰어난 인이 있으므로 반드시 미묘한
과보를 얻어서 반드시 무량하고 무변한 공덕을 성취할 수가 있다.

然何以顯其功德之殊勝哉 若有善男子 善女人 以恒河沙等身命布施 初
日分如是 中日分如是 後日分亦如是 一日之間布施無倦 乃至是劫如是
千劫如是 萬劫如是 億劫如是 無量劫中布施無倦 以財施者 有力之家 尙

---

219) 『金剛般若波羅蜜經論』 卷中, (大正藏25, p.789中)

可勉爲 以身施者 不惜性命 實是善行 其得福德 較之於前但以一河沙身命施者 時事皆大 福亦最勝

묻는다 : 그러면 무엇으로 그 뛰어난 공덕을 드러내는가.

답한다 : 만약 어떤 선남자·선여인이 항하의 모래수 만큼의 몸과 목숨을 바쳐서 보시하는데, 아침나절에도 그와 같이 하고, 점심나절에도 그와 같이 하며, 저녁나절에도 또한 그와 같이 하고, 또 하루종일 보시에 피곤과 권태를 느끼지 않고 내지 겁이 지나도록 하는데 천겁 동안 그와 같이 하고, 만겁 동안 그와 같이 하며, 억겁 동안 그와 같이 하고, 무량겁 동안 보시하되 권태를 느끼지 않는다고 하자.

한편 재물로 보시하는 사람은 유력한 사람이라면 당연히 그렇게 할 수가 있지만, 몸을 바쳐서 보시하는 사람은 타고난 목숨[性命]까지도 아끼지 않기에 실로 善行이 된다.

이에 그 복덕으로 얻는 것을 비교하자면 전자의 경우는 단지 일항하의 모래수 만큼의 몸과 목숨만 바쳐서 보시해도 그 기간과 보시행위[時·事]가 모두 위대하고 복덕도 또한 가장 뛰어나다.

彌勒菩薩偈曰 以事及時大 福中勝福德

미륵보살은 계송으로 다음과 같이 말했다.

"事와 時가 모두다 훌륭하기 때문에

복 가운데 가장 뛰어난 복덕이라네"²²⁰⁾

云何勝 以事勝故 卽一日時捨多身故 復多時故 若復有人聞此經典 如石
投水 信心不逆 卽此信根 能趣菩提 視彼布施未忘於我者 天地懸殊 其福
爲尤勝也 何況書寫受持讀誦 信而好 好而樂 憶持不忘 浹於心髓時 復爲
人解說甚深義趣 不徒自度 且以度人 彼以相施 此以無相施 其功德豈可
勝道哉 所云得何等福德者蓋如此

묻는다 : 무엇이 뛰어나다는 것인가.

답한다 : 수행의 행위[事]가 뛰어나기 때문이다. 곧 하루의 시간만 보
시해도 수많은 몸을 보시하기 때문이고, 또 오랜 시간이
되기 때문이다. 만약에 또 어떤 사람이 이 경전을 듣고서
돌멩이를 물에 던지는 것처럼 신심을 거스르지 않는다면
곧 그것이 신근으로서 보리에 나아갈 수가 있다. 때문에
저 보시를 보고서 아상[我]을 잊지 못하는 사람과는 하늘과
땅 만큼이나 차이가 난다. 그리고 그 복덕은 더욱더 뛰어
나다.

하물며 쓰고 베끼며 받고 지니며 읽고 염송하는 것을 믿으
면서 좋아하고, 좋아하면서 누리며, 기억하고 지녀서 잊지
않고, 心髓에 깊이 새기며, 때로는 또한 남을 위하여 매우
심묘한 義趣를 해설하여 한낱 자기의 제도 뿐만 아니라 또
남을 제도하는 경우는 또 어떻겠는가.

전자는 相으로써 보시하는 경우이고, 후자는 無相으로써 보시하는 경우인데, 후자의 그 공덕을 어찌 뛰어넘을 수 있다고 말하겠는가. 복덕을 얻는 것으로 말하자면 어떤 복덕이 이것을 능가하겠는가.

又云復成就何業者 何以竟其說耶 以要言之 是經有無量功德不可思議 是經有無邊功德不可思議 無量無邊思議可及者 菩薩二乘或可測度 惟其不可心思 不可擬議 非名相之境 惟證乃知 是功德殊勝 福果堅牢 爲獨性所獲之福 非餘者所知 於聲聞等是不共性故 故此法門 下劣根器 每不欲聞 如來爲發大乘者說 回心向大 入菩薩乘 是由漸而入者 爲發最上乘者說 直趣無上菩提 更不落於階級 是由頓而入者 但一佛乘 更無餘乘 由權敎則名之曰大乘 卽大乘亦非乘 則名之曰最上乘 是世間希聞希信之法也

　또 말하자면 다음과 같다.

묻는다 : 또 어떤 업을 성취하는가.
답한다 : 어찌 그 설명을 다할 수 있겠는가. 때문에 그것을 요약해서 말하자면 이 경전에는 무량한 공덕의 불가사의가 있고, 이 경전에는 무변한 공덕의 불가사의가 있다. 무량하고 무변한 사의로 미칠 수 있는 것이라면 보살과 이승인도 헤아릴 수가 있다.
　그런데 저것은 心·思로 어찌할 수가 없고 또 擬議할 수도 없다. 名·相의 경계가 아니므로 오직 증득해야만 이에 알수가 있다. 그 공덕은 수승하고 복과는 견뢰하여 오직 여

래라는 하나의 성품[獨性]만이 획득할 수 있는 복으로서 그 밖의 사람들이 알아차릴 수 있는 것이 아니다. 성문 등의 경우는 독성과 함께 할 수 없기[不共性] 때문이다.

그래서 이 법문에 대하여 하열한 根器는 매양 들으려고도 않는다. 이에 여래는 대승심을 발생한 자를 위하여 설함으로써 마음을 돌이켜 대승으로 향하여 보살승에 들어가도록 해주는데 이것은 漸으로 들어간 자를 말미암은 것이다.

그리고 최상승심을 발생한 자를 위하여 설하여 무상보리에 곧장 나아가도록 해주는 것은 또한 계급에 떨어지지 않도록 해주는데, 이것은 頓으로 들어간 자를 말미암은 것으로 단지 일불승뿐이지 다시 그 밖의 가르침[乘]은 없다. 방편의 가르침을 말미암아서 거기에다 명칭을 붙여서 대승이라 말했을 뿐이지 곧 그 대승도 또한 대승이 아니다. 거기에다 붙인 최상승이라는 명칭은 곧 세간에서는 듣기도 어렵고 믿기도 어려운 법을 가리킬 뿐이다.

彌勒菩薩偈曰 唯依大人說 及希聞信法

미륵보살은 게송으로 다음과 같이 말했다.
"오직 대승인을 위해서 설해진다
 대승인이 희유한 법 信受한다면"[221]

---

221) 『金剛般若波羅蜜經論』卷中, (大正藏25, p.790上)

若有人能聞說此經 受持讀誦以自利 廣爲人說以利他 二利兼行 不離般
若 是故如來悉知是人 悉見是人 智慧增長 福德亦與之增長 皆得成就 不
可量 至長也 不可稱 至重也 無有邊 至廣也 如是不可思議之功德 偈曰
無上因增長 又曰 滿足無上界<果?> 圓滿資粮 能令佛種不斷 如是人等
則爲荷擔如來無上菩提 背負曰荷 在肩曰擔 謂以大悲下化 以大智上求
以大願雙運 安於精進肩上 從煩惱生死中出 念念不住 直至菩提眞性 自
他一時解脫 方捨此擔 是名受持眞妙法 由彼持法 卽是持菩提也

만약 어떤 사람이 이 경전을 설하는 것을 듣고서, 받고 지니며 읽
고 염송하는 것은 자리이고 널리 남을 위하여 설해주는 것은 이타이
다. 이처럼 二利를 모두 실천하는 것은 반야를 떠나있지 않다.

이런 까닭에 여래는 그 사람을 모두 알고 그 사람을 모두 본다. 지
혜가 증장하면 복덕도 또한 그와 더불어 증장하여 지혜와 복덕이 모
두 성취되는데, 그것은 헤아릴 수가 없을 정도로 지극히 시간이 멀
고,[長] 뭐라고 말로 일컬을 수가 없을 정도로 지극히 깊으며,[重] 끝이
없을 정도로 지극히 넓다.[廣]

이와 같이 불가사의한 공덕에 대하여 게송에서는 "無上의 因을 증
장한다"고 말했고, 또한 "無上果를 만족시킨다"[222]고 말했다. 원만한
자량으로 불종자를 단절되지 않도록 하는 이러한 사람들은 곧 여래
의 무상보리를 감당[荷擔]할 수가 있다. 등에 짊어지는 것을 荷라고 말
하고, 어깨에 메는 것을 擔이라 말한다.

말하자면 대비로써 중생을 교화하고 대지로써 보리를 추구하며,
대원으로써 대비와 대지를 함께 실천한다. 정진을 어깨에다 안치하

222) 『金剛般若波羅蜜經偈釋』 卷下, (卍續藏25, p.49中)

고 번뇌생사로부터 탈출하여 염념에 머물지 않고 곧바로 보리진성
에 도달하여 자타가 일시에 해탈하고나서야 바야흐로 그 짐을 내려
놓는다. 이것을 진정한 묘법을 받고 지닌다고 말한다. 그 법을 지님
으로 말미암아 곧 보리를 지니게 된다.

云何如來唯爲大乘者說 何故持說名爲荷擔菩提耶 以樂小法者 著我人
衆生壽者等見 不能受持爲人解說 何名小法 誰爲樂小之人 四諦因緣 名
爲小法 聲聞緣覺 卽是樂小之人 滯情於中 乃名爲樂 彼有法執 此顯三空
是其非處 故不能持說也 當知能持說者 卽是廣大信解 樂大法者 卽是甚
深信解 不著我人衆生壽者等見 能成就最上法器 荷擔如來種種力用 故
佛爲說此經也 是一切諸佛從此經生 一切善法從此經出 在在處處若有
此經 一切世間天人等所應供養 此經乃超出三界之法 諸在三界中者應
供養也 當知此處卽爲是塔 如佛像貌安住於中 皆應恭敬作禮圍繞 人能
演法 功與塔等 地雖無思 持說者故當以種種華香而散其處 如雨華讚歎
重其法 因重其處也 其處尚當恭敬 況人得眞實妙法 豈不爲人恭敬而得
福報也乎

> 묻는다 : 어째서 여래는 오직 대승자를 위해서만 설하는가. 그리고
> 무슨 까닭에 대승설법을 받고 지니는 자가 보리를 감당한
> 다고 말하는 것인가.
> 답한다 : 소승법을 누리는 자는 아상 · 인상 · 중생상 · 수자상에 집
> 착하여 설법을 받고 지니며 남을 위해 설해줄 수가 없기 때
> 문이다.
> 묻는다 : 소승법이란 무엇을 말하고, 소승법을 누리는 자는 누구인가.

답한다 : 사성제법과 십이인연법을 소승법이라 말하고, 성문과 연각을 곧 소승법을 누리는 자라고 말한다. 그들은 분별식정에 머물러 있기 때문에 누린다[樂]고 말하는데, 그들에게는 법집이 있다. 그러나 이 대승법은 삼공을 드러내는 것이므로 소승법은 올바른 도리가 못된다[非處]. 그러므로 대승설법을 받고 지닐 수가 없다. 대승설법을 받고 지니는 자는 곧 광대한 믿음과 이해[信解]를 지니고, 대승법을 누리는 자는 곧 심심한 믿음과 이해를 지니고도 아상·인상·중생상·수자상에 집착하지 않아서 최상의 법기를 성취하여 여래의 갖가지 역량을 감당하는 줄을 반드시 알아야 한다. 때문에 부처님께서 이 경전을 설한 것이다.

일체제불이 이 경전에서 출생하였고 일체선법이 이 경전에서 출현하였기 때문에 만약 이 경전이 있는 곳이라면 어디든지 일체세간의 천상과 인간 등으로부터 반드시 공양을 받는다. 그리고 이 경전은 곧 삼계의 법을 초출해 있는 까닭에 삼계에 살고 있는 모든 사람은 반드시 공양을 한다. 이에 경전이 있는 곳은 곧 불탑으로서 부처님의 像貌가 봉안되어 있는 곳이므로 모두가 응당 공경하고 예배를 드리며 주위를 도는 줄을 반드시 알아야 한다.

그러므로 어떤 사람이 이 법을 연설하면 공덕이 불탑과 같다. 비록 그 장소 자체에는 마음[思]이 없을지라도 경전이 소재하고 설해지는 곳이므로 반드시 갖가지 꽃과 향을 그 자리에 뿌려주는 것이다. 마치 비 내리듯이 꽃을 뿌리고 찬탄하는 것은 그 법을 존중하는 것이다. 그리고 그 장소가 존중받는 까닭에 그 장소조차 반드시 공경을 받거늘, 하물며 사람이 진실하고 미묘한 법을 터득하는 경우라면 어찌 다른 사람의 공경을 받고 복덕의 과보를 얻지 못하겠는가.

彌勒菩薩偈曰 受持眞妙法 尊重身得福 所謂成就不可思議功德者此也

미륵보살은 게송으로 다음과 같이 말했다.

"참되고 묘한 법을 수지하면

　존중하는 身으로 복을 얻고"[223]

소위 불가사의한 공덕을 성취한 사람이 바로 이 경우에 해당한다.

百丈云 祇如<今+?>有人 以福智四事供養四百萬億阿僧祇世界六趣四生
隨其所欲 滿八十年 <已+?>後作是念 然此衆生皆已衰老 我當以佛法而
訓導之 令得須陀洹果 乃至阿羅漢道 如是施主 但施衆生一切樂具 功德尙
自無量 何況令得須陀洹果 乃至阿羅漢道 功德無量無邊 尙<猶?>不如五
十人聞經隨喜功德 報恩經云 摩耶夫人生五百太子 盡得辟支佛果 而皆滅
度 各各起塔供養 一一禮拜 歎言 不如生於一子得無上菩提 省我心力 祇
如今於百千萬衆中有一人得者 價値三千大千世界 所以常勸衆人須玄解
自理 自理若玄 使得福智 如貴使賤 亦如無住車 若守此作解 名髻中珠 亦
名有價寶珠 亦名運糞入 若不守此作<爲=>解 如<名?>王髻中明珠與之
亦名無價大寶 亦名運糞出 佛直是纏外人 却來纏內與麽<磨?>作佛 直是
生死那邊人 直是玄絶那邊人 却來向這<者?>岸與麽<磨?>作佛 百丈故
是最上法器 荷擔如來無上菩提 乃能爲人解說 符合金剛甚深義趣 不爲

223)『金剛般若波羅蜜經論』卷中, (大正藏25, p.790上)

樂小法者見解 是最上乘的派也

[백장은 다음과 같이 말했다.

법화경에서는 다음과 같이 말한다 : 어떤 사람이 복덕과 지혜를 추구하여 飮食·衣服·醫藥·房舍 등의 사사공양을 하고, 사백만억의 아승지세계의 육취중생에게 그들이 바라는 것을 주되 80년을 채우고 다음과 같이 생각한다. '그러나 이 중생들은 이미 노쇠하였으니 내가 반드시 불법으로 그들을 가르치고 이끌어서, 수다원과 내지 아라한도를 얻도록 하겠다.'

이와 같이 시주자가 무릇 중생에게 일체의 필요한 것들을 보시하는 것만으로도 그 공덕이 저절로 무량한데 하물며 수다원과 내지 아라한도를 얻도록 하는 공덕이 무량하고 무변한 것이겠는가. 그렇지만 이것마저도 오히려 저 오십 번째 사람이 경전을 듣고 수희하는 공덕만은 못하다.

또 보은경에서는 다음과 같이 말한다 : 마야부인은 오백 명의 태자를 낳았는데 모두가 벽지불과를 얻고 모두 멸도하였다. 이에 마야부인은 각각 오백 개의 공양탑을 건립하고 낱낱이 예배하고 나서 한탄하며 말했다. '그렇지만 무상보리를 얻는 한 아들을 낳는 것만 못하다. 자기의 마음을 잘 살펴보면 백·천·만 대중 가운데 한 사람을 얻는 것은 삼천대천세계 만큼의 가치가 있다.'

그러므로 항상 부지런히 대중에게 반드시 본래의 도리를 깊이 이해하도록 권장한다. 만약 본래의 도리가 깊어지면 복덕과 지혜를 얻도록 하여 고귀한 사람을 겸손하게 하되 또한 멈추지 않는 수레와 같이 한다. 그렇지만 만약 이와 같은 견해를 내어서 그것을 고수한다면 그것을 髻中珠라 말하고, 또한 有價寶珠라 말하며 또한 똥을 운반하는 사람이라 말한다.

그러나 만약 그와 같은 견해를 내되 견해를 고수하지 않는다면 왕의 상투속에 있던 밝은 구슬을 받은 것이라 말하고, 또한 無價大寶라 말하며, 또한 똥을 운반하는 것에서 벗어난 사람이라 말한다. 부처님은 곧 그와 같은 굴레를 벗어난 사람이었는데 도리어 그 굴레 속으로 들어가서 부처가 되려고 한다면 그것은 곧 생·사에 헤매는 사람이고 깊은 진리를 벗어나 있는 사람이다. 그런데 그와 같은 언덕을 향해서 부처가 될 수 있겠는가.][224)

백장은 예로부터 곧 최상의 법기로서 여래의 무상보리를 감당하여 이에 남에게 해설해주었으므로 금강의 심심한 의취에 부합되었다. 때문에 그것은 소승법을 누리는 사람을 위한 견해가 아니라 최상승의 갈래였다.

【경문35】

復次 須菩提 若善男子善女人 受持讀誦此經 若爲人輕賤 是人先世罪業 應墮惡道 以今世人輕賤故 先世罪業卽爲消滅 當得阿耨多羅三藐三菩提

"또한 수보리야, 선남자·선여인이 이 경전을 수지하고 독송했는데도 불구하고 만약 남들로부터 천대받는다면 그 사람은 전생의 죄업이 응당 악도에 떨어질 판이었다. 그러나 금세에 남들로부터 천대

---

224)『天聖廣燈錄』卷9, (卍續藏78, p.459中-下) 여기 인용문 가운데 등장하는『보은경』은 『大方便佛報恩經』卷3, (大正藏3, pp.138下-140下) 참조.

받은 까닭에 전생의 죄업이 곧 소멸되고 장차 아뇩다라삼먁삼보리를 얻을 것이다."

傅大士頌曰 先當<身?>有報障 今日受持經 暫被人輕賤 轉重復還輕 若了依他起 能除徧計情 常依般若觀 何慮不圓成

부대사는 게송으로 다음과 같이 말했다.
"전생의 몸 과보에 장애 있었지만
 오늘은 경전을 받고 또 지녔기에
 잠시 동안은 남에게 천대 받아도
 중죄가 다시 바뀌어 경죄가 되네
 다른 것에 의해서 일어남을 알면
 집착으로 계탁된 생각 멀리 떠나
 늘 반야에 의거해 잘 관찰한다면
 어찌 원만한 성취 되지 않으리요"[225]

六祖口訣云 佛言持經之人 合得一切人恭敬供養 爲多生有重業障故 今生雖持此經 常被人輕賤 不得敬養 自以持經故 不起我人等相 不問冤親 常行恭敬 有犯不較<校=> 常修般若波羅蜜 歷劫重罪悉皆消滅 又約理而言 先世卽是前念妄心 今世卽是後念覺心 以後念覺心 輕前念妄心 妄不能住 故云先世罪業卽爲消滅 妄念旣滅 罪業不成 卽得菩提 此理事二

225) 『梁朝傅大士頌金剛經』, (大正藏85, p.6上)

解 皆約觀行 與傅大士頌無異 梵本中有言此爲善事 謂遭輕辱時 顯被辱
之人有福德性故 祖云 自以持經故 不起我人等相 不問冤親 常行恭敬
正與善事意符合 大論云 先世重罪 應入地獄 以行般若<波羅蜜+?>故
現世輕受 譬如重囚應死 有勢力<者+?>護 則受鞭杖而已 持經無我相
等 卽煩惱障盡 極惡消滅 卽業障盡 不墮惡道 卽報障盡 三障旣滅 三德
必圓 故云 當得菩提也

『육조구결』에서는 다음과 같이 말했다.

[부처님의 말씀에 "경전을 받고 지니는 사람은 일체인에게 공경과
공양을 받아야 한다. 그러나 다생에 걸친 무거운 업장 때문에 금생
에는 비록 이 경전을 받고 지녔는데도 항상 남에게 천대를 받으면서
공경과 공양을 받지 못한다."고 하였다.

그러나 이 경전을 받고 지닌 까닭에 상·인상·중생상·수자상을
일으키지 않고, 원·친을 불문하고 항상 공경과 공양을 실천하며,
범법을 따르지 않고 항상 반야바라밀을 닦아서 역겁의 중죄가 모두
다 소멸된다.

또한 도리에 의거하여 말하자면 선세는 곧 전념이 망심임을 가리
키고, 금세는 곧 후념이 각심임을 가리킨다. 때문에 후념의 각심으
로써 전념의 망심을 천대하면 망심이 머물지 못한다. 때문에 '선세
의 죄업이 곧 소멸된다.'고 말했다. 이리하여 망념이 이미 소멸되어
죄업이 성립되지 않으면 곧 보리를 증득한다. 여기에서 이·사의 두
가지 해석은 모두 관·행에 의거한 것이다.]226)

226) 『萬松老人評唱天童覺和尙頌古從容庵錄』 卷4, (大正藏48, p.263下)

이것은 위의 부대사의 게송과 다르지 않다. 경전의 범본에서 말한 이것은 善事의 일례이다. 말하자면 가벼운 수치를 대면했을 경우에 오히려 그 수치를 당한 사람에게는 복덕성이 있음을 드러낸 것이다. 혜능조사가 말한 '이 경전을 받고 지닌 까닭에 상·인상·중생상·수자상을 일으키지 않고, 원·친을 불문하고 늘상 공경과 공양을 실천하며' 라는 것은 바로 善事에 그 의도가 부합된 것을 가리킨다. 그래서 『대지도론』에서는 다음과 같이 말했다.

　[선세의 중죄로 인하여 반드시 지옥에 들어갈 판이다. 그러나 반야바라밀을 실천한 까닭에 현세에 가벼운 죄를 받는다. 비유하면 죄수인이 반드시 죽을 판인데 세력자가 그를 보호해준 덕분에 곤장을 맞는 것으로써 끝내는 것과 같다.][227]

　경전을 받고 지녀서 아상·인상·중생상·수자상 등이 없다는 것은 곧 煩惱障이 소진된 것이고, 극악이 소멸된 것은 곧 業障이 소멸된 것이며, 악도에 떨어지지 않는 것은 곧 報障이 소진된 것이다. 이미 삼장이 소멸되면 반드시 삼덕이 원만한 까닭에 경전에서는 '장차 아뇩다라삼먁삼보리를 얻을 것이다.'고 말한다.

功德施論曰 如來品說 若復有人受持此經 乃至演說 是人現世或作惡夢 或遭重疾 或被驅逼 强使遠行 罵辱鞭打 乃至殞命 所有惡業 咸得消除 復有頌言 若人造惡業 作已生怖畏 自悔若向人 永拔其根本 將<怖?>心

227) 『大智度論』 卷37, (大正藏25, p.333上)

悔過 尚除根本 何況有人受持正法者乎 如餘教說 業雖經百劫 而終無失
壞 衆緣會遇時 要必生於果 非有相違 此復云何 且十不善惡趣之業 由持
正法 泣悔先罪 惡趣果雖永不生 然於現身受諸苦報 現受諸苦 豈失壞耶
不生惡趣 非拔根耶 若有無間決定業者 命終之後 定生彼故 應住劫受 須
臾出故 如阿闍王等 是故無違 持說此經 不但轉重令輕 轉輕令無而已 又
謂當得菩提

　　공덕시보살의『논』에서는 다음과 같이 말한다.

　　[여래품에서 말했다. 만약 어떤 사람이 이 경전을 받고 지니며 내
지 연설하였다. 그럼에도 불구하고 그 사람은 현세에 악몽을 꾸기도
하고 무거운 병을 얻기도 하며 핍박을 받기도 하고 강제로 멀리 추
방되며 욕설을 듣고 매를 맞으며 내지 목숨까지 잃기도 하지만 모든
악업이 점차 없어진다.
　　또 어떤 사람은 게송으로 다음과 같이 말했다.
　　만약 어떤 사람이 악업을 지었는데
　　악업을 지은 후에 두려움을 내고는
　　스스로 남을 향해 그것을 뉘우치면
　　영원히 죄의 근본이 없어지게 되네
　　마음으로 뉘우친다면 죄의 근본까지 제거되는데 하물며 어떤 사람
이 정법을 받고 지니는 것이겠는가. 그 밖의 내용은 경전의 설명과
같다.
　　죄업은 비록 백겁이 지나더라도
　　끝끝내 없어지는 것이 아니라네
　　그러나 간가지 인연을 만난다면

요컨대 반드시 과보를 발생하네

묻는다 : 어김이 없다면 그것은 또 무슨 까닭인가.

답한다 : 또 열 가지 불선의 악취에 떨어지는 죄업도 정법을 받고 지님으로 말미암아서 이전의 죄를 울면서 뉘우친다면 악취의 과보가 영원히 발생하지는 않을지라도 현신에서는 고통의 과보를 받는다.

묻는다 : 그러면 현재에서 고통을 받고 있는데 어찌 사라진 것이라 하겠는가.

답한다 : 악취에 태어나지 않는 것이라 해서 근본이 없어지는 것은 아니다. 만약 무간지옥으로 결정된 업을 지은 자가 있다면 목숨이 다한 이후에는 반드시 무간지옥에 태어나기 때문에 반드시 몇 겁 동안 머물면서 고통을 받고나서야 수유지간에 벗어나기 때문이다. 저 아사세왕 등의 경우는 이런 까닭에 어김이 없는 것이다.][228]

이 경전을 받고 지니며 설하면 무거운 죄를 글려서 가볍게 해줄 뿐만 아니라 가벼운 죄를 굴려서 없어지게 만들어주고, 또 나아가서는 반드시 보리를 터득한다.

彌勒菩薩偈曰 及遠離諸障 復能速證法 唯其能速證法 故諸報障不難離也

미륵보살은 게송으로 다음과 같이 말했다.

"모든 장애물을 멀리 여의며

228) 『金剛般若波羅蜜經破取著不壞假名論』 卷下, (大正藏25, p.893中)

또한 속히 법을 증득하리라"[229)

이처럼 곧 속히 법을 증득하는 까닭에 모든 報障을 벗어나는 것이 어렵지 않다.

僧問雲居 承教有言 是人先世罪業 應墮惡道 以今世人輕賤故 先世罪業 卽爲消滅 此意如何 居云 動則應墮惡道 靜則爲人輕賤 崇壽稠云 心外有 法應墮惡道 守住自[巳>己]爲人輕賤 天童頌云 綴綴功過 膠膠因果 鏡外 狂奔演若多 杖頭擊著破竈墮 竈墮破 來相賀 却道從前辜負我 雪[寶>竇] 頌云 明珠在掌 有功者賞 胡漢不來 全無伎倆 伎倆旣無 波旬失途 瞿曇瞿 曇 識我也無 復云 勘破了也 此諸尊宿 直向自性經中明了受持 無絲毫滲 漏 罪福從何而有 此乃超過一切因果之談 是善能持經者

[한 승이 운거도응에게 물었다. "제가 이해하기로 경전에서 '그 사람은 선세에 지은 죄업으로 반드시 악도에 떨어질 판인에 금세에 남에게 천대를 받은 까닭에 선세의 죄업이 곧 소멸된다.'는 말은 무슨 뜻입니까."

운거도응이 말했다.

"마음이 움직이면 곧 반드시 악도에 떨어지고, 그렇다고 그냥 마음을 고요하게만 하면 곧 남에게 천대를 받는다."

숭수조[230)가 말했다.

---

229) 『金剛般若波羅蜜經論』 卷中, (大正藏25, p.790上)
230) 숭수조는 崇壽契稠(?-992) 복건성 泉州 출신으로 법안문익에게 사법하였고, 강서성 무주의 崇壽禪院에 주석하였다.

"마음 밖에 법이 있으면 반드시 악도에 떨어질 것이고, 그렇다고 자기에게만 집착하면 남에게 천대를 받게 된다."

천동정각이 게송으로 말했다.

"공덕과 허물은 더불어 꿰매버리고
원인과 결과는 단단히 붙여버렸다
거울 밖으로 광분한 연야달다이고
지팡이 들고 파조타를 두둘겨팼다
조타를 확실하게 타파한 이후에는
무생설법에 대하여 감사를 드리니
그 감사의 말에 대해 숭악은 되려
조왕신이 자신을 저버렸다 말하네"[231]

설두중현이 게송으로 말했다.

"밝은 구슬을 하나 갖고 있으니
공이 있는 사람에게 줄 것이다
호로 및 한인 찾아오지 않으니
전혀 기량을 부릴 필요가 없네
악마의 왕 파순도 길을 잃으니
아뿔싸 석가모니 부처님이라도
내 종적을 찾을 수가 있겠는가"

설두중현이 다시 말했다.

"몽땅 감파해버렸다."][232]

이와 같은 모든 존숙들은 그대로 자기의 성품이라는 경전에 근거

---

231) 『萬松老人評唱天童覺和尚頌古從容庵錄』卷4, (大正藏48, pp.263下−264上)
232) 『碧巖錄』第97則, (大正藏48, p.220下)

하여 명료하게 받고 지녔기 때문에 터럭 끝만치도 번뇌가 없었다. 그런데 죄와 복덕인들 어디로부터 오겠는가. 이들 내용은 이에 일체의 인·과의 이야기를 벗어나 있는데 이런 것이야말로 경전을 잘 받고 지니는 사람들에 해당한다.

【경문36】

須菩提 我念過去無量阿僧祇劫 於然燈佛前 得值八百四千萬億那由他 諸佛 悉皆供養承事 無空過者 若復有人 於後末世 能受持讀誦此經 所得功德 於我所供養諸佛功德 百分不及一 千萬億分 乃至算數譬喻所不能及 須菩提 若善男子善女人 於後末世 有受持讀誦此經 所得功德 我若具說者 或有人聞 心卽狂亂 狐疑不信 須菩提 當知是經義不可思議 果報亦不可思議

"수보리야, 내가 생각해 보건대 과거 무량한 아승지겁 동안 연등부처님을 친견하기 이전에 팔백 사천만억 나유타의 제불을 친견하고 모두 다 공양하고 섬기며 헛되이 지낸 적이 없었다.

만약 또 어떤 사람이 후세말세에 이 경전을 수지하고 독송하여 얻는 공덕은 내가 제불께 공양한 것으로 얻은 공덕으로 말하자면 그 백분의 일에도 미치지 못하고 천만억분 내지 산수나 비유로도 미칠 수가 없다.

수보리야, 만약 선남자·선여인이 후세말세에 이 경전을 수지하고 독송하여 얻는 공덕을 내가 만약 자세하게 설한다면 혹 어떤 사람은 그것을 듣고 마음이 미쳐버리고 의심하며 믿지 못한다.

수보리야, 반드시 알아야 한다. 이 경전은 뜻도 불가사의하고 그 과보도 또한 불가사의하다는 것을."

通曰

眞如雖徧一切處 要假修持而得 非是無修而自得也 修之云者 熏修此般
若智 不住於相 卽合無生之理 非是修住相功行所可得也 緣此般若無相
非思議所及 故持經功德 亦非思議所及 不但先世罪業默爲消除 雖先世
供佛功德亦難比量 何者 彼有爲之業恒小 而無爲之理恒大也

종통19

　비록 진여가 일체처에 두루한다 할지라도 요컨대 수행에 의지해야
그것을 터득할 수가 있는 것이지, 수행하지 않아도 저절로 터득될
수 있는 것은 아니다. 그러나 진여를 수행한다는 것은 이 반야지혜
를 훈수하는 것으로 상에 집착하는 않아야 곧 무생의 도리에 계합된
다. 그러므로 진여는 상에 집착하는 공행으로 터득되는 것이 아니
다. 바로 이 반야의 無相을 인연하는 것이지, 사의로 미칠 수 있는
것이 아니다. 때문에 경전을 받고 지니는 공덕도 또한 사의로 미칠
수 있는 것이 아니다.

　그것은 선세의 죄업이 조용히 소멸되는 것만이 아니라 선세에 부
처님을 공양한 공덕도 또한 미루어 헤아리기가 어렵다. 왜냐하면 저
유위의 행업은 항상 작지만 무위의 도리는 항상 위대하기 때문이다.

刊定記曰 我念過去無量阿僧祇劫 於然燈佛前 得値多佛 一一供養承事
因地修行 經三無數劫 第一劫滿 遇寶髻如來 第二劫滿 遇然燈如來 第

三劫滿 遇勝觀如來 今云然燈前者 卽第二劫中也 那由他者 數當萬萬 而
又有八百四千萬億之多 供佛功德最大 供養多佛 則功德最多 尚且經無
數劫 方能成佛 若復有人 於後末世 正法將滅之時 能受持此經 廣爲人說
所得功德 能證菩提 偈云 速獲智通性 以多福德莊嚴 速疾滿足故 視我供
養諸佛功德 不啻百倍千萬億倍 乃至算數譬喩所不能及 如微塵數恒河
沙數 皆數中之譬喩也

『간정기』에서는 다음과 같이 말했다.

['내가 생각해 보건대, 과거 무량한 아승지겁 동안 연등부처님을 친
견하기 이전에 수많은 부처님을 친견하여 낱낱이 공양하고 섬겼다.'
는 경전의 말에 대하여 그것을 인지수행으로서 삼무수겁으로 간주하
였다. 제일겁이 다 지나도록 보계여래를 친견하였고, 제이겁이 다 지
나도록 연등여래를 친견하였으며, 제삼겁이 다 지나도록 승관여래를
친견하였다.][233]

그러므로 지금 연등부처님을 친견하기 이전이란 곧 제이겁에 해당
한다.

나유타는 숫자로서 만 곱하기 만에 해당한다. 그런데 거기에 다시
팔백 사천 만 억이라는 수많은 숫자가 붙어 있다. 그 세월동안 부처
님을 공양한 공덕은 가장 위대한데, 더욱이 한 부처님이 아니라 수
많은 부처님에게 공양한 즉 공덕이 가장 많다. 이와 같이 하여 또한
무수겁을 지내야만 바야흐로 성불할 수가 있다.

그런데 만약 또 어떤 사람이 후말세에 정법이 소멸되려는 시대에 이 경전을 받고 지니며 남에게 널리 연설해준다면 이 공덕으로 얻는 것은 곧 바야흐로 보리를 성취할 수가 있다.

이에 게송에서는 "속히 지혜의 성품을 획득한다"[234]고 말했다. 곧 많은 복덕을 장엄함으로써 속히 만족시키는 까닭에 내가 제불에게 공양한 공덕의 백·천·만·억 배나 될 뿐만 아니라 내지 산수나 비유로도 미칠 수가 없음을 보여준다. 가령 미진수나 항하사수 등은 모두 숫자 가운데 비유한 것이다.

然所以不能及者 有二義 一 彼得福德 此得菩提故 二. 彼有我相 此無 我相故 無相似性 故不相及 以上凡五度較量 尚未具說 若具說者 人心狐 疑惑亂 聞此功德威力 於前福聚 殊絶懸遠 修福之人 決不能信 當知是經 義 無量無邊不可思議 持說是經者所得果報 亦無量無邊不可思議

그러나 공덕이 그에 미치지 못하는 이유에 두 가지 뜻이 있다.

첫째, 저 경우[235]는 복덕을 얻고, 이 경우[236]는 보리를 증득하기 때문이다.

둘째, 저 경우는 아상이 있지만, 이 경우는 아상이 없기 때문이다. 無相은 性과 유사하기 때문에 상으로는 미치지 못한다.

이상으로 무릇 다섯 가지로 비교를 하였지만, 만약 자세하게 설명

---

234) 『能斷金剛般若波羅蜜多經論釋』卷中, 大(正藏25, p.880中)
235) 삼아승지겁 동안 부처님에게 공양한 것으로 얻는 복덕을 가리킨다.
236) 후말세에 정법이 소멸되려는 시대에 이 경전을 받고 지니며 남에게 널리 연설해준 공
    덕을 가리킨다.

을 하자면 듣는 사람의 경우에 마음에 의심을 하거나 혹하여 어지럽게 된다. 이 공덕의 위력을 들으면 이전의 복취와는 아득히 멀리 현격한 차이가 있기 때문에 복덕을 닦는 사람은 결코 믿을 수도 없다. 그러므로 이 경전의 뜻이 무량하고 무변하며 불가사의하고, 이 경전을 받고 지니며 연설하는 사람이 얻는 과보도 또한 무량하고 무변하며 불가사의하다는 것을 반드시 알아야 한다.

彌勒菩薩偈曰 成種種勢力 得大妙果報

미륵보살은 게송으로 다음과 같이 말했다.
"갖가지 세력을 성취하고
大妙의 과보를 터득하네"[237]

所謂攝受四天王釋提桓因梵天王等成就勢力故 卽是世妙事圓滿 果報極尊貴 又曰 如是等勝業 於法修行知

소위 사천왕·석제환인·범천왕 등을 섭수하여 그 세력을 성취한 까닭에 그들 세상의 오묘한 행위가 원만하고 그 과보가 지극히 존귀하다.
이에 또한 미륵보살은 게송으로 다음과 같이 말했다.
"이같이 뛰어난 과업행이

---

237) 『金剛般若波羅蜜經論』卷中, (大正藏25, p.790上)

제법의 수행임을 알리라"[238]

謂於此法修行 應知獲斯業也 惟其無量無邊 故曰大 卽是多性 惟其不可思議 故曰妙 卽是勝性 皆非凡情所測 持經功德 其勝不可具說如此

　말하자면 이 법을 수행하면 그와 같은 업을 획득할 것임을 반드시 알아야 한다는 것이다. 그 업이 무량하고 무변하기 때문에 大라고 말하는데, 그것은 곧 많다는 성품[多性]을 나타낸다. 그리고 그 업이 불가사의하기 때문에 妙라고 말하는데, 그것은 곧 뛰어나다는 성품[勝性]을 나타낸다.
　이것은 모두 범부의 생각으로 헤아릴 수 있는 것이 아니다. 경전을 받고 지니는 공덕에 대하여 그 뛰어남을 여기에서 구체적으로 설명할 수가 없다.

前五度較量 謂外財兩度 內財兩度 佛因一度 且第一以一三千界七寶布施較量不及 第二以無量三千界寶施較量不及 第三以一河沙數身命布施較量不及 第四以無量河沙數身命布施較量不及 第五以如來因地供養諸佛功德較量不及 此五重較量 至於算數譬喩所不能及 其勢亦不能具說 所以者何 因不同故 此持經少分福 於最勝果卽成因性 總前布施福聚 亦不成因 不能得眞實果故 況修世福者 沈酣世福中無窮無盡 寧有轉頭時耶 宜乎信受此經者之難其人也

238)『金剛般若波羅蜜經論』卷中, (大正藏25, p.790上)

금강반야바라밀경종통 제사권

277

앞의 다섯 가지의 비교[239]는 말하자면 外財의 양을 헤아린 것 두 가지와 內財의 양을 헤아린 것 두 가지와 佛因의 한 가지를 가리킨다.

또한 여기에는 첫째로 하나의 삼천대천세계에 칠보를 가득 채워서 보시로 얻는 것은 그에 미치지 못하고, 둘째로 무량한 삼천대천세계에 칠보를 가득 채워서 보시로 얻는 것은 그에 미치지 못하며, 셋째로 하나의 항하의 모래 수 만큼의 신·명을 바친 보시로 얻는 것은 그에 미치지 못하고, 넷째로 무량한 항하의 모래 수 만큼의 신·명을 바친 보시로 얻는 것은 그에 미치지 못하며, 다섯째로 여래가 수행시절에 제불에게 공양한 곳으로 얻는 것은 그에 미치지 못한다는 이 다섯 가지의 비교가 있고, 내지 산수와 비유로도 미치지 못한다는 비교가 있다. 그 세력은 또한 자세하게 설명할 수가 없다.

묻는다 : 왜 그런가.

답한다 : 因이 같지 않기 때문이다. 경전을 받고 지닌 것으로 얻는 복덕의 일부분만 하더라도 최승의 과로서 佛因의 성품이 되지만, 앞의 보시로 얻는 복덕을 다 합하더라도 그것은 또한 佛因이 되지 못하고 또 진실한 과를 얻지 못한다. 하물며 세간의 복덕을 닦는 자로서 세간의 복덕 가운데 무궁하고 무진토록 빠져있는 경우에야 어찌 그로부터 벗어날 시기가 있겠는가. 그러므로 이 경전을 믿고 받으며 지니는

---

239) 여기에서는 수·지·독·송·서·사·위타연설로 얻는 공덕이 큰 것을 설명하는 경우로서 그 이전의 보시를 다섯 가지로 나눈 것이다. 곧 하나의 삼천대천세계 및 무량한 삼천대천세계에 칠보를 가득 채워서 하는 보시의 두 가지는 외재에 해당하고, 한 항하의 모래 수만큼의 세계 및 무량한 항하의 모래 수 만큼의 몸과 목숨을 바쳐서 하는 보시의 두 가지는 내재에 해당하며, 전생의 팔십 사 억 나유타 제불을 친견하여 섬긴 경우는 佛因의 한 가지에 해당한다.

자라면 결코 그런 사람이 되지는 않는다.

僧問洛浦 供養百千諸佛 不如供養一無心道人 <未審+?> 百千諸佛有
何過 無心道人有何德 浦云 一片白雲橫谷口 幾多歸鳥盡迷巢 丹霞頌云
拾得疏慵非覺曉 寒山懶惰不知歸 聲前一句圓音美 物外三山片月輝 若
果如寒山拾得 證於無心地位 則供養百千諸佛 亦分外事耳

[한 승이 낙포원안에게 물었다.
"백천의 제불에게 공양하는 것이 하나의 무심도인에게 공양하는
것만 못하다는데, 백천의 제불에게 어떤 허물이 있고 무심도인에게
어떤 공덕이 있는 것인지 궁금합니다."
낙포원안이 말했다.
"한 떼기 흰구름이 계곡에 가득하니
　돌아오던 산새 둥지를 찾지 못하네"]²⁴⁰⁾

단하자순이 게송으로 말했다.
"습득은 게을러 빠져서 아침까지 늦잠을 잤는데
　한산은 게을러서 밤이 되어도 귀가하지 못하네
　소리 이전의 한마디는 깨침의 원음으로 족하고
　분별을 벗어난 삼산에는 조각달이 훤히 비추네"²⁴¹⁾
과연 저들 한산과 습득은 무심의 지위를 터득하였다. 그런즉 그들

240) 『宏智禪師廣錄』 卷1, (大正藏48, p.2中)
241) 『林泉老人評唱丹霞淳禪師頌古虛堂集』 卷2, (卍續藏67, p.336中)

에게는 백천의 제불에게 공양한 것도 또한 分外事일 뿐이다.

金剛般若波羅蜜經宗通 卷四

금강반야바라밀경종통 제사권

金剛般若波羅蜜經宗通 卷五
금강반야바라밀경종통 제오권

十一斷住修降伏是我疑

此疑從前文無我人等相而來 謂如所敎住修降伏 遠離前十種疑執過患
豈是無我 若無我者 敎誰住修降伏耶 此疑甚微細 要離我住我修我降伏
心 方得修因淸淨 故重申前請

- 제십일단의 : 청정심 곧 보리심에 안주하고, 수행을 하며, 번뇌심
  을 다스린다[242]는 것은 곧 我가 있기 때문에 그런 것
  이 아닌가 하는 의심을 단제한다.[243]

이 의심은 종전의 아 · 인 · 중생 · 수자 등의 相이 없다는 경문에서
유래한 것이다. 말하자면 가르침을 받은대로 안주해야 하고,[住] 수

---

242) '청정심 곧 보리심에 안주하고, 수행을 하며, 번뇌심을 다스린다'는 수보리의 세 가지
질문은 보리유지 번역본에 의거한 것이다. 구마라집 번역본에는 '수행을 하며'의 대
목이 없다. 이것은 본 『금강경종통』이 경문은 구마라집본에 의거하고 있으면서 27斷
疑의 구조에 대해서는 천친의 『금강반야경론』에 의지하고 있기 때문이다. 곧 천친의
『금강반야경론』 속의 경문은 보리유지의 번역본에 해당한다.

243) 수보리가 처음에 이와 동일한 뜻을 물었는데 여기에서 다시 묻는 이유는 다음과 같
다. 질문한 말[言辭]은 비록 같지만 그 뜻은 다르다. 전체적으로 묻는 바가 청정심과
보리심 곧 대승심에 주하는 것과 번뇌 곧 망심을 다스리는 것이었다. 그런데 앞의 제
일주 설법에서 물은 뜻은 단지 能住와 能降伏의 법뿐이었지만, 지금 여기 제이주 설
법에서 물은 뜻은 만약 제가 能住하고 能降伏한다고 말한다면 그것은 분별이 되어 진
정으로 無住의 道를 증득한 것에 장애되는 것이 아닌가 하는 것이다. 때문에 여기에
서 이 질문을 제기하는 것이다.

행해야 하며,[修] 번뇌를 다스려야 한다[降伏]는 것이다.

묻는다 : 이전의 열 가지 의심과 집착과 過患을 멀리 떠났다면 어찌
그것이 무아가 아니겠는가. 만약 무아라면 그 무엇에 대하
여 안주하고[住] 수행하며[修] 번뇌를 다스려야 한다[降伏]고
말하는 것인가.

답한다 : 이 의심은 대단히 미묘하고 섬세하다. 요컨대 아가 안주
하고, 아가 수행하며, 아가 마음을 다스려야만 바야흐로
修因이 청정함을 터득한다. 때문에 앞의 제일주설법에서
말한 총론적인 질문을 거듭한 것이다.

【경문37】

爾時 須菩提白佛言 世尊 善男子善女人 發阿耨多羅三藐三菩提心 云何
應住 云何降伏其心 佛告須菩提 善男子善女人 發阿耨多羅三藐三菩提
心者 當生如是心 我應滅度一切衆生 滅度一切衆生已 而無有一衆生實
滅度者 何以故 須菩提 若菩薩有我相人相衆生相壽者相 則非菩薩 所以
者何 須菩提 實無有法發阿耨多羅三藐三菩提心者

　그때 수보리가 부처님께 말씀드렸다.
　"세존이시여, 선남자 · 선여인이 아뇩다라삼먁삼보리심을 발생하
여 마땅히 어떻게 주해야 하고, 어떻게 그 마음을 다스려야 합니까."
　부처님께서 수보리에게 말씀하셨다.
　"만약 선남자 · 선여인으로서 아뇩다라삼먁삼보리심을 발생한 자
는 마땅히 다음과 같이 '나는 반드시 일체중생을 멸도하리라. 일체

중생을 멸도했지만 어떤 중생도 실로 멸도된 자는 없다.'고 마음을 발생해야 한다.

왜냐하면 수보리야, 만약 보살에게 아상·인상·중생상·수자상이 있으면 곧 보살이 아니기 때문이다. 왜냐하면 수보리야, 실로 법에는 아뇩다라삼먁삼보리심을 발생한다는 것이 있을 수 없기 때문이다."

傅大士頌曰 空生重請問 無心爲自身 欲發菩提者 當了現前因 行悲疑似妄 用智最言眞 度生權立我 證理卽無人

부대사는 게송으로 다음과 같이 말했다.
"공생이 거듭해 질문을 청한 것은
곧 무심의 자신이 된 까닭이라네
보리심을 발생하려는 사람이라면
반드시 현전의 인을 알아야 하네
자비 행해도 허망한 것 의심하니
지혜를 활용해야 진실의 말 되네
중생제도하려 방편을 내세우지만
도리 증득하면 아와 인이 없다네"244)

---

244) 『梁朝傅大士頌金剛經』, (大正藏85, p.6中)

📭 通曰

須菩提重立問端 說者謂前段說人無我 此段說法無我 古德相傳 不爲無
見 但人無我云者 謂斷見惑 法無我云者 謂斷思惑 須菩提示阿羅漢果已
證人法雙空 何須更問 第所問菩薩位中 自初地至七地 有俱生我執 自八
地至十地 有俱生法執 俱生我執者 雖已斷前七識 尚執藏識爲我 至八地
捨藏 尚執能捨之者 是爲法執 其間執情最爲微細 非金剛慧莫能破之 故
自初地至等覺 立爲金剛十種深喩 皆所以蕩除此執也 須菩提前所問者
降伏俱生我執之意居多 後所問者 降伏俱生法執之意居多 二執雖略有
淺深 至金剛道後異熟空 則降伏殆盡 而證於常住眞心矣

📭 종통20

　수보리가 거듭하여 질문을 드린 대목이다. 설자 곧 수보리는 제일
주설법[前段]에서는 인무아를 설하였지만, 제이주설법[此段]에서는 법
무아를 설한다. 고덕들이 상전한 것은 견해를 없애려는[無見] 것이 아
니라 다만 인무아를 말한 것으로 말하자면 견혹을 단제하려는 것이
었다. 그런데 여기에서 법무아를 말한 것은 말하자면 사혹을 단제하
려는 것이다.

　묻는다 : 수보리가 제시한 아라한과는 이미 인·법의 쌍공을 증득
　　　　　한 것인데 어째서 다시 질문한 것인가.
　답한다 : 질문한 것을 차례대로 보자면 보살지위 가운데 초지부터
　　　　　제칠지에 이르기까지는 구생아집이 있고, 제팔지부터 제
　　　　　십지에 이르기까지는 구생법집이 있다. 비록 이미 전칠식
　　　　　을 단제했을지라도 오히려 장식을 아로 간주하여 집착한
　　　　　다. 그리고 제팔지의 捨藏에 이르렀지만 오히려 能捨라는

것에 집착하는데 그것이 법집이다. 바로 여기에서 집착하는 마음은 아주 미세하여 금강의 지혜가 아니라면 그것을 타파하지 못한다. 때문에 초지부터 등각에 이르기까지 금강의 열 가지 심오한 비유를 내세우는데 그것은 모두 이 집착을 없애려는 까닭이다.

　수보리가 제일주설법에서 질문한 것은 구생아집의 뜻이 많이 남아있는 것을 다스리려는 것이었지만, 제이주설법에서 질문한 것은 구생법집의 뜻이 많이 남아있는 것을 다스리려는 것이다. 비록 이집에는 대략적으로는 깊고 얕음의 차이가 있지만 금강도 이후 異熟空에 이르러서는 거의 모두가 다스려지는 까닭에 상주하는 진심을 증득하게 된다.

須菩提問如來所說安住降伏之法 至不可思議境界 必無我相可得 又說果報亦不可思議 然則受果報者誰乎 若果無我以受果報 則修因之時 誰爲安住 誰爲降伏 隱然有一法我在也 佛說若是菩薩發無上菩提心者 何嘗有我 當生如是無我之心 謂我應滅度一切衆生 令入無餘涅槃 滅度一切衆生已 而不見有一衆生實滅度者 內不起於能度之心 外不見於可度之衆 念旣不生 卽是無我 無我斯名菩薩也 以何義故 普度衆生而不起衆生之念耶 若菩薩有我度衆生之念 卽是我相 有衆生爲我所度之念 卽是人相 人我未忘 卽是衆生相 有涅槃可入 卽是壽者相 有此四相 是顚倒行非淸淨因 不得名爲發心菩薩也

　묻는다 : 수보리가 질문한 것으로 '여래가 설한 안주하는 방법과 번

뇌를 다스리는 방법으로부터 불가사의한 경계'에 이르기까지는 반드시 아상이 없어야 터득할 수가 있었다. 또한 '그 과보도 또한 불가사의하다.'고 설하였다. 그런즉 그 과보를 받는 자는 누구인가.

과에 대해서도 무아로써 그 과보를 받는다면 修因의 시절에 누가 안주하고 또 누가 번뇌를 다스리는 것인가. 은연하게 어떤 일법이 我에 있는 것이 아닌가. 그리고 부처님께서 말씀하셨듯이 만약 그 보살이 무상보리를 발생했다면 어떤 경우라도 일찍이 我가 있어야만 반드시 그처럼 무아심이 발생되는 것이 아닌가.

답한다 : 말하자면 나는 반드시 일체중생을 멸도시켜 그들로 하여금 무여열반에 들어가도록 하여 일체중생이 멸도되었지만 실로 어떤 중생도 멸도를 얻은 자가 없다는 것은 안으로는 能度하는 마음이 일어나지 않고 밖으로는 멸도되는 중생을 보지 않는 것인데, 이미 그러한 念이 발생하지 않은 즉 곧 무아로서 그 무아를 가리켜 보살이라 말한다.

묻는다 : 무슨 까닭에 널리 중생을 제도하고도 중생이라는 念을 일으키지 않는가.

답한다 : 만약 보살에게 자신이 중생을 제도했다는 念이 남아있다면 그것은 곧 아상이다. 그리고 어떤 중생이 자신한테 제도되었다는 念이 남아있다면 그것은 곧 인상이다. 그리고 인과 아를 잊지 못했다면 그것은 곧 중생상이다. 그리고 들어가는 열반이 있다고 간주하는 것은 곧 수자상이다. 이와 같은 사상은 곧 전도행으로서 청정인이 아니므로 이 경우에는 발심보살이라 말할 수가 없다.

彌勒菩薩偈曰 於內心修行 存我爲菩薩 此卽障於心 違於不住道

미륵보살은 게송으로 다음과 같이 말했다.
"내심의 수행에 있어서
 아가 남아있는 보살은
 곧 마음속에 장애되어
 부주도에 걸림이 되네"[245]

惟其與無住相違 故遠於無上菩提也 夫滅度眾生者 是廣大心 令入涅槃
者 是第一心 不見滅度者 是常心 遠離四相者 是正智心 生如是四種利益
眾生之心 方可謂與無上菩提相應 設有一法能發是心者 則謂之有我可
也 以今觀之 前無所化之境 次無能化之心 心境俱忘 能所俱寂 實無有法
發菩提心者 以第一義中 卽最初一念發菩提心者 尚自無有 而又誰爲之
我耶

생각해보면 그것은 무주에 어긋나는 까닭에 무상보리와는 거리가
멀다. 중생을 멸도시킨다는 것은 廣大心이고, 무여열반에 들어가도
록 하는 것은 第一心이며, 멸도된 중생을 보지 않는 것은 常心이고,
사상을 멀리 떠난 것은 正智心[不顚倒心]이다.
 이와 같이 중생에게 이익을 주는 사종심을 발생해야 바야흐로 무
상보리에 상응되었다고 말할 수가 있다. 그러나 설사 그와 같은 마
음을 발생했다는 것이 일법이라도 남아있다면 곧 我가 있다는 것을

245) 『金剛般若波羅蜜經論』 卷中, (大正藏25, p.790下)

가리킨다. 이제 그것을 관찰해보면 먼저 교화를 받는 경계가 없고, 다음에는 교화를 해주는 마음이 없어야 마음과 경계를 모두 잊어버리고 능·소가 모두 적멸해진다. 실로 보리심을 발생했다는 어떤 법도 없는 사람은 제일의 가운데서 최초의 일념에 보리심을 발생한 사람이다. 그런 사람은 오히려 그 자신도 없거늘 또한 무엇이 그 我가 된단 말인가.

唯無有一法能發菩提心 故菩提不可得 菩提不可得 故衆生不可得 衆生不可得 故四相不可得 實際理地 一法不存 此其所以爲金剛般若甚深義也

　보리심을 발생했다는 그 어떤 법도 없는 까닭에 보리가 없다. 보리가 없는 까닭에 중생도 없다. 중생이 없는 까닭에 사상이 없다. 실제의 도리에서는 그 어떤 법도 존재하지 않는다. 이것이 바로 금강반야가 심심한 뜻이 되는 이유이다.

黃檗云 爲汝起心作佛見 便謂有佛可成 作衆生見 便謂有衆生可度 起心動念 總是汝見處 若無一切見 佛有何處所 如文殊纔起佛見 便貶向二鐵圍山 僧云 今正悟時 佛在何處 檗云 問從何來 覺從何起 語默動靜一切聲色 盡是佛事 何處覓佛… 虛空世界皎皎地 無絲毫許與汝作見解 所以一切聲色 是佛之慧目 法不孤起 仗境方生 爲物之故 有其多智 終日說 何曾說 終日聞 何曾聞 所以釋迦四十九年說 未曾說著一字 僧云 若如此 何處是菩提 檗云 菩提無是處 佛亦不得菩提 衆生亦不失菩提 不可以身得 不可以心求 一切衆生 卽菩提相 僧云 如何發菩提心 檗云 菩提無所

得 你今但發無所得心 決定不得一法 卽菩提心 菩提無住處 是故無有得者 故云我於然燈佛所 無有少法可得 佛卽與我授記 明知一切衆生 <本是菩提+?> 不應更得菩提 你今問發菩提心 謂將<將謂?>一箇心學取佛去 唯擬作佛道 任汝三祇劫修 亦祇得箇報化佛 與你本源眞性佛 有何交涉 故云外求有相佛 與汝不相似 妙哉論也 足爲此段疏義

[황벽이 말했다.

"그대가 마음을 일으켜 부처라는 견해를 지으면 곧 부처를 이룰 것이 있다고 말하는 것이 되고, 중생의 견해를 지으면 곧 제도할 중생이 있다고 말하는 것이 된다. 마음을 일으키고 생각을 움직이는 그것이 모두 그대의 견해일 뿐이다. 그러나 만약 일체의 견해가 없다면 부처님이 어느 곳에 있겠는가. 마치 문수가 겨우 부처라는 견해를 일으키자마자 바로 두 철위산에 떨어진 경우와 같다."

승이 물었다.

"지금 곧 바로 깨달았을 때에 부처는 어느 곳에 있습니까."

황벽이 말했다.

"질문은 어디에서 왔고 깨침은 어디에서 일어났는가. 어·묵·동·정과 일체의 소리와 색이 모두 불사인데 어디에서 부처를 찾으려 하는가. … 허공세계의 밝고 밝은 경지에는 터럭만큼도 그대의 견해를 용납하지 않는다. 때문에 일체의 소리와 색이 모두 부처의 지혜이고 안목이다. 법은 홀로 일어나지 않고 경계를 의지해야 바야흐로 발생한다. 그렇지만 중생을 위한 까닭에 그렇게 많은 지혜를 일으켰다. 종일 설했지만 일찍이 무엇을 설하였고, 종일 들었지만 일찍이 무엇을 들었는가. 때문에 석가모니의 사십 구년의 설법이라고 해도 일찍이 한 마디도 설한 것이 없었다."

승이 물었다.

"만약 그렇다면 보리란 무엇입니까."

황벽이 말했다.

"보리는 어떤 도리가 없다. 부처도 또한 보리를 얻은 것이 없고, 중생도 또한 보리를 잃는 것이 없다. 보리는 몸으로 얻을 수도 없고, 마음으로도 추구할 수도 없다. 일체중생이 그대로 보리의 모습이다."

승이 물었다.

"보리심은 일으킨다는 것은 무엇입니까."

황벽이 말했다.

"보리는 얻을 것이 없다. 그대가 지금 얻을 바가 없다는 마음만 발생한다면 결코 일법도 없는데 그것이 곧 보리심이다. 보리는 주처가 없기 때문에 얻을 것이 없다. 그러므로 경전에서 '나는 연등불 처소에서 조금의 법도 얻은 것이 없었다. 때문에 연등불이 나에게 수기를 주셨다.'고 말했다. 일체 중생이 본래 보리이기 때문에 반드시 다시 보리를 얻을 것이 없음을 분명하게 알아야 한다.

그대가 지금 보리심의 발생에 대하여 묻는 것은 말하자면 하나의 마음을 가지고 부처를 배워서 취하는 것에 불과하다. 오직 불도를 지으려는 것을 가지고는 그대가 삼아승지겁을 닦아도 또한 보신과 화신불만 얻을 뿐이지 그대의 본원진성불과 무슨 상관이 있겠는가. 때문에 '밖으로 형상의 부처를 추구하면 그대는 끝내 멀어진다.'고 말했다."]246)

참으로 오묘한 논리이다. 이 단락으로써 疏義는 충분하다.

---

246)『黃檗斷際禪師宛陵錄』, (大正藏48, pp.385中−386上)

十二斷佛因是有菩薩疑

此疑從上實無有法發菩提心者而來

• 제십이단의 : 연등불 처소에서 수행한 과거 인행시의 보살행[247]이
라는 相이 있지 않았는가 하는 의심을 단제한다.

이 의심은 위의 실로 발보리심이라는 것은 없다는 것에서 유래한
것이다.[248]

功德施論曰 若無菩薩發趣大乘 則無有因證於佛果 成滿四種利益之事
云何世尊然燈佛所而得授記 汝於來世當得作佛 號釋迦牟尼 能成四種
利益衆生事 爲遣此疑 故經云

공덕시보살의 『논』에서는 다음과 같이 말한다.

[만약 보살이 대승에 나아감이 없다면 곧 불과를 증득하여 사종의 이
익이 되는 사업을 원만성취하는 인연이 없다. 그런데 세존은 연등불 처
소에서 어떻게 '그대는 내세에 반드시 부처가 될 것인데 호를 석가모니
라 할 것이다.'는 수기를 터득한 것인가. 이런 의심을 없애주기 위한 까

---

247) 이러한 인행이란 다음과 같다. "降怨王이 연등부처님을 청하러 성에 들어갔다. 이때
성 안의 남녀노소가 모두 부처님을 환영한다. 그런데 길이 질편하자 선혜비구가 그곳
에 머리카락을 풀어헤쳐 공양하자 부처님께서 수기를 주신다."
248) 곧 보살이 아니라면 석존은 연등불 세상에서 무엇 때문에 보살행을 수업했는가에 대
한 의심을 끊어준다. 이것은 발심이 없으면 보살도 없다는 뜻이다. 때문에 경문에서
는 "여래는 실로 진여이기 때문이다."고 말한다.

닭에 경전에서는 다음과 같이 말씀하셨다.]²⁴⁹⁾

【경문38】

須菩提 於意云何 如來於然燈佛所 有法得阿耨多羅三藐三菩提不 不也
世尊 如我解佛所說義 佛於然燈佛所 無有法得阿耨多羅三藐三菩提 佛
言 如是 如是 須菩提 實無有法如來得阿耨多羅三藐三菩提 須菩提 若
有法如來得阿耨多羅三藐三菩提者 然燈佛則不與我授記 汝於來世 當
得作佛 號釋迦牟尼 以實無有法得阿耨多羅三藐三菩提 是故然燈佛與
我授記 作是言 汝於來世 當得作佛 號釋迦牟尼

"수보리야, 어떻게 생각하느냐. 여래가 연등불 처소에서 얻은 아
뇩다라삼먁삼보리법이 있느냐.

"아닙니다, 세존이시여. 제가 부처님께서 설하신 뜻을 이해하기로
는 부처님께서 연등불 처소에서 아뇩다라삼먁삼보리법을 얻은 것이
없습니다."

부처님께서 말씀하셨다.

"그래, 그렇다. 수보리야, 실로 어떤 법에 대하여 여래는 아뇩다라
삼먁삼보리법을 얻은 것은 없다.

만약에 어떤 법에 대하여 여래가 아뇩다라삼먁삼보리법을 얻었다
면 연등불은 곧 나에게 '그대는 내세에 진실로 부처가 되는데 호는
석가모니이다.' 라는 수기를 주지 않았을 것이다. 실로 어떤 법에 대
하여 여래가 아뇩다라삼먁삼보리법을 얻은 것이 없다. 이 때문에 연

등불은 나에게 '그대는 내세에 반드시 부처가 되는데 명호는 석가모니이다.'는 수기를 주었다."

通曰

須菩提之爲有我疑者至微矣 始而疑安住降伏者存我 是以降伏之智爲我也 旣聞實無有法發菩提心者 智實不生 安得有我 已又疑若不發心 卽無菩薩 誰作佛因 不知佛於然燈佛所 實無有法發菩提心 又何疑於菩薩乎 是無一法可得者 正作佛之因也 已又疑無法可得 無佛可成 將不墮於空見乎 不知諸法如義 不有不無 正是中道第一義 惟其不有不無 故一切法卽佛法 非大身名大身 何至絶無佛法也 佛旣如是 菩薩亦如是 若有一法可得 卽著四相 卽非莊嚴 惟其卽佛法非佛法 卽莊嚴非莊嚴 卽通達無我之義 方得名爲菩薩 方得成作佛之因也 此四段疑 本屬一氣 故總括於此

종통21

수보리가 '我가 있는 것은 아닌가.' 하고 의심한 것은 지극히 미묘하다. 처음에 안주하는 방법과 번뇌를 다스리는 것에는 我가 남아있는 것이 아닌가 하고 의심하였는데, 이것은 번뇌를 다스리는 지혜를 我로 간주한 것이다.

묻는다 : 이미 실로 발보리심은 없었다고 들은 것은 지혜가 실제로 발생하지 않았다는 것인데 어찌 我가 있다고 할 것인가. 이미 또한 만약 발보리심하지 않았다면 곧 보살이 아닐 터인데 누가 佛因을 짓는 것인가.

답한다 : 그것은 세존[佛]이 연등불 처소에서 실로 발보리심한 것이

없었다는 것을 모르고 하는 말인데 또한 어찌 보살을 의심한단 말인가. 어떤 법도 얻은 것이 없다는 것이야말로 바로 佛因을 지은 것이었다.

묻는다 : 이미 또한 얻은 법이 없으면 부처를 성취한 것도 없는 것이 아닌가 하고 의심하는 것은 장차 空見에 떨어지는 것이 아닌가.

답한다 : 그것은 제법이 진여의 뜻으로서 有도 아니고 無도 아니어서 바로 중도제일의인 줄을 모르고 하는 말이다. 생각해보면 유도 아니고 무도 아닌 까닭에 일체법이 곧 불법이다. 그리고 대신이 아닌 것을 대신이라고 말하였는데 어찌 불법이 단절되어 없다는 것이 되겠는가. 佛이 이미 이와 같을진댄 보살도 또한 그와 마찬가지이다. 만약 어떤 법이라도 얻은 것이 있다면 그것은 곧 사상에 집착하는 것으로 장엄이 아니다. 생각해보면 그렇기 때문에 즉불법이 비불법이고 즉장엄이 비장엄이므로 곧 무아의 뜻에 통달해야 바야흐로 보살이라는 명칭을 얻고 바야흐로 작불의 인을 성취할 수가 있다.

여기 네 단락의 뜻[250]은 본래 一氣에 속한 까닭에 여기에다 총괄해 두었다.

---

250) 안주하는 방법과 번뇌를 다스리는 것에는 我가 남아있는 것이 아닌가 하고 의심하는 것, 이미 실로 발보리심은 없었다고 들은 것은 지혜가 실제로 발생하지 않았다는 것인데 어찌 我가 있다고 할 것인가 하고 의심하는 것, 이미 또한 만약 발보리심하지 않았다면 곧 보살이 아닐 터인데 누가 佛因을 짓는 것인가 하고 의심하는 것, 이미 또한 얻은 법이 없으면 부처를 성취한 것도 없는 것이 아닌가 하고 의심하는 것 등 네 단락의 의심을 가리킨다.

刊定記曰 汝意之中 頗謂我於然燈佛所得菩提否 我昔買華供佛 布髮掩
泥 蒙佛授記 當得作佛 號釋迦牟尼 汝以爲是行菩薩行耶 於無上菩提有
所得耶 須菩提答云 不也 我意不謂如來得菩提也 我已解佛所說之義 夫
菩提之法 寂滅無生 離諸分別 佛於然燈佛所 見身清淨 見佛清淨 無能得
之心 亦無所得之法 是授記聲 不至於耳 實無有法得無上菩提 佛卽印定
之曰 如是如是 如來實無有法得無上菩提 若存能所 心境不亡 則是有法
由有法故 不順菩提 佛卽不與授記 唯離能所 心境兩忘 則無有法 由無法
故 則順菩提 故佛與之授記 我於彼時所修諸行 實無有一法得菩提者 以
行而言 行行無得 以念而言 念念無得

『간정기』에서는 "수보리 그대는 마음속으로 나 여래가 연등불 처
소에서 보리를 터득한 것이 있지 않은가 말하고 있다."[251]라고 말
했다.

부처님이 물었다.

"나 여래는 전생에 꽃을 사서 부처님에게 공양을 하고 머릿카락을
풀어서 진흙에 깔았기 때문에 부처님으로부터 '반드시 부처가 될 것
인데 호를 석가모니라 할 것이다.'는 수기를 받았다. 그대는 이것을
보살행을 실천했다고 말하겠느냐, 그리고 무상보리를 얻었다고 말
하겠느냐."

이에 수보리가 답변으로 말했다.

"아닙니다. 제 생각으로는 여래께서 보리를 얻었다고 말할 수 없
습니다. 제가 부처님께서 설하신 뜻을 이해하기로는 대저 보리법이
란 적멸이고 무생이어서 모든 분별을 떠나 있습니다. 부처님께서는

연등불 처소에서 몸이 청정함을 보고 부처님이 청정함을 보았기 때문에 법을 얻는 마음도 없고 또한 터득된 법도 없으며 수기하는 소리도 귀에 이르지 않았습니다. 실로 무상보리로서 터득한 법이 없습니다."

이에 부처님께서는 그것을 印定하여 말했다.

"그래, 바로 그렇다. 여래는 실로 무상보리로서 터득한 법이 없다. 만약 능·소[252]가 남아있다면 마음과 경계가 사라지지 않은 즉 그것은 有法이 된다.

有法을 말미암은 까닭에 보리를 수순하지 못하여 연등불은 수기를 주지 않는다. 오직 능·소를 떠나고 마음과 경계의 둘을 모두 잊어야 곧 無法이 된다. 무법을 말미암은 까닭에 곧 보리를 수순한다. 때문에 연등불은 그에게 수기를 준다. 나 여래가 그때 닦은 모든 수행은 실로 보리를 터득한 것은 어떤 법도 없다. 그것을 行으로 말하자면 모든 수행에 터득함이 없고, 念으로 말하자면 염념에 터득함이 없다."

彌勒菩薩偈曰 以後時授記 然燈行非上

미륵보살은 게송으로 다음과 같이 말했다.
"만약 후시에 수기를 받았다고 하면
 연등불 밑의 수행은 제일이 아니네"[253]

---

252) 능은 법을 터득하는 마음이고 소는 그 마음에 터득된 법을 가리킨다.
253) 『金剛般若波羅蜜經論』卷中, (大正藏25, p.791上)

謂然燈授記釋迦後當作佛 非有勝上因行 可於彼處證得菩提 惟無所得
故蒙授記 而又何疑於菩薩發無上菩提心者實無有法乎

　말하자면 연등불이 석가모니에게 후에 반드시 부처가 될 것이라고
수기한 것은 뛰어난 인행이 있어서 그곳에서 보리를 증득할 수 있었
던 것이 아니라, 오직 무소득인 까닭에 수리를 받은 것이었다. 그런
데 또한 어찌 보살로서 무상의 보리심을 발생한 자에게 실로 법이 있
을 것이라고 의심하겠는가.

玄沙問鏡清 古人道 不見一法 是大過患 你且道不見甚麽法 清指露柱云
莫是這箇法麽 沙云 浙中清水白米從你喫 佛法未夢見在 天童拈云 鏡清
當時恁麽答 玄沙末後恁麽道 還相契也無 然則鏡清久不作佛法夢 也須
是玄沙同參始得

　[현사사비가 경청도부에게 물었다.
　"고인은 '일법도 보지 못하는 것이 곧 큰 잘못이다.'고 말했다. 그
대는 어디 말해 보라. 어떤 법을 보지 못한 것인가."
　경청도부가 노주를 가리키면서 말했다.
　"저 노주가 그 법이 아니겠습니까."
　현사사비가 말했다.
　"절중에서는 맑은 물로 흰쌀밥을 짓는데 그대는 먹어본 적이 있겠
지만 불법은 꿈속에서도 보지 못했구나."
　이에 대하여 천동정각이 다음과 같이 염하였다.
　"경청도부는 당시에 이렇게 답변하였고, 현사사비는 말후에 이렇

게 말하였다. 그 도리를 자세히들 알겠는가. 그런즉 경청도부가 오랫동안 불법에 대하여 꿈도 꾸지 못했지만 모름지기 그 상황에서 현사사비가 동참해주어야만 비로소 매듭이 풀린다."]254)

十三斷無因則無佛法疑

此疑從上釋迦於然燈行因實無有得而來 若無行因 則不得阿耨菩提 若無菩提 卽無諸佛如來 寧不一切皆無耶 爲遣此疑 故經云

- 제십삼단의 : 보리의 因이 없으면 불법도 없을 것이 아닌가 하는 의심을 단제한다.

이 의심은 위의 석가모니께서 연등불 세상에서 수행한 因은 실로 얻은 바가 없다는 것에서 유래한 것이다.255) 만약 보리행의 인이 없다면 곧 아뇩다라샴막삼보리를 터득하지 못하고, 만약 보리가 없다면 곧 제불여래도 없을 것인데, 어찌 일체가 모두 無가 아니겠는가. 바로 이 의심을 없애주기 위한 까닭에 경전에서는 다음과 같이 말한다.

【경문39】

何以故 如來者 卽諸法如義 若有人言 如來得阿耨多羅三藐三菩提 須菩提 實無有法 佛得阿耨多羅三藐三菩提 須菩提 如來所得阿耨多羅三藐

---

254)『宏智禪師廣錄』卷3, (大正藏48, p.28中)
255) 보리의 인행이 없다면 불법도 없어야 할 것이라는 것이다.

三菩提 於是中無實無虛 是故如來說 一切法皆是佛法 須菩提 所言一切
法者 卽非一切法 是故名一切法 須菩提 譬如人身長大 須菩提言 世尊
如來說人身長大 卽爲非大身 是名大身

"왜냐하면 여래란 곧 제법에 여여하다는 뜻이기 때문이다. 만약 어
떤 사람이 여래는 아뇩다라삼먁삼보리를 얻었다고 말한다고 하자.
수보리야, 그러나 실로 부처님이 아뇩다라삼먁삼보리법을 얻은 것
은 없다.

수보리야, 여래가 얻은 바 아뇩다라삼먁삼보리에는 실도 아니고
허도 아니다. 이 때문에 여래는 일체법을 모두 불법이라고 설한다.
수보리야, 말한 바 일체법이란 곧 일체법이 아니다. 이 때문에 일체
법이라 말한다. 수보리야, 어떤 사람의 몸이 장대하다고 비유한 것
과 같다."

수보리가 여쭈었다.

"세존이시여, 여래께서 말씀하신 사람의 몸이 장대하다는 것은 곧
장대한 몸이 아닙니다. 그것을 장대한 몸이라 말합니다."

通曰

上言以無所得故得授尊記 所云無所得者 豈同龜毛兔角 一無所有哉 眞如
性體 周徧法界 如如不動 卽是諸經所言法法皆如之義 眞如者無實無虛
若有可得者 得卽言實 失卽言虛 唯無所得 此二俱遣 正顯中道第一義諦也

종통22

위에서 말한 '무소득인 까닭에 세존이 내린 수기를 받았다.'는 대

목에서 무소득이라는 말이 어찌 거북이 터럭과 토끼의 뿔처럼 전혀 아무것도 없다는 것과 동일한 뜻이겠는가.

진여자성의 체는 법계에 널리 두루하지만 여여부동한데, 곧 제경전에서 말한 모든 법도 모두 그와 같은 뜻이다. 진여란 실도 없고 허도 없다. 만약 진여를 얻을 것이 있다면 그것은 곧 언설에 즉한 실체를 얻었다는 것이고 언설에 즉한 허구를 잃었다는 것으로서 오직 무소득일 뿐이다. 이와 같이 실과 허의 두 가지를 모두 없애고나면 바로 중도제일의제가 드러난다.

何以謂之無實 卽一切法非一切法 卽大身非大身 卽是無實也 何以謂之無虛 非一切法是名一切法 非大身是名大身 卽是無虛也 無實無虛 遠離空有二邊 固知所云無得者 殆超出有無之表 不可以有無論也

묻는다 : 어째서 실이 아니라고 말하는가.
답한다 : 일체법에 즉한 것은 일체법이 아니고, 대신에 즉한 것은 대신이 아니다. 그것이 곧 실이 아니라는 것이다.
묻는다 : 어째서 허가 아니라고 말하는가.
답한다 : 일체법이 아니므로 곧 일체법이라 말하고, 대신이 아니므로 곧 대신이라 말한다. 그것이 곧 허가 아니라는 것이다. 실도 없고 허도 없는 것은 공과 유의 이변을 멀리 떠났다는 것이다. 그러므로 무득이라고 말한 것은 멀리 유·무의 표시를 초출한 것으로서 유·무로 논할 것이 아닌 줄 반드시 알아야 한다.

功德施論曰 佛者覺也 菩提者亦覺也 覺不應更得覺 故如來無一法可得
雖無一法可得 未嘗無如來 以眞如是佛故 眞如者卽諸法如義 如來卽是
實性眞如異名 本自不生 本自不滅 以無顚倒 故名實性 以無改變 故名眞
如 若有人言 旣有如來 旣有菩提 以得菩提 方名如來 若如來於然燈佛所
不見有法 能得菩提 昇於覺座 無有是處 是人以彼實有菩薩行者 非實語
也 以彼於菩提有所得者 亦非實語也 法卽菩提之法 佛卽菩提 豈有得耶
偈曰 菩提彼行等故 若是菩薩行行之時 實無可行

　공덕시보살의『논』에서는 佛은 覺이고 보리도 또한 覺이라 말했다.
그러므로 각으로는 결코 각을 얻을 수가 없다. 때문에 여래에게는
어떤 법도 얻을 것이 없다. 비록 어떤 법도 얻을 것이 없을지라도 일
찍이 여래 아니었던 적이 없다. 진여가 곧 불이기 때문이다.

　진여란 곧 제법에 여여하다는 뜻인데 여래는 곧 실성진여의 다른
명칭이다. 본래부터 불생이고 본래부터 불멸이며 전도가 없는 까닭
에 실성이라 말하고, 개변이 없는 까닭에 진여라 말한다. 만약 어떤
사람이 이미 여래가 있고 이미 보리가 있다고 말할지라도 보리를 터
득해야만 바야흐로 여래라고 말한다. 만약 여래가 연등불 처소에서
법을 보지 않고도 보리를 얻고 覺座에 오른다면 그런 일은 있을 수
가 없다.

　어떤 사람이 그것을 가지고 보살행이 실유한다고 말하는 것은 진
실한 말이 아니고, 그것을 가지고 보리를 얻은 것이 있다고 말하는
것도 또한 진실한 말이 아니다. 법이 곧 보리이 법이고 불이 곧 보리
인데 어찌 얻음이 있겠는가. 그래서 미륵보살은 게송에서 "연등불

밑의 보리도 수행과 같다네"[256]고 말했다.

만약 그 보살행이 실행될 경우에는 실로 보살행이라는 상이 없을
것이다.

諸佛亦爾 無法可證正等菩提 然則如來終不得菩提耶 然如來所得無上
菩提 得即無得 於是中無實無虛故 是故如來所得菩提 非實有爲相故 有
爲相者 謂由因造如五陰等 彼菩提法 無色等相 故曰無實 彼即於色等非
相 色等相無 是其自相 彼即菩提相故 偈言 彼即非相相 以不虛妄說 故
曰無虛 非謂證於無所得法 而不該於一切也 是故佛說一切法皆是佛法
一切凡聖等法 非以自體爲體 並以眞如爲體 眞如但是佛所覺悟 故一切
法名爲佛法

묻는다 : 제불의 경우에도 또한 그와 마찬가지로 법으로서 증득해
        야 할 正等菩提가 없었다면 여래는 끝내 보리를 얻지 못한
        것인가.
답한다 : 여래가 얻은 무상보리는 곧 即無得[257]을 얻은 것이다. 때
        문에 그 법은 실도 아니고 허도 아니다. 이런 까닭에 여래
        가 얻은 보리는 실로 유위상이 아니다. 유위상이란 말하자
        면 인을 말미암아 만들어진 것으로 저 오음 등과 같다. 그
        러나 저 보리법에는 색 등의 상이 없는 까닭에 실이 아니
        라고 말한다.

---

256) 『金剛般若波羅蜜經論』 卷中, (大正藏25, p.791上)
257) 即無得은 무소득의 입장에서 터득한 보리법을 가리킨다.

저 보리법은 색 등에 즉해 있으면서도 상이 아니다. 색 등
은 상이 없으므로 그것은 自相이다. 저것은 곧 보리상에
즉한 까닭에 허망한 설이 아니다. 그러므로 허가 아니다.
말하자면 무소득법을 증득했을 뿐만 아니라 또한 일체에
두루 갖추어져 있다는 것이다. 이런 까닭에 부처님은 일
체법을 모두 불법이라 말한다. 곧 일체 범·성 등의 법은
자체를 체로 삼을 뿐만 아니라 또한 진여를 체로 삼는다.
진여는 무릇 부처님만이 覺悟한 것이므로 일체법을 불법
이라 말한다.

彌勒菩薩偈曰 是法諸佛法 一切自體相

미륵보살은 게송에서 다음과 같이 말했다.
“이것은 모든 부처님의 법으로
　일체가 구비한 자체의 상이다”[258]

然所言一切色聲等法者　未曾一法有可得性　惟無性卽不能持其自體相
卽非一切法也 若一切色聲等法皆不是法 云何名一切法耶 於無性中假
言說故 由不是法 卽非是有爲相故 此成其法 是一切卽眞如之一切 是諸
法卽眞如法自性也

---

258)『金剛般若波羅蜜經論』卷中, (大正藏25, p.791中)

그러나 앞서 말했던 일체의 색·성 등의 법은 일찍이 어떤 법도 얻을 수 있는 자성이라곤 없다. 생각해보면 자성이 없으므로 그 자체상은 가질 수가 없는데 그것이 곧 일체법이 아니라는 것이다.

묻는다 : 만약 일체의 색·성 등의 법이 모두 곧 진실한 법이 아니라면[不是法] 어떻게 일체법이라는 명칭이 가능하겠는가.
답한다 : 자성이 없는 가운데 짐짓 언설을 假設한 것이므로 곧 진실한 법이 아님[不是法]을 말미암은 것이다. 이에 그것은 곧 유위상이 아닌 까닭에 그 법이 성취된다. 그래서 그 일체는 곧 진여의 일체이고 그 제법은 곧 진여법의 자성이다.

以無彼法相 常不住持彼法相 畢竟能持非有之相 眞如法身之體固自如是 譬如人身長大 如前文身如須彌山王 不自分別 而成大體 依彼法身 說此大身喩也 何以謂之大身耶 謂煩惱障 所知障 二障無故 名圓具身 卽是具足法身也 此有二種義 一者徧一切境 謂眞如之性 隨於所在而不異故 一切衆生咸共有故 二者功德大 謂修行功德不可思議 與大體相應 以是之故 說名大身也 須菩提深契此意 故謂如來所說人身長大 非徒爲有身說也 以色身依實義說 眞如性中 無有有爲諸相 不見其生 安有於大 卽爲非大身也 以有眞如體故 卽是無生之性 謂之非身 卽此非身 名爲妙大之身 非色身之謂也

그러나 그 법상이 없으므로 항상 그 법상은 住持되지 못하고 필경에 비유상만 能持된다. 진여법신의 체는 본디부터 그와 같다. 비유하면 사람의 몸이 장대한 경우와 같다. 저 위의 경문에서 몸의 크기가 수미산왕과 같다는 것은 스스로 분별한 것이 아니라 大體로서 이미 성취되어 있는 것을 가리킨다. 때문에 저 법신에 의거하여 이 큰 몸의 비유를 설한 것이다.

묻는다 : 어째서 그것을 장대한 몸[大身]이라 말하는가.
답한다 : 말하자면 번뇌장과 소지장의 이장이 없기 때문이다. 그리고 圓具身이라고도 말하는데 그것은 곧 법신의 구족을 가리킨다.

여기에 두 가지 종류의 뜻이 있다.

첫째는 일체의 경계에 두루한다는 것이다. 말하자면 진여의 자성은 어느 곳에 소재하더라도 달라지지 않기 때문에 일체중생이 모두 공유하고 있다. 둘째는 공덕이 위대하다는 것이다. 말하자면 수행의 공덕이 불가사의하여 大體와 상응한다. 그런 까닭에 설하여 대신이라 말한다.

수보리는 그 뜻에 깊이 계합하였다. 때문에 여래가 설한 사람의 몸을 장대하다고 말한 것은 단지 몸이 있다는 것을 설한 것이 아니다. 색신을 가지고 진실한 뜻에 의거하여 설한 것이다. 진여의 자성 가운데는 유위의 제상이 없어서 그 발생조차 볼 수가 없는데 어찌 크다[大]는 것이 있어서 곧 非大身이 되겠는가. 다만 진여의 자체가 있을 뿐인데 원래 그것은 무생의 자성이므로 그것을 非身이라 말한다. 바로 그 非身에 즉한 것을 妙大身으로 간주한 것이지 색신을 가리킨 것이 아니다.

彌勒菩薩偈云 依彼法身佛 故說大身喩 身離一切障 及徧一切境 功德及
大體 故卽說大身 非身卽是身 是故說非身

미륵보살은 게송으로 다음과 같이 말했다.
"저 법신불에 의한 것이므로
대신의 비유를 설한 것이다
몸은 모든 장애 여의었기에
일체의 경계에 두루 미친다
공덕이 크고 대체인 까닭에
곧 大身이라 설하는 것이다
非身이 곧 그대로 身이므로
또 非身이라 설하기도 한다"[259]

能知非身之爲大身 足信無得之爲眞得也已 又何疑於無佛法哉

非身이 그대로 大身인 줄을 안다면 無得이야말로 眞得인 줄을 충
분히 믿을 수 있을 것이다. 그런데 어찌 다시 불법이 없다고 의심할
것인가.

僧問雲門 如何是一代時教 雲門云 對一說 此卽一切法之謂也 雪竇頌云
對一說 大孤絶 無孔鐵鎚重下楔 閻浮樹下笑呵呵 昨夜驪龍拗角折 別別

259)『金剛般若波羅蜜經論』卷中, (大正藏25, p.791中)

韶陽老人得一橛 僧問雲門 不是目前機 亦非目前事 如何 門云 倒一說
此卽非一切法之謂也 雪竇頌云 倒一說 分一節 同死同生爲君訣 八萬四
千非鳳毛 三十三人入虎穴 別別 擾擾忽忽水裏月 又僧問雲門 如何是淸
淨法身 門云 華藥欄 此卽人身長大之謂也 僧云 便恁麽去時如何 門云
金毛獅子 此卽爲非大身之謂也 雪竇頌云 華藥欄 莫顢頇 星在秤兮不在
盤 便恁麽 大無端 金毛獅子大家看 此諸法如義 甚深甚密 須從雲門葛
藤穿過 方許少分相應

[한 승이 운문에게 물었다.
"일대시교란 무엇입니까."
그러자 운문이 말했다.
"일대일로 상황에 맞추어서 설한 것이다."[260]
이것은 곧 일체법을 가리킨 것이다.
 설두가 게송으로 말했다.
"일대일로 상황에 맞춘 설법이랑은
 진정 너무나 고고하고 초절하구나
 구멍 없는 철추로 거듭 쐐기 밖네
 염부제나무 밑에서 깔깔 웃어대니
 지난밤에 여룡의 뿔이 부러졌다네
 참으로 별나도다 소양 운문노인은
 부러진 여룡의 뿔 한 개를 얻었네"[261]
 승이 운문에게 물었다.

---

260) 『碧巖錄』卷2, (大正藏48, p.154下)
261) 『碧巖錄』卷2, (大正藏48, p.154下)

"상대방의 근기에도 맞지 않고 상대방의 상황에도 맞지 않는 경우에는 어찌해야 합니까."

운문이 말했다.

"뒤집어서 말해주면 된다."

이것은 곧 일체법이 아닌 것을 가리킨 것이다.

설두가 게송으로 말했다.

"상대방에게 뒤집어 말해준 것이여
 본래의 하나를 둘로 나눠줌으로써
 생사를 다 그대에게 해결해주었네
 팔만사천 대중은 봉황털이 아니고
 삽삼조사는 호랑이 굴에 들어갔네
 참 별나게 물 속의 달 출렁거리네"[262]

다시 승이 운문에게 물었다.

"청정법신이란 무엇입니까."

운문이 말했다.

"꽃으로 장엄된 울타리니라."[263]

이것은 곧 사람의 몸이 장대하다는 것을 가리킨다.

승이 물었다.

"그러면 이렇게 하면 어떻습니까."

운문이 말했다.

"금모사자이니라."[264]

262) 『碧巖錄』 卷2, (大正藏48, p.155中)
263) 『碧巖錄』 卷4, (大正藏48, p.177中)
264) 『碧巖錄』 卷4, (大正藏48, p.177中)

이것은 곧 대신이 아니라는 것을 가리킨 것이다.

설두가 게송으로 말했다.

꽃으로 아름답게 장엄된 울타리여

멍청이 같은 노릇은 좀 그만 해라

눈금은 곧 쟁반 아닌 저울대 있네

그러한 행위여 참으로 명쾌하구나

여러분은 금모사자의 위용을 보라][265]

이것은 제법에 여의하다는 것을 가리킨 것이다. 대단히 심오하고 대단히 은밀하기 때문에 모름지기 운문의 갈등으로부터 뚫고 통과해야만 바야흐로 조금이라도 상응했음을 인정받을 것이다.

十四斷無人度生嚴土疑

此疑同十二疑 皆從第十一疑中實無有法發心者而來 若無有法發菩提心者 卽無菩薩 敎誰度生 敎誰嚴土哉 前疑無佛 此疑無菩薩 故曰菩薩亦如是 爲遣此疑 故經云

· 제십사단의 : 보살이 없다면 중생제도도 없을 것이고 국토장엄도 없을 것이라는 의심을 단제한다.

이 의심은 위의 제십이단의와 동일한 경우인데, 둘 다 제십일단의 가운데 실로 법으로서 발심했다는 것은 없다는 것으로부터 유래한

---

265) 『碧巖錄』卷4, (大正藏48, p.177下)

것이다.[266]

　묻는다 : 만약 발보리심한 법이 없다면 곧 보살도 없을 것인데 누구
　　　　　로 하여금 중생을 멸도시킨단 말인가.
　답한다 : 위에서는 부처가 없다는 것을 의심하였는데, 여기에서는
　　　　　보살이 없다는 것을 의심하고 있다. 때문에 보살도 또한
　　　　　그와 같다고 말했다. 이런 의심을 없애주기 위하여 경전에
　　　　　서는 다음과 같이 말한다.

【경문40】

須菩提 菩薩亦如是 若作是言 我當滅度無量衆生 則不名菩薩 何以故 須
菩提 實無有法名爲菩薩 是故佛說 一切法無我 無人 無衆生 無壽者 須
菩提 若菩薩作是言 我當莊嚴佛土 是不名菩薩 何以故 如來說 莊嚴佛土
者 卽非莊嚴 是名莊嚴 須菩提 若菩薩通達無我法者 如來說名眞是菩薩
(魏陳唐三譯 重菩薩二字)

　“수보리야, 보살도 또한 그와 같다. 만약 다음과 같이 ‘나는 반드시
무량한 중생을 멸도시키리라.’ 라고 말한다면 곧 보살이라 말할 수
가 없다. 왜냐하면 수보리야, 실로 보살이라 말할 수 있는 법은 없기

---

266) 보살이 아니라면 佛道도 없으며 중생도 열반에 들어갈 수 없으며 국토장엄도 없을 것이
　　다. 그런데 보살은 무엇 때문에 발심하여 불국토를 청정하게 하는가에 대한 의심을
　　단제해주는 내용이다. 곧 법계가 混然하여 身과 土가 평등하다. 따라서 오히려 성취하
　　는 佛道도 없는데 어찌하여 제도되는 중생이 있을 수 있겠는가. 그러므로 중생을 제도
　　한다는 마음을 일으키고 국토장엄을 修習梵行한다면 그것은 곧 범부의 견해이다.

때문이다. 이러한 까닭에 부처님이 설한 일체법에는 아도 없고 인도 없고 중생도 없고 수자도 없다.

수보리야, 만약 보살이 '나는 반드시 불토를 장엄하리라.' 라고 말한다면 그것은 보살이라 말할 수가 없다. 왜냐하면 여래가 설한 장엄불토는 곧 장엄이 아닌데 그것을 장엄이라 말하기 때문이다.

수보리야, 만약 보살이 무아법에 통달하면 여래는 그를 참으로 보살이라 말한다.(보리유지 · 달마급다 · 현장본에서는 '菩薩'이라는 두 글자가 중복되어 있다)"

傳大士頌曰 人與法相待 二相本來如 法空人是妄 人空法亦袪 人法兩俱
實 授記可非虛 一切皆如幻 誰言得有無

부대사는 게송으로 다음과 같이 했다.
"인상 및 법상은 서로가 待對인데
두 상은 본래 진여에서 유래했네
법공은 곧 인공을 허망하다 하고
인공은 법공을 없앨 것이라 하네
인공과 법공 둘은 모두 진실하니
수기를 준 것도 허망이 아니라네
그러나 일체가 다 허깨비 같은데
깨친 법을 누가 유무로 말하리요"267)

---

267) 『梁朝傅大士頌金剛經』, (大正藏85, p.6下)

通曰

前說菩薩發菩提心 尚有菩提可得 至此則實無有法發心者 發心且無 而況於菩提乎 前說菩薩不見有衆生可度 尚有菩薩可得 至此則實無有法名爲菩薩 菩薩且無 而況於衆生乎 故知前所斷者俱生我執 此所斷者俱生法執 蓋微乎其微矣 傅大士云 人法兩俱實 授記可非虛 唯人法俱虛 故授記非實也 通前三疑 一口道盡

종통23

위에서는 보살의 발보리심에 대하여 얻은 보리가 있는가 하는 것이었다. 그런데 여기에서는 실로 법으로서 발심한 것은 없다는 것이다. 이처럼 발심조차 또한 없는데 하물며 보리이겠는가. 그리고 위에서는 보살이 멸도시킬 중생이 있다고 보지 않는다는 것이었다. 그런데 여기에서는 실로 법으로서 보살이라는 명칭이 없다는 것이다. 이처럼 보살조차 없는데 하물며 중생이겠는가. 때문에 위에서 단제한 것은 구생아집이었지만 여기에서 단제하는 것은 구생법집인 줄 알아야 한다. 그러나 피차일반이다[蓋微其微].

때문에 부대사는 위에서 게송으로 다음과 같이 말했다.

"인공과 법공 둘은 모두 진실하니
수기를 준 것도 허망이 아니라네"

생각해보면 인공과 법공이 모두 허망한 까닭에 그 수기도 진실이 아니었다. 이것이야말로 곧 제십이단의 · 제십삼단의 · 제십사단의 등 위의 세 가지 단의와 관련된 의심을 한마디로 죄다 말한 것이다.

선어록으로 읽는 금강경

312

功德施論曰 上所說因淸淨相 義未圓滿 爲滿足故 再申前意 故謂如來於
然燈佛所無少法可得 修因淸淨 不但如來爲然 諸菩薩亦如是 若作是言
我當滅度無量衆生 則見我爲能度 衆生爲所度 心境未忘 卽是顚倒 不得
名爲菩薩也

　　공덕시보살은 『논』에서는 "위에서 설명한 因이 청정하다는 상에
대해서는 아직 그 뜻이 원만하지 않았지만 그런대로 만족하였기 때
문에"[268]라고 말했다. 그러나 위의 뜻을 다시 펼친 까닭에 '여래는 연
등불 처소에서 조그만 법도 얻은 것이 없었다.'고 말했다.
　　수행의 因이 청정한 것은 단지 여래의 경우만 그런 것이 아니라 보
살의 경우에도 또한 그와 마찬가지이다. 만약 다음과 같이 '나는 반
드시 무량한 중생을 멸도시키겠다.'고 말한다면 그것은 곧 나는 멸
도를 시키는 사람이고 중생은 멸도를 받는 사람이라는 분별로 보는
것이다. 그것은 마음과 경계를 잊지 못한 것으로서 곧 전도이기 때
문에 보살이라 명칭할 수가 없다.

何故一作是念 便不名菩薩耶 眞如性中 毫末不存 實無少法可得 名爲菩
薩 若擧心動念 卽乖法體 是故佛說一切法卽是佛法 無我無人無衆生無
壽者 第一義中 無菩薩 無凡夫 眞界平等 不宜自生分別故 達之則見有四
相 卽是衆生 順之則不見四相 卽是菩薩 畢竟無一法可得也

　　묻는다 : 그런 생각을 가지면 보살이라 명칭할 수 없다는 것은 무슨

---

268) 『金剛般若波羅蜜經破取著不壞假名論』 卷下, (大正藏25, p.894中)

까닭인가.

답한다 : 진여자성 가운데는 털끝만치도 분별이 남아있지 않다. 실
로 조그만 법도 얻은 것이 없어야 보살이라 명칭한다. 만
약 마음에 분별심이 일어나면 곧 법체로부터 어긋나고 만
다. 이런 까닭에 부처님은 일체법이 곧 불법으로서 아가
없고 인이 없으며 중생이 없고 수자가 없다고 말했다.

제일의 가운데는 보살도 없고 범부도 없다. 진여법계는
평등하여 결코 스스로 분별을 발생하지 않기 때문이다.
그러므로 거기에 어긋나면 사상이 있음을 보기 때문에 그
것은 곧 중생이다. 그러나 거기에 순응하면 사상을 보지
않기 때문에 그것은 곧 보살로서 필경에 어떤 법도 얻을
것이 없다.

若菩薩作是言 所修六度萬行 爲欲莊嚴佛土 不有淨因 安得淨果 是於色
等聚所成佛土染著因故 亦不名爲菩薩也 何故莊嚴亦不名爲菩薩耶 如
來所說莊嚴佛土者 第一義中 不見有能嚴所嚴 實義無生故 卽非莊嚴也
本旣無生 何爲復有是名 但依俗諦言說 故以是非莊嚴者 嚴與不嚴 等無
有二 是名眞莊嚴也

묻는다 : 만약 보살이 닦은 육도만행이 불국토를 장엄하기 위한 것
이라면 그것은 청정인이 아닌데 어찌 청정과를 얻겠는가.

답한다 : 그것은 색 등으로 성취된 불국토는 염착인이기 때문에 또
한 보살이라 말할 수가 없다.

묻는다 : 그러면 무슨 까닭에 장엄도 또한 보살이라 말할 수가 없는

것인가.

답한다 : 여래가 설한 불국토의 장엄이란 제일의 가운데서 능장엄
과 소장엄을 보지 않는 것이다. 그리고 實義로서 무생이기
때문에 곧 장엄이 아니다.

묻는다 : 본래부터 이미 무생인데 어째서 다시 그 명칭이 있는가.

답한다 : 그것은 단지 속제의 언설에만 의한 것이다. 때문에 곧 장
엄이 아니라는 것은 莊嚴과 不莊嚴이 평등하여 둘이 없는
데 그것을 진정한 장엄이라 말한다.

彌勒菩薩偈曰 不達眞法界 起度衆生意 及淸淨國土 生心卽是倒

미륵보살은 게송으로 다음과 같이 말했다.
"진여법계에 통달하지 못하고서
중생을 멸도시키고자 발심하고
불국정토를 청정하게 만드려고
마음을 내면 곧 전도가 된다네"[269]

夫上嚴佛土 是爲大智 下度衆生 是爲大悲 此皆菩薩分内事 一作於念 便
非菩薩 然則起何等心 方名爲菩薩耶 若有衆生及菩薩 通達無我法者 無
我法有二種 一是衆生所有法 一是菩薩所有法 若能自智信者 若世間智
若出世間智 信解一切法無性 一切法無性 不但離於人我 抑且離於法我

269)『金剛般若波羅蜜經論』卷中, (大正藏25, p.791下)

終日莊嚴而未嘗莊嚴 終日度生而未嘗度生 是眞無相 是眞無住 如來說
名眞是菩薩 重說菩薩 一是攝世諦菩薩 一是<攝+?>出世諦菩薩 眞可
授記作佛者也

묻는다 : 대저 위로 불국토를 장엄하는 것은 곧 대지이고, 아래로
중생을 제도하는 것은 곧 대비이다. 이것은 모두 보살의
본분사[分內事]로서 조금이라도 念을 일으키면 곧 그 사람은
보살이 아니다. 그런즉 어떤 마음을 일으켜야 바야흐로 보
살이라 명칭할 수 있겠는가.

답한다 : '만약 어떤 중생과 보살이 무아법에 통달한다.'는 것에서
무아법에는 두 가지가 있다. 첫째는 중생이 가지고 있는
법이고, 둘째는 보살이 가지고 있는 법이다. 만약 자기의
지혜로 믿을 수 있는 자라면 혹 세간지혜이거나 혹 출세간
지혜이거나 간에 일체법에 대하여 무생이 된다. 인아를 떠
날 뿐만 아니라 또한 법아까지도 떠나서 종일토록 불국토
를 장엄해도 일찍이 장엄한 적이 없고 종일토록 중생을 제
도해도 일찍이 제도한 덕이 없는데 이것이야말로 진정한
무상이고 진정한 무주이다.

　여래가 '진정한 보살이라 말할 수 있다.'고 말한 것에서
거듭 '보살 보살'이라고 설하였는데, 앞의 보살은 세제를
섭수한 보살을 가리키고, 뒤의 보살은 출세제를 섭수한
보살로서 진정으로 수기를 받아서 부처가 될 사람을 가
리킨다.

彌勒菩薩偈曰 生衆<衆生?>及菩薩 知諸法無我 非聖自智信 及聖以有智

　미륵보살은 게송으로 다음과 같이 말했다.
　"범부보살과 초지이상의 보살이
　제법무아임을 터득하는 이유는
　범부보살은 자체지혜로 믿지만
　지상보살은 지혜로써 터득한다"[270]

雖非菩薩 而自智能信 卽是菩薩 以有智慧故也

　비록 보살이 아닐지라도 스스로 믿을 줄 안다면 그것이야말로 곧
보살이다. 왜냐하면 지혜가 있기 때문이다.

黃蘗云 諸佛菩薩與一切蠢動含靈 同此大涅槃性 性卽是心 心卽是佛 佛
卽是法 一念離眞 皆爲妄想 不可以心更求於<于=>心 不可以佛更求於
佛 不可以法更求於法 故學道人直下無心 默契而已 擬心卽差 以心傳心
此爲正見 愼勿向外逐境 認境爲心 <是認賊爲子+?> 爲有貪瞋癡 卽立
戒定慧 本無煩惱 焉用<有?>菩提 故祖師云 佛說一切法 爲除一切心 我
無一切心 何用一切法 本源淸淨佛上 更不著一物 譬如虛空 雖無量珍寶
莊嚴 終不能住 佛性同虛空 雖<以+?>無量功德智慧莊嚴 終不能住 但
迷本性 轉不見耳 所謂心地法門 萬物皆依此心建立 遇境卽有 無境卽無

270) 『金剛般若波羅蜜經論』卷中, (大正藏25, p.791下)

不可於淨土〈性?〉上轉作境解 所言定慧 鑑用歷歷 寂寂惺惺 見聞覺知
並〈皆?〉是境上作解 暫爲中下根人說卽得 若欲親證 皆不可作如此見
解 盡是境法 有沒處 沒於有地 但於一切法不作有無見 卽見法也 黃檗直
從貼體法見上刮倂殆盡 眞所謂通達無我法者

[황벽이 말했다.

"제불보살과 일체의 생명은 모두 대열반의 성품이라는 점이 같다.
이 열반성품이 곧 마음이고 마음이 곧 부처이며 부처가 곧 법이다.
그래서 일념만이라도 진실을 떠나면 모두 망상이다. 그러므로 마음
으로써 다시 마음을 추구하지 말고, 부처로써 다시 부처를 추구하지
말며, 법으로써 다시 법을 추구하지 말라. 때문에 수도인이라면 곧
장 무심하여 묵묵히 계합할 따름이지 마음을 헤아리면 곧 어긋나버
린다.

마음으로써 마음에 전하는 그것이 정견이니, 삼가 밖을 향하여 경
계를 좇거나 경계를 마음으로 인식하지 말라. 이것은 도적을 오인하
여 자식을 삼는 것과 같다. 탐·진·치의 삼독이 있는 까닭에 계·
정·혜의 무루삼학을 내세운 것이지, 본래 번뇌가 없는데 어찌 보리
가 있겠는가.

그래서 조사가 말했다.

'부처님이 일체법을 설한 것은 일체심을 없애기 위함이다. 그런데
나에게 일체심이 없는데 어찌 일체법을 쓰겠는가.'

본래 근원이 청정한 부처이므로 다시는 일물도 집착하지 말라. 비
유하면 마치 허공과 같아서 비록 무량한 진보로 장엄할지라도 끝내
머무를 수가 없다. 불성은 허공과 같다. 비록 무량한 공덕의 지혜로
장엄할지라도 끝내 거기에 머무를 수가 없다. 다만 본성에 미혹하면

점점 보지 못할 뿐이다.

소위 심지법문이란 만법이 모두 이 마음에 의지하여 건립되어진 것이므로, 경계를 만나면 곧 유이지만 경계가 없으면 곧 무이다. 청정한 본성에다 분별경계의 이해를 내서는 안 된다. 소위 정·혜는 비추는 작용이 역력하고 적적하며, 성성하고 견·문·각·지로 작용하는 모두가 이 경계에서 견해를 내는 것이므로 짐짓 중하근기를 위하여 설한 것이다. 그러나 만약 친히 증득하고자 한다면 모두 이와 같은 견해를 내어서는 안 된다. 그것은 모두 경계이므로 有의 경지에 빠지는 것이다. 무릇 일체법에 유·무의 견해를 내지 않으면 곧 그것이 법을 보는 것이다."][271]

황벽이야말로 곧바로 몸에 익혀서 법견까지도 모두 갈아낸 까닭에 진실로 무아법에 통달한 사람임을 가리킨다.

十五斷諸佛不見諸法疑

此疑從上菩薩不見眾生可度 佛土可淨而來 若菩薩不見彼是眾生 不見我爲菩薩 斯則不見自他等相矣 若如是 諸佛不見諸法 都無智眼 爲有境可得耶 無境可得耶 此中說無境界 故經云

• 제십오단의 : 그렇다면 제불이 제법을 보지 못할 것이라는 의심을 단제한다.[272]

---

271) 『黃檗山斷際禪師傳心法要』, (大正藏48, p.381上-中)
272) 위에서 보살은 저 중생이 있다고 보지 않는다, 보살 자신이 있다고 보지 않는다, 청정

이 의심은 위에서 보살은 제도할 만한 중생을 보지 않으며 장엄할 만한 국토를 보지 않는다는 것으로부터 유래한 것이다. 만약 보살로서 저들이 중생이라고 간주하지 않고 자신이 보살이라고 간주하지 않는다면 그것이 곧 자·타 등의 상을 보지 않는 것이다.

　묻는다 : 만약 이와 같이 제불이 제법을 보지 않아서 전혀 지혜의 안목이 없다면 얻는 경계가 있는 것인가 아니면 얻는 경계가 없는 것인가.
　답한다 : 그 때문에 경전에서는 다음과 같이 말한다.

【경문41】

須菩提 於意云何 如來有肉眼不 如是 世尊 如來有肉眼 須菩提 於意云何 如來有天眼不 如是 世尊 如來有天眼 須菩提 於意云何 如來有慧眼不 如是 世尊 如來有慧眼 須菩提 於意云何 如來有法眼不 如是 世尊 如來有法眼 須菩提 於意云何 如來有佛眼不 如是 世尊 如來有佛眼

"수보리야 어떻게 생각하느냐. 여래에게 육안이 있느냐."
"그렇습니다, 세존이시여. 여래에게 육안이 있습니다."
"수보리야, 어떻게 생각하느냐. 여래에게 천안이 있느냐."
"그렇습니다. 세존이시여, 여래에게 천안이 있습니다."

불국토가 있다고 보지 않는다는 것을 말하였다. 만약 그렇다면 이것은 제법이 없기 때문에 보지 않는 것인가, 제법이 있음에도 불구하고 제불 자신이 보려고 하지 않는 것인가 하고 의심하는 것이다.

"수보리야, 어떻게 생각하느냐. 여래에게 혜안이 있느냐."
"그렇습니다. 세존이시여, 여래에게 혜안이 있습니다."
"수보리야, 어떻게 생각하느냐. 여래에게 법안이 있느냐."
"그렇습니다. 세존이시여, 여래에게 법안이 있습니다."
"수보리야, 어떻게 생각하느냐. 여래에게 불안이 있느냐."
"그렇습니다. 세존이시여, 여래에게 불안이 있습니다."

傅大士頌曰 天眼通非閡 肉眼閡非通 法眼唯觀俗 慧眼直緣空 佛眼如千
日 照異體還同 圓明法界內 無處不含容

부대사는 게송으로 다음과 같이 말했다.
"천안은 통하여 곧 막히지 않으며
 육안은 막혀서 곧 통하지 못하네
 법안은 세속제만 관찰할 수 있고
 혜안은 곧 연기의 공 반연한다네
 불안은 천 개의 태양이 비추듯이
 이체마저도 동일하게 비추어주네
 이에 원명한 법계의 범위 안에서
 함용하지 못할 것 아무것도 없네"[273]

<hr />

273) 『梁朝傅大士頌金剛經』, (大正藏85, p.6下)

日月殊光如來解曰 言肉眼者 照見胎卵濕化色身起滅因緣也 言天眼者
照見諸天宮殿雲雨明暗五星二曜旋伏因緣也 言慧眼者 照見眾生慧性淺
深上品下生輪迴託陰因緣也 言法眼者 照見法身徧充三界 無形無相 盡
虛空徧法界因緣也 言佛眼者 照見佛身世界無比 放光普照破諸黑暗 無
障無礙圓滿十方 尋光見體知有涅槃國土也 此五眼如來 其中若有上根
上智之人 能識此五種因緣 即名爲大乘菩薩也

[일월수광여래는 다음과 같이 해석하여 말했다.

"육안이라 말한 것은 태·난·습·화 등 색신의 기·멸을 비추어
보는 것이다.

천안이라 말한 것은 제천의 궁전·구름·비·밝음·어둠·오성
(수성·금성·화성·목성·토성)·해와 달이 나타나고 사라지는 인연을 비추
어보는 것이다.

혜안이라 말한 것은 중생이 지니고 있는 지혜성품의 얕고 깊음·
상품생과 하품생으로 윤회하면서 오음에 의탁하는 인연을 비추어보
는 것이다.

법안이라 말한 것은 법신이 삼계에 널리 충만하지만 형체가 없고
형상이 없으며, 허공에 가득하고 법계에 두루하는 인연을 비추어보
는 것이다.

불안이라 말한 것은 부처님 몸은 세계에서 비교할 대상이 없고, 빛
을 내어 모든 흑암을 널리 비추며, 걸림이 없고 막힘이 없이 시방에
원만하고, 광명을 비추어 본체를 보아 열반국토가 있음을 아는 것까
지 비추어보는 것이다.

이것이 곧 다섯 안목을 구비한 여래이다. 그 가운데서도 어떤 上
根·上智의 사람이 이 다섯 종류의 인연을 알아차리는데 그것을 곧

대승보살이라 말한다."]274)

【경문42】

須菩提 於意云何 如恒河中所有沙 佛說是沙不 如是 世尊 如來說是沙
須菩提 於意云何 如一恒河中所有沙 有如是沙等恒河 是諸恒河所有沙
數 佛世界如是 寧爲多不 甚多 世尊 佛告須菩提 爾所國土中 所有衆生
若干種心 如來悉知 何以故 如來說 諸心皆爲非心 是名爲心 所以者何
須菩提 過去心不可得 現在心不可得 未來心不可得

"수보리야, 어떻게 생각하느냐. 저 항하에 모래가 있는데 부처님
은 그 모래에 대하여 설했느냐."

"그렇습니다, 세존이시여. 여래께서는 그 모래에 대하여 설하셨습
니다."

"수보리야, 어떻게 생각하느냐. 한 항하의 모래가 있는데 그 수만
큼의 항하가 있다고 하자. 그 모든 항하의 모래수 만큼의 불세계가
있다면 얼마나 많겠느냐."

"대단히 많습니다, 세존이시여."

부처님께서 수보리에게 말씀하셨다.

"그 불국토에 있는 모든 중생의 많은 마음을 여래는 다 안다. 왜냐
하면 여래가 설한 모든 마음은 다 마음이 아닌데 그것을 일컬어 마
음이라 하기 때문이다. 수보리야, 과거심도 없고 현재심도 없으며
미래심도 없다."

---

274) 洪蓮, 『金剛經註解』 卷3, (卍續藏24, p.801上)

傳大士頌曰 依他一念起 俱爲妄所行 便分六十二 九百亂縱橫 過去滅無
滅 當來生不生 常能作此觀 眞妄坦然平

부대사는 게송으로 다음과 같이 했다.
"의타로써 일념만이라도 일어나면
모두 허망한 소행의 결과가 되네
그것들 육십이견으로 나뉘어졌고
구백 종류 어지러운 외도 되었네
과거심의 소멸 그리고 소멸 없음
미래생의 발생 그리고 발생 없음
언제나 이와 같이 관찰을 한다면
진실 및 허망이 모두 평탄해지네"[275]

通曰

前云以佛智慧悉知是人 悉見是人 所重在佛眼也 佛眼者 四皆殊勝 佛眼
之外 無別四眼 如來知見無二 故前說五眼 後說若干種心 如來悉知 以衆
生心皆眞心所現少分之法 如來證眞實心 豈有諸妄而不覩耶 故能通達
無我法者 正與如來眞心相應 所以能悉知悉見也

종통24

위에서 부처님이 지혜를 통해서 그 사람을 다 알고 그 사람을 다
본다고 말했는데 소중한 점은 곧 佛眼에 있다. 불안이란 앞의 육안·

275) 『梁朝傅大士頌金剛經』, (大正藏85, p.7上)

천안·혜안·법안의 네 가지 안목에 모두 뛰어나다. 그래서 불안을 벗어나서는 별도로 네 가지 안목이 없다. 여래의 지·견은 둘이 아니기 때문에 앞에서 먼저 오안을 설하였고, 뒤에서 나중에 若干種心을 설한다.

중생심의 경우도 모든 진심이 少分의 법으로 드러난 것인 줄 여래는 다 안다. 그런데 여래가 증득한 진실심에 어찌 諸妄이 있겠고 보지 못하는 것이 있겠는가. 그러므로 무아법에 통달하는 자는 바로 여래의 진심에 상응한다. 때문에 다 알고 다 볼 수가 있다.

刊定記曰 諸佛菩薩 遠離能所分別 不見一法可得 豈都無所見耶 然眞實 智眼 照了前境略有五種 一者肉團中有淨色根 見障内色 名爲肉眼 佛具 諸根故有肉眼 二者於肉眼邊 引淨天眼 見障外色 名爲天眼 三者以根本 智 洞析眞理 名爲慧眼 四者以後得智 說法度人 名爲法眼 前四在佛 逈 異二乘菩薩所得 總名佛眼 如來具足五眼 無所不矚 此約能見五眼以名 見淨 下約所知諸心以明智淨

묻는다 : 『간정기』의 말에 의하면 제불보살은 멀리 능·소의 분별을 떠나있어서 어떤 법도 얻을 있다고 보지 않는다. 어째서 전혀 볼 수가 없다고 하는가.

답한다 : 그러나 진실한 지혜의 안목으로 앞의 경계를 비추어보면 간략하게 다섯 가지가 있다.

첫째, 육단 가운데 있는 청정색근으로도 내색을 보는데 장애가 있어서 육안이라 말한다. 그런데 부처님은 제근을 구비하고 있기 때문에 육안이 있다.

둘째, 육안의 끝에서 끌어들인 청정한 천안은 외색을 보는데 장애가 있어서 천안이라 말한다.

셋째, 根本智로써 진리를 밝게 분석하는 것을 혜안이라 말한다.

넷째, 後得智로써 설법하여 중생을 제도하는 것을 법안이라 말한다.

위의 육안·천안·혜안·법안의 네 가지는 물론 부처에게는 있는데, 이승의 경지와는 아득히 멀리 있는 것으로 보살이 터득하는 것이기도 하다.

다섯째, 총체적으로 불안을 언급하는데, 이것은 여래가 구족한 五眼으로서 보지 못하는 것이 없다.

이상에서는 能見의 五眼에 의거한 것인데 이것을 見淨이라 말한다. 이하에서는 所知의 諸心에 의거하여 智淨을 설명하겠다.

彌勒菩薩偈曰 雖不見諸法 非無了境眼 諸佛五種實 以見彼顚倒

미륵보살은 게송으로 다음과 같이 말했다.
"일체 제법을 보지 않는다해서
경계 아는 눈 없는 건 아니네
제불의 오종안이 실유한 것은
경계의 전도를 보기 때문이네"[276]

276)『金剛般若波羅蜜經論』卷下, (大正藏25, p.792中)

欲明如來之智微妙能知 故約所知之境廣多以顯 於意云何 如恒河中所
有沙數 佛說是沙不 如是 世尊 如來說是沙 此約一箇恒河以數沙也 於意
云何 如一恒河中所有沙數 如是沙等恒河 此約一河中沙以數河也 是諸
恒河所有沙數 佛世界如是 寧爲多不 是約諸恒河中沙以數界也 佛告須
菩提 爾所國土中 所有衆生 若干種心 約爾所界中衆生心量若是其多也
若干種心 不出於染淨二種 而如來悉能知之者 則何以故 彼等諸心 取著
妄境 皆是六識顚倒 爲心流轉 種種差別 何故如來說名非心 由無持故 心
卽流散 以彼住於虛妄 不住於眞實 非心所住也

　여래는 지혜가 미묘하여 能知한다는 것을 설명하기 위한 까닭에
所知의 경계에 의거하여 널리 자세하게 드러낸다.
　"어떻게 생각하느냐. 저 항하에 있는 모든 모래의 수에 대하여 부
처님은 그 모래를 설했는가. 그렇습니다, 세존이시여. 여래는 그 모
래를 설하였습니다."는 이것은 하나의 항하에 의거하여 헤아린 모래
이다.
　"어떻게 생각하느냐. 한 항하에 있는 모든 모래 수가 있는데 그 모
래와 동등한 항하가 있다."는 이것은 한 항하의 모래에 의거하여 헤
아린 항하이다.
　"그 모든 항하에 있는 모래 수만큼의 불세계가 있다. 얼마나 많겠
느냐."는 이것은 모든 항하에 있는 모래의 수효에 의거하여 헤아린
세계이다.
　"부처님께서 수보리에게 말씀하셨다. 그 불국토에 있는 수많은 중
생의 많은 마음"의 이것은 그 세계에 깃들어 살고 있는 중생심량이
그와 똑같이 많다는 것에 의거한 것이다. 若干種心은 염·정의 두
가지를 벗어나지 않는데 여래는 그 모든 것을 能知하는 자이다. 왜

냐하면 그들 중생의 모든 마음은 허망한 경계에 집착하는데 그 모두는 곧 육식의 전도로서 心이 流轉하여 갖가지로 차별된 것이기 때문이다.

묻는다 : 무슨 까닭에 여래의 설법에서는 非心[277]이라고 말했는가.
답한다 : 유지됨이 없음을 말미암은 까닭이다. 마음은 곧 흘러가버리고 흩어져버린다. 그것은 허망에 주하는 것이지 진실에 주하는 것이 아니므로 마음은 주하는 바가 없다[非心所住].

彌勒菩薩偈曰 種種顚倒識 以離於實念 不住彼實智 是故說顚倒

미륵보살은 게송으로 다음과 같이 말했다.
"갖가지로 전도된 망식은
진실념을 벗어나 있으며
실혜에조차 주하지 않네
이에 전도라고 말한다네"[278]

若如是不住者 遠離彼四念處 旣無執持 隨緣常轉 卽是相續顚倒 名虛妄
性 所以說諸心爲顚倒識者 何謂也 以於過現未來求不得故 過去心已滅
故 未來心未生故 卽過去未來以驗現在 其現在虛妄分別 卽是徧計所執

---

277) 과거심도 없고 현재심도 없으며 미래심도 없다는 것을 가리킨다.
278) 『金剛般若波羅蜜經論』卷下, (大正藏25, p.792中)

自性非有 故此流轉之心 皆是妄識所緣 無有三世性故 故如來悉知悉見
說名非心 所貴佛眼者 不取其能知衆生之妄心 取其知妄心皆不可得也
妄心旣不可得 卽是眞心 眞心不滅 是名爲心 此之謂正知正見 豈彼肉眼
比智可及乎

만약 이와 같이 집착이 없는 사람은 저 사념처마저 멀리 떠나서 이미 지속적인 집착[執持]이 없다. 그러나 수연하면서 상전하면 이것은 곧 상속된 전도로서 허망한 성품이라 말한다.

묻는다 : 그렇다면 모든 마음을 전도식이라 설한 것은 무엇을 말한 것인가.

답한다 : 과거 · 현재 · 미래에서 마음을 추구해도 찾을 수가 없기 때문이다. 과거심은 이미 소멸되어버렸기 때문이고, 미래심은 아직 발생하지 않았기 때문이다. 이에 과거와 미래를 통하여 현재를 징험해보면 그 현재는 허망분별로서 곧 변계소집이므로 자성이 없다. 그러므로 이처럼 유전하는 마음은 모두 망식의 소연으로서 삼세의 자성이 없기 때문이다. 그래서 여래는 모두를 알고 모두를 보고서 非心이라 말한다고 설하였다.

佛眼을 귀중하게 간주하는 이유는 중생의 망심을 능지하는 것에 집착하지 않고 그 망심은 모두 없다고 아는 것을 취하기 때문이다. 이미 망심이 없으면 곧 그것은 진심이다. 진심은 소멸되지 않는데 그것을 心이라 말한다. 이것을 곧 正知 · 正見이라 일컫는다. 그런데 어찌 저 육안을 가지고 이 불안에 비교할 수나 있겠는가.

昔有西天大耳三藏到京 云得他心通 肅宗命忠國師試驗 三藏纔見師 便
禮拜立於右邊 師問曰 汝得他心通耶 對曰 不敢 師曰 汝道老僧即今在甚
麼處 曰 和尚是一國之師 何得去西川看競渡 良久再問 汝道老僧即今在
甚麼處 曰 和尚是一國之師 何得却在天津橋上看弄猢猻 師良久復問 汝
道老僧只今在甚麼處 藏罔測 師叱云 這野狐精 他心通在甚麼處 藏無對
後僧問仰山曰 大耳三藏第三度爲甚麼不見國師 仰曰 前兩度是涉境心
後入自受用三昧 所以不見 又有僧問玄沙 沙曰 汝道前兩度還見麼 玄覺
云 前兩度見 後來爲甚麼不見 且道利害在甚麼處 又僧問趙州 大耳三藏
第三度不見國師 未審國師在甚麼處 州云 在三藏鼻孔上 後僧問玄沙 旣
在鼻孔上 爲甚麼不見 沙云 只爲太近 天童拈云 三藏不見國師則且置
你道國師自知下落處麼 若謂自知 則百鳥銜華 諸天供養 未有休日 且道
正當恁麼時 落在什麼處

[옛날에 서천의 대이삼장이 장안에 도착하였는데 자신은 타심통을
얻었다고 말하였다. 숙종황제가 남양혜충 국사에게 명하여 그것을
시험해보라고 하였다. 대이삼장은 국사를 보자마자 곧 예배를 드리
고는 우측에 서 있었다.

국사가 질문을 하였다.

"그대는 타심통을 얻었는가."

대이삼장이 말했다.

"부끄러운 말씀이지만 그렇습니다."

국사가 물었다.

"그대는 말해 보라. 내가 지금 어디에 있는가."

대이삼장이 말했다.

"화상께서는 일국의 국사이면서 어찌 西川까지 가서 뱃놀이 경우

[競渡]를 구경하는 것입니까."

국사가 양구하고는 다시 물었다.

"그대는 말해 보라. 내가 지금 어디에 있는가."

대이삼장이 말했다.

"화상께서는 일국의 국사이면서 어찌 天津橋 위에서 원숭이 쇼[弄猢猻]를 구경하는 것입니까."

국사가 양구하고는 다시 물었다.

"그대는 말해 보라. 내가 지금 어디에 있는가."

그러자 대이삼장은 어찌할 줄 모르고 쩔쩔맸다.

그러자 국사가 꾸짖어 말했다.

"저 들여우 같은 놈아, 타심통이 어디에 있다는 것이냐."

대이삼장이 아무런 대꾸도 하지 못했다.][279]

[훗날 어떤 승이 앙산혜적에게 물었다.

"대이삼장은 세 번째 질문에 대하여 어째서 국사를 보지 못한 것입니까."

앙산혜적이 말했다.

"앞의 두 질문에 대해서는 곧 국사가 경계에 의지하는 마음이었지만, 세 번째 질문에 대해서는 국사의 마음이 자수용삼매에 들어가 있었기 때문에 보지 못한 것이다."

또 어떤 승이 현사사비에게 물었을 때, 현사사비는 다음과 같이 말했다.

"그대는 말해 보라. 앞의 두 질문에 대해서도 삼장이 국사의 마음

---

279) 『林泉老人評唱投子靑和尙頌古空谷集』 卷1, (卍續藏67, pp.277下-278上)

을 보았던가."

이에 대하여 영가현각은 다음과 같이 말했다.

"앞의 두 질문에 대해서는 보았지만 세 번째 질문에 대해서는 어째서 국사의 마음을 보지 못했을까. 자, 말해 보라. 그 利·害가 어디에 있는가."

또 어떤 승이 조주종심에게 물었다.

"대이삼장이 세 번째 질문에 대해서는 국사의 마음을 보지 못하였습니다. 그렇다면 국사의 마음은 도대체 어디에 있었던 것입니까."

조주종심이 말했다.

"삼장의 콧구멍 속에 있었기 때문이다."

후에 어떤 승이 현사사비에게 물었다.

"이미 콧구멍 속에 있었다면 어째서 보지 못했던 것입니까."

현사사비가 말했다.

"너무나 가까운 것에 있었기 때문이다.]²⁸⁰⁾

[천동정각이 염하여 말했다.

"삼장이 국사의 마음을 보지 못한 것은 그만 집어치우겠다. 그러면 그대가 말해 보라. 국사는 마음의 낙처를 스스로 알고 있었던가. 만약 스스로 알고 있었다면 곧 온갖 새들이 꽃을 물어다가 하루도 빠짐없이 제천에게 공양을 할 것이다.

자, 말해 보라. 바로 이러한 경우에 국사의 마음은 어디에 있었던가."]²⁸¹⁾

280) 『景德傳燈錄』 卷5, (大正藏51, p.244上)
281) 『宏智禪師廣錄』 卷3, (大正藏48, p.31上)

昔德山至澧陽 路上見一婆子賣餅 因息肩買餅點心 婆指擔曰 這箇是甚
麼文字 山曰 青龍疏鈔 婆曰 講何經 山曰 金剛經 婆曰 我有一問 你若答
得 施與點心 若答不得 且別處去 金剛經道 過去心不可得 現在心不可得
未來心不可得 未審上座點那箇心 山無語 遂往龍潭 發明己事 將疏鈔堆
法堂前 擧火炬曰 窮諸玄辨 若一毫置於太虛 竭世樞機 似一滴投於巨壑
遂焚之 故了知不可得心 若忠國師德山者 可謂具佛眼矣

　[덕산선감이 풍양에 이르렀다. 그때 길가에서 떡을 파는 한 노파
를 보았다. 어깨에 짊어진 짐도 내려놓을 겸 해서 점심으로 떡을 사
먹으려고 하였다.
　그런데 노파가 지고 있는 짐을 가리키며 물었다.
　"그것이 무슨 책입니까."
　덕산선감이 말했다.
　"청룡소초[282]입니다."
　노파가 말했다.
　"어떤 경전을 강의하셨습니까."
　덕산선감이 말했다.
　"금강경을 강의했습니다."
　노파가 말했다.
　"저한테 질문이 하나 있는데, 스님이 답변해주신다면 답례로 점심
을 드리겠습니다. 그러나 답변해주시지 못한다면 다른 곳으로 가보
셔야 할 것입니다. 금강경에서는 과거심도 없고 현재심도 없으며 미

---

282) 『靑龍疏鈔』는 당나라 현종의 명을 받아서 靑龍寺의 道氤이 지은 것으로 『御注金剛般
　　若波羅蜜經宣演』 6권, (大正藏85권 수록, 부분 결락된 파본)을 가리킨다.

래심도 없다고 말합니다. 그런데 스님께서는 어느 마음에 점을 찍을 것입니까.”

덕산선감이 아무런 말도 하지 못했다.][283]

[덕산선감은 마침내 용담숭신이 주석하는 용담으로 가서 깨침[己事]을 발명하였다. 이에 소초를 법당 앞에 쌓아놓고서 불을 치켜들고 말했다. 모든 현묘한 도리를 변별한다 해도 그것은 마치 태허에다 터럭 하나를 던져두는 것과 같고, 세간의 핵심을 다 터득해도 그것은 마치 물 한 방울을 계곡에 떨어뜨리는 것과 같을 뿐이다. 그리고는 그것을 불살라버렸다.][284]

때문에 이것은 덕산선감은 삼세심이 불가득한 것임을 제대로 이해한 것이었다. 그러므로 남악혜충 국사 및 덕산선감과 같은 사람들은 佛眼을 갖추었다고 말할 수 있을 것이다.

十六斷福德例心顚倒疑

此疑從上心住顚倒而來　如來悉知衆生若干種心　又悉知成就無量福德
心旣流轉 是虛妄性 所有福聚 亦並成虛 此旣是妄 卽同顚倒 何名善法
然則修行諸善法 不落於空乎 爲遣此疑 故經云

• 제십육단의 : 복덕의 예를 들어서 그것은 마음이 전도된 것이 아

283) 『林泉老人評唱投子靑和尙頌古空谷集』 卷5, (卍續藏67, pp.310下-311上)
284) 『碧巖錄』 卷1, (大正藏48, p.143中-下) 참조.

닌가 하는 의심을 단제한다.

이 의심은 제십오단의에서 제시된 것으로 마음이 전도에 주하는 것이 아닌가 하는 것으로부터 유래한 것이다.[285]

묻는다 : 여래는 중생의 若干種心을 다 알고 있다. 또한 무량한 복덕의 성취를 다 알고 있다. 그러나 이미 마음 유전하면 그것은 허망한 성품으로서 모든 복취도 또한 허망이 되고 만다. 그것이 이미 허망이라면 곧 전도와 동일하다. 그런데 어찌 선법이라 말하겠는가. 그런즉 모든 善法을 수행한다고 해도 허망한 공에 떨어지는 것이 아닌가.

답한다 : 바로 그와 같은 의심을 없애주기 위하여 경전에서는 다음과 같이 말한다.

【경문43】

須菩提 於意云何 若有人滿三千大千世界七寶以用布施 是人以是因緣 得福多不 如是 世尊 此人以是因緣 得福甚多 須菩提 若福德有實 如來 不說得福德多 以福德無故 如來說得福德多

---

285) 住心의 전도라면 복덕도 전도일 것이다. 그러면 무엇을 善法이라 하는가에 대한 의심을 단제한다. 다시 말하면 위에서 부처님은 중생심이 모두 전도라는 것을 알기 때문에 그 전도심으로 하는 보시 등의 모든 행위도 다 전도라고 말하였다. 만약 그렇다면 응당 佛因이 없었을 것이고, 佛因이 없다면 佛果도 없을 것이 아닌가. 바로 이와 같은 의심을 해석해주기 위하여 무소득심의 보시 등이 佛因이라고 설명하였다. 이미 佛因이 있을 것 같으면 佛果도 있을 것이다.

"수보리야, 어떻게 생각하느냐. 만약 어떤 사람이 삼천대천세계에 칠보를 가득 채워서 보시한다면 그 사람은 이 인연으로 얻는 복덕이 많겠느냐."

"그렇습니다, 세존이시여. 그 사람은 이 인연으로 얻는 복덕이 대단히 많습니다."

"수보리야, 만약 복덕이 실로 있다면 여래는 얻는 복덕이 많다고 설하지 않는다. 복덕이 없기 때문에 여래는 얻는 복덕이 많다고 설한다."

自在力王如來解曰 此雖如是布施 只是有礙之寶 不是無爲淸淨功德 是故如來不說多也 若有菩薩 以盧舍那身中七覺<寶?>菩提 持齋禮讚 從其心燈 化生功德 不生不滅 堅如金剛 乘香華雲 入無邊界 起光明臺 供養十方一切諸佛 此是無爲功德見性之施 化爲菩薩 頌曰 廣將七寶持爲施 如來不說福田多 若用心燈充供養 威光徧照滿娑婆

[자재력왕여래는 다음과 같이 해석하여 말했다.

"비록 그와 같이 보시할지라도 그것은 단지 장애가 있는 보배일 뿐이지 무위의 청정공덕은 아니다. 이런 까닭에 여래는 많다고 설하지 않았다.

만약 어떤 보살이 노사나의 몸 가운데 있는 칠보보리로써 공경스럽게 예찬하고, 그 마음의 등불로부터 만들어 낸 공덕이 불생·불멸하고 금강과 같이 견고하며, 향화의 구름을 타고 무변법계에 들어가서 광명대를 일으켜서 시방의 일체제불에게 공양을 한다면 그것이야말로 무위공덕으로서 견성하는 공덕이다."

그리고 자재력왕여래는 보살로 화현하여 게송으로 다음과 같이 말했다.

"가령 널리 칠보를 가지고 보시한다 해도
여래는 그 복전이 많다고는 설하지 않네
만약 마음의 등불을 가지고 공양을 하면
그 위광은 온 사바세계를 널리 비춘다네"][286]

📰 通曰

前須菩提說 是福德卽非福德性 是故如來說福德多 以福德性不墮諸數
故非多寡可論 說福德多者 但指世福言也 須菩提以眞諦較俗諦 故以世
福之多不如其無 世尊則以眞諦卽俗諦 惟以福德之無故言其多 且福德有
性 卽是福德有實 今幷其性而無之 不住於眞 不住於俗 正以顯中道諦也

📰 종통25

저 앞의 제삼단의 '수보리가 말했다. 그 복덕은 복덕의 성품이 아니기 때문에 여래께서는 복덕이 많다고 설하셨습니다.'는 대목에서 그 복덕의 성품은 諸數에 떨어지지 않는 것이었다. 때문에 많다든다 적다든가 하는 것으로 논할 수가 없다. '복덕이 많다'고 설한 것은 무릇 세간의 복덕을 가리켜 한 말이다.

수보리는 진제를 가지고 속제와 비교하였다. 때문에 세간의 복덕으로 많다는 것은 그것이 없음만 못하였다. 그러나 세존은 곧 진제를 가지고 속제에 卽하였다. 생각해보면 복덕이 없는 까닭에 그것을

286) 洪蓮, 『金剛經註解』 卷4, (卍續藏24, p.801上)

많다고 말한 것이다.

　또한 복덕에 성품이 있다는 것은 그것이 곧 복덕에 실이 있다는 것이다. 그런데 지금 그 성품까지도 아울러 없다고 말하였는데 그것은 眞에도 집착이 없고 俗에도 집착이 없는 것으로서 바로 중도제를 드러낸 것이다.

刊定記曰 流轉之心 可是於妄 所言福聚 體不是虛 如以布施爲因 以七寶爲緣 施徧於大千世界 則福亦徧於大千世界 豈不甚多 然無正覺智慧所持 成有漏因 得福雖多 有福德實性可得 如來不謂之多也 以住相布施 是其顚倒故 若不住相而行布施 由是正覺智慧所持 成無漏因 雖無福德可得 以無福德實性 故其多不可量也 是故如來說得福德多 以第一義中 本無取蘊 故無有實 以依俗諦 但有言說 故言其多 是卽智之所持 非顚倒也 前衆生心住於相 是名顚倒 以其違於本來空寂之體故 此布施不住於相 非是顚倒 以其順於本來空寂之體故

　『간정기』에서 말한 流轉하는 마음은 곧 허망이지만 복취라는 말의 체는 허망이 아니다. 마치 보시하는 것은 인이 되고 칠보는 연이 되는 것과 같다. 그래서 널리 삼천대천세계에 보시하면 곧 복덕도 또한 널리 삼천대천세계에 편재한다. 그러니 어찌 대단히 많지 않겠는가.

　정각의 지혜를 소지하지 못한다면 유류인이 되기 때문에 그것으로 얻는 복덕이 비록 많을 뿐만 아미라 또한 복덕의 실성까지 얻는다 할지라도 여래는 그것에 대하여 복덕이 많다고 말하지 않는다. 그것은 상에 집착한 보시로서 곧 전도이기 때문이다.

그러나 만약 상이 집착이 없이 보시를 실천한다면 그것은 정각의 지혜를 소지하는 것을 말미암은 까닭에 무루인이 되기 때문에 비록 얻는 복덕이 없을 뿐만 아미라 또한 복덕의 실성이 없을지라도 복덕이 헤아릴 수 없을 정도로 많다. 이런 까닭에 여래는 얻는 복덕이 많다고 설한다. 제일의 가운데에는 본래 取蘊이 없는 까닭에 실이 없지만, 속제에 의거하는 까닭에 무릇 언설이 있을 뿐이다. 그래서 복덕이 많다고 말한 것이다. 이것은 곧 지혜를 소지한 것으로서 전도가 아니다.

　　앞에서 중생심은 상에 집착하는 까닭에 전도라고 말했는데, 그 이유는 본래공적한 체에 어긋나기 때문이다. 그러나 이 경우 상에 집착이 없이 보시하는 것은 전도가 아닌데, 그 이유는 본래공적의 체에 따르기 때문이다.

彌勒菩薩偈曰 佛智慧根本 非顚倒功德 以是福德相 故重說譬喩

　　미륵보살은 게송으로 다음과 같이 말했다.
　　"불의 지혜가 근본이라면
　　전도된 공덕이 아니라네
　　이러한 복덕의 상이므로
　　거듭하여 비유를 설하네"[287]

287) 『金剛般若波羅蜜經論』卷下, (大正藏25, p.792下)

如是五眼所見 都無所得 是佛境界 以是應知離相淨因 無境可得 故通達
無我法者 無知而無乎不知 無見而無乎不見也

이와 같이 오안으로 보는 것이 모두 무소득이면 그것은 곧 불경계
이다. 이로써 상을 떠난 청정인은 얻을 경계가 없는 줄을 반드시 알
아야 한다. 때문에 무아법에 통달한 사람은 知가 없다고 말할지라도
알지 못하는 것이 없고, 見이 없다고 말할지라도 보지 못하는 것이
없다.

德山上堂 若也於己無事 則勿妄求 妄求而得 亦非得也 汝但於事無心 無
心於事 則虛而靈 空而妙 若毛端許 言之本末者 皆爲自欺 何故 毫釐繫
念 三塗業因 瞥爾情生 萬劫羈鎖 聖名凡號 盡是虛聲 殊相劣形 皆爲幻
色 汝欲求之 得無累乎 及其厭之 又成大患 終而無益 德山故熟於金剛之
旨 不覺縷縷而出 如上名言 一一得無惑去 方可名般若智也

[덕산선감이 상당법문을 하였다.
"만약 자기에게 번뇌를 두지 않으려면 곧 잘못 추구해서는 안된다.
잘못 추구하여 얻은 것은 또한 眞得이 아니다. 그대는 무릇 번뇌에
무심하기만 하면 된다. 번뇌에 무심하면 곧 텅 비었지만 신령스럽고
空이지만 妙하다.
그러나 만약 털끝만치라도 무심하지 못하면 언설의 처음부터 끝까
지 모두가 자신을 속이는 것이다. 왜냐하면 털끝만큼이라도 분별념
에 얽매이면 삼도의 업인이 되고, 잠깐만이라도 분별정이 발생하면
만겁의 굴레가 되기 때문이다.

성인이라는 명칭과 범부라는 이름은 모두 허망한 소리이고, 뛰어난 相과 하열한 形은 모두 허깨비의 색이다. 만약 그대가 그런 것을 추구한다면 얻어도 쌓이는 것이 없고, 그것을 멀리해도 또한 大患만 성취된다. 그러니 끝내 아무런 이익도 되지 않는다."][288)

덕산선감은 일찍부터『금강경』의 종지에 익숙하였기 때문에 특별히 의식하지 않고도 그것이 무심결에 누누이 묻어나온다. 위에서 해온 명칭과 언설[名·言]은 낱낱이 번뇌가 없음을 얻은 까닭에 바야흐로 반야지라 말할 수가 있다.

金剛般若波羅蜜經宗通 卷五
금강반야바라밀경종통 제오권

---

288)『五燈會元』卷7, (卍續藏80, p.142下)

十七斷無爲何有相好疑

此疑從前如來者卽諸法如義而來 如義者 如如不動義也 卽是無爲法 旣
言無爲法身是佛 何以成就相好亦名爲佛 此約法身疑色身也 故經云

• 제십칠단의 : 無爲라면 어찌하여 상호가 있는가 하는 의심을 단
  제한다.

이 의심은 위의 제삼단의 가운데 여래는 곧 제법이 여여하다는 대
목에서 유래한 것이다.[289] 如義란 여여부동하다는 뜻이다.

묻는다 : 곧 이 무위법과 관련하여 이미 무위법신을 불이라고 말했
  는데 어째서 상호의 성취도 또한 불이라 말하는 것인가.

---

[289] 곧 제불은 무위법을 가지고 이름을 얻는 것이라면 무엇 때문에 제불은 삼십이상과 팔
십종호가 있어 佛이라 말하는가에 대한 의심을 단제한다. 위에서는 제불께서 증득한
법은 곧 무위법이라 설하였다. 그런데 어째서 佛身에 있는 팔십종호와 삼십이상을 통
해서 제불을 볼 수가 있겠는가 하는 것이다. 선현은 이미 여래의 법신은 본디 색상으
로 볼 수 있는 것도 아니지만 일찍이 색상을 떠나서 볼 수 있는 것도 아님을 알고 있
다. 때문에 '색신을 구족한다는 것은 곧 색신을 구족한 것이 아니다. 여러 가지 상을
구족한 것이 아닌 것을 여러 가지 상을 구족하는 것이라 말한다.'고 말한다. 진실로
모든 법신은 無爲의 體이므로 응신으로 상호의 작용을 일으키는 것이다. 이런 까닭에
응신이 곧 법신이므로 無相이면서 相이고 相이면서 無相이며 無見이면서 見이고
見이면서 無見이다.

답한다 : 이것은 법신에 의거하여 색신에 대하여 의심한 것이다. 때문에 경전에서는 다음과 같이 말한다.

【경문44】

須菩提 於意云何 佛可以具足色身見不 不也 世尊 如來不應以具足色身見 何以故 如來說具足色身 即非具足色身 是名具足色身 須菩提 於意云何 如來可以具足諸相見不 不也 世尊 如來不應以具足諸相見 何以故 如來說諸相具足 即非具足 是名諸相具足

"수보리야, 어떻게 생각하느냐. 부처님을 색신의 구족을 통해서 볼 수가 있느냐."

"아닙니다, 세존이시여. 진실로 색신의 구족을 통해서 여래를 볼 수는 없습니다. 왜냐하면 여래께서 설하신 색신의 구족은 곧 색신의 구족이 아닌데 그것을 색신의 구족이라 말하기 때문입니다."

"수보리야, 어떻게 생각하느냐. 여래를 제상의 구족을 통해서 볼 수가 있느냐."[290]

"아닙니다, 세존이시여. 진실로 제상의 구족을 통해서 여래를 볼 수는 없습니다. 왜냐하면 여래께서 설한 제상의 구족은 제상의 구족이 아닌데 그것을 제상의 구족이라 말하기 때문입니다."

---

290) 여기에서 부처님이 질문한 본래 뜻은 다음과 같다. '부처님은 중생의 근기를 따라 설법하기 때문에 거기에 응하여 報·化·隨好 등의 색신이 있다. 진리와 법에 나타나 있는 그와 같은 色性은 무차별의 상호이다. 그러나 지금 여기에서 제기한 질문은 법신을 차별의 形好로써 볼 수 있겠는가 하는 것이다.'

傳大士頌曰 八十隨形好 相分三十二 應物萬般形 理中非一異 人 法兩
俱遣 色 心齊一棄 所以證菩提 實由諸相離

부대사는 게송으로 다음과 같이 말했다.

"부처님 몸의 여든 가지 수형호와

서른 두 가지의 신체적인 특징은

만물에 응하여 온갖 형상 되어도

도리 가운데는 같고 다름이 없네

인아와 법아의 둘을 모두 없애고

형색과 마음을 일제히 다 버려야

곧 보리를 깨치는 이유가 되는데

실로 모든 형상 떠났기 때문이네"[291]

通曰

傳大士本彌勒化身 應此方機 頌出金剛般若甚深義 實此經之鎬鑰也 諸
相非相之旨 言之不啻再三 豈至重出而無意味 緣須菩提已得人空 故知
三十二相卽是非相 明得法身邊事 至此又空其法 故知非相是名爲相 明
得法身向上事 所謂人法兩俱遣也 明得非相 已棄色矣 明得非非相 又棄
心矣 所謂色心齊一棄也 人法俱空 色心齊棄 所以證於菩提 非空非色 非
一非異 說法身非是色身 而色身未嘗不是法身 法身固不可以相見 而亦
不可以離相見 相而無相 無相而相 其斯爲至妙至妙者乎

---

291) 『梁朝傳大士頌金剛經』, (大正藏85, p.7上)

🔖 종통26

부대사는 본래 미륵의 화신이다. 이 나라의 사람들에 부응하여
『금강반야경』의 심심한 뜻을 게송으로 읊었는데 실로 이 경전의 비
밀열쇠[鐍鑰]이다. 모든 형상은 진상이 아니라[非相]는 뜻은 그것을 말
한 것이 두세 번 뿐만이 아니었다. 어찌 거듭 언급한 것이 무의미한
것이었겠는가.

수보리는 이미 인공을 터득한 연유로 삼십이상이 곧 진상이 아닌
[非相] 줄 알고서 법신의 주변사를 해명하였다. 이에 이 대목에 이르
러 다시 그 법마저 공한 까닭에 진상이 아닌[非相] 것을 곧 상이라고
말한다는 것을 알고서 법신의 향상사를 해명하였다. 소위 인아와 법
아의 둘을 모두 없앤 것이다. 이에 비상의 터득을 해명하고는 이미
色을 초월하였고, 비비상의 터득을 해명하고는 또한 心을 초월하였
다. 소위 색과 심을 다 함께 초월한 것이다. 이에 인아와 법아가 모
두 공하고, 색과 심을 모두 초월하였다.

때문에 보리는 空도 아니고 色도 아니며 一도 아니고 異도 아닌 줄
을 증득하여 법신은 곧 색신이 아니지만 색신은 미상불 법신임을 설
하였다. 법신은 본래 형상을 통해서 볼 수가 없고, 또한 형상을 떠나
서 볼 수도 없다. 곧 형상이지만 형상이 없고, 형상이 없지만 형상이
므로 그 법신은 지극히 미묘하고 지극히 미묘하다.

功德施論曰 法身畢竟非色身 如三十二相 八十種好 皆色身也 法身畢竟
非法相 如具足八萬四千相好 具足十身靈相 皆法相也

때문에 공덕시보살의 『논』에서는 '법신은 필경에 색신이 아니다.

삼십이상과 팔십종호는 모두 색신이다. 법신은 필경에 법상이 아니다. 저 팔만사천의 상·호를 구족하고 십신의 신령스러운 형상을 구족한 것은 모두 법상이다.'고 말하였다.

彌勒菩薩偈曰 法身畢竟體 非彼相好身 以非相成就 非彼法身故

　미륵보살은 게송으로 다음과 같이 말했다.
　"법신이란 필경의 본체이기 때문에
　저 상호를 통해 성취된 몸 아니다
　상호를 통해 성취되지 않았으므로
　응신과 보신과는 다른 법신이라네"[292]

所以經云 不應以具足色身見 不應以具足諸相見也 然此相好二種 亦非
不佛 此二不離法身故 如金畢竟非師子 亦非無金 以師子不離於金故

　때문에 경전에서는 '색신의 구족을 통해서는 볼 수가 없다. 제상의 구족을 통해서는 볼 수가 없다.'고 말한다. 그러나 상·호의 두 가지는 또한 부처 아님이 없다. 왜냐하면 이 두 가지는 법신을 떠나 있는 것이 아니기 때문이다.
　마치 금은 필경에 사자가 아니지만 또한 금이 없는 것도 아닌 것과

---

292) 『金剛般若波羅蜜經論』 卷下, (大正藏25, p.793上)

같다. 사자는 금을 떠나있지 않기 때문이다.[293]

彌勒菩薩偈曰 不離於法身 彼二非不佛 故重說成就 亦無二及有

　미륵보살은 게송으로 다음과 같이 말했다.
　"법신을 벗어나 있지 않은 까닭에
　저 응신 및 보신 불 아님이 없다
　색신 및 제상을 거듭 설명하지만
　응신 및 보신 없음이 법신이라네"[294]

所以經云 是名具足色身 是名諸相具足也 依第一義不應以色相見於法
身 故說非身 依世俗言說 卽於色相而見法身 故說具足 亦得言無 亦得言
有 故曰亦無二及有也 無而不無 是謂眞無 有而不有 是謂妙有 非具甚深
般若智 固難了此

　때문에 경전에서는 '이것을 구족색신이라 말한다. 이것을 제상구
족이라 말한다.'고 말한다. 제일의에 의하면 결코 색상을 통해서 법
신을 볼 수가 없기 때문에 非身이라 설한다. 그러나 세속의 언설에
의하면 곧 색상을 통해서 법신을 보기 때문에 具足이라 설하고, 또

한 무라고도 말하며, 또한 유라고도 말한다.

그러므로 게송에서 '응신 및 보신 없음이 법신이라네'라고 말했다. 무이지만 무가 아닌 그것을 진무라 말하고, 유이지만 유가 아닌 그것을 묘유라 말한다. 심심한 반야지혜를 갖추지 않고서는 진실로 이것을 이해하기가 어렵다.

黃檗云 十方諸佛 實無少法可得 名爲阿耨菩提 祇是一心 實無異相 亦無光彩 亦無勝負 無勝故無佛相 無負故無衆生相

[황벽이 말했다.

"시방의 제불은 실로 어떤 조금의 법도 얻은 것이 없는데, 그것을 이뇩다라삼먁삼보리라 말한다. 다만 저 일심이야말로 실로 다름이 없는 형상[無異相]이고, 또한 광채도 없으며, 또한 승·부도 없다. 勝이 없는 까닭에 佛相이 없고, 負가 없는 까닭에 衆生相이 없다."][295)]

僧云 心旣無相 豈得全無三十二相八十種好 化度衆生耶 檗云 三十二相屬相 凡所有相 皆是虛妄 八十種好屬色 若以色見我 是人行邪道 不能見如來 黃檗此語 單明非句 令人直下見性

[한 승이 물었다.

"마음에 이미 형상이 없는데 어찌 전무한 삼십이상과 팔십종호를

295) 『黃檗斷際禪師宛陵錄』, (大正藏48, p.384下)

얻어서 중생을 교화한단 말입니까."

황벽이 말했다.

"삼십이상은 형상에 속한다. 무릇 모든 형상은 다 허망하다. 팔십
종호는 색에 속한다. 만약 색을 통해서 나를 보려 한다면 그 사람은
잘못된 길을 가는 것이므로 끝내 여래를 보지 못한다."]²⁹⁶⁾

황벽의 이 말은 非句를 단적으로 설명한 것으로 사람들로 하여금
곧장 견성토록 해준 것이다.

僧問洞山 如何是佛 山云 麻三斤 雪竇頌云 金烏急 玉兎速 善應何曾有
輕觸 展事投機見洞山 跛鼈盲龜入空谷 華簇簇 錦簇簇 南地竹兮北地木
因思長慶陸大夫 解道合笑不合哭 咦 僧問智門 洞山道麻三斤 意旨如何
智門云 華簇簇 錦簇簇 會麼 僧云 不會 智門云 南地竹兮北地木 僧回擧
似洞山 山云 我不爲汝說 我爲大衆說 遂上堂云 言無展事 語不投機 承
言者喪 滯句者迷

[한 승이 동산양개에게 물었다.

"부처란 무엇입니까."

동산이 말했다.

"삼이 서 근이다."

설두중현이 게송으로 말했다.

"금까마귀는 서둘러서 날아가고

---

296)『黃檗斷際禪師宛陵錄』(大正藏48, p.384下)

350

옥토끼는 재빨리 달아나버렸네
승의 질문에 썩 훌륭히 응하여
결코 경솔히 답변을 하지 않네
展事投機로 동산을 이해한다면
절름발이 자라 눈 먼 거북이가
빈 골짜기로 들어간 것 같다네
꽃 무더기 및 비단 무더기이고
남방은 대나무 또 북방은 나무
장경혜휘와 육긍대부 떠올리면
웃어야지 결코 울지 말라고 한
그 말씀을 이해할 수 있었다네
아이쿠 !"

한 승이 지문광조에게 물었다.

"동산양개 화상이 말씀하신 삼이 서 근이라는 것은 무슨 뜻입니까."

지문광조가 말했다.

"꽃은 한 무더기로 수북하게 피어 있고 비단이 한 무더기로 많이 쌓여 있다. 이 도리를 그대는 알겠는가."

승이 말했다.

"모르겠습니다."

지문광조가 말했다.

"남방에는 대나무가 무성하고 북방에는 나무가 무성하다."

그 승이 돌아와서 동산양개에게 그 문답을 말씀드리자 동산양개가 말했다.

"나는 그대 한 사람을 위해서만 말해주고 싶지는 않다. 대신 나는 모든 대중에게 말해주겠다."

그리고는 마침내 상당하여 말했다.

"언설을 가지고는 펼쳐진 현상을 제대로 표현할[展事] 수가 없고, 언설을 가지고는 모든 사람에게 제대로 계합시킬[投機] 수가 없다. 언설의 그림자를 따르는 자는 죽게 되고, 구절의 흔적에 얽매이는 자는 미혹하게 된다."[297]

又陸亘大夫久參南泉 泉遷化 亘<聞喪+?>入寺下祭 却呵呵大笑 院主云 先師與大夫有師資之義 何不哭 大夫云 道得卽哭 院主無語 亘大哭云 蒼天蒼天 先師去世遠矣 後來長慶聞云 大夫合笑不令哭 雪竇牽合成此一頌 後下一咦字 却與洞山相見 於此明得 方知所謂麻三斤云者 是相 是非相 是可見佛 是不可見佛 當別具一隻眼

[또한 육긍대부는 오랫동안 남전보원에게 참문하였다. 남전보원화상이 천화하자 육긍대부가 부고를 듣고는 절에 들어가서 제사를 모시다가 갑자기 껄껄껄 하고 크게 웃어댔다.

이에 원주가 물었다.

"입적하신 우리 스님과 대부께서는 사제지간인데 어째서 곡을 하지 않습니까."

육긍대부가 말했다.

"한 마디 말씀해주신다면 곡을 하겠습니다."

297)『碧巖錄』卷2, (大正藏48, pp.152下-153下) 참조. 설두중현의 게송 가운데 '展事投機'는 스승이 자기가 터득한 경지를 언설이나 제스처를 드러내어 제자로 하여금 그것과 계합하도록 접화하는 모습을 가리킨다.

이에 원주는 아무런 말도 하지 못했다.

그러자 육긍대부가 곡을 하면서 말했다.

"아이고, 아이고. 우리 스님께서 세상을 떠나셨구나."

후에 장경혜휘가 그 말을 듣고는 말했다.

"육긍대부를 마땅히 웃게 했어야 옳지 울도록 한 것은 옳지 못한 처사다."]298)

설두중현은 위의 이야기를 끌어다가 앞의 게송으로 읊은 것이다. 마지막의 '아이쿠!(咦)'라는 한 마디는 동산을 만났을 때 해주었더라면 좋았을 것이다.

이와 같은 설명들을 통해서 바야흐로 동산양개가 삼이 서 근이라고 말한 것이야말로 곧 相이고, 또 非相이며, 또 부처님을 친견할 수가 있고, 또 부처님을 친견할 수가 없으며, 반드시 별도로 일척안을 갖추고 있다는 것임을 알겠다.

十八斷無身何以說法疑

此疑從上身相不可得見而來 若第一義佛境界 不可以身相得見 如來亦必離身相而說法也 聲不自聲 依色而發 旣無所依之色 何以有能依之聲 爲遣此疑 故經云

• 제십팔단의 : 身이 없다면 어떻게 법을 설하는가 하는 의심을 단제한다.

298) 『碧巖錄』卷2, (大正藏48, p.153下)

이 의심은 위의 身相은 불가득하다는 것에서 유래한 것이다.[299)]

묻는다 : 만약 제일의의 불경계라면 신상을 통해서 볼 수가 없고,
여래도 또한 반드시 신상을 떠나서 설법할 것이다. 소리는
스스로 소리가 아니라 색에 의지해서 발생한다. 그런데 이
미 의지할 색이 없는데 어째서 能依의 소리가 있겠는가.
답한다 : 바로 이러한 의심을 없애주기 위하여 경전에서는 다음과
같이 말한다.

【경문45】

須菩提 汝勿謂如來作是念 我當有所說法 莫作是念 何以故 若人言如來
有所說法 卽爲謗佛 不能解我所說故 須菩提 說法者 無法可說 是名說法
(下段魏譯)

"수보리야, 그대는 여래가 '나는 진실로 설법을 하였다.'고 생각한
다는 그런 말을 해서는 안된다. 그런 생각조차 해서는 안된다. 왜냐
하면 어떤 사람이 '여래는 설법을 하였다.'고 말한다면 곧 부처님을
비방하는 것으로 내가 설한 바를 이해하지 못하기 때문이다.
수보리야, 설법을 해도 설해야 할 법이 없는데 그것을 설법이라 말
한다.(이하의 【경문46】의 단락은 본래 보리유지 번역본에 있었던 내용이다)"

---

299) 곧 부처님을 색신성취로도 제상성취로도 볼 수가 없다면 부처님은 법을 설하는 것이
아닐 것이라는 것에 대한 의심을 단제한다.

【경문46】

爾時 慧命須菩提白佛言 世尊 頗有眾生 於未來世 聞說是法 生信心不
佛言 須菩提 彼非眾生 非不眾生 何以故 須菩提 眾生<不+?>眾生者 如
來說非眾生 是名眾生 (唐長慶二年 釋靈幽暴亡 見閻羅天子 問幽 習何
行業 幽對曰 常持金剛般若經 天子合掌賜坐 命幽朗誦一徧 天子曰 念
此經中而少一章 如貫華之線 中有不續 眞本在濠州鍾離寺石碑上 可往
查對 徧告人間 幽旣還魂 奏聞其事 增入此段)

　　그 때 혜명수보리가 부처님께 사뢰어 말씀드렸다.
　　"세존이시여, 얼마나 많은 중생이 미래세에 이 설법을 듣고 신심
을 내겠습니까."
　　부처님께서 말씀하셨다.
　　"수보리야, 미래세에 신심을 내는 그는 중생도 아니고 불중생도 아
니다. 왜냐하면 수보리야, 중생·불중생에 대하여 여래는 중생이 아
니라고 설하는데 그것을 중생이라 말하기 때문이다."

　　[당나라 장경 2년 곧 822년에 석영유 스님이 갑자기 입적하였다.
죽어서 염라천자를 뵈었는데 염라천자가 영유에게 물었다.
　　"살아생전에 어떤 업을 닦았는가."
　　영유법사가 말했다.
　　"늘상 금강반야경을 받고 지녔습니다."
　　염라천자가 합장을 하고 자리를 권했다. 그리고 영유법사에게 금
강경을 한번 낭송해보라고 명했다. 이에 금강경의 낭송을 들은 염라
천자가 말했다.
　　"내가 기억해보니 스님이 낭송한 금강경에는 한 단락이 누락되어

있었네."

있다. 그래서 꽃을 꿰는 선과 같아야 하는데 중간에 이어지지 못하고 있다. 금강경의 眞本은 호주 종리사의 석비에 기록되어 있다. 다시 거기에 가서 살펴보고 대조하여 널리 인간세계에 알리도록 해라."

영유법사는 혼백이 돌아오자 그간의 일을 천자에게 아뢰고서 누락된 부분을 증입하였다.][300]

▧ 通曰

如來不可以身相見 亦不可以離身相見 非身而身 是爲妙身 如佛法亦然 佛法不可以言說顯 亦不可以離言說顯 無說而說 是爲妙說 前謂無有定 法如來可說 法無定法 猶帶法在 說無定說 猶帶說在 不能無說 焉可無身 旣已無身 將誰說法 至此一法也無 本無可說 身卽無身之身 說卽無說之 說 非上聖之資 固難信也

▧ 종통27

여래는 신상을 통해서 볼 수가 없고, 또한 신상을 떠나서 볼 수도 없다. 身이 아니면서 身인 그것이 곧 妙身이다. 불법의 경우도 또한 그와 마찬가지이다. 불법은 언설을 통해서 드러나는 것이 아니고, 또한 언설을 떠나서 드러나는 것도 아니다. 언설이 아니면서 언설인 그것이 곧 妙說이다.

---

300) 영유법사가 누락된 부분을 보입한 대목이 위의 '그 때 혜명수보리가 부처님께 사뢰어 말씀드렸다. 세존이시여, 얼마나 많은 중생이 미래세에 이 설법을 듣고 신심을 내겠습니까. 부처님께서 말씀하셨다. 수보리야, 미래세에 신심을 내는 그는 중생도 아니고 불중생도 아니다. 왜냐하면 수보리야, 중생ㆍ불중생에 대하여 여래는 중생이 아니라고 설하는데 그것을 중생이라 말하기 때문이다.'는 대목이다.

묻는다 : 저 위에서는 '정해진 법이 없는 것을 여래께서 설하셨습니다.'고 말했다. 법으로서 정해진 법이 없다는 것이야말로 오히려 법이라고 정해진 것을 지니고 있고, 언설로서 정해진 언설이 없다는 것이야말로 오히려 언설이라고 정해진 것을 지니고 있어서 無言說이 불가능한데, 어찌 無身인들 가능하겠는가. 그래서 이미 無身인데 장차 누가 설법을 한단 말인가.

답한다 : 여기에 이르러서는 일법도 없고 본래 설할 법도 없다. 그래서 身은 곧 無身의 身이고 언설도 곧 무언설의 언설이다. 그러므로 뛰어난 성인의 자질이 없다면 본래 믿기가 어려운 것이다.

刊定記曰 汝勿謂如來有所說法 法身無爲 實無能說之者 猶如空谷響答 實無作響之者 凡有所說法 必先作是念 佛雖說法 而無說法之心 猶如谷雖 應聲 而無應聲之念 能說所說二種差別 皆無所有 汝莫作是念 謂如來有所 說法也 以何義故莫作是念耶 如來本際 不離於法界 法界平等 語卽默 默 卽語 說無自相 卽本無說 若謂如來有所說法者 卽謗佛也 不能解我無說之 說故 夫說法者 當如法說 名眞說法 法本離一切名相分別 不見少有眞實體 性而可說者 說旣無體 將何爲說 若稱此說 是如法說 故名說法也

『간정기』에서는 다음과 같이 말한다.

['그대는 여래에게 설한 법이 있다고 말하지 말라.'에 대하여 법신은 무위로서 실로 설법을 한 사람이 없는데, 마치 빈 계곡에서 울리

는 메아리의 답변과 같아서 실로 소리를 내는 사람이 없다.][301)

　무릇 설법에 대해서는 반드시 먼저 다음과 같은 생각을 해야 한다.
'부처님께서는 비록 설법을 했을지라도 설법했다는 마음이 없다.
그것은 마치 계곡에 반응하는 소리일지라도 반응한 소리라는 생각
이 없는 것과 같다. 그래서 능설과 소설이라는 두 가지의 차별이 모
두 없다.'
　그리고 그대는 말하자면 여래에게는 설한 법이 있다는 그런 생각
조차도 해서는 안 된다.

묻는다 : 무슨 까닭에 그와 같은 생각을 해서도 안 되는가.
답한다 : 여래의 본제는 법계를 벗어나 있지 않다. 법계는 평등하여
　　　　어언이 곧 침묵이고 침묵이 곧 어언이며, 自相이 없음을
　　　　설하지만 곧 본래부터 그 설도 없다. 그러므로 만약 여래
　　　　에게 설한 법이 있다고 말한다면 그것은 곧 부처님을 비방
　　　　하는 것으로서 나 여래야말로 설함이 없이 설한다는 것을
　　　　이해하지 못한 것이다. 대저 설법이란 반드시 여법하게 설
　　　　해야만 그것을 진정한 설법이라 말한다.
묻는다 : 법은 본래 일체의 명 · 상과 같은 분별을 벗어나 있어서 어떤
　　　　진실과 체성도 보지 않아야 가히 설할 수가 있다. 그런데 언
　　　　설에는 이미 체가 없는데 무엇을 가지고 설한다는 것인가.
답한다 : 만약 그에 맞게 설한다면 그것이 곧 여법한 설이다. 때문
　　　　에 설법이라 말한다.

---

301) 『金剛經纂要刊定記』 卷6, (大正藏33, p.220上) 참조.

彌勒菩薩偈曰 如佛法亦然 所說二差別 不離於法界 說法無自相

　미륵보살은 게송으로 다음과 같이 말했다.
　"불처럼 법도 또한 그와 같아
　　설법에 두 가지 차별이 있다
　　법계에서 벗어나지 않는다면
　　법을 설함도 또 自相이 없다"[302]

法身旣不離法界 所說之法亦復不離法身 故成非有 夫說法如是 何嘗有
所說哉 須菩提解空第一 以慧爲命 聞說是法 信心不逆 未足爲難 故問未
來衆生 正法日遠 頗有聞是言說 而生信心者乎 世尊則以衆生非一定是
衆生也 一切衆生皆有佛性 安知其無能信者 故謂彼非衆生 非不衆生 言
彼能信者 原有聖體 非是衆生 然未離凡品 非不是衆生也 以何義故說非
衆生又名衆生耶 衆生<不+?>衆生云者 如來說非衆生 以第一義中 卽
五蘊異五蘊 推求其體 悉不可得 故說非衆生也 云何非不衆生 以俗諦言
說 依於五蘊業果相應施設 故說是名衆生也 是則名衆生實不衆生 衆生
具有聖性 能爲信之根本 何患其不能信此甚深法界耶

　묻는다 : 법신은 이미 법계를 떠나 있지 않고 설한 법도 또한 마찬
　　　　가지로 법신을 떠나 있지 않다. 때문에 非有가 된다. 대저
　　　　설법이 그와 같다면 어째서 일찍이 설한 법이 있다는 것인
　　　　가.

---

302) 『金剛般若波羅蜜經論』 卷下, (大正藏25, p.793上)

답한다 : 수보리는 해공제일인데, 지혜로써 생명을 삼아서 이 설법
　　　　을 듣고 신심으로 거스르지 않는 자는 어렵지 않았다. 때
　　　　문에 미래의 중생으로서 정법의 시대가 멀어진 때일지라
　　　　도 그 설법의 언설을 듣고서 신심을 발생하는 자가 얼마나
　　　　많은가를 물었다.

　세존은 곧 불특정한 중생의 경우를 곧 중생이라 말하였다. 일체중
생에게는 모두 불성이 있는데 그들이 믿을 수 없는 줄을 어찌 알겠
는가. 때문에 그들을 비중생이라 말하기도 하고, 또 비불중생이라
말하기도 한다. 그들이 믿을 수 있다고 말한 것은 원래 성체이지 중
생이 아니기 때문이다. 그러나 아직 범부의 품격을 벗어나지 못하면
곧 중생 아님이 없다.

묻는다 : 무슨 까닭에 중생이 아니라 설하기도 하고, 또한 중생이라
　　　　고 말하시고 하는가.
답한다 : 중생·불중생이라 말한 것은 다음과 같다. 여래가 비중생
　　　　이라 설한 경우는 제일의 가운데서는 오온에 즉해 있으면
　　　　서도 오온과는 다르다. 그래서 그 체를 추구해보아도 전혀
　　　　얻을 수가 없다. 때문에 비중생이라 설한다.
묻는다 : 비불중생이란 무엇인가.
답한다 : 속제의 언설로는 오온에 의거한 업과와 상응하여 시설한
　　　　까닭에 그것을 중생이라 설하였다. 그런즉 중생은 실로 불
　　　　중생이라 말한 것이다. 중생에게는 聖性이 갖추어져 있어
　　　　서 믿음의 근본이 된다. 그런데 어찌 그들이라고 해서 이
　　　　심심한 법계를 믿지 못할 것인가.

彌勒菩薩偈曰 所說說者深 非無能信者 非衆生衆生 非聖非不聖

　　미륵보살은 게송으로 다음과 같이 말했다.
　　"소설법과 능설자가 심오하지만
　　미래에 믿는 자가 없지는 않다
　　저 非衆生과 非不衆生이야말로
　　그들 非聖人과 非不聖人이라네"303)

謂非衆生之衆生 不可謂聖 未嘗不可爲聖也 能如是 觀於衆生 卽衆生離
衆生 又何疑於無說之說哉 須菩提尊者在巖中宴坐 諸天雨華讚歎 者曰
空中雨華讚歎 復是何人 云何讚歎 天曰 我是梵天 敬重尊者善說般若 者
曰 我於般若未嘗說一字 汝云何讚歎 天曰 如是 尊者無說 我乃無聞 無
說無聞 是眞說般若

　　비중생과 비불중생이라는 말은 성인이라 말할 수가 없지만 미상불
성인이라 말할 수가 있다. 이와 같이 중생을 관찰하면 곧 이미 중생
은 중생을 벗어나 있는 것이다. 그런데 또한 어째서 설함이 없이 설
했다는 것을 의심한단 말인가.

　　[수보리존자는 바위굴 속에서 좌선을 하였는데, 제천이 꽃을 비 내
리면서 찬탄하였다.
　　그러자 수보리존자가 물었다.

303) 『金剛般若波羅蜜經論』卷下, (大正藏25, p.793中)

"허공에서 꽃을 비 내리면서 찬탄하는 것은 또 어떤 사람인가."

제천이 말했다.

"저는 범천으로서 존자께서 반야를 잘 설하는 것을 敬重합니다."

수보리존자가 물었다.

"나는 반야에 대하여 일찍이 한 글자도 설한 적이 없는데 그대는 어째서 찬탄을 하는가."

제천이 말했다.

"그렇습니다. 존자께서는 설한 적도 없고 저는 이에 들은 적도 없습니다. 설한 적도 없고 들은 적도 없는 이것이야말로 진실로 반야를 설한 것입니다."]304)

又維摩詰問文殊師利 何等是菩薩入不二法門 文殊師利曰 如我意者 於
一切法無言無說 無示無識 離諸問答 是爲入不二法門 於是文殊師利問
維摩詰言 我等各自說已 仁者當說何等是菩薩入不二法門 維摩默然 天
童頌云 曼殊問疾老毗耶 不二門開看作家 泯表粹中誰賞鑑 忘前失後莫
咨嗟 區區投璞兮楚庭臏士 璨璨報珠兮隋城斷蛇 休點破 絕玼瑕 俗氣渾
無却較些 然則無說之說 諸佛菩薩皆然 又何疑於世尊

[또 유마힐이 문수사리에게 물었다.

"보살이 불이법문에 들어간다는 것은 무엇입니까."

문수사리가 말했다.

"제 뜻으로는 일체법에 無言이고 無說이며 無示이고 無識으로서

304) 『明覺禪師語錄』 卷2, (大正藏47, p.680上)

모든 문답을 떠나있는 것이 바로 불이법문에 들어가는 것입니다."

이에 문수사리가 유마힐에게 물었다.

"저희들은 각자 말을 마쳤습니다. 거사께서는 어떤 것을 불이법문에 들어가는 것이라 말씀하실 것입니까."

그러나 유마힐은 침묵을 지켰다.][305)

이에 대하여 천동정각이 게송으로 말했다.

"만수실리가 비야리의 노인에게 문병 갔는데

불이문을 활짝 열고서 본분작가를 살펴봤네

아름다운 옥돌 가운데서 뉘라서 감정하리요

이전 및 이후를 모두 잊고서 한탄하지 말라

충심으로 옥돌 바친 사람은 두 다리 잘렸네

수성에서 뱀을 구해주고 구슬로 보답받았네

감정을 하려고 말라 흠집 하나 찾지 못하네

세속 기운은 하나 없는데 뭔가 좀 미흡하다"306)

그런 즉 설함이 없이 설하는 것은 제불보살이 모두 그러한데 어찌 세존을 의심하겠는가.

十九斷無法如何修證疑

此疑從前十二 十三疑中無法得阿耨菩提而來

305) 『維摩詰所說經』 卷中, (大正藏14, p.551下)
306) 『宏智禪師廣錄』 卷2, (大正藏48, p.22下)

• 제십구단의 : 無法이라면 어떻게 수행과 깨침이 가능한가 하는
    의심을 단제한다.

  이 의심은 위의 제십이단의와 제십삼단의 가운데 법으로서 아뇩다
라삼먁삼보리를 얻은 것이 없다는 것에서 유래한 것이다.[307]

功德施論曰 若第一義佛境界 色身 言說身皆不可得 曾無有法是所覺知
者 云何離於正知次第而名無上正等覺耶 旣無法體 其誰修證 爲遣此疑
故經云

  공덕시보살의『논』에서는 "만약 제일의의 불경계에서는 색신과 언
설신을 모두 얻을 수가 없다."[308]고 말한다.

  묻는다 : 일찍이 느끼고 아는 법이 없는데 어째서 正知와 次第를 떠
        나서 무상정등각이라 말하는 것인가.
  답한다 : 이미 법체가 없는데 그 누가 수행하고 증득하는가. 이런
        의심을 없애주기 위하여 경전에서는 다음과 같이 말한다.

---

307) 이하 제십구단의 및 제이십단의는 佛의 경우 무상보리로서 얻어야 할 것이 없다면 어
    째서 수행과 깨침이 있는가에 대한 의심을 단제한다. 위에서 이미 실로 법으로서 아
    뇩다라삼먁삼보리를 얻은 것이 없다고 말했는데, 그렇다면 어떻게 修證이 있겠는가
    하는 것이다. 이에 대하여 부처님은 얻을 수 있는 법이 없는 것을 정각이다, 평등한
    것이 정각이다, 善法을 바르게 닦으면[正助] 정각을 성취한다고 답변한다.
308) 『金剛般若波羅蜜經破取著不壞假名論』卷下, (大正藏25, p.895上)

【경문47】

須菩提白佛言 世尊 佛得阿耨多羅三藐三菩提 爲無所得耶 佛言 如是
如是 須菩提 我於阿耨多羅三藐三菩提 乃至無有少法可得 是名阿耨
羅三藐三菩提 復次 須菩提 是法平等 無有高下 是名阿耨多羅三藐三菩
提 以無我無人無衆生無壽者 修一切善法 卽得阿耨多羅三藐三菩提 須
菩提 所言善法者 如來說 卽非善法 是名善法

　수보리가 부처님께 사뢰어 말씀드렸다.
　"세존이시여, 부처님께서 얻은 아뇩다라삼먁삼보리는 것은 무소
득입니까."
　부처님께서 말씀하셨다.
　"그래, 그렇다. 수보리야, 나는 아뇩다라삼먁삼보리 내지 少法조
차도 얻은 바가 없는데 그것을 아뇩다라삼먁삼보리라 말한다.
　또한 수보리야, 이 법은 평등하여 높고 낮음이 없는데 그것을 아
뇩다라삼먁삼보리라 말한다. 아도 없고 인도 없고 중생도 없고 수자
도 없는 것으로 일체의 선법을 닦아야 곧 아뇩다라삼먁삼보리를 얻
는다.
　수보리야, 말한 바 선법에 대하여 여래는 선법이 아니라고 설하는
데 그것을 선법이라 말한다."

唐譯云 復次善現 是法平等 於其中間 無不平等 故名無上正等菩提 以無
我性 無有情性 無命者性 無士夫性 無補特伽羅等性平等 故名無上正等
菩提 一切善法無不現證 一切善法無不妙覺 善現 善法善法者 如來一切
說爲非法 是故如來說名善法善法

현장 번역본의 경우는 다음과 같다.

[또한 선현이여, 이 법은 평등하여 그 중간에 평등 아님이 없다. 때문에 무상정등보리라고 말한다. 我性이 없고 有情性이 없으며 命者性이 없고 士夫性이 없다. 보특가라 등의 성품이 없이 평등한 까닭에 무상정등보리라고 말한다. 일체의 선법은 현증되지 않고 일체의 선법은 묘각 아님이 없다.

선현이여, 선법·선법에 대하여 여래는 일체를 비법이라 설한다. 이런 까닭에 여래는 선법·선법이라 말한다.][309]

傅大士頌曰 水陸同眞際 飛行體一如 法中何彼此 理上豈親疏 自他分別
遣 高下識情除 了斯平等性 咸共入無餘

부대사는 게송으로 다음과 같이 말했다.
"물과 육지 모두 동일한 진제이고
허공을 날아가는 몸도 그와 같네
진여법 가운데 어찌 피차가 있고
도리로 보면 어찌 친소가 있으랴
자기 및 타인이라는 분별 버리고
높고 낮다는 분별의 생각 버리며
모두 평등한 자성인 줄 이해하면

309) 『大般若波羅蜜多經』卷577, (大正藏7, p.984下)

나와 남이 다 무여열반 들어가네"[310]

🈳 通曰

前十二 十三疑中 如來說實無有法得無上菩提 須菩提豈不信其無 第恐
未來衆生 以非身非說一切皆無 遂謂法身亦無 故問佛得無上菩提爲無
得耶 其所云無得者良是 非謂其無得而遂無無上菩提也 故曰是名無上
正等菩提 有少法在 卽有高下 惟一法也無 故一切平等 以平等故 聖凡一
體 以此自證 卽無身相可得 以此度生 卽無言說相可得 令一切衆生皆入
無餘涅槃 實無一衆生得滅度者 蓋以此也

🈳 종통28

묻는다 : 위의 제십이단의 및 제십삼단의의 내용은 여래가 설한 것
　　　은 실로 무상보리로서 얻어야 할 어떤 법도 없었다는 것에
　　　대한 것이었다. 그런데 수보리는 어째서 그 無[311]를 믿지
　　　못하고, 이어서 여기에서 미래중생의 경우에 非身과 非說
　　　등 일체가 모두 無이므로 마침내 법신도 또한 無라고 간주
　　　하지 않을까를 염려하는 것인가.

답한다 : 바로 그런 까닭에 부처님이 터득한 무상보리도 無得인지
　　　를 질문한 것이다. 여기에서 말한 무득이란 진실로 무득이
　　　기는 하지만 그 무득은 끝내 무상보리까지도 無라는 것을
　　　말하는 것은 아니다. 때문에 그것을 무상정등보리라고 말

---

310)『梁朝傅大士頌金剛經』, (大正藏85, p.7中)
311) 무상보리로서 얻어야 할 어떤 법도 없다는 것을 가리킨다.

한다.

어떤 법이라도 있으면 그것은 곧 높고 낮음이 있겠지만, 생각해보면 일법도 없는 까닭에 일체가 평등하고, 평등하기 때문에 성인과 범부가 一體이다. 이것을 자증함으로써 곧 얻어야 할 신상이 없고, 이로써 중생을 멸도시킴으로써 곧 얻어야 할 언설상이 없다. 일체중생으로 하여금 모두 무여열반으로 들어가게끔 했지만 실로 어떤 중생도 멸도를 얻은 자는 없다는 것이 바로 이런 뜻이다.

秦譯云 修一切善法 則得阿耨多羅三藐三菩提 前云無有少法 此云修一切善法 前云無得 此云則得 覺語意相戾 唐譯云 以平等故名無上正等菩提 一切善法無不現證 一切善法無不妙覺 此於菩提 但言名而不言得 一切善法 但言證而不言修 似於向上一路 更爲精切

구마라집 번역본에서는 '일체의 선법을 닦으면 곧 아뇩다라삼먁삼보리를 터득한다.'고 말했는데, 저 위에서는 어떤 법도 없다[無有少法]고 말했었다. 여기에서 말한 '일체의 선법을 닦는다.'고 말한 경우도 저 위에서는 '얻을 것이 없다[無得]'고 말했었다.

그러나 여기에서 말한 '곧 얻는다[卽得]'는 것은 覺에 대한 語言과 그 意味가[覺語意] 서로 다르다는 것을 언급한 것이다.

그리고 현장 번역본에서는 '평등한 까닭에 무상정등보리라고 말한다. 일체의 선법은 현증되지 않음이 없고 일체의 선법은 묘각 아님이 없다.'고 말했다. 이것은 보리에 있어서는 단지 명칭[名]에 대해서만 말하였지 터득[得]에 대해서는 말하지 않았을 뿐이고, 일체선법에 있어서는 단지 증득[證]에 대해서만 말했지 수행[修]에 대해서는 말하지 않았을 뿐이다.

　그러므로 이런 경우에는 向上一路라고 말하는 것이 보다 정확하고 적절한 표현일 것이다.[312]

刊定記曰 前文中皆言無法得菩提 若如來不得一法 云何轉捨二障 轉得二果 旣若轉得菩提 豈是不得一法 佛答有三 一答無法可得爲正覺 二答平等爲正覺 三答正助修善爲正覺 初答如文可見 無有少法可得者 卽菩提處也 無有少法可證菩提 卽無有少法能過之者 故名無上 此以無法爲正覺也 復次須菩提下四句 以平等爲正覺也 如來淸淨法身平等無差別故 其法無不齊等 無有少增 故名無上 在聖不增故無高 居凡不減故無下 一切平等 本來不失 更何有得

　묻는다 : 『간정기』에서도 말한 것처럼 위의 경문에서는 모두 얻을
　　　　만한 보리가 없다고 말했었다. 그처럼 만약 여래에게 일법
　　　　도 얻은 것이 없다면 어떻게 二障을 轉捨하고 二果를 轉
　　　　得한단 말인가. 그리고 만약에 이미 보리를 전득했다면 어
　　　　째서 일법도 얻을 만한 것이 없다는 것인가.
　답한다 : 이에 대하여 부처님의 답변은 세 가지가 있다.
　　　　　첫째는 얻을 만한 것이 없는 법을 정법을 간주하는 것이

---

312) 向上一路는 지극한 大道 내지 大悟의 경계를 나타내는 말로서, 깨침을 터득했으면서
　도 거기에 안주하지 않고 지속적인 수행으로 일관하는 모습을 가리킨다. 때문에 보리
　[깨침] 내지 일체선법[수행]에 대하여 두 가지 의미를 모두 포함하고 있는 용어로서는
　보리 내지 일체선법보다는 향상일로가 적절하다는 것을 말한다.

고, 둘째는 평등을 정법으로 간주하는 것이며, 셋째는 선법을 바르게 닦는 것[正助]을 정각으로 간주하는 것이다.

이 가운데 첫째의 답변은 경문을 통해서 볼 수가 있다. 어떤 법도 얻을 만한 것이 없다는 것은 곧 보리의 속성[菩提處]이다. 그리고 어떤 법도 증득할 만한 보리가 없다는 것은 곧 어떤 법도 그것을 능가할 것이 없다는 것이므로 無上이라 말한다. 이것은 무법을 정각으로 간주한 것이다. '또한 수보리야.' 이하의 사구[313]는 평등으로 정각을 간주한 것이다. 여래의 청정한 법신은 평등하여 무차별하므로 그 법도 평등하지 않음이 없어서 조금의 증장도 없으므로 無上이라 말한다. 성인에게 있어도 증장이 없으므로 높음이 없고 범부에 있어도 감소가 없으므로 낮음이 없다. 일체에 평등하여 본래부터 상실이 없는데 다시 어찌 얻을 것이 있겠는가.

彌勒菩薩偈曰 彼處無少法 知菩提無上 法界不增減 淨平等自相

미륵보살은 게송으로 다음과 같이 말했다.
"보리라 이름붙일 일법도 없다면
그 보리는 無上임을 알 수 있다

---

313) "또한 수보리야, 이 법은 평등하여 높고 낮음이 없는데 그것을 아뇩다라삼먁삼보리라 말한다. 아도 없고 인도 없고 중생도 없고 수자도 없는 것으로 일체의 선법을 닦아야 곧 아뇩다라삼먁삼보리를 얻는다."는 대목을 가리킨다.

법계에는 본래부터 증감이 없고
청정평등한 自相이 있을 뿐이다"[314]

然雖無法 然雖平等 非謂不修得成正覺 又復其法是無我等相 遠離諸相
卽是平等 又彼法無我 自體眞實 竟無一法可得 故名無上 又復於諸方便
亦是無上 所有善法皆圓滿故 名爲無上 云何善法有體可得 而能證無所
得理 法不相似 豈得成因 所言善法者 如來說爲非法 由有漏性不能持故
說名非善 由無漏性決定能持 是善性故 彼漏非是淨法 此離於漏法 卽是
淸淨法 故曰彼法 若有漏法故 名非善法 以無有漏法故 是故名爲善法 以
決定無漏善法故 猶云君子人與君子人也

비록 무법이고 비록 평등이라고 해서 그것이 수행을 하지 않아도
정각을 성취된다는 것을 말하는 것은 아니다. 또한 다시 그 법은 무
아상·무인상·무중생상·무수자상으로서 제상을 멀리 떠나 있다.
또한 그 법은 무아이므로 자체가 진실하여 구경에 어떤 법도 얻을
만한 것이 없으므로 無上이라 말한다. 또한 모든 방편도 역시 無上이
고, 모든 선법이 다 원만하기 때문에 無上이라 말한다.

묻는다 : 어찌 선법에 얻을 만한 체가 있어서 무소득의 도리를 증득
         할 수 있겠는가. 법이 같지 않은데 어찌 청정법을 성취하
         는 인이 되겠는가.
답한다 : 말한 바 선법에 대하여 여래는 비법이라 설하였다. 유류자

314)『金剛般若波羅蜜經論』卷下, (大正藏25, p.793下)

성을 말미암아서는 능지하지 못하기 때문에 설하여 非
善이라 말한 것이다. 그러나 무루성을 말미암아서 결정적
으로 능지하는 것은 그것이 善性이기 때문이다. 저 유루는
청정법이 아닌데 이것은 저 유루법을 떠나 있어서 청정법
이다.

그러므로 '저 법은 유루법이 있기 때문에 비선법이라 말
하지만 이 법은 유루법이 없기 때문이다.'고 말한다. 이런
까닭에 선법이라 말하는 것은 그것이 결정적으로 무루선
법이기 때문이다. 마치 『논어』에서 증자의 말처럼 '그는
군자일 것인가. 아니, 그는 군자다운 사람일 것이다.'는
경우와 같다.

彌勒菩薩偈曰 有無上方便 及離於漏法 是故非淨法 卽是淸淨法

미륵보살은 게송으로 다음과 같이 말했다.
"아뇩다라삼먁삼보리의 방편은
 유루법을 아득히 벗어나 있다
 유루법은 곧 청정법이 아니라
 법을 벗어난 것이 청정법이다"[315]

故修證平等性者 雖非淨法 然修而無修 證而無證 卽無有少法可得 故謂

---

315) 『金剛般若波羅蜜經論』 卷下, (大正藏25, p.793下)

之曰清淨也

　그러므로 평등의 자성을 수행하고 증득하는 자는 비록 청정법이 아닐지라도 수행하지만 수행이 없고, 증득하지만 증득이 없어서, 어떤 법도 얻을 만한 것이 없기 때문에 그것을 가리켜 청정이라 말한다.

潙山一日指田問仰山曰 這丘田 那頭高 這頭低 仰曰 却是這頭高 那頭低 潙曰 你若不信 向中間立 看兩頭 仰曰 不必立中間 亦莫住兩頭 潙曰 若如是 著水看 水能平物 仰曰 水亦無定 但高處高平 低處低平 潙便休 甚矣證平等之難也 住兩頭則不平 立中間則不平 以水能平 物則不平 乃至無有少法則平 高也平 低也平 惟如是見得 足知自他同一涅槃性海也

[위산영우가 어느 날 밭을 가리키며 앙산에게 물었다.
"이 언덕배기 밭에서 저기는 높고 여기는 낮구나."
앙산혜적이 말했다.
"여기는 높고 저기는 낮습니다."
위산영우가 말했다.
"그대가 내 말을 믿지 못하겠거든 중간에 서서 양쪽을 살펴보라."
앙산혜적이 말했다.
"중간에 설 필요도 없지만 또한 양쪽에 머물러서도 안됩니다."
위산영우가 말했다.
"그렇다면 한번 물을 보거라. 물은 평평함을 유지한다."
앙산혜적이 말했다.
"물도 또한 정해져 있는 것은 없습니다. 다만 높은 곳은 높이 평평하고 낮은 곳은 낮게 평평할 뿐입니다."

이에 위산영우가 곧 그만 두었다.][316]

평등을 증명하기는 대단히 어렵다. 양쪽에 머무는 것은 평등이 아
니고, 중간에 서는 것도 평등이 아니다. 물로써 평평함을 잡을 수는
있지만 물이라는 것은 곧 평평하지 않다. 내지 어떤 법도 평평한 것
이란 없다. 높은 것도 평평하고 낮은 것도 평평하다. 오직 이와 같이
볼 줄을 알아야만 자·타가 동일하게 열반자성의 바다인 줄을 충분
히 알게 된다.

二十斷所說無記非因疑

此疑從上修善法而來 如云修一切善法則得菩提者 是善法攝 非無記攝
也 若前所云持說四句偈等 但以名句文三者無記性攝 無記性法中無因
果故 豈有能得菩提之理耶 爲遣此礙故經云

- 제이십단의 : 설법한 것이 無記라면 그것은 因이 될 수 없다는 의
  심을 단제한다.[317]

이 의심은 위의 善法을 닦는다는 것에서 유래한 것이다.

---

316) 『袁州仰山慧寂禪師語錄』, (大正藏47, p.582中)
317) 곧 만약 일체선법으로 보리를 얻었다면 곧 설한 법은 성불하지 못할 것입니다. 왜냐
하면 무기법이기 때문이다. 말하자면 그 能詮에 해당하는 敎에는 名·句·文이 있는
데 그 체성은 모두 無記이다. 그런데 어떻게 청문하여 선법을 발생한다는 것인가를 의
심하는 것이다. 그러나 이와 같은 의심은 소승인들이나 하는 의심이다. 바로 이 의심
을 타파하는 설명으로 경전을 수지하는 공덕을 언급한다.

묻는다 : '일체의 선법을 닦으면 곧 아뇩다라삼먁삼보리를 얻는다.' 는 말은 선법을 섭수한다는 것이지 무기를 섭수한다는 것이 아니다. 만약 위에서 말했던 것처럼 설법한 사구게 등을 받고 지니며 등의 내용은 단지 名·句·文의 세 가지 무기성으로 섭수한 것일 뿐이었다. 무기성의 법에는 인·과가 없는데 어찌 보리의 도리를 얻을 수 있겠는가.

답한다 : 바로 이런 의심을 없애주기 위하여 경전에서는 다음과 같이 말했다.

【경문48】

須菩提 若三千大千世界中所有諸須彌山王 如是等七寶聚 有人持用布施 若人以此般若波羅蜜經 乃至四句偈等 受持 讀誦 爲他人說 於前福德百分不及一 千萬億分 乃至算數譬喩所不能及

"수보리야, 만약 삼천대천세계에 있는 모든 수미산만큼의 칠보를 가지고 어떤 사람이 보시한다고 하자. 또 어떤 사람이 이『반야바라밀경』내지 사구게 등을 수지하고 독송하며 타인에게 설해준다고 하자.

그러면 앞의 복덕은 뒤의 복덕에 비하여 백분의 일에도 미치지 못하고, 백·천·만·억분 내지 산수나 비유로도 미칠 수가 없다."

傅大士頌曰 施寶如沙數 唯成有漏因 不如無我觀 了妄乃名眞 欲證無生忍 要假離貪瞋 人法知無我 逍遙出六塵

부대사는 게송으로 다음과 같이 말했다.

"재물보시가 항하사와 같을지라도
그건 단지 유루의 인만 성취되어
아가 없음 관찰하는 것만 못하니
허망인 줄 알아야 진법이 된다네
무생법인을 증득하고자 원한다면
요컨대 탐진을 멀리 떠나야 하네
인과 법이 모두 무아라고 안다면
육진번뇌를 벗어나서 소요한다네"[318]

▨ 通曰

較量實施何嘗再三 而此又擧之 以破無記非因之疑 謂修一切善法 不著
於相 是爲菩提因 固矣 然佛所說法 皆自無漏善性中流出 離言說相 而持
說者 實能示菩提之因 此可見般若之妙 不但一切善法 以離相故而證菩
提 雖文字無記性法 亦以無相故而證菩提也 此豈實施如沙成有漏因者
可及哉 故佛擧三千大千世界 一世界中有一須彌山王 高廣無量 而七寶
聚積 與之齊等 有人持此布施 福德可謂多矣 若人以此無相無住般若波
羅蜜經 乃至四句偈等 以之受持 自利也 以之演說 利他也 此於經中於詮
眞理 因之悟解起行 能趣菩提 由非離此 能得菩提 故知藉斯菩提方契 故
此宣說法寶量等虛空 不可思議 於前無數實施福德 不啻千百<百千?>
萬億倍 算數譬喩皆不能及

318) 『梁朝傅大士頌金剛經』, (大正藏85, p.7下)

▩ 종통29

　재물보시를 비교한 것이 어찌 두세 번 뿐이겠는가. 여기에서 다시 그것을 들어서 무기는 청정의 인이 아니라는 것으로써 의심을 타파해준다. 말하자면 일체의 선법을 닦아서 상에 집착하지 않는 것이 보리의 인이라는 것은 분명하다. 그런데 부처님의 설법은 모두 무루선성으로부터 유출되어 언설상을 떠나 있지만, 그 설법을 받고 지니는 자는 실로 보리의 인이 된다는 것을 보여준다.

　이것이야말로 반야의 묘를 보는 것으로서 일체의 선법은 상을 떠나있는 까닭에 보리를 증득할 뿐만 아니라, 또한 상이 없는 까닭에 보리를 증득하는 것이다. 그러므로 유루인이 되는 항사와 같은 재물보시가 어찌 여기에 미치겠는가. 때문에 부처님은 삼천대천세계를 언급한다.

　곧 그 낱낱의 세계에 있는 낱낱의 수미산왕은 무량하게 높고 넓은데, 어떤 사람이 그와 동등하게 칠보의 무더기를 쌓아서 그것을 보시한다면 그 복덕은 많다고 말할 수 있을 것이다.

　그런데 또 어떤 사람이 無相 및 無住의 『반야바라밀경』 내지 그 가운데 사구게 등을 받고 지니는 자리행위와 그것을 연설하는 이타행위를 한다면 그 경전에서 설명하고 있는 진리가 悟解를 일으키는 인이 되어 보리에 나아갈 수가 있다. 그러므로 이 경전을 벗어나지 않아야 보리를 터득할 수가 있다. 때문에 이 보리에 잘 계합됨을 의지하는 까닭에 법보의 역량이 허공과 같이 불가사의하다고 널리 설하는 줄을 알아야 한다. 그래서 이전의 무수한 재물의 보시로 얻는 복덕보다 백ㆍ천ㆍ만ㆍ억 배가 될 뿐만 아니라 산수 및 비유로도 미칠 수가 없다.

彌勒菩薩偈曰 雖言無記法 而說示彼因 是故一法寶 勝無量珍寶 數力無
似勝 無似因亦然 一切世間法 不可得爲喩

미륵보살은 게송으로 다음과 같이 말했다.
“비록 언설이 무기라고는 해도
설법은 대보리의 인이 된다네
이 때문에 하나의 법보만해도
무량한 진보보다 더 뛰어나다
數와 力과 無似에서 뛰어나며
無似因에 대해서도 또 그렇다
이처럼 일체 세간의 제법에서
뛰어난 점은 비유도 못한다네”[319]

謂是算勢類因四種差別 無有其喩能比況者 一者數勝 乃至算數所不能
及 二者勢勝 如强弱力不相並 三者類勝 如貴賤人不相似 四者因勝 言
彼不可與此爲因 持說之功德若是 可不益勤精進勇猛心哉

말하자면 그 산수·세력·갈래·인 등 네 가지의 차별이 있는데,
그 어떤 비유로도 이것에 비교할 수는 없다.
첫째는 算數가 뛰어난 것인데, ‘내지 산수로도 미칠 수가 없다.’는
것이 그것이다.
둘째는 세력이 뛰어난 것인데, 강력과 약력이 서로 나란히 할 수

319) 『金剛般若波羅蜜經論』 卷下, (大正藏25, p.794上)

없는 경우와 같다.

　셋째는 갈래가 뛰어난 것인데, 귀인과 천인은 서로 비슷하게 어울릴 수 없는 경우와 같다.

　넷째는 因이 뛰어난 것인데, 저 재물보시의 복덕이 되는 인은 이 법보시의 공덕이 인이 되는 것과 동등할 수가 없다고 말한 경우이다.

　설법을 받고 지니는 공덕이 이와 같으니 가히 부지런히 정진하여 용맹심을 더해야 하지 않겠는가.

昔香至王施無價寶珠於二十七祖般若多羅尊者 祖以所施珠問三王子曰
此珠圓明 有能及否 第一王子第二王子皆曰 此珠七寶中尊 固無踰也 非
尊者道力 孰能受之 第三王子曰 此是世寶 未足爲上 於諸寶中 法寶爲上
此是世光 未足爲上 於諸光中 智光爲上 此是世明 未足爲上 於諸明中
心明爲上 此珠光明 不能自照 要假智光 光辨於此 旣辨此已 卽知是珠
旣知是珠 卽明其寶 若明其寶 寶不自寶 若辨其珠 珠不自珠 珠不自珠者
要假智珠以辨世珠 寶不自寶者 要假智寶以明法寶 然則師有其道 其寶
卽現 衆生有道 心寶亦然 祖歎其辨慧 乃復問曰 於諸物中 何物無相 曰
於諸物中 不起無相 又問 於諸物中 何物最大 曰 於諸物中 法性最大 祖
知是法嗣 以如來正法眼付之 後六祖亦曰 乘船永世求珠 不知身是七寶
是二祖師 深明法寶 非世寶可及

　[옛날 향지국왕이 제27조 반야다라존자에게 無價寶珠를 보시하였다.
조사는 보시받은 구슬을 가지고 세 왕자에게 물었다.
　"이 구슬은 원명한데 이에 미칠 만한 것이 있겠는가."
　첫째 왕자와 둘째 왕자가 함께 말했다.

"이 구슬은 칠보 가운데 최고입니다. 본래부터 이것을 능가하는 것은 없습니다. 그러므로 존자의 도력이 아니면 이것을 받을 수도 없습니다."

셋째 왕자가 말했다.

"이것은 세간의 보배인데 이것을 능가하는 것은 없습니다. 그러나 모든 보물 가운데서도 법보가 제일입니다.

이 구슬은 세간의 빛인데 이것을 능가하는 것은 없습니다. 그러나 모든 빛 가운데서도 지혜의 빛이 제일입니다.

이 구슬의 밝음은 세간의 밝음인데 이것을 능가하는 것은 없습니다. 그러나 모든 밝음 가운데서도 마음의 밝음이 제일입니다.

이 구슬의 광명은 스스로 비출 수가 없습니다. 요컨대 지혜의 광명을 의지해야 여기에서 그 광명을 변별할 수가 있습니다. 이미 여기에서 변별이 되었기에 곧 그것이 구슬인 줄을 아는 것입니다. 이미 이것이 구슬인 줄을 알았기에 곧 광명이 보배입니다.

만약 광명이 보배라면 보배는 스스로 보배인 것은 아닙니다. 만약 그 구슬이 변별되었다면 구슬은 스스로 구슬인 것은 아닙니다. 요컨대 지혜의 구슬을 의지함으로써 세간이 구슬로 변별되었다면 보배는 스스로 보배인 것은 아닙니다. 요컨대 지혜의 보배를 의지함으로써 법보가 밝아지는 것입니다. 그런즉 스님에게 있는 그 도력도 그 보배가 드러나면 중생에게도 보배가 있습니다. 마음의 보배도 또한 그렇습니다."

조사가 그 변설과 지혜를 찬탄하였다.

그리고는 이에 물었다.

"모든 사물 가운데서 어떤 것이 無相인가."

셋째 왕자가 말했다.

"모든 사물 가운데서 분별심을 일으키지 않는 것이 무상입니다."

존자가 또 물었다.

"모든 사물 가운데서 어떤 것이 가장 큰가."

셋째 왕자가 말했다.

"모든 사물 가운데서 법성이 가장 큽니다."

조사는 셋째 왕자가 법을 이을만한 그릇임을 알고 여래의 정법안장을 셋째 왕자에게 부촉하였다.][320)

이후에 육조혜능도 또한 다음과 같이 말했다.

"배를 타고 영원히 세간에서 구슬 찾지만

 자기의 몸이 곧 칠보임을 모르고 있다네."[321)

반야다라 존자와 혜능조사는 깊이 법보를 해명하였기 때문에 세간의 보배로는 거기에 미치지 못한다.

二十一斷平等云何度生疑
此疑從第十九疑中是法平等而來

- 제이십일단의 : 제이십일단의는 평등하다면 어떻게 중생을 제도한다는 것이 가능하겠는가 하는 의심을 단제한다.

320) 『景德傳燈錄』卷2, (大正藏51, p.216上-中) 참조.
321) 洪蓮, 『金剛經註解』, (卍續藏24, p.804中)

이 의심은 위의 제십구단의 가운데 是法平等에서 유래한 것이다.[322]

功德施論曰 是法平等 無有高下 卽無衆生可度 若如來說非衆生者 云何
不與餘教相違 如有經言 無量衆生以得我爲善知識故 生等諸苦 並皆解
脫 旣度衆生 卽有高下 何爲平等 爲遣此疑 故經云

  묻는다 : 공덕시보살의 『논』에서는 이 법은 평등하여 높고 낮음이
      없으므로 멸도시킬 중생이 없다는 대목에 대하여 다음과
      같이 말했다.
      '그렇다면 여래가 설한 非衆生이란 경우 어찌 그 밖의 가
      르침과 더불어 相違되지 않겠는가. 경전의 말처럼 무량한
      중생은 我를 얻은 것으로 선지식을 삼기 때문에 생·로·
      병·사 등 諸苦가 발생하는데 또한 그것으로써 모두 해탈
      하기도 한다.'[323]
      이미 중생을 멸도시켰다는 것은 곧 높고 낮음이 있다는
      것인데 어찌 평등하다는 것인가.
  답한다 : 바로 이러한 의심을 없애주기 위하여 경전에서는 다음과
      같이 말했다.

---

322) 곧 법이 평등하여 높고 낮음이 없는 것이라면 부처님이 중생을 제도한다고 말할 수
    없다는 것에 대한 의심을 단제한다.
323) 『金剛般若波羅蜜經破取著不壞假名論』 卷下, 大正藏25, p.895上-中)

【경문49】

須菩提 於意云何 汝等勿謂如來作是念 我當度衆生 須菩提 莫作是念 何
以故 實無有衆生如來度者 若有衆生如來度者 如來則有我人衆生壽者
須菩提 如來說 有我者 卽非有我 而凡夫之人以爲有我 須菩提 凡夫者
如來說卽非凡夫 是名凡夫

　"수보리야, 어떻게 생각하느냐. 그대들은 여래가 '나는 중생을 제
도하였다.' 라고 생각한다는 그런 말을 해서는 안된다.

　수보리야, 그런 생각조차 해서는 안된다. 왜냐하면 실로 여래가 제
도할 중생은 없기 때문이다. 만약 여래가 제도할 중생이 있다면 여
래에게 곧 아·인·중생·수자가 있는 것이다.

　수보리야, 여래가 설한 유아라는 것은 곧 유아가 아닌데도 범부가
유아라 간주한다.

　수보리야, 범부에 대하여 여래는 곧 범부가 아니라고 설했는데 그
것을 범부라 말한다."

通曰

此疑雖以平等而疑度生 實以度生而顯平等也

종통30

　이 의심은 비록 평등을 가지고 중생을 멸도시켰다는 것과 관련시
켜 의심한 것이지만, 실로 중생을 멸도시켰다는 것이야말로 평등을
드러낸 것이다.

彌勒菩薩偈曰 平等眞法界 佛不度衆生 以名共彼陰 不離於法界

미륵보살은 게송으로 다음과 같이 말했다.
"평등한 진여의 법계이므로
 부처님은 중생제도 않는다
 가명으로 함께하는 오음은
 법계를 벗어나지 않는다네"[324]

夫一眞法界之中 五蘊皆空 聖名凡號 一無所有 衆生待蘊而成 旣無五蘊
卽無衆生 衆生名且無 何從而度之 故實無衆生得滅度者 是眞證平等法
界性也

　대저 일진법계 가운데에서는 오온이 모두 공하여 성인이라는 명칭
과 범부라는 호칭이 모두 전혀 없다. 중생은 오온을 갖추어 성취되
었지만 이미 오온이 없으므로 곧 중생이 없고, 중생이라는 명칭도
또한 없다.
　그런데 무엇을 따라서 중생을 멸도시킨단 말인가. 때문에 실로 중
생으로서 멸도를 얻은 자는 없다는 것이야말로 진정으로 평등법계
성을 증득한 것이다.

刊定記曰 於意云何五句 遮其錯解也 何以故二句 示其正見也 徵意云 以

---

324)『金剛般若波羅蜜經論』卷下, (大正藏25, p.794中)

何義故 令不作是念 釋意云 以實無衆生爲如來所度故 一眞法界 原自平
等 佛是極證之人 已全是法界 衆生雖未得證 然緣生無體 亦同法界 豈可
將法界度於法界 故無衆生如來度也 若實有衆生異於如來爲所度者 此
則不如法界 不了緣生 便有我人衆生壽者等相 爾燄未忘 名爲我取 如來
無是也

『간정기』에서는 '수보리야, 어떻게 생각하느냐.'라는 대목은 이하
의 五句[325])에 대하여 잘못 이해한 것을 막아주려는 것이었다고 말한
다.[326])

'왜냐하면' 이하의 二句[327])는 그에 대한 정견을 보여준 것으로서 뜻
을 따져서 말한 것이다. 왜냐하면 그런 생각조차 하지 말라는 것을
뜻으로 해석하여 말하자면 실로 여래에게 멸도된 중생은 없기 때문
이다.

일진법계는 원래부터 평등하다. 부처님의 경우는 궁극을 증득한
사람으로서 이미 그 전체가 법계이지만, 중생의 경우는 아직 증득하
지는 못했을지라도 인연생으로서 체가 없으므로 또한 법계와 동일
하다. 그런데 어찌 법계를 가지고 법계를 멸도시킬 수 있겠는가. 때

---

325) 경문의 "수보리야, 어떻게 생각하느냐. 그대들은 여래가 '나는 중생을 제도하였다.' 라
고 생각한다는 그런 말을 해서는 안 된다. 수보리야, 그런 생각조차 해서는 안 된다.
왜냐하면 실로 여래가 제도할 중생은 없기 때문이다. 만약 여래가 제도할 중생이 있
다면 여래에게 곧 아ㆍ인ㆍ중생ㆍ수자가 있는 것이다. 수보리야, 여래가 설한 유아라
는 것은 곧 유아가 아닌데도 범부가 유아라 간주한다. 수보리야, 범부에 대하여 여래
는 곧 범부가 아니라고 설했는데 그것을 범부라 말한다."는 대목을 가리킨다.

326) 『金剛般若經疏論纂要』卷下, (大正藏33, p.167上). 기타 『金剛般若經疏論纂要刊定記
會編』卷9, (嘉興藏31, p.738中) 참조.

327) "왜냐하면 실로 여래가 제도할 중생은 없기 때문이다. 만약 여래가 제도할 중생이 있
다면 여래에게 곧 아ㆍ인ㆍ중생ㆍ수자가 있는 것이다."는 대목을 가리킨다.

문에 여래가 멸도시킨 중생은 없다.

만약 여래에게 멸도된 중생과는 달리 실제로 중생이 있다고 간주한다면 그것은 곧 진여법계도 아니고, 인연으로 발생하는 도리를 이해하지도 못한 것으로서 곧 아상·인상·중생상·수자상이 있는 꼴이다. 이에 四相의 불꽃을 잊지 못한 것이므로 그 경우는 아에 집착한다[我取]고 말하는데, 여래에게는 그런 경우가 없다.

彌勒菩薩偈曰 取我度爲過 以取彼法是 取度衆生故 不取彼<取=>應知

미륵보살은 게송으로 다음과 같이 말했다.
"여래가 중생을 제도한다는 말은 허물이다
사상법에 집착한다는 말이 되기 때문이다
그렇지만 여래가 중생을 제도하는 경우에
사상이라는 집착이 없음을 분명하게 알라"[328]

彼卽指上四相也 如來何以無我取耶 如來所說有我者 無體性義 卽爲非我 本自無我 又安所取 故無我人衆生壽者等相 無體可得故 若如來取有衆生爲我度者 此卽是取相之過 以著彼五陰法是衆生故 卽與我執過同 欲令衆生得解脫者 有如是相 故不應取 旣無我執 何用更言不取耶 以諸凡夫顚倒妄取 執爲有我 不能解脫 故說妄取有我 是凡夫之人 未爲聖者 不能生聖法 故名凡夫也 彼凡夫各封於我 差別而生 名凡夫生 然第一義

---

328) 『金剛般若波羅蜜經論』卷下, (大正藏25, p.794下)

中 更無凡夫可得 但以世俗言說 名凡夫生耳 以上展轉拂迹 謂如來本來
無我 但凡夫執之爲我 故說無我法以度凡夫 究竟凡夫亦本無我 不但無
我 且無凡夫 如夢人見虎 虎與夢人皆不可得 何處更有衆生可度耶

묻는다 : 여기에서 '彼'는 곧 위의 사상을 가리킨다. 여래에게는 어
　　　　째서 아에 대한 집착이 없는가.

답한다 : 여래가 설한 有我라는 것에는 체성의 뜻이 없어서 곧 非
　　　　我이다. 본래부터 무아인데 또 어찌 집착이 되겠는가. 그
　　　　러므로 아상·인상·중생상·수자상이 없는데 그것은 얻
　　　　을 만한 체가 없기 때문이다. 만약 여래가 자신이 멸도시
　　　　킨 중생이 있다고 집착한다면 그것은 곧 상에 집착하는 허
　　　　물이다. 저 오음법에 집착하는 것은 곧 중생이기 때문에
　　　　곧 아에 집착하는 허물과 동일하다.

　　　　중생으로 하여금 해탈을 얻게 한다는 것도 이와 같은 상
　　　　이 있는 까닭에 결코 집착하지 말아야 한다. 그리하여 이
　　　　미 아에 대한 집착이 없는데 곧 어찌 집착하지 말라는 말
　　　　이 필요하겠는가. 모든 범부는 전도되어 허망하게 집착함
　　　　으로써 아가 있다는 집착을 하여 해탈하지 못한다. 그러
　　　　므로 허망하게도 아가 있다고 집착하는 것은 곧 범부인이
　　　　지 아직 성인이 아니라고 설한다. 그리고 聖法을 발생하
　　　　지 못하는 까닭에 범부라 말한다.

　　　　저 범부는 아에 봉착하여 차별을 발생하므로 범부중생이
　　　　라 말한다. 그러나 제일의 가운데에서는 곧 얻을 만한 범
　　　　부가 없다. 다만 세속제의 언설에 의해서만 범부중생이라
　　　　말할 뿐이다. 이상 展轉하여 범부중생을 없애가는데 그것

은 말하자면 여래는 본래 무아임을 가리킨다. 다만 범부는 집착 때문에 아가 있다고 간주하는 까닭에 무아법을 설하여 범부를 멸도시지만, 구경에는 범부마저도 또한 본래 무아이다. 비단 아가 없을 뿐만 아니라 또한 범부도 없다. 마치 꿈속에서 사람이 호랑이를 보았는데 호랑이와 꿈속의 사람은 모두 없는 경우와 같다. 그런데 어디에 멸도시킬 중생인들 있겠는가.

前後四處 皆說度而無度 最初令離我度生 十一疑能度者是我 十四疑無我而誰度 此疑眞界平等 不合度生 至是發明實無衆生得滅度者 極詳且著矣

　전 · 후의 네 군데에 걸쳐서 모두 중생을 멸도시켰지만 멸도된 중생은 없다고 설한다. 최초의 경우는 자신이[我] 중생을 멸도시켰다는 생각을 벗어나게 한 경우였고, 둘째의 경우에 해당하는 제십일단의에서는 멸도시킨 사람은 자신[我]이라는 것이었으며, 셋째의 경우에 해당하는 제십사단의에서는 자신이[我] 없는데 누가 멸도를 시킨단 것인가 하는 것이었다.

　지금 이것은 넷째의 경우로서 곧 진여법계가 평등한데 중생을 멸도시킨다는 것은 합당하지 않다는 것을 의심한 것이었다. 이에 실로 중생으로서 멸도된 자가 없음을 발명한 것에 이르기까지는 지극히 자세하고 또 분명한 설명이었다.

潙山餧鴉生飯 回頭見仰山 曰 今日爲伊上堂一上 仰曰 某甲隨例得聞 潙曰 聞底事作麽生 仰曰 鴉作鴉鳴 鵲作鵲噪 潙曰 爭奈聲色何 仰曰 和尚適來道甚麽 潙曰 我祇道爲伊上堂一上 仰曰 爲甚麽喚作聲色 潙曰 雖然如此 驗過也無妨 仰曰 大事因緣 又作麽生驗 潙竪起拳 仰曰 終是指東畫西 潙曰 子適來問甚麽 仰曰 問和尚大事因緣 潙曰 爲甚麽喚作指東畫西 仰曰 爲著聲色故 某甲所以問過 潙曰 並未曉了此事 仰曰 如何得曉了此事 潙曰 寂子聲色 老僧東西 仰曰 一月千江 體不分水 潙曰 應須與麽始得 仰曰 如金與金 終無異色 豈有異名 潙曰 作麽生是無異名底道理 仰曰 瓶盤釵釧券盂盆 潙曰 寂子說禪 如師子吼 驚散狐狼野干之屬 於此明得無異名底道理 方知以名共彼陰 不離於法界 是最上第一義

[위산영우가 까마귀에게 고시레로 밥을 주다가 고개를 돌려서 앙산혜적을 보고 말했다.

"오늘은 이들을 위해서 상당하여 법문을 할 것이다."

앙산혜적이 말했다.

"그러면 저는 평소처럼 그것을 들어보겠습니다."

위산이 말했다.

"무엇을 듣는단 말인가."

앙산이 말했다.

"까마귀는 까마귀 소리를 내고 까치는 까치 소리를 냅니다."

위산이 말했다.

"그들 소리와 색깔처럼 피상적인 것이 아니던가."

앙산이 말했다.

"그런데 화상께서 아까전에 뭐라고 말씀하셨습니까."

위산이 말했다.

"나는 이들을 위해서 상당하여 법문을 할 것이라고 말했었다."

앙산이 말했다.

"그러면 어째서 소리와 색깔처럼 피상적인 것이라 말씀하신 것입니까."

위산이 말했다.

"비록 그렇기는 하지만 허물을 따져보는 것도 괜찮다."

앙산이 말했다.

"그렇다면 일대사인연은 또 어떻게 점검할 것입니까."

그러자 위산이 주먹을 치켜세워보였다.

앙산이 말했다.

"그것은 끝내 동쪽을 가리키면서 서쪽을 그리는 격으로 참으로 애매모호한 것이 아닙니까."

위산이 말했다.

"그대가 아까전에 무엇을 물었던가."

앙산이 말했다.

"화상께 일대사인연에 대하여 물었습니다."

위산이 말했다.

"그런데 어째서 동쪽을 가리키면서 서쪽을 그리는 것이라 말하는 것인가."

앙산이 말했다.

"소리와 색깔처럼 피상적인 것에만 집착하는 것 같아서 제가 일부러 그렇게 지나가는 말로 여쭌 것입니다."

위산이 말했다.

"그러나 그대는 거시기[此事]를 분명하게 이해하지 못했다."

앙산이 물었다.

"어찌해야 거시기[此事]를 분명하게 이해할 수 있겠습니까."

위산이 말했다.

"그대는 소리와 색깔이라고 피상적으로 말했고 노승은 동쪽과 서쪽이라 애매하게 말했다."

앙산이 말했다.

"달 하나가 千江에 비춰더라도 달의 본체는 물에서 나뉘어져 있지 않습니다."

위산이 말했다.

"마땅히 그래야만 한다."

앙산이 말했다.

"저 금과 금끼리는 끝내 색깔이 변이하지 않는데 어찌 다른 명칭인들 있겠습니까."

위산이 말했다.

"무엇을 가리켜 명칭이 변이하지 않는 도리라 말하는가."

앙산이 말했다.

"병 · 쟁반 · 비녀 · 팔찌 · 그릇 · 바리 · 동이 등입니다."

위산이 말했다.

"그대가 말하는 선은 마치 사자후 같아서 여우 · 이리 · 늑대의 무리들이 놀라서 도망치겠구나."]329)

여기에서는 변이하지 않는 명칭의 도리에 대하여 설명하고 있다. 그러므로 명칭은 저 오음과 더불어 법계를 벗어나있지 않는데, 그것

---

329) 『袁州仰山慧寂禪師語錄』, (大正藏47, p.583下) ; 『萬松老人評唱天童覺和尙拈古請益錄』 第22則, (卍續藏67, p.472中-下)

이 곧 제일의인 줄을 알아야 한다.

二十二斷以相比知眞佛疑

此疑從第十七疑中如來不應以色身諸相見而來　　前文云卽非具足色身
又云是名具足色身 旣云卽非諸相具足 又云是名諸相具足 彼中意者 法
身畢竟非相好 相好亦非不佛 由無相故現相 不離法身 所以疑云 旣無相
故 方能現相 則但見於相 便知無相也 法身旣不離於色相 則知法身爲福
相成就 似可比類而知 爲遣此疑 故經云

• 제이십이단의 : 相과 比知를 통해서 법신인 진불을 알 수 있는 것
이 아닌가 하는 의심을 단제한다.

　이 의심은 앞의 제십칠단의 가운데서 여래는 색신의 제상을 통해
서는 결코 볼 수가 없다는 것에서 유래한 것이다.[330]
　위의 경문에서는 '곧 색신의 구족이 아니다.'라고 말했고, 또한 '그
것을 색신의 구족이라 말한다.'고 말했으며, 이미 '제상의 구족이 아
니다.'고 말했고, 또한 '제상의 구족이라 말한다.'고 말했다. 이런 말
의 속뜻은 법신은 필경에 상호가 아니지만 상호가 또한 부처 아님이
없다는 것이다. 無相을 말미암은 까닭에 상을 드러내므로 법신을 벗
어나 있지 않다.

---

330) 곧 여래를 색신을 통해서는 볼 수가 없다. 그러나 법신을 체로 삼는다 해도 그것이
　　聲과 色을 떠나지 않은 것은 아닐까 하는 것에 대한 의심을 단제한다.

때문에 다음과 같이 의심한다 : 이미 무상이기 때문에 바야흐로 상을 드러내는 것이라면 곧 단지 상만 보아도 곧 무상을 알 것이고, 법신이 이미 색상을 벗어나 있지 않는 것이라면 곧 법신도 복상의 성취인 줄을 알 것이다. 이와 비슷하게 비교해보면 알 수가 있을 것이 아닌가.

그 의심에 답한다 : 바로 이런 의심을 없애주기 위하여 경전에서는 다음과 같이 말했다.

【경문50】

須菩提 於意云何 可以三十二相觀如來不 須菩提言 如是 如是 以三十二相觀如來 佛言 須菩提 若以三十二相觀如來者 轉輪聖王則是如來 須菩提白佛言 世尊 如我解佛所說義 不應以三十二相觀如來 爾時 世尊而說偈言 若以色見我 以音聲求我 是人行邪道 不能見如來

"수보리야, 어떻게 생각하느냐. 삼십이상을 통해서 여래를 볼 수가 있느냐."

수보리가 여쭈었다.

"그렇습니다. 바로 그렇습니다. 삼십이상을 통해서 여래를 볼 수가 있습니다."

부처님께서 말씀하셨다.

"수보리야, 삼십이상을 통해서 여래를 볼 수가 있다면 전륜성왕도 곧 여래일 것이다."

수보리가 부처님께 사뢰어 말씀드렸다.

"세존이시여, 제가 부처님의 뜻을 이해하기로는 결코 삼십이상을 통해서는 여래를 볼 수가 없습니다.”

이때 세존께서 게송을 설하여 말씀하셨다.

“색상으로 나를 보려고 한다든가

음성으로 나를 찾으려고 한다면

그는 사도를 걸어가는 사람이니

여래를 볼 수 있는 것이 아니다”

唐譯云 佛告善現 於汝意云何 可以諸相具足觀如來不 善現答言 如我解
佛所說義 不應以諸相具足觀於如來 佛言 善現 善哉 善哉 如是 如是 如
汝所說 不應以諸相具足觀於如來 善現 若以諸相具足觀如來者 轉輪聖
王應是如來 是故不應以諸相具足觀於如來 如是應以諸相非相觀於如來
爾時世尊而說偈曰 諸以色觀我 以音聲尋我 彼生履邪斷 不能當見我 應
觀佛法性 卽導師法身 法性非所識 故彼不能了

현장 번역본에서는 다음과 같이 말했다.

[부처님께서 선현에게 말씀하셨다.

“어떻게 생각하느냐. 제상의 구족을 통해서 여래를 볼 수가 있겠느냐.”

선현이 답변으로 말씀드렸다.

“제가 부처님께서 설법하신 뜻을 이해하기로는 제상의 구족을 통
해서는 결코 여래를 볼 수가 있습니다.”

부처님께서 말씀하셨다.

“선현이여, 잘했다 참 잘했다. 그대가 말한 것처럼 제상의 구족을
통해서는 결코 여래를 볼 수가 있다.

선현이여, 만약 제상의 구족을 통해서 여래를 볼 수가 있다면 전륜성왕도 반드시 여래이어야 할 것이다. 이런 까닭에 제상의 구족을 통해서는 결코 여래를 볼 수가 없다. 이와 같이 반드시 제상은 진상이 아니라는 것으로써 여래를 보아야 할 것이다."

그때 세존께서는 게송을 설하여 다음과 같이 말씀하셨다.
"색상을 통해서 나를 보려고 한다든가
 음성을 통해서 나를 찾는다면 모두가
 그들은 사단의 길을 걸어갈 것이므로
 결코 내 진면목을 볼 수가 없게 된다
 이에 반드시 불법의 자성을 관찰해야
 삼계도사의 법신에 잘 계합될 것이다
 불법의 자성은 식정의 대상 아니므로
 분별사식으로는 끝내 이해할 수 없네"]331)

傳大士頌曰 涅槃含四德 唯我契眞常 齊<음=>名八自在 獨我最靈<虛=>長 非色非聲相 心識豈能量 看時不可見 悟理卽形彰

부대사는 게송으로 다음과 같이 말했다.
"열반에는 네 가지 덕 들어있는데
 오직 我의 덕만 진상에 계합되네
 한결같이 팔자재라고 명칭하지만332)

---

331) 『大般若波羅蜜多經』 卷577, (大正藏7, p.985上)
332) 八自在는 八大自在我라고 하는데 『大般涅槃經』 卷23에는 常·樂·我·淨의 四德이

오직 아의 덕이 가장 신령스럽네
그것은 색상도 또 성상도 아니니
분별의 심과 식으로 어찌 알리요
눈으로 보려하면 볼 수가 없지만
도리를 깨치면 곧 형상이 보이네"³³³⁾

通曰

上言平等法界 無佛無衆生之謂也 如來說凡夫卽非凡夫 已無衆生相可
得 雖無衆生 豈無如來乎 然諸相卽如來所現 所謂無相而相也 諸相<非
相?>卽不離法身 所謂相而無相也 旣可以無相顯相 亦可以相顯無相 比
類而觀 似可以相知佛 不知諸相無性 非眞實法體 故不可有比觀 而眞實

있다. 그 가운데 我德은 자연이라는 뜻이다. 自在에 여덟 가지 뜻이 있는데 그것을 八
大自在我라고 말한다. 첫째는 能示一身爲多身이고, 둘째는 示一塵身滿大千界이며,
셋째는 大身輕擧遠到이고, 넷째는 現無量類常居一土이며, 다섯째는 諸根互用이고,
여섯째는 得一切法如無法想이며, 일곱째는 說一偈義經無量劫이고, 여덟째는 身徧諸
處猶如虛空이다.;『法華玄義釋籤』卷9, (大正藏33, p.878上) "八自在者 大論名八神
變 大經名八自在我 言神變者 無而欻有有而欻無 言自在者 不謀而運一切無礙 故與大
論義同而名小異 今略出經論以顯相狀 言八神變者 一能小 二能大 三能輕 四能自在 五
能有主 六能遠至 七能動地 八能隨意所作 言作小者 令自他身及世界等極如微塵 大及
輕擧準說可知 言自在者 謂大小長短等 言有主者 現爲大人心無所下 言遠至者 有四種
一飛到 二此沒彼出 三不往而到四一念遍到十方 言地動者 謂六及十八 言隨意者 一身
多身山壁直過履水火蹈虛空四大互爲等 八自在者 大經二十云一者能示一身多身數如
微塵 二以塵身滿大千界 三以大千身輕擧遠到 四現無量類常居一國土 五諸根互用 六得
一切法而無法想 七說一偈經無量劫 八身如虛空存沒隨宜不可窮覈" 참조.
333)『梁朝傅大士頌金剛經』, (大正藏85, p.7下) 이와 같은 의미에 대하여 부처님은 '法에 의
지해야지 人에 의지해서는 안된다. 了義經에 의지해야지 不了義經에 의지해서는 안
된다. 義에 의지해야지 語에 의지해서는 안된다. 智에 의지해야지 識에 의지해서는
안된다.'고 말한다. 曇無讖 譯,『大般涅槃經』卷6, (大正藏12, p.401中)

法性 不但離於聲色 亦且遠於知見 將何從而觀之 故知所謂我者 卽涅槃
四德之我 本非所識 識且不能 安見其有 此倂其度衆生之我而無之也 秦
譯偈四句 但離聲色之我耳 唐譯後四句 乃離知見之法身也 合而觀之 其
義始足 又須菩提言 如是如是 以三十二相觀如來與前所答相左 不知唐
譯省之爲是

종통31

묻는다 : 위에서 말한 평등법계란 부처님도 없고 중생도 없다는 것
　　　을 말한 것이다. 그리고 여래가 설한 범부는 곧 범부가 아
　　　니라는 것은 이미 얻을 만한 중생상이 없다는 것이다. 그
　　　렇다면 비록 중생은 없을지라도 어찌 여래까지 없겠는가.

답한다 : 제상은 곧 여래에게 드러난 것으로서 소위 무상이면서 상
　　　인 경우를 가리킨다. 비상은 곧 법신을 벗어나 있지 않다
　　　는 것으로서 소위 상이면서 무상인 경우를 가리킨다. 이미
　　　무상으로써 상을 드러내듯이 또한 상으로써 무상을 드러
　　　낸다.

　　　이것을 비교하여 관찰해보면, 상을 통해서 부처를 아는 것
　　　처럼 보이지만 제상에 자성이 없는 줄은 모르고 있으므로
　　　그것은 진실한 법체가 아니다. 때문에 비교하여 관찰해서
　　　는 안된다. 진실한 법성은 소리와 색상을 떠나 있을 뿐만
　　　아니라 또한 지견까지도 멀리 벗어나 있다. 그런데 무엇을
　　　통해서 법성을 관찰한단 말인가. 그러므로 소위 我라는 것
　　　은 곧 열반사덕의 我로서 본래 분별식의 대상이 아닌 줄을
　　　알아야 한다. 분별식으로 알 수가 없는데 어찌 그것을
　　　有라고 간주하겠는가.

이것은 아울러 중생을 멸도시키는 我의 경우에도 그 我가
없다는 것이기도 하다. 구마라집 번역본의 게송 사구에서
는 단지 소리와 색상의 我만 벗어날 것을 말했지만, 현장
번역본의 둘째 게송에서는 이에 지견의 법신까지도 벗어
날 것을 말하였다.[334] 이 둘을 합해서 관찰해보면 그 뜻이
충분히 드러난다.

또한 수보리가 말한 '그렇습니다. 바로 그렇습니다. 삼십
이상을 통해서 여래를 볼 수가 있습니다.'라는 것은 이전
의 답변과 어긋난다. 이것에 대하여 현장 번역본에서는 살
펴두고 있는데 여기 구마라집 번역본에서는 그것을 모르
고 있음이 분명하다.

刊定記曰 於意云何二句 謂可以相比觀無相法身如來否 須菩提言三句
謂法身旣流出相身 卽由此相知佛證得無相法身 佛言三句 難聖凡不分
也 謂輪王亦有此相 應是如來 則色身相不可比知如來矣 且輪王與佛 色
相雖同 相之所依 二各有異 佛相卽法身所現 王相依業因而生 凡聖雲泥
復何準的

---

334) 지견의 법신이란 분별사식의 대상으로 인식하는 법신을 가리킨다. 이하에 나집과 현
장의 번역본을 보면 다음과 같다. 나집 번역본(大正藏8, p.752中)若以色見我 以音聲
求我 是人行邪道 不能見如來만약 색으로 나를 보려 하거나음성을 통해 나를 찾으려
하면곧 잘못된 도를 행하는 것으로여래의 참 모습을 보지 못하네현장 번역본(大正藏
7, p.985下)제일게송 : 諸以色觀我 以音聲尋我 彼生履邪斷 不能當見我모두 색으로
나를 보려 하거나음성을 통해 나를 찾으려 하면그 중생은 邪斷을 밟는 것으로결코 나
여래를 보지 못한다네제2게송 : 應觀佛法性 卽導師法身 法性非所識 故彼不能了응당
여래의 법성을 관찰해야곧 도사의 법신에 도달한다네법성은 분별식의 대상 아니네곧
분별식으로는 알지 못하네

『간정기』[335])에서는 '어떻게 생각하느냐.'의 二句[336])는 말하자면 상의 비교를 통해서 무상법신을 볼 수가 있겠느냐는 것이다.

'수보리가 여쭈었다.'의 三句[337])는 말하자면 법신이 이미 상에서 유출된 身이라면 그것은 곧 그 상을 말미암아 부처님도 무상법신을 증득한 줄을 알 수가 있다는 것이다.

'부처님께서 말씀하셨다.'의 三句[338])는 성인과 범부를 분별하지 못함을 따진 것이다. 말하자면 전륜성왕에게도 또한 그 삼십이상이 있으므로 응당 여래라고 한다면 곧 색신상을 통해서는 여래를 미루어 알 수가 없다는 것이다.

또한 전륜성왕과 부처님은 비록 색상이 동일하다 점에서는 상에 의거한 것일지라도 둘은 각각 다르다. 곧 부처님의 삼십이상은 법신에 즉하여 드러난 것이지만 전륜성왕의 삼십이상은 업인에 의거하여 발생한 것이다. 범부와 성인은 하늘과 땅 만큼의 차이가 있는데 과연 어떤 것을 기준으로 삼아야 옳겠는가.

彌勒菩薩偈曰 非是色身相 可比知如來 諸佛唯法身 轉輪王非佛 非相好果報 依福德成就 而得眞法身 方便異相故

미륵보살은 게송으로 다음과 같이 말했다.

---

335) 『金剛經纂要刊定記』卷6, (大正藏33, p.222上) 참조.
336) '어떻게 생각하느냐. 삼십이상을 통해서 여래를 볼 수가 있느냐.'는 대목을 가리킨다.
337) '수보리가 여쭈었다. 그렇습니다. 바로 그렇습니다. 삼십이상을 통해서 여래를 볼 수가 있습니다.'는 대목을 가리킨다.
338) '부처님께서 말씀하셨다. 수보리야, 삼십이상을 통해서 여래를 볼 수가 있다면 전륜성왕도 곧 여래일 것이다.'는 대목을 가리킨다.

"이 색신 및 형상만을 통해서는
여래를 추론하여 알 수가 없네
삼세 제불은 오직 법신불일 뿐
전륜성왕은 불여래가 아니라네
삼십이상과 팔십종호의 과보가
복덕업에 의하여 성취되더라도
복덕업이 진여법신은 못된다네
상호방편은 異相이기 때문이다"339)

須菩提白佛言四句 悟佛不可以相見也 意云 緣聞依眞現假 假不離眞 及
乎約假求眞 眞不由假 彼依福德而成就者 是果報身 非眞法身 由此言之
福德力但能成是相 而福德力不能得大菩提 佛固不可以相見也 爾時世
尊五句 卽見聞所不能及也 眞如法身 非是識境 離一切相及言說故 但是
眞智之境 乃能證知 所以色見聲求者 不知佛也

'수보리가 부처님께 사뢰어 말씀드렸다.'의 四句340)는 말하자면 부
처님을 삼십이상을 통해서는 볼 수가 없는 줄을 깨친 것이다. 이것
을 뜻으로 말해보면 설법의 聽聞을 반연해서 眞에 의하여 假를 드러
내므로 假는 眞을 벗어나 있지 않지만, 그렇다고해서 假에 의거하여
眞을 추구하면서도 眞은 假를 말미암지 않는다는 것이다. 저 복취에

339)『金剛般若波羅蜜經論』卷下, (大正藏25, pp.794下-795上)
340) '수보리가 부처님께 사뢰어 말씀드렸다. 세존이시여, 제가 부처님의 뜻을 이해하기로
는 결코 삼십이상을 통해서는 여래를 볼 수가 없습니다.'는 대목을 가리킨다.

의하여 성취된 것은 곧 과보신이지 진법신이 아니다. 이를 말미암아 말하자면 복덕력은 단지 그 삼십이상을 성취할 수는 있지만, 복덕력으로 대보리를 깨칠 수는 없다. 부처님은 본래 상을 통해서는 볼 수가 없다.

'이때 세존께서'의 五句[341]는 곧 견·문으로는 미칠 수가 없음을 말한다. 진여법신은 분별식의 경계가 아니다. 일체의 상과 언설을 벗어나 있는 까닭에 다만 眞智의 경계로만 證知할 수가 있다. 때문에 색상을 통해서 보거나 소리를 통해서 추구하는 자는 부처님을 알 수가 없다.

華嚴云 色身非是佛 音聲亦復然 又云 不了彼眞性 是人不見佛 卽此謂也

『화엄경』에서는 다음과 같이 말한다.
"색신은 진정한 부처님이 아니네
 음성의 경우도 또한 마찬가지네"[342]
또 다음과 같이 말한다.
"진실한 자성을 이해하지 못하면
 그는 부처님을 이해하지 못하네"[343]
이 말씀들은 곧 그것을 가리킨다.

---

341) '이때 세존께서 게송을 설하여 말씀하셨다. 색상으로 나를 보려고 한다든가 음성으로 나를 찾으려고 한다면 그는 사도를 걸어가는 사람이니 여래를 볼 수 있는 것이 아니다'는 대목을 가리킨다.
342) 『大方廣佛華嚴經』 卷23, (大正藏10, p.121下)
343) 『大方廣佛華嚴經』 卷16, (大正藏10, p.82上)

彌勒菩薩偈曰 唯見色聞聲 是人不知佛 以眞如法身 非是識境故

미륵보살은 게송으로 다음과 같이 말했다.
"색과 소리를 보고 듣는 것만으론
끝내 그 사람은 법신불을 모른다
곧 진여로 이루어진 법신 경지는
분별로는 알 수가 없기 때문이네"[344]

功德施論曰 以色見我等 其義云何 謂有見光明相好 言見於佛 及有聽受
經等文字 言我隨逐而得如來 彼於相好身 及言說身 攀緣修習 爲除此見
故曰是人行邪道 不能見如來 色及文字性非眞實 於中取著 是邪道故 行
於此道 何能見佛 云何見耶 經云 如來法爲身 但應觀法性 法性者 所謂
空性 無自性 無生性等 此卽諸佛第一義身 若見於此 名爲見佛 <如有經
說 不生不滅是如來故 十萬頌經復作是說 慈氏以見空性名見如來 薩遮
經中又作是說 無取著見名爲見佛 若無取著名見佛者+?> 攀緣法性將
非取著 以淨智心 了知法性 法性豈是所了知耶 是故經言 法性非所見 彼
亦不能知 <法性之處 無有一物可名所知 由是彼智亦不能知+?> 如有
經言 <大王+?>一切法性 猶如虛空等 與衆物爲所依止 而其體性 非是
有物 亦非無物 能於中寂然無知 名爲了知 故名爲知者 但隨世俗言說故
<故-?> 功德施解後四句極詳 最宜玩味

공덕시보살의 『논』에서는 다음과 같이 말한다.

344)『金剛般若波羅蜜經論』卷下, (大正藏25, p.795上)

[묻는다 : '색상으로 나를 보려고 한다든가' 등은 무슨 뜻인가.

답한다 : 말하자면 광명의 상호를 보고서 부처님을 보았다고 말하고, 경전 등의 문자를 듣고서 나는 경전을 따라서 여래를 얻었다고 말하며, 저 상호신과 언설신을 반연하고 수습하는 것을 가리킨다. 이와 같은 견해를 없애주기 위한 까닭에 다음과 같이 말했다.

'그는 사도를 걸어가는 사람이니

여래를 볼 수 있는 것이 아니다'

색상과 문자의 자성은 진실이 아니다. 그런데 거기에 집착하는 것은 곧 邪道이다. 때문에 그 길을 걸어간다면 어찌 부처님을 보겠는가.

묻는다 : 그러면 어찌해야 부처님을 볼 수가 있는가.

답한다 : 경전에서 여래는 법을 몸으로 삼기 때문에 무릇 반드시 법성을 관찰해야 할 것을 말한다. 법성은 소위 공성이고 무자성이며 무생성 등이다. 이것은 곧 제불의 第一義身이다. 그러므로 만약 그것을 본다면 견불했다고 말한다.

어떤 경전에서는 불생·불멸을 여래라고 설한다.

『십만송반야경』에서는 '미륵은 공성을 보았기 때문에 여래를 보았다고 말한다.'고 설한다.

『살차경』에서도 또한 '집착이 없으면 부처님을 보았다고 말한다.'고 말한다.

이에 법성을 반연하는 것은 집착이 아니다. 청정한 지혜심으로써 법성을 요지한다고 말하는데 법성이 어찌 요지되는 것이겠는가. 이런 까닭에 경전에서 법성은 보이는 것이 아니고 저것으로 또한 알 수가 없다고 말한다. 법성의 도리는 일물도 명칭을 통해서 알 수 있는 것이 아니다. 이로 말미암아 저 지혜로도 또한 알 수가 없다.

경전에서는 다음과 같이 말한다. '대왕이시여, 일체의 법성은 마치 허공 등과 같아서 모든 중생들의 의지처가 됩니다. 그러나 그 체성은 곧 有物도 아니고 또한 無物도 아닙니다. 그 가운데서 적연하고 知도 없는 경우를 요지했다고 말합니다. 그러므로 知者라고 일컬어지는 사람도 다만 세속의 언설을 따르고 있을 뿐입니다.']345)

공덕시보살의 해석은 이후에도 사구에 대하여 지극히 자세하게 이어진다. 그러므로 잘 완미해보는 것이 좋을 것이다.

昔馬祖在衡嶽山常習坐禪 南嶽讓禪師知是法器 往問曰 大德坐禪 圖甚麽 祖曰 圖作佛 師乃取一磚 於彼庵前石上磨 祖曰 磨作甚麽 師曰 磨作鏡 祖曰 磨磚豈得成鏡 師曰 磨磚旣不成鏡 坐禪豈得成佛 祖曰 如何卽是 師曰 如牛駕車 若車不行 打車卽是 打牛卽是 祖無對 師又曰 汝學坐禪 爲學坐佛 若學坐禪 禪非坐臥 若學坐佛 佛非定相 於無住法 不應取捨 汝若坐佛 卽是殺佛 若執坐相 非達其理 祖聞示誨 如飮醍醐 禮拜問曰 如何用心 卽合無相三昧 師曰 汝學心地法門 如下種子 我說法要 譬彼天澤 汝緣合故 當見其道 又問 道非色相 云何能見 師曰 心地法眼 能見乎道 無相三昧 亦復然矣 祖曰 有成壞否 師曰 若以成壞聚散而成道者 非見道也 聽吾偈曰 心地含諸種 遇澤悉皆萌 三昧華無相 何壞復何成 祖蒙開悟 心意超然

[옛날에 마조도일은 형악산에서 항상 좌선을 수습하고 있었다.
남악회양 선사는 그가 법기인 줄을 알고서 그곳에 가서 물었다.

345)『金剛般若波羅蜜經破取著不壞假名論』卷下, (大正藏25, p.895中-下)

선어록으로 읽는 금강경

"대덕은 좌선을 해서 무엇을 도모하려는가."

마조도일이 말했다.

"부처를 도모하는 것입니다."

이에 선사는 벽돌을 하나 가져다가 그 암자 앞에서 갈아대기 시작하였다.

마조가 물었다.

"갈아서 무엇을 하려는 겁니까."

선사가 말했다.

"갈아서 거울을 만들려고 한다네."

마조가 물었다.

"벽돌을 간다고해서 어찌 거울이 되겠습니까."

선사가 말했다.

"벽돌을 갈아도 끝내 거울이 되지 않는다면 좌선을 한들 어찌 부처가 되겠는가."

마조가 물었다.

"그럼 어찌하면 좋겠습니까."

선사가 물었다.

"소가 수레를 끌고 가는데 만약 수레가 가지 않는다면 수레를 때려야 옳은가, 소를 때려야 옳은가."

마조가 대꾸하지 못했다.

그러자 선사가 다시 말했다.

"그대가 닦는 좌선은 좌불을 닦는 것이다. 만약 좌선을 닦고자 한다면 선이란 앉고 눕는 것에는 없다. 만약 좌불을 닦는다면 불이란 정해진 형상이 없다. 무주법에서는 결코 취·사해서는 안된다. 그대가 만약 앉아서 부처를 추구한다면 그것은 곧 부처를 죽이는 것이고, 만약 앉는 형상에 집착한다면 그것은 곧 그 도리에 통달하지 못한다."

마조는 자기에게 알려주고 가르쳐준 말씀을 듣자 마치 제호를 마시는 것과 같았다.

이에 예배를 드리고 물었다.

"어떻게 마음을 활용해야 무상삼매에 계합되겠습니까."

선사가 말했다.

"그대가 닦는 심지법문은 마치 종자를 심는 것과 같고, 내가 설하는 법요는 비유하면 하늘이 베풀어주는 혜택과 같다. 그대의 연이 합치되면 반드시 그 깨침을 볼 것이다."

마조가 마시 물었다.

"깨침은 색상이 아닌데 어찌해야 볼 수가 있습니까."

선사가 말했다.

"심지법안이어야 깨침을 볼 수가 있는데 무상삼매도 또한 그와 마찬가지다."

마조가 물었다.

"깨침에 성취와 파괴가 있습니까."

선사가 말했다.

"만약 성취와 파괴 그리고 취합과 산멸로써 깨침이 이루어진다면 그것은 깨침을 본 것이 아니다. 자, 이에 내가 설하는 게송을 들어보라.

마음에는 온갖 종자가 들어있으니
자연의 혜택 받는다면 개명한다네
무상삼매의 꽃에는 형상이 없는데

어찌 파괴되고 또한 성취되겠는가"]³⁴⁶⁾

　마조가 그 가르침을 받고는 개오하여 심·의·식의 분별을 초월하
였다.

雲門垂語云 人人盡有光明在 看時不見暗昏昏 作麼生是諸人光明 自代
云 廚庫三門 又云 好事不如無 雪竇云 自照列孤明 爲君通一線 華謝樹
無影 看時誰不見 見不見 倒騎牛兮入佛殿 合二則觀之 無相三昧 雖以心
地法眼能見 然見而不見 如倒騎牛 乃可觀於如來也

　[운문이 다음과 같이 법어를 하였다.
　"사람들은 모두 광명을 지니고 있다. 그러나 그것을 보려고 하면
볼 수가 없어 아주 캄캄할 뿐이다. 그렇다면 그대들의 광명이란 어
떤 것인가."
　운문 자신이 代語하였다.
　"부엌의 삼문이로다."
　또 말했다
　"제아무리 좋은 일이라 해도 아예 없는 것만 못하다."]³⁴⁷⁾

　설두가 게송으로 말했다.

346)『景德傳燈錄』卷5, (大正藏51, pp.240下~241上)
347)『佛果圜悟禪師碧巖錄』第86則, (大正藏48, p.211中) ;『雲門匡眞禪師廣錄』卷中, (大
　　正藏47, p.563中)

"본래 갖추고 있는 조명이 뚜렷이 밝아서
그대들을 위해 한 가닥으로 열어 두었다
꽃은 시들고 또 나무에는 그림자 없으니
만약 살펴보면 그 누가 보지 못하겠는가
보려고 한다해도 끝내 볼 수가 없음이여
거꾸로 소를 타고 불전 향해 들어간다네"[348]

위의 두 가지 예를 통해서 그것을 관찰해보면 무상삼매는 비록 심지법안으로써 볼 수가 있을지라도 보되 보는 것이 없다. 그러므로 거꾸로 소를 타는 것처럼 해야만 이에 여래를 볼 수가 있다.

金剛般若波羅蜜經宗通 卷六
금강반야바라밀경종통 제육권

348) 『佛果圜悟禪師碧巖錄』 第86則, (大正藏48, p.211下)

金剛般若波羅蜜經宗通 卷七
금강반야바라밀경종통 제칠권

二十三斷佛果非關福相疑

此疑從上不應以相觀如來而來 同一三十二相也 在佛則謂之佛果 在輪
王則謂之福相 旣果位不同 但當修慧 不必修福 似不必具丈夫相而證菩
提也 如是修行諸菩薩 則失功德 及失果報 爲遣此疑 故經云

- 제이십삼단의 : 佛果가 복덕상과 무관한가 하는 의심을 단제한다.
  이 의심은 위의 결코 상을 통해서는 부처님을 친
  견할 수가 없다는 것에서 유래한 것이다.[349]

묻는다 : 동일한 삼십이상이라도 부처님에게 있으면 곧 그것을 불과
라 말하고, 전륜성왕에게 있으면 곧 그것을 복상이라 말한
다. 이미 과위가 동일하지 않기 때문에 무릇 지혜만 닦을
뿐이지 복덕은 닦을 필요가 없는 것이 아닌가. 마찬가지로
반드시 대장부의 삼십이상을 모두 갖추어야만 보리를 증득

---

349) 곧 복덕을 통하여 보리가 얻어지는 것이 아니라면 보살은 복덕업을 잃을 것이라는 것
에 대한 의심을 단제한다. 외도인은 의심을 가지고 '만약 보리심을 果로서 느끼지 못
한다면 곧 복덕에 의해서는 참된 보리를 얻지 못한다는 말이 될 것이다.'고 말한다.
이와 같은 의심을 제거해주기 위하여 경문에서는 '보살로서 아뇩다라삼먁삼보리심을
발생한 자는 제법이 단멸한다는 상을 설하지 않기 때문이다.'고 말한다. 이로써 지혜
장엄과 공덕장엄을 성취할 수 있기 때문이다. 여기에서 무조건 삼십이상을 배척하는
것은 곧 단멸견에 빠진다. 단멸견은 損滅의 허물이 있고, 단견과 변견의 허물도 있다.

하는 것은 아니다. 그와 같이 수행하는 제보살[350]은 곧 공
덕을 성실하고 또 과보도 상실하는 것이 아닌가.

　답한다 : 바로 그와 같은 의심을 없애주기 위하여 경전에서는 다음
과 같이 말했다.

【경문51】

須菩提 汝若作是念 如來不以具足相故 得阿耨多羅三藐三菩提 須菩提
莫作是念 如來不以具足相故 得阿耨多羅三藐三菩提 須菩提 汝若作是
念 發阿耨多羅三藐三菩提心者 說諸法斷滅 莫作是念 何以故 發阿耨多
羅三藐三菩提心者 於法不說斷滅相 須菩提 若菩薩以滿恒河沙等世界
七寶持用布施 若復有人知一切法無我 得成於忍 此菩薩勝前菩薩所得
功德 何以故 須菩提 以諸菩薩不受福德故 須菩提白佛言 世尊 云何菩薩
不受福德 須菩提 菩薩所作福德 不應貪著 是故說不受福德

　"수보리야, 그대가 만약 '여래는 상을 구족하지 않은 까닭에 아뇩
다라삼먁삼보리를 얻었다.'고 생각한다고 하자. 수보리야, '여래는
상을 구족하지 않은 까닭에 아뇩다라삼먁삼보리를 얻었다.'는 생각
을 해서는 안된다.

　수보리야, 그대가 만약 '아뇩다라삼먁삼보리심을 발생한 자는 제
법의 단멸을 설하지 않는다.'고 생각한다고 하자.

　그런 생각을 해서는 안된다. 왜냐하면 아뇩다라삼먁삼보리심을

---

350) 반드시 대장부의 삼십이상을 갖추어야만 보리를 증득한다고 집착하는 보살을 가리
　　킨다.

발생한 자는 법에 대하여 단멸상을 설하지 않기 때문이다.

　수보리야, 만약 보살이 항하의 모래수 만큼의 세계에 칠보를 가득 채워 그것으로 보시한다고 하자. 또 만약 어떤 사람이 일체제법이 무아임을 알아 무생법인을 얻는다고 하자.

　그러면 얻은 공덕은 후자의 보살이 전자의 보살보다 뛰어나다. 왜냐하면 수보리야, 제보살은 복덕을 받지 않기 때문이다.”

　수보리가 부처님께 사뢰어 말씀드렸다.

　“세존이시여, 보살은 어찌하여 복덕을 받지 않습니까.”

　“수보리야, 보살은 짓는 복덕에 대하여 탐착해서는 안된다. 이런 까닭에 복덕을 받지 않는다고 설한다.”

通曰

須菩提一向解空 一向謂不應以三十二相觀如來 佛卽印可之曰 若以相觀者 輪王亦應是佛 而又申之以偈曰 色見聲求 是行邪道 所爲破相之談 可謂極矣 若執著破相爲是 卽類偏空 卽至斷滅因果 若發菩提心者 智悲雙運 應不如是 雖不藉福德而證菩提 亦不失福德而昧因果 但於福德無取著耳

종통32

　수보리는 항상 공을 이해하고 있는 까닭에 항상 삼십이상을 통해서는 결코 여래를 볼 수가 없다고 말한다. 이에 부처님은 그것을 인가하여 ‘만약 상을 통해서 여래를 볼 수가 있다면 전륜성왕도 또한 반드시 부처일 것이다.’라고 말한다.

　그리고 다시 그것을 게송으로 ‘색상을 통해서 보고 목소리를 통해서 추구한다면 그것은 사도를 실천하는 것이다.’고 말하였는데 그것은 破相의 담론으로서 지극한 것이었다. 만약 집착하는 것을 파상하는 것만이 옳다고 하면 그것은 곧 편공의 부류로서 단멸의 인과에 이르고 만다. 만약 보리심을 발생한 자라면 지혜와 자비를 함께 닦아야지 결코 그렇게[351] 해서는 안된다. 비록 복덕에 의지하지 않을지라도 보리를 증득할 수가 있고, 또한 복덕을 잃지 않을지라도 인과에 어두워질 수가 있다. 다만 복덕에 집착이 없어야 한다는 것 뿐이다.

唯其有而不受 因爲淨因 果爲淨果 所得三十二相 自與輪王福相不同也

  오직 복덕이 있더라도 받지 않아야만 그 인이 청정한 인이 되고, 과도 청정한 과가 된다. 그럼으로써 얻는 삼십이상은 전륜성왕의 복상과 같지가 않다.

刊定記曰 汝若作是念八句 遮毀相之念 意云 汝若謂如來不以具足相故得菩提 莫作是念 文勢似重 意實不重 但前敍後遮也 汝若作是念五句 出毀相之過 蓋定有則著常 定無則著斷 今若作無相解 正當斷見 斯則於果損福德莊嚴 於因損五度之行 壞俗諦也 諸法斷滅 是二乘偏空見解 無有菩薩見法斷故 何以故 以生故卽有斷 一切法是無生性 所以遠離常斷二邊 遠離二邊 是法界相 故發無上菩提心者 要與法界相應 必依悲智行願作利益衆生事 不說諸法斷滅相也

---

351) '집착하는 것을 파상하는 것만이 옳다고 하면 그것은 곧 편공의 부류로서 단멸의 인과에 이른다.'는 대목을 가리킨다.

『간정기』에서는 다음과 같이 말한다.

['그대가 만약 다음과 같이 생각한다면'의 八句[352]는 상을 폄훼하는 생각을 방지해준 것이다. 이것을 뜻으로 말하자면 그대가 만약 여래는 상을 구족하지 않은 까닭에 보리를 얻었다고 말한다면 그런 생각을 해서는 안된다는 것이다. 경전의 文勢는 중복되는 듯이 보여도 경전의 뜻은 중복된 것이 아니다. 무릇 앞에서 서술한 것을 뒤에서 그러지 말라고 방지한 것이다.

'그대가 만약 다음과 같이 생각한다면'의 五句[353]는 상을 폄훼하는 허물을 출생시킨 것이다. 무릇『중론』의 '정해진 것이 있으면 곧 常에 집착하는 것이고, 정해진 것이 없으면 곧 斷에 집착하는 것이다.'는 말처럼 지금 만약 상이 없다고 이해한다면 그것은 바로 단견이다.

이렇게 되면 과에 있어서는 복덕장엄을 손감하고 인에 있어서는 다섯 가지 바라밀행[354]을 손감하는 것으로서 속제를 파괴하는 것이다. 때문에 제법의 단멸은 곧 이승이 지니고 있는 편공의 견해이지 보살의 견법에는 이미 단절되고 없다. 왜냐하면 발생이 있는 까닭에 단멸이 있기 때문이다.

일체법이 곧 무생의 자성이기 때문에 常·斷의 양변을 멀리 떠나 있는데, 양변을 멀리 떠나 있는 것이 곧 법계의 상이다. 때문에 무상보리심을 발생하는 자는 요컨대 법계에 상응하여 반드시 자비와 지

---

352) '수보리야, 그대가 만약 '여래는 상을 구족하지 않은 까닭에 아뇩다라삼먁삼보리를 얻었다.'고 생각한다고 하자. 수보리야, '여래는 상을 구족하지 않은 까닭에 아뇩다라삼먁삼보리를 얻었다.'는 생각을 해서는 안된다.'는 대목을 가리킨다.
353) '수보리야, 그대가 만약 '아뇩다라삼먁삼보리심을 발생한 자는 제법의 단멸을 설하지 않는다.'고 생각한다고 하자. 그런 생각을 해서는 안된다.'는 대목이 이에 해당한다.
354) 보시를 제외하고 지계로부터 반야에 이르는 다섯 가지 바라밀을 가리킨다.

혜와 수행과 서원에 의지하여 중생에게 이로운 행위를 실천하는 것이지 제법의 단멸상을 설하지는 않는다.][355)

彌勒菩薩偈曰 不失功德因 及彼勝果報

　미륵보살은 게송으로 다음과 같이 말했다.
　"공덕의 원인을 잃지 않지만
　뛰어난 과보도 잃지 않는다"[356)

惟諸法不可斷滅 故智慧莊嚴 功德莊嚴 皆能有所成就 何以明其得勝果耶 若菩薩以<滿+?>恒河沙等世界七寶持用布施 所得世間福德固不可量 若復有人知一切法無我 卽無我等相 得成於忍 無我者 人無我 法無我也 得此二空 更不復生 名之爲忍 旣得無生法忍 所修福德 淸淨無垢 視彼住相行施 墮於有漏者 不啻百千萬億倍 故曰 勝前菩薩所得功德

　묻는다 : 생각해보면 제법은 단멸이 아니기 때문에 지혜가 장엄되
　　　　　고 공덕이 장엄되어 다 모든 것이 성취된다. 그러면 무엇
　　　　　으로 그들이 얻는 뛰어난 과보를 설명할 것인가.
　답한다 : 어떤 보살이 항하의 모래수 만큼의 세계에 가득한 칠보를
　　　　　가지고 보시한다면 그것으로 얻는 세간의 복덕은 본래 불

---

355)『金剛經纂要刊定記』卷6, (大正藏33, p.222中) 참조.
356)『金剛般若波羅蜜經論』卷下, (大正藏25, p.795中)

가량하다.

또 만약 어떤 사람이 일체법이 무아임을 안다면 곧 무아상·무인상·무중생상·무수자상으로 무생법인을 얻는다. 무아에는 인무아와 법무아가 있다. 이 두 가지 공을 터득하면 다시는 윤회생을 하지 않는데 그것을 무생법인이라 말한다. 이미 무생법인을 터득하면 그것으로 닦는 복덕은 청정하고 무구하다.

이것을 저들처럼 상에 집착하여 보시함으로써 유루에 떨어지는 것과 비교하자면 백·천·만·억 배에 그치는 것이 아니다. 그러므로 앞에서 설명한 보살들이 칠보의 보시로 얻는 공덕보다 뛰어나다고 말한다.

彌勒菩薩偈曰 得勝忍不失 以得無垢果

미륵보살은 게송으로 다음과 같이 말했다.
"勝忍까지도 또 잃지 않는다
  無垢의 과를 얻은 까닭이다"[357]

唯無我能趨無上菩提 故稱爲勝 若一切法無生者 所有福德皆應斷絶 云何而有福德生耶 以諸菩薩不受福德故 明不受故不失福也 然不受者 不著生死故 若住生死 卽受福德 非第一義中有福可取故 云何菩薩不受福

357) 『金剛般若波羅蜜經論』 卷下, (大正藏25, p.795中)

德耶 釋意云 菩薩作福 若生貪著 則因旣有漏 果亦有漏 凡所招報 是可
厭故 當知彼取 卽是越取 此則因果俱失 成其所疑 今所作福 不生貪著
則因旣無漏 果亦無漏 此福德無報 無彼有漏報故 如是取者 非爲越取 云
何疑其失因及果耶

묻는다 : 오직 무아만이 무상보리를 취향하기 때문에 勝이라 일컫는
다. 만약 일체법이 무생이라면 모든 복덕은 다 반드시 단절
되고 말 것이다. 그런데 어떻게 복덕이 발생하겠는가.

답한다 : '모든 보살은 복덕을 받지 않기 때문이다.'는 것은 받지 않
기 때문에 복덕을 상실하지 않음을 설명한 것이다. 그러나
'받지 않는다.'는 것은 생·사에 집착하지 않기 때문이다.
만약 생·사에 집착한다면 곧 복덕을 받는다. 第一義 가운
데에는 취할 복덕이 없기 때문이다.

묻는다 : 어째서 복덕은 복덕을 받지 않는가.

답한다 : 뜻을 해석하자면 다음과 같다. 곧 보살이 복덕을 짓되 만
약에 그것에 탐착한다면 곧 이미 유루의 인이 되고, 과도
또한 유루가 되고 만다. 범부가 초래하는 과보는 멀리해야
할 것인데, 그 取는 곧 초월해야 할 取라는 것을 반드시 알
아야 한다. 그것은 곧 인과 과를 모두 상실한 것으로 그 의
심이 되기 때문이다.

그런데 지금은 지은 복덕에 대하여 탐착을 발생하지 않은
즉 인이 이미 무루이고, 과도 또한 무루이다. 그래서 이
복덕은 과보가 없는데 그것은 유루의 과보가 없기 때문이
다. 이와 같이 取하는 자는 초월해야 할 取가 아니다. 그
런데 어찌 그 인과 과의 상실에 대하여 의심하겠는가.

彌勒菩薩偈曰 示勝福德相 是故說譬喻 是福德無報 如是受不取

　미륵보살은 게송으로 다음과 같이 말했다.
　"뛰어난 복덕의 상을 보여주려고
　이런 까닭에 비유를 설해준다네
　그런 복덕에는 과보가 없으므로
　이처럼 복덕을 받아도 집착없네"358)

福德未嘗不作 以俗諦故 旣作不應貪著 以第一義諦故 所以諸法不應斷
滅也 然則佛果與福相 又何礙之有

　복덕은 미상불 지었는데 그것은 속제이기 때문이다. 그러나 이미
지었지만 결코 탐착하지 않은 것은 제일의제이기 때문이다. 그래서
제법은 결코 단멸이 아니다. 그런즉 불과와 복상이 또 어찌 有에 장
애가 되겠는가.

僧問雲巖晟禪師 二十年在百丈中餠 爲甚麼心燈不續 巖云 頭上寶華冠
僧云 頭上寶華冠 意旨如何 巖云 大唐天子及冥王 僧問九峰虔禪師 大唐
天子及冥王 意旨如何 峰云 却憶洞上之言 丹霞頌云 玉鞭高擧擊金門 引
出珊瑚價莫論 迴古輪王全意氣 不彰寶印自然尊 又僧問長沙岑禪師 本
來人還成佛否 沙云 你道大唐天子還割茆刈艸否 投子頌曰 苔殿重重紫

358) 『金剛般若波羅蜜經論』卷下, (大正藏25, p.795中)

氣深 星分辰位正乾坤 金輪不御閻浮境 豈並諸候實印尊 由二則觀之 輪
王之福德已超出諸候之上　而況如來福德超出輪王之上者乎　旣已無我
得成於忍 自不爲割茆刈艸事 所以不受福德爲至福也

[한 승이 운암담성 선사에게 물었다.

"이십 년 동안이나 백장의 휘하에 계셨으면서 어찌 心燈을 계승하
지 않은 것입니까."

운암이 말했다.

"머리 위에다 보화관을 썼기 때문이다."

승이 물었다.

"머리에 보화관을 쓴 意旨는 무엇입니까.

운암이 말했다.

"대당의 천자 및 염라대왕이라는 뜻이다."

그 승이 구봉도건 선사에게 물었다.

"대당의 천자 및 염라대왕의 意旨는 무엇입니까."

구봉이 말했다.

"문득 생각해보니 그것은 洞上 곧 洞山良价의 말이었다."

단하자순이 게송으로 말했다.

"옥 채찍을 높이 들어 궁궐문을 쳐부수고
　산호를 인출하니 값을 매길 수가 없다네
　아득히 먼 옛날 전륜왕의 의기 온전하니
　옥새 보이지 않아도 곧 그대로 존귀하네"]359)

---

359) 『丹霞子淳禪師語錄』, (卍續藏71, p.763上)

[또 어떤 승이 장사경잠 선사에게 물었다.

"본래인도 성불을 하는 것입니까."

장사가 말했다.

"그대는 지금 대당의 천자가 한가롭게 번뇌의 띠풀이나 베고 있다고 말하는 것인가."

투자의청이 게송으로 말했다.

"궁궐 빽빽하고 상서로운 기운 깊으며

별자리 분명하고 천지 질서 올바르네

금륜왕은 세상 다스릴 뜻조차 없으니

어찌 제후라고 해서 옥새를 존중하랴"]360)

위의 두 가지 예를 말미암아 관찰해보건대 전륜성왕의 복덕은 이미 제후들의 복덕을 아득히 초출해 있다. 하물며 여래의 복덕이 전륜성왕의 복덕을 아득히 초출한 것이겠는가. 이미 무아가 되어 무생법인을 터득하였으니 스스로 번뇌의 띠풀을 벨 필요조차 없다. 때문에 복덕을 받지 않는 것이야말로 곧 지복이 된다.

二十四斷化身出現受福疑

此疑從上不受福德而來

- 제이십사단의 : 보살이 복덕을 받지 않는다면 도대체 화신이 출현하여 복덕을 받는 것인가 하는 의심을 단제한다.

---

360) 『林泉老人評唱投子靑和尙頌古空谷集』 卷2, (卍續藏67, p.279上-中)

이 의심은 위에서 복덕을 받지 않는다는 것으로부터 유래한 것이다.[361]

功德施論曰 若第一義無福可取 何故餘經作如是說 如來福智資糧圓滿
坐菩提座趣於涅槃 爲遣此疑 故經云

공덕시보살의 『논』에서는 다음과 같이 말한다.

[묻는다 : 만약 제일의제에는 취할 복덕이 없다면 무슨 까닭에 여
타의 경전에서는 '여래의 복덕과 지혜의 자량이 원만하여 보리좌에
앉아있어도 열반에 나아간다.'고 말하는가.
답한다 : 바로 그와 같은 의심을 없애주기 위하여 경전에서는 다
음과 같이 말하였다.][362]

【경문52】

須菩提 若有人言 如來若來若去 若坐若臥 是人不解我所說義 何以故

---

361) 곧 보살이 이 과보를 받지 않는다면 중생은 어떻게 해서 그 복덕을 알고 受用하는가
에 대한 의심을 제거해주는 대목이다. 가고 오며 앉고 눕는 행위를 하는 것은 여래의
응신이고, 오는 것이 없고 가는 것도 없는 것이 법신이다. 그러나 여래가 옛적에 보살
도를 행할 때 복덕의 과보를 받지 않았다면 어떻게 果에 이르러 가고 오며 앉고 눕는
상을 통하여 모든 중생으로 하여금 공양하고 복덕을 얻게끔 할 수 있는가. 이에 대하
여 여래가 응신의 작용으로 동작을 내보이기는 하지만 그 법신의 體는 如如不動하다
고 말한다.
362) 『金剛般若波羅蜜經破取著不壞假名論』卷下, (大正藏25, p.896上)

如來者 無所從來 亦無所去 故名如來

"수보리야, 만약 어떤 사람이 여래에 대하여 오고 가며 앉고 눕는다고 말한다면 그 사람은 내가 설한 뜻을 이해하지 못한 것이다. 왜냐하면 여래는 오는 바도 없고 또한 가는 바도 없기 때문에 여래라 말하기 때문이다."

▨ 通曰

如來旣不可以色相觀 又不可以斷滅說 爲其不住生死 不住涅槃 常從眞如而來度生故 然涅槃無有眞實處所 而至於彼 名之爲去 生死亦無眞實處所而從彼出 名之爲來 不去不來 是如來義 故執相求之不可 離相求之亦不可 當知化身出現 現而未嘗現也 果中原無受用 因中豈有受取耶

▨ 종통33

여래에 대하여 이미 색상을 통해서는 볼 수가 없는데 또 단멸이라고 설해서는 안된다는 것은 생·사에도 집착이 없고 열반에도 집착이 없다는 것이다. 항상 진여로부터 도래하여 중생을 멸도하기 때문이다. 열반은 진실한 처소가 없는데 거기에 도달하는 것을 去라 말하고, 생·사도 또한 진실한 처소가 없는데 그로부터 나오는 것을 來라고 말한다. 가는 것도 없고 오는 것도 없는 그것이 여래의 뜻이다.

때문에 형상에 집착하여 여래를 추구할 수가 없고, 상을 떠나서 여래를 추구할 수도 없다. 곧 화신으로 출현하기 때문에 현현해도 일찍이 현현한 적이 없는 줄을 반드시 알아야 한다. 果에는 원래 수용

금강반야바라밀경종통 제칠권

이 없는데 因 속에서 어찌 수취할 것이 있겠는가.

刊定記曰 若人言如來出現而來 入滅而去 住於世間 若坐若臥 皆不解我
所說義 以何義故名爲如來耶 以眞佛本來無來去故 去來化身佛也 如來
卽是法身 本來不動 若如來有去來差別 卽不得言常如是住 常如是住者
不變不異故

묻는다 : 『간정기』에서 말한 것처럼 어떤 사람이 '여래는 출현해서
　　　　오고 입멸해서 간다. 세간에 앉거나 누우면서 머문다.'고
　　　　말한다면 그것은 모두 내가 설한 뜻을 이해하지 못한 것이
　　　　다.363) 그렇다면 어떤 뜻에서 여래라고 말하는 것인가.
답한다 : 진불은 본래 오고 감이 없기 때문이다. 오고 가는 것은 화
　　　　신불이다. 여래는 곧 법신으로서 본래 부동하다. 만약 여
　　　　래에게 오고 가는 차별이 있다면 곧 항상 여시하게 주한다
　　　　[常如是住]고 말할 수가 없다. 항상 여시하게 주하는 것은 변
　　　　화가 없고 달라짐이 없기 때문이다.

彌勒菩薩偈曰 去來化身佛 如來常不動

　　미륵보살은 게송으로 다음과 같이 말했다.
　　"화신불에는 거래가 있지만

법신여래는 늘 부동하다네"[364]

此非異而異也 或問曰 旣無佛來去 何以出現受福 爲衆生受用耶 答曰 此
由衆生心水淸淨 則見佛來 來無所從 心水垢濁 則見佛去 去無所至 是佛
任運無心 但隨衆生所見耳 尚無出現之佛 寧有受福之事哉

이것은 다름이 아니면서 다름이다.

어떤 사람이 묻는다 : 이미 부처님에게 가고 옴이 없는데 어째서 출
　　　　현하여 복덕을 받고 중생을 수용하는 것인가.
답한다 : 이것은 중생의 마음의 물이 청정함을 말미암은 즉 부처님
　　　　이 오는 것을 보지만 와도 온 곳이 없고, 중생의 마음의 물
　　　　이 더러우면 곧 부처님이 가는 것을 보지만 가도 이르는 곳
　　　　이 없다는 것이다. 이것은 부처님의 경우에 임운하고 무심
　　　　하지만 단지 중생의 소견을 따라준 것 뿐이다. 오히려 출
　　　　현한 부처님도 없거늘 어찌 복덕을 받는 행위가 있겠는가.

彌勒菩薩偈曰 是福德應報 爲化諸衆生 自然如是業 諸佛現十方

미륵보살은 게송으로 다음과 같이 말했다.
"이 복덕에 과보가 있는 것은

364)『金剛般若波羅蜜經論』卷下, (大正藏25, p.795下)

제중생을 교화하기 위함이다
때문에 자연히 거래주좌와를
제불은 시방세계에 드러낸다"365)

如餘經言 應物現形 如水中月 水中之形有去來 而月常不動也

다른 경전에서는 다음과 같이 말한다.
"중생을 따라 형상을 보임이
마치 물속의 달빛과 같다네"366)
여기에서 물속의 형상에는 오고 감이 있지만 달은 항상 부동하다.

陸亘大夫問南泉曰 弟子家中有一片石 有時坐 有時臥 欲[金*鵫]作佛
得否 泉云 得 陸云 莫不得否 泉云 不得 雲巖云 坐則佛 不坐則非佛 洞
山云 不坐則佛 坐則非佛 天童拈云 轉功就位 轉位就功 還他洞上父子
且道南泉意作麼生 直是針錐不得 五祖演云 大衆 夫爲善知識 須明決擇
爲什麼他人道得 也道得 他人道不得 也道不得 還知南泉落處麼 白雲不
惜眉毛 與汝註破 得又是誰道來 不得又是誰道來 汝若更不會 老僧今夜
爲汝作箇樣子 乃擧手云 將三界二十八天作箇佛頭 金輪水際作箇佛脚
四大神州作箇佛身 雖然作此佛兒子了 汝諸人却在那裏安身立命 大衆
還會也未 老僧作第二箇樣子去也 東弗于逮作一箇佛 南贍部洲作一箇

365) 『金剛般若波羅蜜經論』 卷下, (大正藏25, p.795下)
366) 『金光明經』 卷2, (大正藏16, p.344中)

佛 西瞿耶尼作一箇佛 北鬱單越作一箇佛 草木叢林是佛 蠢動含靈是佛
旣恁麽 又喚甚麽作眾生 還會也未 不如東弗于逮 還他東弗于逮 南贍部
洲 還他南贍部洲 西瞿耶尼 還他西瞿耶尼 北鬱單越 還他北鬱單越 草木
叢林 還他草木叢林 蠢動含靈 還他蠢動含靈 所以道是法住法位 世間相
常住 旣恁麽 汝喚甚作佛 還會麽 忽有箇漢出來道 白雲休寱語 大眾記
取這一轉 以上諸尊宿 於本源自性天眞佛 各出手眼 互爲鑽硏 若於此參
透 方名見如來也

[육궁대부가 남전보원에게 물었다.

"저희 집에는 돌멩이 하나가 있습니다. 그런데 어떤 때는 앉아 있
고 어떤 때는 누워있기도 합니다. 조각을 해서 불상을 만들어볼까
하는데 어떻습니까."

남전이 말했다.

"물론 만들 수 있지요."

육궁이 물었다.

"만들다가 실패하는 것 아닐까요."

남전이 말했다.

"실패할 수 있지요."

운암이 말했다.

"앉아있으면 불상이 되겠지만 앉아있지 못하면 불상이 되지 못하
는 법이다."

동산이 말했다.

"앉아있지 못하면 불상이 되겠지만 앉아있으면 불상이 되지 못하
는 법이다."

천동이 拈하여 말했다. [367]

"功[偏·事]을 굴려 位[正·理]에 나아가고 位[正·理]를 굴려 功[偏·事]에 나아가니 그것이 동산양개[洞上]의 부·자와 같은가. 자, 말해 보라. 남전의 의도는 무엇인가. 이것이야말로 송곳 꽂을 데도 없구나."

오조법연이 말했다.

"대중들이여, 대저 선지식이 되려면 모름지기 분명하게 결택해줄 줄 알아야 한다. 말할 줄 아는 타인에 대해서는 어떻게 한마디 말해 줄 것이고, 말할 줄 모르는 타인에 대해서는 어떻게 한마디도 말해 주지 않을 것인가. 남전의 낙처가 무엇인지 알겠는가. 흰구름은 눈썹을 아끼지 않듯이 그대에게 자세하게 설명해 주리라. 말을 할 줄 아는 경우에는 누가 한 말이고, 말을 할 줄 모르는 경우에는 누가 하지 못하는 것인가. 그대들이 만약 이 도리를 모른다면 노승이 이따가 오늘 밤에 그것을 말해 주겠다."

그리고는 손을 들고 말했다.

"삼계의 이십 팔 천을 가지고 부처의 머리를 만들고, 금륜세계의 水際를 가지고 부처의 다리를 만들며, 사대신주를 가지고 부처의 몸체를 만들어주겠다. 비록 이와 같이 부처를 만들어준다고 할지라도 그대들은 어디에서 안신입명할 것인가.

그대들은 잘 알아듣겠는가. 노승이 다시 두 번째의 부처를 만들어주겠다. 동쪽의 불우체로 하나의 부처를 만들고, 남쪽의 섬부주로

---

367) 이에 대하여 천동정각이 운암과 동산의 견해에 대하여 내린 평가는 참으로 기막힌 것이었다. 곧 어떤 경우에는 현상[功]을 움직여 본질[位]로 향하고 어떤 경우에는 본질[位]을 움직여 현상[功]으로 향한다고 말하였다. 천동정각이 제시한 功과 位는 삼라만상 일체존재의 양상으로서 항상 근본에 철저한 본래면목의 기능과 속성을 표현한 개념이다. 그래서 본래면목에 대하여 개개인의 마음과 언설을 통해서는 아무런 조작도 가할 수가 없다. 이것을 천동정각은 바늘과 송곳을 찔러볼 수조차 없다고 말하였다.

하나의 부처를 만들며, 서쪽의 구야니로 하나의 부처를 만들고, 북쪽의 울단월로 하나의 부처를 만드니, 이에 풀과 나무와 작은 숲과 큰 숲이 곧 부처이고, 꿈틀거리고 살아 있는 모든 존재가 곧 부처이다. 이미 이러한대 그 무엇을 중생이라 부를 것인가.

잘들 알아들었는가.

동쪽의 불우체는 다시 저 동쪽의 불우체만 못하고, 남쪽의 섬부주는 다시 저 남쪽의 섬부제만 못하며, 서쪽의 구야니는 다시 저 서쪽의 구야니만 못하고, 북쪽의 울단원은 다시 저 북쪽의 울단월만 못하며, 풀과 나무와 작은 숲과 큰 숲은 다시 저 풀과 나무와 작은 숲과 큰 숲이고, 꿈틀거리고 살아 있는 모든 존재는 다시 저 꿈틀거리고 살아 있는 모든 존재이다. 때문에 이 諸法은 諸法位에 주하니 세간상이 상주한다고 말한다. 이미 이러할진댄 그대들은 무엇을 가리켜 부처를 만든다고 말할 것인가.

잘들 알아듣겠는가.

그러자 갑자기 어떤 녀석이 자리에서 일어나 말했다.

"흰구름은 잠꼬대를 하지 않습니다."

그러자 대중은 그 한마디를 마음속에 새겨주었다."][368]

이상 여러 존숙들은 本源自性의 천진불로서 각자 수단과 안목을 보여주어 서로간에 鑽研해주었다. 그러므로 만약 이것들을 가지고 參透한다면 바야흐로 여래를 보았다고 말할 수가 있다.

368)『萬松老人評唱天童覺和尙拈古請益錄』卷上, (卍續藏67, p.484上-下)

二十五斷法身化身一異疑

此疑從上法無斷滅 法無去來而來

- 제이십오단의 : 법신과 화신의 같고 다름에 대한 의심을 단제한다. 이 의심은 위의 법신에는 단·멸이 없고 법신은 거·래가 없이 도래했다는 부분에서 유래한 것이다.[369]

功德施論曰 若生死涅槃不可得 故無去來者 如來豈如須彌山等積聚一合而安住耶 爲遣此中是一是常 無分有分 一合見故 言微塵衆多者 遣無分一合見也 非微塵衆者 遣有分一合見也 是名微塵衆者 我<我-?>非有分物執<說?>之爲衆 復爲遣積聚見也 故經云

공덕시보살의 『논』에서는 다음과 같이 말한다.

---

369) 곧 법신은 거래가 없고 화신은 거래가 있다면 같다거나 다르다[一異]는 見이 된다는 것에 대한 의심을 단제한다. 위에서 응신의 거래는 다르지만[異] 법신의 거래는 같다[一]는 것을 설명하였다. 그런데 부처님께서는 선현이 같다거나 다르다[一異]는 견해를 낼까 염려하여 일부러 비유를 시설하여 첫째는 세계의 미진을 언급하여 같다 다르다[一異] 하는 것에 대한 의심을 단제하고, 둘째는 언설을 언급하여 아견과 법견을 모두 여의었음을 말해준다. 첫째에서 세계미진의 一異를 標하여 그것이 無性임을 드러낸다. 세계라는 것은 법신의 비유이다. 미진이라는 것은 응신의 비유이다. 여기에서 세계는 같고[一] 미진은 다르다.[異] 세계를 부수어 미진으로 만들면 미진은 다르다는 성품[異性]이 없어지고 그것을 합하면 세계가 되는데 그 세계는 같다는 성품[一性]이 없어진다. 모든 법신이 응신을 일으키면 그 응신은 다르다는 성품[異性]이 없어져 모든 응신이 곧 법신이 되는데 그 법신에는 같다는 성품[一性]이 없어지는 것을 비유한 것이다.

[묻는다 : 만약 생·사와 열반이 없는 까닭에 거·래가 없다면 여래는 어째서 저 수미산 만큼 쌓여서 일합이 된 세상에 안주하는 것인가.

답한다 : 바로 이 가운데서 동일하다든가 영원하다든가 유분의 일합과 무분의 일합이라는 견해를 없애주기 위한 까닭이다. 경전에서 '미진중이 많다'는 말은 무분의 일합이라는 견해를 없애주기 위한 것이다. 그리고 '미진중이 아니다'는 말은 유분의 일합이라는 견해를 없애주기 위한 것이다. 그리고 '미진중이라 말한다.'는 말은 유분물이 아닌 것을 미진중이라 설한 것이고, 또한 적집된 것이라는 견해를 없애주기 위한 것이다.][370)

【경문53】

須菩提 若善男子善女人 以三千大千世界碎爲微塵 於意云何 是微塵衆寧爲多不 甚多 世尊 何以故 若是微塵衆實有者 佛則不說是微塵衆 所以者何 佛說 微塵衆卽非微塵衆 是名微塵衆 世尊 如來所說三千大千世界 卽非世界 是名世界 何以故 若世界實有者 則是一合相 如來說 一合相卽非一合相 是名一合相 須菩提 一合相者 卽是不可說 但凡夫之人貪著其事

"수보리야. 만약 선남자·선여인이 삼천대천세계를 부수어 미진을 만들었다고 하자. 어떻게 생각하느냐, 이 미진중은 얼마나 많겠느냐."

"대단히 많습니다. 세존이시여, 왜냐하면 만약 이 미진중이 실로

---

370) 『金剛般若波羅蜜經破取著不壞假名論』卷下, (大正藏25, p.896上)

있다면 부처님께서는 그것을 미진중이라 설하지 않으셨을 것입니다. 왜냐하면 부처님께서 설한 미진중은 미진중이 아닙니다. 이 때문에 부처님께서는 미진중이라 설하십니다.

세존이시여, 여래께서 설하신 삼천대천세계는 곧 세계가 아닙니다. 이것을 세계라 말씀하십니다. 왜냐하면 만약 세계가 實有하다면 그것은 곧 일합상[371]일 것입니다.

그러나 여래께서 일합상이라 설한 것은 곧 일합상이 아닙니다. 이것을 일합상이라 말씀하십니다."

부처님께서 말씀하셨다.

"수보리야, 일합상이라는 것은 곧 설할 수가 없는 것이다. 단지 범부가 그 현상에 탐착할 뿐이다."

傅大士頌曰 界塵何一異 報應亦同然 非因亦非果 誰後復誰先 事中通一合 理則兩俱捐 欲達無生路 應當識本源

부대사는 게송으로 다음과 같이 말했다.

"세계와 미진이 어찌 같고 다른가
보신 및 응신도 또 마찬가지이다
원인도 없고 또한 과보도 없다면
무엇이 後이고 또 무엇이 先인가

---

371) 一合相 : 나집역의 相은 想과 같은 것으로서 執의 의미이다. 이렇게 一合相이라 번역한 것은 나집과 보리유지이고, 진제는 聚一執, 달마급다는 搏取, 현장은 一合執, 의정은 聚執이라 번역하였다. 一執性이 하나하나를 다른 實有로서 고집하는 것에 비하여, 一合執은 모두를 하나의 전체로 보아 그것을 實有로 고집하는 것을 말한다.

현상에서는 일합으로 통합되지만
도리에서는 두 가지 모두 없다네
혹 무생의 길에 통달하고 싶으면
반드시 그 본원을 알아야 한다네"³⁷²⁾

通曰

不應以相見如來 似與化異 於法不說斷滅相 似與化一 化身有去來 而法
身常不動 中間實無一異之相 故佛以法界明之 彼去來坐臥 卽微塵相也
去來坐臥 不離於法身 如彼微塵 不離於法界也 法身現起去來坐臥 如世
界碎爲微塵 不可謂異 煩惱盡而證於法身 如微塵碎而同於太虛 不可謂
一 彼太虛空 非有以合之而後成 非有一性故也 彼微塵聚 非有以散之而
後顯 非有異性故也 如來遠離煩惱障 住彼法界中 非一處住 亦非異處住
是不可思議境界 豈可言說 但凡夫執著事相 謂有分合可得 若見於實相
者 一眞平等法界 本自無生 誰爲去來 誰爲不動 但可謂之如來而已

종통34

결코 상을 통해서는 여래를 볼 수가 없다는 것은 비슷하지만 다르
게 화현한 것이고, 법에 대하여 단멸상을 설하지 않는다는 것은 비
슷하지만 동일하게 화현한 것이다. 화신에는 거 · 래가 있지만 법신
은 항상 부동이다. 그 중간에는 실로 동일하다 · 다르다 하는 상이
없다. 때문에 부처님은 법계를 가지고 그것을 설명한다.

곧 그것이 가고 오며 앉고 눕는 것은 미진상에 즉한 것으로서 가고

---

372) 『梁朝傳大士頌金剛經』, (大正藏85, p.8上)

오며 앉고 눕지만 법신을 떠나 있지 않다. 마치 저 미진이 법계를 떠나 있지 않은 것과 같다. 법신이 가고 오며 앉고 눕는 모습을 현기하는 것은 세계를 부수어 미진으로 만든 것과 같은 것이지 달라진[異] 것이라고 말할 수는 없다. 번뇌가 다 사라져 법신을 증득하는 것은 마치 미진이 부서져서 태허와 동일한 상태가 되는 것과 같을 뿐이지 동일한[一] 것이라고 말할 수는 없다.

저 태허공은 유가 아니지만 그것이 합해진 이후에 성취된 것이므로 유와 동일한 자성이 아니다. 저 미진취는 유가 아니지만 그것이 흩어진 이후에 현성된 것이므로 유와 다른 자성이 아니다. 여래는 번뇌장을 멀리 떠나 있지만 저 법계 가운데 주하는 것은 동일처에 주하는 것도 아니고, 또한 변이처에 주하는 것도 아니어서 곧 불가사의한 경계인데, 어찌 언설로 가능하겠는가.

다만 범부는 事相에 집착한 까닭에 유분의 일합으로 얻을 수 있다고 말한다. 그러나 만약 실상을 본 사람은 일진의 평등법계는 본래부터 무생인데 무엇이 가고 오며 무엇이 부동이겠는가. 다만 그런 경우를 여래라고 말할 뿐이다.

刊定記<註解?>曰 初須菩提至貪著其事 約塵界以破一異 以三千大千五句 <一+?>標<界+?>塵一異以顯無性 言世界者喩法身也 微塵者 喩應身也 世界一也 微塵異也 碎界作塵 塵無異性 合塵爲界 界無一性 故彌勒菩薩偈曰 去來化身佛 如來<法身?>常不動 於是法界處 非一亦非異

의 경문에서 처음의 '수보리' 부분부터 마지막의 '그 현상에 탐착할 뿐이다.'에 이르기까지 『주해』에서는 미진과 세계에 의거해서 그 동일함과 다름을 타파한 것이라고 다음과 같이 말한다.

['삼천대천세계'의 五句[373]는 세계와 미진의 동일함과 다름을 하나로 標해서 그것에 자성이 없음을 드러낸 것이다. 세계라는 말은 법신을 비유한 것이고, 미진은 응신을 비유한 것이다. 세계는 동일[一]이고 미진은 변이[異]이다. 세계가 부서져 미진이 되어도 미진은 변이의 자성이 없고, 미진이 합해져서 세계가 되어도 세계는 동일의 자성이 없다.][374]

때문에 미륵보살은 게송으로 다음과 같이 말했다.
"화신불에는 거래가 있지만
법신여래는 늘 부동하다네
그러므로 그들 법계처에는
一도 없고 또 異도 없다네"[375]

何以故至是名微塵 此釋微塵喩應身無異性也 若知碎世界作微塵 微塵
全是世界 則塵無實性 故曰則非微塵 非實微塵也 以離性計而說微塵 是
空微塵也 故曰是名微塵 此喩全法起應 應卽是法 何異性之有 世尊 至貪
著其事 此釋世界喩法身無一性也 若知微塵爲世界 非唯所起微塵 是空

---

373) '만약 선남자 · 선여인이 삼천대천세계를 부수어 미진을 만들었다고 하자. 어떻게 생각하느냐, 이 미진중은 얼마나 많겠느냐. 대단히 많습니다. 세존이시여,'의 대목을 가리킨다.
374) 『金剛般若波羅蜜經註解』, (大正藏33, p.237中─下)
375) 『金剛般若波羅蜜經論』卷下, (大正藏25, p.795下)

微塵 抑亦能起世界 是空世界 夫世界全是微塵 則世界無實性 故曰則非
世界 以離性計而說世界 <是空世界也+?> 故曰是名世界

'왜냐하면' 부터 '미진중이라 설하십니다.'에 이르는 부분[376]은 미진
은 응신처럼 변이하는 실성[異性]이 없다는 비유를 해석한 것이다. 만
약 세계가 부서져 미진이 되는 줄 알면 미진은 그대로 세계이므로 곧
미진에는 실성이 없다. 그러므로 미진이 아니라는 말은 실제로 미진
이 없다는 것이다. 그래서 실성을 벗어난 계탁으로 미진을 설한 것
이므로 곧 공미진이다. 때문에 곧 미진이라 말한다. 이것은 모든 법
신의 경우 응신을 현기함을 비유한 것으로 응신이 곧 법신인데 어찌
변이하는 실성이 있겠는가.
    '세존이시여' 부터 '그 현상에 탐착할 뿐이다.'에 이르는 부분[377]은
세계가 법신처럼 동일한 실성[一性]이 없다는 비유를 해석한 것이다.
만약 미진이 세계가 되는 줄을 알면 所起의 미진은 곧 공미진일 뿐
만 아니라 또한 능기의 세계도 곧 공세계가 된다. 대저 세계는 그대
로 미진이므로 곧 세계에는 실성이 없다. 그러므로 세계가 아니라고
말한다. 실성을 벗어난 계탁으로 세계를 설한 것이므로 곧 공세계이
다. 때문에 곧 세계라 말한다.

---

376) '왜냐하면 만약 이 미진중이 실로 있다면 부처님께서는 그것을 미진중이라 설하지 않
     으셨을 것입니다. 왜냐하면 부처님께서 설한 미진중은 미진중이 아닙니다. 이 때문에
     부처님께서는 미진중이라 설하십니다.'는 대목을 가리킨다.
377) '세존이시여, 여래께서 설하신 삼천대천세계는 곧 세계가 아닙니다. 이것을 세계라 말
     씀하십니다. 왜냐하면 만약 세계가 實有하다면 그것은 곧 일합상일 것입니다. 그러나
     여래께서 일합상이라 설한 것은 곧 일합상이 아닙니다. 이것을 일합상이라 말씀하십
     니다. 부처님께서 말씀하셨다. 수보리야, 일합상이라는 것은 곧 설할 수가 없는 것이
     다. 단지 범부가 그 현상에 탐착할 뿐이다.'는 대목을 가리킨다.

彌勒菩薩偈曰 世界作微塵 此喻示彼義 微塵碎爲末 示現煩惱盡 非聚集
故集 非唯是一喻 聚集處非彼 非是差別喻

　미륵보살은 게송으로 다음과 같이 말했다.
　"세계를 곧 미진으로 간주하는
　비유는 앞의 뜻을 나타내준다
　미진세계를 가루로 만든 것은
　번뇌가 다 없어짐을 보여준다
　聚와 集이 아니므로 취집이란
　곧 동일하지 않음을 비유한다
　聚集이 동일하지 않은 이유는
　곧 차별이 아니라는 비유이다"[378]

非微塵有性合成世界 故曰非一 非世界有性散爲微塵 故曰非異 徵意云
以何義故說世界耶 釋意云 世界若實有者 則是一合相 今所云一合相者
一之而不二 合之而不分 乃衆塵和合爲一世界 作此見者卽爲非見 於非
有中而妄見故 故如來說非一合相 是空無離性 名之一合者 但俗諦言說
非眞實有 故曰是名一合相也 此一合相 無體可說 第一義中 一切諸法本
性無生 無生故不可得 不可得故離於言說 但爲凡夫不了 執之爲實 貪著
其相 於中妄取 猶彼小兒如言執物

　미진은 실유의 자성이 합하여 세계가 성취되는 것이 아니기 때문

378)『金剛般若波羅蜜經論』卷下, (大正藏25, p.796上)

에 동일이 아니라고 말하고, 세계는 실유의 자성이 흩어져 미진이 성취되는 것이 아니기 때문에 변이가 아니라고 말한다.

뜻을 따져서 묻는다 : 무슨 뜻에서 세계를 설하는가.
뜻을 해석하여 답한다 : 만약 세계가 실유라면 곧 일합상일 것이다.
곧 지금 말하는 일합상이란 그것의 동일한 측면이지 다름의 측면이 아니고, 그것이 합해진 측면이지 분리된 측면이 아니므로, 이에 많은 미진이 화합되어 하나의 세계가 된다.

그런데 이와 같은 견해를 짓는 것은 곧 정견이 아니다. 왜냐하면 非有 가운데서 짓는 妄見이기 때문이다. 그러므로 여래가 일합상이 아니라고 설한 것은 곧 空無로서 실성을 떠나 있다. 그런데도 그것을 일합상이라 말한 것은 다만 속제의 언설일 뿐이지 진실이 아니다. 때문에 '이것을 일합상이라 말씀하십니다.'고 말한다.
이 일합상은 설할 만한 체가 없다. 제일의제 가운데서는 일체의 제법이 본래 무생이다. 무생이므로 불가득이다. 불가득이므로 언설을 떠나 있다. 다만 범부가 이해하지 못하고 그것에 집착하여 실유라 간주하는 것은 그 형상에 탐착하여 그 가운데서 허망하게 취하기 때문이다. 그것은 마치 어린아이가 언설을 따라서 사물에 집착하는 것과 같다.

彌勒菩薩偈曰 但隨於音聲 凡夫取顚倒

미륵보살은 게송으로 다음과 같이 말했다.

"단지 음성만 따르기 때문에
 범부는 마침내 전도가 된다"[379)]

若無取著 卽不落於事相 此喩全應是法 法不離應 何一性之有 法不離
應 應不離法 故知如來非一處住 亦非異處住也

　만약 집착이 없다면 곧 事相에 떨어지지 않는다. 이것은 그대로 응
신이 곧 법신으로서 법신은 응신을 떠나 있지 않다는 것을 비유한 것
이다. 그런데 어찌 동일하다는 자성인들 있겠는가.
　법신은 응신을 떠나 있지 않고 응신은 법신을 떠나 있지 않기 때문
에 여래는 동일한 곳[一處]에 주하지도 않고 또한 변이한 곳[異處]에 주
하지도 않는 줄을 알아야 한다.

金海光如來解曰 世界者 如來自說盧舍那佛住持三千大千世界 身上化
生菩提之樹 號蓮華藏世界 不說窒礙世界也 一合相者 一切衆生身中佛
性 與盧舍那法身 是一合相也 頌曰 如來自說蓮華藏 負荷三千擐大千
菩薩了空歸一合 凡夫貪著被魔纏 此解亦翻騰可玩

　[금해광여래가 해석하여 다음과 같이 말했다.
　"'세계'는 여래가 자설한 것에 의하면 노사나불이 주지하는 삼천대
천세계로서 몸에는 화생한 보리수가 있고 호는 연화장세계이므로

─────────────────
379) 『金剛般若波羅蜜經論』卷下, (大正藏25, p.796中)

질애세계라 설할 수는 없다. '일합상'은 일체중생의 몸 가운데 있는 불성이 노사나법신과 함께 하기 때문에 곧 일합상이다."

이에 게송으로 다음과 같이 말했다.

"여래께서 자설한 연화장세계의 모습은
　삼천세계 및 대천세계 지고 또 걸쳤네
　보살은 공 알아서 일합에 들어 있지만
　범부는 탐착으로 번뇌망상을 받는다네"]380)

금해광여래의 이 해석도 또한 뒤집어서 완미해볼 일이다.

昔秦跋陀禪師問生法師 講何經論 生曰 大般若經 師曰 作麼生說色空 義 曰 眾微聚曰色 眾微無自性曰空 師曰 眾微未聚 喚<時=>作甚麼 生罔措 又問 別講何經論 曰 大涅槃經 師曰 如何說涅槃<之+?>義 曰 涅而不生 槃而不滅 故曰<不生不滅+?>涅槃 師曰 這箇是如來涅槃 那箇是法師涅槃 曰 涅槃之義 豈有二耶 某甲祇<只=>如此 未審禪師如何說涅槃 師拈起如意 曰 還見麼 曰 見 師曰 見箇甚麼 曰 見禪師手中如意 師將如意擲於<于=>地 曰 見麼 曰 見 師曰 見箇甚麼 曰 見禪師手中如意墮地 師斥曰 觀公見解 未出常流 何得名喧宇宙 拂衣而去 其徒懷疑不已 乃追師扣問 我師說色空涅槃不契 未審禪師如何說色空義 師曰 不道汝師說得不是 汝師祇<只=>說得果上色空 不會說<得+?>因中色空 其徒曰 如何是因中色空 師曰 一微空故眾微空 眾微空故一微空 一微空中無眾微 眾微空中無一微

380) 洪蓮, 『金剛經註解』, (卍續藏24, p.814上–中)

[옛적에 진나라의 구나발타라 선사가 축도생 법사에게 물었다.

"어떤 경론을 강의하십니까."

축도생이 말했다.

"『대반야경』을 강의합니다."

선사가 물었다.

"색과 공의 뜻을 어떻게 설하고 있습니까."

법사가 말했다.

"衆微가 모여 있는 것을 색이라 말하고, 중미에 자성이 없는 것을 공이라 말합니다."

선사가 물었다.

"중미가 모여 있지 않을 때는 뭐라고 불러야 합니까."

도생법사는 당황하여 어찌 할 줄 몰랐다.

이에 선사가 다시 물었다.

"달리 어떤 경론을 강의합니까."

법사가 말했다.

"『대반열반경』을 강의합니다."

선사가 물었다.

"열반의 뜻을 어떻게 설하고 있습니까."

법사가 말했다.

"열은 불생이고 반은 불멸이기 때문에 불생·불멸을 열반이라 말합니다."

선사가 물었다.

"그것은 여래가 말한 열반입니다. 그러면 어떤 것이 법사가 생각하는 열반입니까."

법사가 말했다.

"열반의 뜻에 어찌 두 가지가 있겠습니까. 저는 다만 경전의 뜻대로 알고 있을 뿐입니다. 그건 그렇고 선사께서는 열반을 어떻게 설명하십니까."

선사가 如意를 치켜들고 물었다.

"이것이 보입니까."

법사가 말했다.

"보입니다."

선사가 물었다.

"무엇이 보입니까."

법사가 말했다.

"선사께서 손에 들고 있는 여의가 보입니다."

그러자 선사는 여의를 땅에 던지려고 하면서 물었다.

"이제 보입니까."

법사가 말했다.

"보입니다."

선사가 물었다.

"무엇이 보입니까."

법사가 말했다.

"선사께서 손안에 들고 있던 여의를 땅에 던지려는 것이 보입니다."

선사가 여의를 내던지고 말했다.

"그대 자신의 견해가 아직 흘러나오기 이전의 모습이나 잘 관찰해 보시오. 세상에 알려진 그 명성[名喧宇宙]을 어떻게 얻었습니까."

이에 선사는 옷을 떨치고 가벼렸다. 법사를 따르던 무리들은 회의하지 않을 수 없었다.

이에 선사를 따라가서 간곡하게 물었다.

"우리 스승께서 설명한 색·공 및 열반의 뜻은 맞지 않습니다. 그런데 선사께서는 색·공의 뜻을 어떻게 설명하십니까."

선사가 말했다.

"그대들 스승의 설명이 옳지 않다고 말하지 마시오. 그대들 스승은 단지 果上의 색·공에 대해서만 말할 줄 알았지 因中의 색·공에 대해서는 말할 줄 몰랐습니다."

그러자 법사의 무리들이 물었다.

"그러면 인중의 색·공이란 무엇입니까."

선사가 말했다.

"一微가 공하기 때문에 衆微가 공하고, 중미가 공하기 때문에 일미가 공합니다. 일미의 공 가운데는 중미가 없고, 중미의 공 가운데는 일미가 없습니다."]381)

참으로 지당한 말씀이다. 모름지기 이런 경지에 들어가야만 평등법계가 동일한[一] 것도 아니고 변이한[異] 것도 아닌 眞切處인 줄을 믿을 수가 있다.

【경문54】

須菩提 若人言 佛說我見人見衆生見壽者見 須菩提 於意云何 是人解我所說義不 不也 世尊 是人不解如來所說義 何以故 世尊說我見人見衆生見壽者見 卽非我見人見衆生見壽者見 是名我見人見衆生見壽者見 須

---

381) 『虛堂集』 卷1, (卍續藏67, p.325中－下)

菩提 發阿耨多羅三藐三菩提心者 於一切法 應如是知 如是見 如是信解
不生法相 須菩提 所言法相者 如來說卽非法相 是名法相

"수보리야, 만약 어떤 사람이 부처님께서 아견·인견·중생견·
수자견을 설하였다고 말한다면 수보리야, 어떻게 생각하느냐. 그 사
람이 설한 것은 옳은 말이겠느냐."

"세존이시여, 그 사람은 여래께서 설하신 뜻을 알지 못하는 것입
니다. 왜냐하면 여래께서 설하신 아견·인견·중생견·수자견은 곧
아견·인견·중생견·수자견이 아닙니다. 그것을 아견·인견·중
생견·수자견이라 말하기 때문입니다."

"수보리야, 아뇩다라삼먁삼보리심을 일으킨 자는 일체법에 있어
서 마땅히 이와 같이 알고 이와 같이 보며 이와 같이 신해하여 법상
을 내어서는 안된다.

수보리야, 말한 바 법상이라는 것은 여래께서 곧 법상이 아니라고
설하셨다. 그것을 법상이라 말하는 것이다."

▨ 通曰

須菩提前說我相卽是非相 乃至壽者相卽是非相 離一切相則名諸佛 世
尊旣印可之矣 何爲又有此叮嚀也 前但破相 此乃破見 見相略有淺深 故
重破之也 彼證悟了覺爲四相如圓覺所說 未嘗不是四見 但能不作是見
者 猶是法相見也 始而有人我相者 則非菩薩 旣而通達無我法者 是名菩
薩 猶有遣我見在 今細查考四見本無 又何用遣 此乃最上般若 不可不如
是知見信解也 如是知 知不離眞如 如是見 見不離眞如 如是信解 解不離
眞如 一眞平等 分別不生 豈但界塵一異之相了不可得 卽貼體微細法相

亦自不生 其斯爲無住眞際乎

📖 종통35

묻는다 : 수보리가 위에서는 '아상은 곧 진상이 아니고, 내지 수자
　　　　상은 곧 진상이 아니며, 일체상을 떠난 것을 곧 제불이라
　　　　말한다.'고 하였고, 세존은 이미 그것을 인가하였다. 그런
　　　　데 어째서 다시 이처럼 정녕하게 말하는 것인가.

답한다 : 이전에는 단지 相만을 타파했지만 여기에서는 見을 타파
　　　　한다. 見과 相에는 간략하게 말하면 얕고 깊음의 차이가
　　　　있다. 때문에 거듭 그것을 타파한다. 위에서 證悟하고 了
　　　　覺한 것은 四相이었는데 『원각경』에서 설한 것은 미상불
　　　　四見이었다. 무릇 이 사견을 짓지 않을 수 있는 사람은 마
　　　　치 법상견과 같다.

묻는다 : 처음에는 인상과 아상이 있는 사람은 곧 보살이 아니라고
　　　　말하였다. 그런데 이미 무아법에 통달한 사람은 곧 보살이
　　　　라 말하였는데, 이것은 마치 아견이 남아 있는 것과 같다.
　　　　이제 자세하게 살펴보고 생각해보면 사견이 본래 없는데
　　　　어찌 다시 없앨 필요가 있는가.

답한다 : 이것은 곧 최상의 반야이기 때문에 불가불 이와 같이 알
　　　　고, 이와 같이 보며, 이와 같이 신해[知·見·信解]하라고 말한
　　　　것이다. 如是知에서 知는 진여를 떠나 있지 않는 것이고,
　　　　如是見에서 見은 진여를 떠나 있지 않는 것이며, 如是信
　　　　解에서 解는 진여를 떠나 있지 않는 一眞平等으로서 분별
　　　　이 발생하지 않는 것이다. 그런데 어찌 다만 세계와 미진
　　　　의 동일상과 변이상이 없다는 것을 이해하는 것만으로 곧

미세법상도 또한 본래 불생으로서 그것이 집착 없는 眞
際가 된다는 것을 체득하겠는가.

刊定記曰 若人言佛說以下 遣除我法 以顯本寂也 意云 前凡夫貪著其
事 所緣一異之境 由有能緣我法見心也 見心不破 一異分別不除 故今
破之 令除分別 入聖道也

『간정기』에서는 '만약 어떤 사람이 부처님께서 아견 · 인견 · 중생
견 · 수자견을 설하였다고 말한다면…'[382] 이하에 대하여 아 · 법을
없애는 것으로서 본래공적을 드러낸 것이라고 말했다.[383] 이것을 뜻
으로 말하면 저 위에서 범부의 경우 그 행위에 탐착한다고 말한 것
에서 소연의 동일과 변이의 경계는 능연하는 아견심과 법견심을 말
미암은 것이다.

아견심과 법견심을 타파하지 못하면 동일과 변이의 분별을 단제하
지 못한다. 때문에 지금 그것을 타파하여 분별을 없애고 성도에 들
어가도록 해주는 것이다.

彌勒菩薩偈曰 非無二得道 遠離於我法

382) '수보리야, 만약 어떤 사람이 부처님께서 아견 · 인견 · 중생견 · 수자견을 설하였다고
　　말한다면 수보리야, 어떻게 생각하느냐. 그 사람이 설한 것은 옳은 말이겠느냐.'는 대
　　목을 가리킨다.
383) 『金剛經纂要刊定記』卷7, (大正藏33, p.225上)

미륵보살은 게송으로 다음과 같이 말했다.

"둘 없음으로는 득도 못한다

끝내 我法도 멀리해야 한다"[384]

謂非無人法俱空二智而能得道者 須遠離我法四相而後可也 佛說我見至
是名我見 先明離我見也 若人謂佛眞實說有我人等見者 斯則謬解 故云
不解如來所說義也 以何義故說爲不解耶 佛說我人等見者 非實我人等
見 但是假名我人等見耳 夫眞如性中 原無所見 佛本欲顯示無見之眞 故
說我人等見 以明皆空無實 由眾生不見眞如 妄分別見耳

말하자면 인공과 법공의 二智 곧 世智와 第一義智가 없이 득도하
는 사람은 없다. 그러므로 모름지기 아의 사상과 법의 사상을 멀리
떠난 이후에야 가능하다.

'여래께서 설하신 … 아견 · 인견 · 중생견 · 수자견이라 말하기 때
문입니다.'[385]는 것은 먼저 아견을 떠나야 함을 설명한 것이다. 어떤
사람이 '부처님은 진실로 아견 · 인견 · 중생견 · 수자견이 있다고 설
한다.'고 말한다면 그것은 곧 잘못된 이해이다. 때문에 수보리는 '그
사람은 여래께서 설하신 뜻을 알지 못하는 것입니다.'라고 말한다.

묻는다 : 무슨 뜻에서 여래의 뜻을 이해하지 못한 것이라 말하는가.

---

384) 『金剛般若波羅蜜經論』 卷下, (大正藏25, p.796中)
385) '왜냐하면 여래께서 설하신 아견 · 인견 · 중생견 · 수자견은 곧 아견 · 인견 · 중생
견 · 수자견이 아닙니다. 그것을 아견 · 인견 · 중생견 · 수자견이라 말하기 때문입니
다.'는 대목을 가리킨다.

답한다 : 부처님이 설한 아견·인견·중생견·수자견은 실로 아
견·인견·중생견·수자견이 아니다. 다만 그것은 가명
의 아견·인견·중생견·수자견일 뿐이다. 대저 진여자
성 가운데는 원래 소견이 없다. 부처님은 본래 무견의
眞을 현시하려는 것이었다. 때문에 아견·인견·중생
견·수자견을 설함으로써 모두가 공으로서 실체가 없음을
설명한 것이다. 그러나 중생은 진여를 보지 못함으로 말미
암아 허망하게 분별하여 볼 뿐이다.

彌勒菩薩偈曰 見我卽不見 無實虛妄見

미륵보살은 게송으로 다음과 같이 말했다.
"아를 보는 것 성품 보는 것 아니다
실체가 없는데 허망하게 볼 뿐이다"[386]

見我卽不見眞如 若見眞如 卽遠離虛妄見矣

이 내용은 곧 '나를 보면 곧 진여를 보지 못한다. 만약 진여를 보면
곧 허망한 견해를 멀리 떠나 있는 것이다.'라는 뜻이다.

---

386) 『金剛般若波羅蜜經論』 卷下, (大正藏25, p.796中)

發阿耨以下 次明離法見也 意云 如來說法 要令衆生修行契理 故發菩
提心者 卽見於眞如 於一切法 當如是知 如是見 如是信解 此三種 名依
止方便不同 知 依奢摩他 卽是定 由定起知 見 依毗鉢舍那 卽是慧 由慧
發見 解依 三摩提 卽是定慧等持 增上知見勝解 能緣眞如 此卽三昧方
便也 由此三昧力 能不生法相 言不生法相者 不於法非法有所取著 除
分別見也

'아뇩다라삼먁삼보리심을 일으킨 자는' 이하[387]는 나음으로 법건
의 벗어남을 설명한 것이다. 이것을 뜻으로 말하면 여래가 설법한
것은 중생이 수행을 하여 도리에 계합하도록 한다는 것을 가리킨
다. 그러므로 보리심을 발생한 자는 곧 진여를 보고 일체법에서 반
드시 이와 같이 알고, 이와 같이 보며, 이와 같이 신해해야 한다는
것이다. 이것은 지·견·신해의 세 가지는 의지하는 방편이 같지
않음을 말한다.

知는 사마타에 의지하는 것으로서 곧 定이다. 정을 말미암아
知를 일으킨 것이고, 見은 비발사나에 의지하는 것으로서 곧 慧인
데, 이 혜를 말미암아 見이 발생한다. 解는 삼마제에 의지하는 것
으로서 곧 定·慧의 等持이다. 增勝[定]·上法[慧][388]의 知見과 勝
解로서 능연의 진여인데 이것은 곧 삼매의 방편이다. 이 삼매력을

---

387) '수보리야, 아뇩다라삼먁삼보리심을 일으킨 자는 일체법에 있어서 마땅히 이와 같이 알
고 이와 같이 보며 이와 같이 신해하여 법상을 내어서는 안된다.'는 대목을 가리킨다.
388) 增上心은 定에 즉한 것이고, 增上智는 慧에 卽한 것으로서, 이것은 增勝上法에 해
당한다. 그러므로 增上이라 말한다.『金剛經纂要刊定記』卷7, (大正藏33, p.224下)
참조.

말미암아 법상을 발생하지 않게 된다. 법상을 발생하지 않다고 말한 것은 법과 비법에 대하여 집착이 없어서 분별견이 제거된 것을 말한다.

著於證悟了覺者 即是我相 不著於證悟了覺者 即是法相 所言法相者以下 正顯本寂意 所言法相 非實有之法相 是本無之法相也 勝義諦中 不容他故 離性離相 非和合故 但依俗諦 說名法相耳 性起爲相 相不離性故 如前喩金中無器 器不離金也

證悟와 了覺에 집착하는 것은 곧 아상이고, 證悟와 了覺에 집착하지 않는 것은 곧 법상이다.

'말한 바 법상이라는 것은' 이하[389]는 바로 본래공적의 뜻을 드러낸 것이다. 법상이라는 말은 실유의 법상이 아니라 곧 本無의 법상이다. 승의제 가운데서는 그것을 수용할 수 없기 때문이다. 성을 떠나 있고 상을 떠나 있어서 화합이 아니기 때문이다.

그러나 다만 속제에 의거하여 법상을 설명할 뿐이다. 성이 일어나면 상이 되는데 그것은 상이 성을 떠나 있지 않기 때문이다. 이것은 마치 저 위에서 金 가운데는 그릇이 없지만 그릇은 金을 떠나 있지 않다고 비유한 경우와 같다.

389) '수보리야, 말한 바 법상이라는 것은 여래께서 곧 법상이 아니라고 설하셨다. 그것을 법상이라 말하는 것이다.'는 대목을 가리킨다.

彌勒菩薩偈曰 二智及三昧 如是得遠離

미륵보살은 게송으로 다음과 같이 말했다.
"世智와 第一義智 및 삼매로서
이와 같이 미세장을 벗어난다"[390]

二智 卽人無我 法無我 三昧者 卽知見解也 如是乃能遠離我人眾生壽者
等見 不生法相 此一段文 雖正釋離於俱生法執 亦是總結降住正行 由經
初善現請問 若人發無上菩提心者 應云何住 云何降伏其心 如來答云 應
如是住 如是降伏其心 故今結云 應如是知 見 信解 不生法相 此之謂降
伏 此之謂無住也

　二智는 곧 인무아와 법무아이다. 삼매는 곧 知·見·解이다. 이와
같아야만 이에 아견·인견·중생견·수자견을 멀리 떠나서 법상을
내지 않을 수가 있다.
　이 일단의 경문[391]은 구생법집을 떠나 있음을 正釋한 것일 뿐만 아
니라, 또한 응운하주 및 운하항복기심의 正行을 총결한 부분이다.
곧 경전의 처음 부분에서 선현의 청문 곧 '어떤 사람이 무상보리심
을 발생하고나서 마땅히 어떻게 살아가야 하고, 어떻게 마음을 다스
려야 합니까.'를 말미암아 여래가 '반드시 이와 같이 살아야 하고, 이

---

390) 『金剛般若波羅蜜經論』 卷下, (大正藏25, p.796下)
391) '수보리야, 아뇩다라삼먁삼보리심을 일으킨 자는 일체법에 있어서 마땅히 이와 같
　　이 알고 이와 같이 보며 이와 같이 신해하여 법상을 내어서는 안된다.'는 대목을 가
　　리킨다.

와 같이 마음을 다스려야 한다.'고 답변한 것이다.

　때문에 지금 결론적으로 '마땅히 이와 같이 알고, 이와 같이 보며, 이와 같이 신해하여 법상을 내어서는 안된다.'고 결론지은 것이다. 이것이야말로 말하자면 바로 마음을 다스리는 것이고, 이것이야말로 말하자면 바로 집착이 없이 살아가는 것이다.

傅大士一日披衲 頂冠 鞵履見梁武帝 帝問 是僧耶 士以手指冠 帝曰 是道耶 士以手指鞵履 帝曰 是俗耶 士以手指衲衣 古德頌云 道冠 儒履 釋袈裟 合<和?>會三家作一家 忘却率陀天上路 却來雙樹待龍華<雙林端坐待龍華?> 此渾身般若作用 了無法相可得 無住眞宗 唯大士暴露殆盡

　[부대사가 어느 날 납의를 걸치고 머리에 관을 쓰고 신발을 신고서 양나라 무제를 만났다. 그러자 무제가 물었다.

"그 모습은 스님입니까."

그러자 부대사는 손으로 머리의 관을 가리켰다.

무제가 다시 물었다.

"그 모습은 도사입니까."

그러자 부대사는 손으로 신발을 가리켰다.

무제가 다시 물었다.

"그 모습은 세속인입니까."

그러자 부대사는 손으로 납의를 가리켰다.

고덕이 게송으로 다음과 같이 말했다.

"도사의 관 유자의 신발 스님의 가사

　세 집을 모아서 한 집을 이루었다네

도솔천으로 올라가는 길 망각하고서
쌍림에 단좌하여 미륵을 기다린다네"]392)

이것은 혼신으로 반야를 작용하여 얻을 만한 법상조차 없음을 알아차
린 무집착의 진종으로서 오직 부대사만이 온전한 뜻을 폭로한 것이다.

二十六斷化身說法無福疑

此疑因上眞化非一非異之喩而來 意云 若就非一 化唯虛假 若就非異 又
唯冥合 歸一法身 卽化身終無自體 若爾 則能說之佛旣虛 所說之敎豈實
持說不實之敎 寧有福耶 爲遣此疑 故經云

- 제이십육단의 : 화신불의 설법에는 복덕이 없는가 하는 의심을 단
제한다.
이 의심은 위의 법신 곧 진신과 화신은 같은가 다
른가 하는 비유를 인연하여 유래한 것이다.393)

묻는다 : 이것을 뜻으로 말하면 다음과 같다. '법신과 화신이 만약
같지 않다면 화신은 오직 虛假일 뿐이다. 그러나 법신과

392) 『禪宗頌古聯珠通集』 卷3, (卍續藏65, p.492下)
393) 화신불은 실유가 아니기 때문에 그가 설한 경교도 또한 당연히 올바른 설법이 아니라
고 의심한다는 것이다. 이에 화신불의 설법은 복덕이 아닌가 하는 것에 대한 의심을
단제한다. 말하자면 법신은 복덕을 받지 않지만 그 화신이 받는 복덕은 끝이 없다는
것이다. 화신의 복덕이 끝이 없으므로 그것으로 남을 위해 연설한다. 때문에 발심하
여 성불하는 자는 受·持 및 爲人演說하므로 그 복덕이 칠보로 보시하는 복덕보다 뛰
어나다.

화신이 만약 다르지 않다면 그것은 바로 명합된 상태로서 법신으로 귀일된 것이므로 곧 화신은 끝내 자체가 없다. 만약 그렇다면 곧 능설의 부처님이 이미 虛인데 소설의 가르침인들 어찌 實이겠는가. 실이 아닌 가르침을 받고 지니며 설하는 것에 어찌 복덕이 있겠는가.'

답한다 : 바로 이와 같은 의심을 없애주기 위하여 경전에서는 다음과 같이 말했다.

【경문55】

須菩提 若有人以滿無量阿僧祇世界七寶持用布施 若有善男子善女人 發菩薩心者 持於此經 乃至四句偈等 受持讀誦 爲人演說 其福勝彼 云何 爲人演說 不取於相 如如不動

"수보리야, 만약 어떤 사람이 무량아승지 세계에 칠보를 가득 채워서 그것을 가지고 보시한다고 하자.

또한 만약 어떤 선남자 · 선여인이 보살심을 내어 이 경전을 지니고 내지 사구게를 가지고 수지하여 독송하며 남을 위해 연설해 준다고 하자.

그러면 이 복이 저 앞의 복보다 뛰어나다.

그렇다면 이제 어떻게 남을 위해 연설해야 하는가. 그것은 곧 상을 취하지 말고 여여하고 부동해야 한다."

通曰

以布施較量持經功德 凡八見矣 無非重重發明應無所住而行於布施之意
知布施而不知般若 卽住於相 能持經而不住於相 卽眞布施 始以七寶布
施 不如持經之能至寶所也 旣以身命布施 不如持經之能證法身也 旣以
供養諸佛 不如持經之能自得佛也 得成於忍 能作佛之因 豈布施之因可
比乎 如如不動 能證佛之果 豈布施之果可同乎 重重讚歎 意各不同

종통36

　보시의 공덕을 가지고 경전을 받고 지닌 공덕과 비교하는 것에는
무릇 여덟 가지의 견해가 있다. 여러 차례에 걸쳐서 거듭하여 설명
으로 내세운 것은 '반드시 집착하지 말고 보시를 실천하라.'는 뜻 아
님이 없었다. 보시만 알고 반야를 모르면 곧 상에 집착하는 것이다.
경전을 받고 지녀서 상에 집착하지 않는 것이 곧 진정한 보시이다.
　첫째는 칠보의 보시로는 경전을 받고 지녀서 寶所에 도달하는 것
만 못하다는 것이었다. 그리고 둘째는 몸과 목숨을 바쳐서 보시하는
것으로도 경전을 받고 지녀서 법신을 증득하는 것만 못하였다. 그리
고 셋째는 제불께 공양하는 보시로도 경전을 받고 지녀서 자신이 부
처를 터득하는 것과 무생법인을 터득하는 것과 부처의 인을 짓는 것
만 못하다는 것이었다.[394]
　그러니 어찌 보시하는 인으로 비교할 수나 있겠는가. 그리고 여여
부동하여 불과를 증득하는 것이 어찌 보시의 果와 동등하겠는가.

---

394) 이것은 곧 네 단계 보시의 비교로서, 보시의 칠보의 보시 → 신명의 보시 → 제불공양
　　의 보시 → 법보시를 설명한 것이다. 여기에서 넷째의 법보시는 곧 경전을 받고 지녀
　　서 寶所에 도달하고, 다섯째는 법신을 증득하며, 여섯째는 자신이 부처를 터득하고,
　　일곱째는 무생법인을 터득하며, 여덟째는 부처의 인을 짓는 것에 해당한다.

이처럼 거듭하여 찬탄하지만 그 뜻은 각각 똑같지는 않다.

持經者爲人演說 卽是法施 不取於相 如彼眞如湛然不動 說法者如 傳法
者如 能使人人皆證法身 功德可勝道哉

경전을 받고 지니는 자가 남에게 연설해주는 것은 곧 법시로서 상
에 집착하지 않는 것이다. 저 진여는 담연하여 부동한 것처럼 설법
자가 如이고, 전법자가 如이어서 모든 사람으로 하여금 다 법신을
증득하게 하는 그 공덕이야말로 가히 뛰어난 깨침이다.

刊定記曰 若有人至其福勝彼 明說法功德也 發菩薩心者 謂有菩薩濟生
利物之心 故能以此受持 亦能以此爲人演說 經文但明持說功德 而論乃
謂化佛說法 有無量功德者何 蓋化佛是說法教主 持說是弘經之人 所弘
之經 是佛所說 佛之所說 離言相故 功德無量 弘經之人 若能離著言說
其福勝彼無數世界七寶布施者也

『간정기』에서는 다음과 같이 말한다.

['만약 어떤 사람이'부터 '이 복덕이 저 복덕보다 뛰어나다'는 부분[395)]

---

395) '수보리야, 만약 어떤 사람이 무량아승지 세계에 칠보를 가득 채워서 그것을 가지고
보시한다고 하자. 또한 만약 어떤 선남자・선여인이 보살심을 내어 이 경전을 지니고
내지 사구게를 가지고 수지하여 독송하며 남을 위해 연설해 준다고 하자. 그러면 이
복이 저 앞의 복보다 뛰어나다.'는 대목을 가리킨다.

은 설법의 공덕을 설명한 것이다.]396)

보리심을 발생한다는 것은 말하자면 어떤 보살이 중생을 멸도하고 중생에게 이익을 주는 마음이다. 때문에 경전을 받고 지니며, 또한 경전을 남에게 연설해주는 것이다.

묻는다 : 경문에서는 다만 경전을 받고 지지는 공덕에 대해서만 설명했지만, 그것을 논하자면 소위 화신불의 설법이다. 그런데도 무량한 공덕이 있다는 것은 무엇인가.

답한다 : 무릇 화신불은 곧 설법의 교주이고, 설법을 받고 지니는 것은 경전을 홍포하는 사람이며, 홍포되는 경전은 곧 부처님의 설법이다. 부처님의 설법은 言相을 떠나 있는 까닭에 공덕이 무량하다. 경전을 홍포하는 사람이 만약 언설에 대한 집착을 떠나면 그 복덕은 무수한 세계에 칠보를 가득 채워서 보시하는 저 복덕보다 뛰어나다.

彌勒菩薩偈曰 化身示現福 非無無盡福

미륵보살은 게송으로 다음과 같이 말했다.
"그래서 화신이 복을 시현해도
無盡의 복덕 안 되는 것 없네"397)

---

396)『金剛般若經疏論纂要』卷下, (大正藏33, pp.168下-169上) 참조.
397)『金剛般若波羅蜜經論』卷下, (大正藏25, p.796下)

謂持經者 亦卽化身之示現也 故獲福無盡 云何演說便獲如是功德耶 如
無演說是名爲說

　말하자면 경전을 받고 지니는 사람은 또한 곧 화신으로 시현한 사
람이다. 때문에 끝없는 복덕을 획득한다.

　묻는다 : 그러면 어떻게 연설해야만 그와 같은 공덕을 획득하는가.
　답한다 : 연설함이 없는 것처럼 하면 그것을 곧 연설이라 말한다.

彌勒菩薩偈曰 諸佛說法時 不言是化身 以不如是說 是故彼說正

　미륵보살은 게송으로 다음과 같이 말했다.
　"화신제불은 설법할 경우에
　화신불이라 말하지도 않고
　화신설법이라 말하지 않네
　그러므로 바른 설법이라네"[398]

謂第一義中 無世出世 若法若物 少有可說 能如實義 如是說者 是名爲
正 上如卽似義 下如卽眞如 似於眞如 故曰如如 謂佛有說 皆如眞實 說
法之人 如彼眞如 無有分別 不取能所說相 不說我是化身 不說我是說
法之人 將不知誰是法身 誰是化身 誰是能說 誰是所說 如斯演說 量等

398)『金剛般若波羅蜜經論』卷下, (大正藏25, p.796下)

虛空 其獲福無盡以此

　말하자면 제일의제 가운데는 세간과 출세간 및 법과 중생에 대하
여 조금도 설할 만한 것이 없다. 여실한 뜻에 대하여 이와 같이 설하
는 것을 가리켜 正이라 말한다. 위의 설명은 似義에 즉하였지만 아
래의 설명은 眞如에 즉한 것이었다. 진여와 비슷하기 때문에 如如라
고 말한다.

　말하자면 부처님에게 있는 설법은 모두 진실하다. 곧 설법하는 사
람이 저 진여와 같아 분별이 없어서 능·소의 설상에 집착이 없으므
로 나는 화신이라고 설하지도 않고, 나는 설법하는 사람이라고 설하
지도 않는다. 그래서 장차 누가 법신이고, 누가 화신이며, 누가 능설
이고, 어떤 것이 소설인지도 몰라야 한다. 이와 같이 연설하면 그 역
량이 허공과 같아서 그로써 얻는 복덕이 끝이 없다.

傳大士一日講經次 梁武帝至 大衆皆起 唯士端坐不動 近臣報曰 聖駕在
此 何不起 士曰 法地若動 一切不安 此所謂如如不動者 非徒言之 實允
蹈之矣

　[부대사가 어느 날 설법을 하고 있는데 양 무제가 도착하였다. 대
중이 모두 일어섰지만 오직 대사만은 단정하게 앉아서 일어나지 않
았다.

　그러자 황제의 측근에 있던 신하가 대사에게 말했다.

　"황제의 어가가 왔는데 어째서 일어나지 않습니까."

　대사가 말했다.

"법의 땅이 움직인다면 일체가 불안합니다."]³⁹⁹⁾

    이것은 소위 여여부동이란 헛되게 언설을 따르는 것이 아니라 실제로 그것을 실천하는 것을 말한 것이다.

又佛鑑和尚示衆 擧僧問趙州 如何是不遷義 州以手作流水勢 其僧有省 又僧問法眼 不取於相 如如不動 如何〈是+?〉不取於相 見於〈如如+?〉不動去〈去-?〉 法眼云 日出東方夜落西 其僧亦有省 若也於此見得 方知道旋嵐偃岳 本來常靜 江河競注 元自不流 如〈其?〉或未然 不免更爲饒舌 天左旋 地右轉 古往今來經幾徧 金烏飛 玉兎走 纔方出海門 又落靑山後 江河波渺渺 淮濟浪悠悠 直入滄溟晝夜流 遂高聲云 諸禪德 還見如如不動麼 若於諸尊言下 能於動處 識取不動 又何疑於化身非是法身

    [또한 불감혜근 화상이 설법을 하면서 다음과 같은 일화를 들었다.
한 승이 조주에게 물었다.
    "변하지 않는 뜻이란 무엇입니까."
    조주가 손으로 흘러가는 물의 모습을 표현하였다. 그러자 그 승이 깨쳤다.
    또 어떤 승이 법안에게 물었다.
    "'상을 취하지 말고, 여여하고 부동해야 한다.'는 말에서 어찌 해야만 상을 취하지 않고서 여여하고 부동한 경지를 볼 수가 있는 것입니까."

---

399) 『五燈會元』卷2, (卍續藏80, p.67上)

법안이 말했다.

"해는 동쪽에서 떠서 밤에는 서쪽으로 떨어진다."

그 승도 또한 깨쳤다.

그리고는 불감이 말했다.

"만약 이 자리에서 깨친다면 비람풍이 불어와 산봉우리가 무너져도 본래 항상 고요하고, 江·河는 다투어 흘러가지만 원래 그 자체는 흘러가지 않는 도리를 말할 줄 바야흐로 알 것이다. 만약 그렇지 못하다면 내가 하는 이 말도 결코 饒舌을 벗어나지 못할 것이다.

하늘은 왼쪽으로 돌고, 땅은 오른쪽으로 돌며, 옛날은 지나가고, 지금은 도래하기를 몇 번이나 거쳤는가. 금까마귀는 날아가고 옥토끼는 뛰어갔지만 겨우 해문을 벗어났고, 또한 청산 뒤에 떨어졌을 뿐이다. 그러나 江·河의 물결은 막막하고 淮·濟의 물결은 유유하지만 곧바로 창명에 들어가고 밤낮으로 흘러간다."

그리고는 마침내 큰 소리로 말했다.

"그대들 선덕이여, 여여하고 부동한 모습을 보았는가."]⁴⁰⁰

만약 제존의 말씀을 듣고서 동처에 있으면서도 부동인 줄을 알아차린다면 또한 어찌 화신은 곧 법신이 아닌 줄을 의심하겠는가.

二十七斷入寂如何說法疑

此疑從上演說與不動而來 旣言不取於相 如如不動 則佛應常住爲衆生說法 何故又有入寂之相 未入寂時 尙能演說 旣入寂已 如何說法 將謂無

400) 『續傳燈錄』 卷25, (大正藏51, p.636中)

法可說 卽成斷滅 將謂法身說法 何故入寂 不知甚深般若之智 不如是觀
也 爲遣此疑 故經云

- 제이십칠단의 : 여래가 입적했다면서 어떻게 설법을 하는가 하는
  의심을 단제한다.
    이 의심은 위의 연설과 부동의 대목에서 유래한
    것이다. [401]

묻는다 : 이미 '상을 취하지 말고 여여하고 부동해야 한다.'고 말했
    는데 그것은 곧 부처님은 반드시 상주하면서 중생을 위하
    여 설법한다는 것이었다. 그런데 무슨 까닭에 또 입적하신
    모습이 있는가. 아직 입적하지 않았을 때는 연설을 한다지
    만, 이미 입적해서는 어떻게 설법을 한단 말인가. 설할 만
    한 법이 없다고 말하는 것은 곧 단멸상이 된다. 그렇다고
    법신이 설법한다면 또 무슨 까닭에 입적했다는 것인가.
답한다 : 심심한 반야의 지혜를 모르고서는 다음과 같이 관찰하는
    것만 못하다. 그래서 이와 같은 의심을 없애주려는 까닭에
    경전에서는 다음과 같이 말했다.

---

401) 곧 佛이 항상 세간에 住하여 설법한다면 어째서 열반에 들어간다고 하는가에 대한 의
    심을 단제한다. 위에서 말한 여여하고 부동해야 한다는 것은 곧 부처님께서 세간에
    상주하면서 중생을 위하여 설법한 것인데, 무슨 까닭에 여래가 열반에 들었다고 하는
    가. 바로 이와 같은 의심을 낼까 염려한 까닭에 이하에서 게송을 설하여 말한 것이다.

【경문56】

何以故 一切有爲法 如夢幻泡影 如露亦如電 應作如是觀

　　"왜냐하면 다음과 같은 이유 때문이다.
　　모양 색으로 드러난 일체 유위법
　　꿈 허깨비 물거품 수면의 그림자
　　이슬과 같으며 또한 번개와 같다
　　마땅히 이와 같이 관찰해야 한다"

唐譯云 復次 善現 若菩薩摩訶薩 以無量無數世界盛滿七寶 奉施如來應
正等覺 若善男子或善女人 於此般若波羅蜜多經中 乃至四句伽陀 受持
讀誦 究竟通利 如理作意 及廣爲他宣說開示 由此因緣所生福聚 甚多於
前無量無數 云何爲他宣說開示 如不爲他宣說開示 故名爲他宣說開示
爾時世尊而說頌曰 諸和合所爲 如星翳燈幻 露泡夢電雲 應作如是觀

　　현장 번역본에서는 다음과 같이 말한다.

　　["또한 선현이여, 만약 보살마하살이 무량하고 무수한 세계에 칠
보를 가득 채워서 여래·응공·정등각에게 봉시한다고 하자.
　　또한 만약 어떤 선남자나 선여인이 이 반야바라밀다경 내지 사구
게로 된 게송[伽陀]을 받고 지니며 읽고 염송하며 도리에 맞게 생각을
하고 나아가서 널리 남을 위하여 잘 설명하여 開示한다고 하자.
　　그러면 이 후자의 인연으로 말미암아 발생한 복취는 저 전자의 경
우보다 무량·무수 배나 대단히 많다. 그러면 어떻게 남을 위하여

잘 설명하여 開示하는 것이 남을 위하여 잘 설명하여 開示하지 않는 것과 같게 되는 까닭에 남을 위하여 잘 설명하여 開示한다고 말하는 것이 되는가.”

그때 세존께서는 게송으로 다음과 같이 말했다.

“일체의 화합으로 이루어진 유위법은

별빛과 눈가림병과 등불과 허깨비와

아침이슬 물거품 꿈 번개 또한 구름

마땅히 이와 같은 줄 관찰해야 한다”]402)

傳大士頌曰 如星翳燈幻 皆爲喩無常 漏識修因果 誰言得久長 危脆同泡露 如雲影電光 饒經八萬劫 終是落空亡

부대사는 게송으로 다음과 같이 말했다.

“별빛과 등불과 허깨비 같은 것은

모두 무상한 것을 비유한 것이네

유루법으로 수행하는 인 및 과는

어느 것이라고 영원할 수 있으랴

무상이 마치 물거품 번개 같아서

구름 그림자 번개의 광명 같으니

설령 팔만 겁이 지난다 할지라도

끝내 공망의 무기 떨어질 판이네”403)

---

402) 『大般若波羅蜜多經』 卷577, (大正藏7, p.981下)
403) 『梁朝傳大士頌金剛經』, (大正藏85, p.8中)

▨ 通曰

此經名金剛般若 甚深十喻 乃其本旨 所謂觀一切業如幻 一切法如燄 一
切性如水中月 妙色如空 妙音如響 諸佛國土如乾闥婆城 佛事如夢 佛身
如影 報身如像 法身如化 唯除妙音如響 餘列爲九喻 雖名相稍有不同 大
都可以意會 此甚深般若觀智 雖佛事如夢 雖佛身如影 正達一切業如幻
自三十七助道品 乃至菩提涅槃 一切如幻 本大般若破相宗也

▨ 종통37

　이 경전의 명칭은 금강반야인데 심심한 열 가지 비유로써 이에 그
本旨를 삼는다. 소위 일체의 업은 허깨비와 같고, 일체의 법은 아지
랑이와 같으며, 일체의 자성은 물속에 비친 달의 모습과 같고, 오묘
한 색은 허공과 같으며, 오묘한 소리는 메아리와 같고, 제불국토는
건달바성과 같으며, 佛事는 꿈과 같고, 佛身은 그림자와 같으며, 보
신은 等像과 같고, 법신은 화현과 같다고 관찰하는 것이다.

　이 가운데 오직 오묘한 소리는 메아리와 같다는 것만 제외하면 일
체의 업이 허깨비와 같다는 것에 바로 통달하는 것이다. 삼십칠조도
품으로부터 보리·열반에 이르기까지 일체는 허깨비와 같다는 것은
본래『대반야경』에서 말하는 破相宗旨이다.

持經說法者 深解義趣 能爲人演說 不取於相 如如不動 是能善觀一切有
爲之法 如夢幻等皆無實性 倏生倏滅 愚人見之謂有生滅 智者觀之原自
非動 本未嘗生 本未嘗滅旣無生滅 卽無來去 以是諸佛涅槃 不住於有爲
法中 亦不住於無爲法中 旣不住於生死涅槃 常自如如 塵說刹說 本未嘗
間 又何泥於入寂之相哉

경전을 받고 지니며 법을 설하는 사람은 깊이 義趣를 이해하여 남에게 연설을 하되 상을 취하지 말고 여여하고 부동해야 한다. 이것은 일체의 유위법을 잘 관찰하는 것으로 꿈과 같고, 허깨비와 같으며, 물거품과 같고, 수면의 그림자와 같으며, 이슬과 같고, 번개와 같다는 것은 모두 실성이 없어서 무상하게 발생하고 무상하게 소멸한다.

그러나 어리석은 사람들은 그것을 보고 생멸이 있다고 말한다. 그러나 지혜로운 사람들은 그것을 원래부터 움직임이 없다고 관찰한다. 곧 본래부터 일찍이 발생한 적이 없고, 본래부터 일찍이 소멸된 적도 없다. 이미 생·멸이 없으면 곧 거·래가 없다. 이로써 제불의 열반은 유위법에 집착하지 않고, 또한 무위법에도 집착하지 않는다. 이미 생사와 열반에 집착하지 않고, 항상 본래부터 여여하여 본래부터 일찍이 틈이 없었다. 그런데 어찌 입적이라는 형상에 빠지겠는가.

彌勒菩薩偈曰 非有爲非離 諸如來涅槃 九種有爲法 妙智正觀故 見相及於識 器身受用事 過去現在法 亦觀未來世 觀相及受用 觀於三世事 於有爲法中 得無垢自在

미륵보살은 게송으로 다음과 같이 말했다.
"유위도 아니면서 벗어남도 없는 것이
　시방삼세의 제불여래의 열반모습이다
　일체세간의 아홉 가지 모든 유위법을
　곧 묘지로 바르게 관찰하기 때문이다
　능견심과 유위상과 등불 같은 분별식

기세간과 무상한 몸 및 육근육경육식
꿈같은 과거법과 번개 같은 현재법과
흐르는 구름과 같은 미래세 관찰하라
유위상과 육근 육경 육식을 관찰하고
과거와 현재와 미래의 삼세 관찰하며
기세간의 일체 유위법을 잘 관찰하면
유위법에서도 곧 무구한 자재를 얻네"404)

此明諸佛涅槃 非有爲法 亦不離有爲法 以不住涅槃 不住世間故 特示現
世間行 爲利益衆生故 所以不住於有爲法者 以有妙智觀察九種法故

　이것은 제불의 열반은 유위법도 아니고 또한 유위법에서 떠나 있
지도 않음을 설명한 것이다. 그럼으로써 열반에도 집착하지 않고,
세간에도 집착하지 않는 까닭에 특별히 세간행을 드러내어 중생을
이익토록 한 것이다. 그것은 곧 유위법에 집착하지 않는다는 것은
오묘한 지혜로써 아홉 가지 법405)을 관찰하기 때문이다.

九者謂何 一觀見如星 能見心法 非不炯炯 正智日明 卽隱不現 觀相如翳
所緣外境 皆是妄現 如毛輪等 原非實有 觀識如燈 依止貪愛 非不照了

---

404) 『金剛般若波羅蜜經論』 卷下, (大正藏25, pp. 796下-797上)
405) 유위법이 무상하고 허상임을 비유한 별빛 · 눈가림병 · 등불 · 허깨비 · 아침이슬 · 물
　　거품 · 꿈 · 번개 · 구름 등 아홉 가지 비유를 가리킨다.

念念遷謝 相續不已 觀器界如幻 世間種種 從妄緣生 幻力變起 無一體實 觀身如露 暫時住故 見日卽晞 一遇無常 便從衰謝 觀所受用如泡 由根境識 三事和合 苦樂受用 各成各散 觀過去如夢 所有集造 同如夢境 因憶乃生 原無實事 觀現在如電 生時卽滅 刹那不住 雖暫時有 倏忽便亡 觀未來如雲 識含種子 若雲含雨 能與一切爲其根本

묻는다 : 아홉 가지는 무엇을 말하는가.

답한다 : 첫째로 見은 별빛과 같다고 관찰하는 것이다. 능견의 심법은 환하게 드러나[炯炯] 있지 않음이 없고, 正智는 태양과 같이 밝지만 곧 감추어져 드러나 있지 않다는 것이다.

둘째로 相은 눈을 가린 눈병과 같다고 관찰하는 것이다. 소연의 외경은 모두 망상으로 드러난 것이다. 마치 毛輪406) 등과 같아서 원래 실유가 아니다.

셋째로 識은 등불과 같다고 관찰하는 것이다. 탐·애에 의지하여 비추어보지 못할 뿐이지 찰나찰나에 끊임없이 흘러가서 그 상속이 없는 것이다.

넷째로 器界는 허깨비와 같다고 관찰하는 것이다. 세간의 갖가지 사물은 妄緣으로부터 발생한 것이고, 허깨비의 힘으로 변기된 것이므로, 그 어떤 것도 체가 실유하지 않는 것이다.

다섯째로 身은 아침이슬과 같다고 관찰하는 것이다. 잠시 동안만 머물러 있는 까닭에 햇살을 쬐이면 곧 말라버리므

---

406) 毛輪은 눈병이 났을 때 눈앞에 아른거리는 바퀴모양의 형체로서 실체가 없이 헛되게 나타나는 현상에 비유한 것이다.

로 일단 무상을 만나면 곧 쇠퇴하여 사라져버린다.

여섯째로 受用된 것은 물거품과 같다고 관찰하는 것이다. 육근과 육경과 육식을 말미암아 그 세 가지가 화합되어 고와 락을 수용한 것이므로 각각 성취되고 각각 흩어져버린다.

일곱째로 過去는 꿈과 같다고 관찰하는 것이다. 모든 존재는 모여서 만들어진 것으로 마치 꿈속의 경계와 같다. 그래서 기억을 인하여 발생하지만 원래는 實事가 없다.

여덟째로 現在는 번개와 같다고 관찰하는 것이다. 발생하면 곧 소멸되어 찰나도 머물러있지 않는다. 비록 잠시 동안은 유일지라도 홀연히 곧 없어져버린다.

아홉째로 미래는 흘러가는 구름과 같다고 관찰하는 것이다. 식이 종자를 함장하고 있는 것은 마치 구름이 비를 포함하고 있는 것과 같아서 일체에 대하여 그 근본이 되는 것이다.

若能以金剛般若妙智 觀於此九種法 一觀見境識 卽是觀察集造有爲之相 二觀器界及身受用 以何處住 以何等身 受用何等 卽是觀其目前受用之法 三觀三世差別 是何有爲行 卽是觀其遷流不住之法

만약 금강반야의 오묘한 지혜라면 이 아홉 가지를 관찰할 줄 알게 된다.

첫째는 見·境·識의 세 가지는 곧 모여서 만들어진 유위상임을 관찰하는 것이다.

둘째는 器界·身·受用의 세 가지는 어디에 거주하고, 무엇으로 몸을 삼으며, 무엇을 수용하는가 하면 곧 목전에서 수용하는 제법이 바로 그것임을 관찰하는 것이다.

　셋째는 삼세의 세 가지 차별은 어째서 유위행인가 하면 곧 그것은 遷流하여 머물지 않는 법이라고 관찰하는 것이다.

由此觀故 便能於諸有爲法中 獲無障礙 隨意自在 爲此縱居生死塵勞 不染其智 設證圓寂灰燼 寧昧其悲 故得無垢常自在者 卽是如如不動 本無入寂之相也 若能作如是觀者 旣不住於有爲而取於相 亦不住於無爲而離於相 以此自度 卽以此度人 所以護念付囑諸菩薩者 唯此一偈 最爲喫緊 豈可以麤淺之見妄窺測乎

　이와 같이 관찰하는 까닭에 곧 모든 유위법에서 장애가 없음을 획득하여 마음대로 자재하다. 이것은 설령 생사의 번뇌 가운데 산다고 할지라도 그 지혜가 물들지 않는다. 그리고 설령 원적하여 몸이 재가 되는 경지를 증득할지라도 어찌 자비를 저버리겠는가. 때문에 무구를 터득하여 항상 자재한 사람은 곧 여여하고 부동하여 본래 입적했다는 상이 없다.

　만약 이와 같이 관찰하는 사람은 이미 유위에 있으면서도 상에 집착이 없고, 또한 무위에 있으면서도 상을 떠남이 없다. 이처럼 자신을 멸도함으로써 곧 그것으로 남을 멸도시킨다. 때문에 제보살을 호념하고 부촉한 사람에게는 오직 이 하나의 게송이 있는데, 그것이야 말로 가장 긴요한 것이다. 그런데 어찌 거칠고 얕은 견해로써 함부로 엿볼 수가 있겠는가.

昔梁武帝請傅大士講金剛經 士纔陞座 以尺揮案一下 便下座 帝愕然 誌
公曰 陛下還會麼 帝曰 不會 誌公曰 大士講經竟 雪竇頌云 不向雙林寄
此身 却於唐土惹埃塵 當時不得誌公老 也是栖栖去國人 此揮尺一下 如
電如幻 將金剛大意 彈指道破 非誌公妙智 幾乎虛發矣

[옛날에 양나라의 무제가 부대사를 초청하여『금강경』을 강의하도
록 하였다. 부대사는 법좌에 올라가자마자 주장자로 법상을 한 번
탁 후려치더니 곧 내려와버렸다. 무제가 깜짝 놀랐다. 그러자 지공
대사가 물었다.

"폐하께서는 아시겠습니까."

무제가 말했다.

"모르겠습니다."

지공대사가 말했다.

"부대사께서는『금강경』의 강의를 다 마쳐버렸습니다."

설두중현은 게송으로 다음과 같이 말했다.

"쌍림에다 그 몸을 의탁하지 않고서도

양나라 땅에서 티끌과 먼지 일으켰네

만약 당시 지공대사 만나지 못했던들

달마처럼 서둘러 나라 떠났을 것이다"]⁴⁰⁷⁾

여기에서 주장자를 한번 휘두른 것이야말로 번개와 같고 허깨비와
같이『금강경』의 대의를 손가락을 튕기는 사이에 설파해버렸다. 지공대
사의 오묘한 지혜가 아니었다 할지라도 어찌 헛된 제스처였을 것인가.

---

407)『佛果圜悟禪師碧巖錄』卷7, (大正藏48, p.197上-下) 참조.

又長沙岑禪師因僧亡 以手摩之曰 大衆 此僧卽眞實爲諸人提綱商量 會
麼 乃有偈曰 目前無一法 當處亦無人 蕩蕩金剛體 非妄亦非眞 又僧問
亡僧遷化後 向甚麼處去也 沙曰 不識金剛體 却喚作緣生 十方眞寂滅 誰
在復誰行 雪峰亦因見亡僧 作偈曰 低頭不見地 仰面不見天 欲識金剛體
但看髑髏前 又僧問法眼 亡僧遷化 向甚麼處去 眼云 亡僧幾曾遷化 僧
云 爭奈卽今何 眼云 汝不識亡僧 此諸尊宿發明金剛之體 原無生滅去來
故知如如不動 是古今說法式也

[또한 장사경잠 선사는 이미 죽어버린 한 승을 손으로 쓰다듬으면
서 말했다.
"대중들이여, 이 스님은 진실로 그대들을 위해서 강령을 제시하여
상량을 해주었다. 그대들은 알겠는가."
그리고는 이에 게송으로 다음과 같이 말했다.
"목전에는 당초 하나의 법도 없었고
당처에는 또한 한 사람도 없었다네
탕탕하고 또한 호호한 금강의 몸은
허망도 아니고 또한 진실도 아니네"
또 어떤 승이 물었다.
"죽은 스님은 천화한 이후에 어디로 가는 것입니까."
장사경잠이 말했다.
"금강의 몸도 모르는데 도리어 환생의 몸을 인연하겠는가. 시방은
진실로 적멸한데 누가 남아 있고, 또 누가 떠나간단 말인가."
설봉의존도 또한 죽은 스님을 보고 다음과 같이 게송으로 말했다.
"고개를 숙이고도 땅을 보지 못하고
얼굴을 들고도 하늘을 보지 못한다

정녕코 금강의 몸을 알고자 하는가
무릇 촛불 앞의 자신을 살펴보거라"
또한 어떤 승이 법안문익에게 물었다.
"죽은 스님은 천화한 이후에 어디로 가는 것입니까."
법안이 말했다.
"죽은 스님이 언제 천화라도 했던가."
승이 말했다.
"당장 여기에서 어찌 알겠습니까."
법안이 말했다.
"그대는 죽은 스님을 모르고 있구만."]408)

이것은 모든 존숙이 금강의 체에는 원래 생 · 멸 · 거 · 래가 없음을 설명한 것이다. 그러므로 여여하고 부동한 것이야말로 곧 고 · 금에 걸친 설법의 법식인 줄을 알아야 한다.

【경문57】

佛說是經已 長老須菩提及諸比丘 比丘尼 優婆塞 優婆夷 一切世間天人
阿脩羅 聞佛所說 皆大歡喜 信受奉行

부처님께서 이 경전을 설하여 마쳤다.
이에 장로 수보리 및 모든 비구 · 비구니 · 우바새 · 우바이, 그리고 일체세간의 천 · 인 · 아수라 등이 부처님의 설법을 듣고 모두 크

408) 『林泉老人評唱投子靑和尙頌古空谷集』 卷5, (卍續藏67, p.313上─中)

게 환희하여 믿고 받아들이며 받들고 실천하였다.

刊定記曰 佛說是經已者 本爲空生致問 故佛答降住修行 答問旣終 便合
經畢 仍以躡跡起疑 連環二十七斷 洎乎此文 疑念冰釋 旣善吉無問 故
能仁杜宣 一卷經內 雖兼有師資 以其就勝 故但云佛說 皆大歡喜信受奉
行者 有三種義 歡喜奉行 一說者清淨 不爲取著利養所染故 二所說清淨
以如實知法體 說理如理 說事如事故 三得果清淨 依解起行 得無漏故

『간정기』에서는 다음과 같이 말한다.

['부처님께서 이 경전을 마쳤다.'는 것은 본래 공생의 질문에 대한
것이었기 때문에 부처님은 마음을 다스리는 것[降伏]과 수행하는 것
[修行]과 어떻게 살아야 하는 것[住]에 대하여 답변하였다는 것이다. 그
문답을 이미 마쳤으므로 곧 경전의 마침에 해당한다.
이에 연속적으로 뒤를 밟아 의심을 일으켜서 二十七斷疑로 이어진
것이 이 경문에 이르러서는 의심하는 생각이 마치 얼음이 녹듯이 되
었다. 그리하여 이제 선길에게는 질문이 없기 때문에 부처님[能仁]은
설법을 그만두었다. 이 한권의 경전 내에는 스승과 제자가 있어서
더욱더 상승하게 되었기 때문에 무릇 '이 부처님의 설법'이라 말한
것이다.][409]

모두가 '듣고 모두 크게 환희하여 믿고 받아들이며 받들고 실천하

---

409)『金剛經纂要刊定記』卷7, (大正藏33, p.227下)

였다'는 것에는 세 가지 뜻이 있다.

　환희하고 받들며 실천했다는 것에 대하여, 첫째는 설한 사람이 청정한 것이다. 그것은 利養에 집착하거나 물들지 않았기 때문이다.

　둘째는 설법이 청정한 것이다. 곧 여실하게 법체를 아는 것인데, 理를 설하면 진여의 理가 되고 事를 설하면 진여의 事가 되기 때문이다.

　셋째는 득과가 청정한 것이다. 이해에 의거하여 실천을 일으키면 무루를 터득하기 때문이다.

　其在會者 比丘 比丘尼 近事男 近事女 名爲常隨四衆 聞是經典 信心不逆 可勿論已 若一切世間天人 阿脩羅等 上自無色界 及色界欲界諸天 所謂有色無色 有想無想 非有想非無想 兼在其中矣 但擧人及阿脩羅 所謂胎卵濕化 兼在其中矣 一切皆能信受奉行 所謂令入無餘涅槃而滅度之者 已灼然可據 然則世尊所以護念付囑諸菩薩者 寧有外此施設哉

　그 법회에 모인 사람에 대하여 비구·비구니·근사남·근사녀를 常隨四衆이라 말한다. 이들은 이 경전을 듣고서 신심으로 어기지 않기 때문에 더 이상 논할 필요가 없다.

　만약 일체세간의 천·인·아수라 등이란 곧 위의 무색계로부터 색계 및 욕계의 제천 곧 소위 유색·무색·유상·무상·비유상비무상에 이르기까지 그 가운데 있는 대중을 아우른다. 무릇 인간세계와 아수라세계를 언급한 것은 소위 태·난·습·화가 그 가운데 있기 때문이다.

　일체가 모두 믿고 받아들이며 받들고 실천하는 대상이 소위 무여열반에 들어가도록 해서 멸도된 대중들이라는 것은 이미 분명하게 의거할 수가 있다. 그러므로 세존이 제보살을 호념하고 부촉한 까닭이 어찌 이들 이외에다 시설할 수 있겠는가.

古靈贊禪師遇百丈開悟 却回受業 本師問曰 汝離吾在外 得何事業 曰 並無事業 遂遣執役 一日因澡身 命師去垢 師乃拊背曰 好所佛堂 而佛不聖 本師回首視之 師曰 佛雖不聖 且能放光 本師又一日在窗下看經 蜂子投窗紙求出 師覩之曰 世界如許廣闊 不肯出 鑽他故紙 驢年去 遂有偈曰 空門不肯出 投窗也大癡 百年鑽故紙 何日出頭時 本師執經 問曰 汝行脚遇何人 吾前後見汝發言異常 師曰 某甲蒙百丈和尚指箇歇處 今欲報慈德耳 本師於是告眾致齋 請師說法 師乃登座 擧唱百丈門風曰 靈光獨耀 逈脫根塵 體露眞常 不拘文字 心性無染 本自圓成 但離妄緣 卽如如佛 本師於言下感悟 曰 何期垂老 得聞極則事 百丈數語 固足隱括金剛要旨 能令聞者惕然感悟 不復向故紙中鑽求 誰謂後五百世 生信心者 難其人哉

[고령신찬 선사는 백장회해 선사를 만나서 개오하였다. 그리고는 이전에 공부[受業]했던 곳으로 돌아갔다.

이에 이전의 스승이 물었다.

"그대는 나를 떠나가 밖에서 무슨 수행[事業]을 얻었는가."

신찬이 말했다.

"아무런 수행[事業]도 얻지 못했습니다."

그러자 마침내 작무나 하라고 시켰다. 어느 날 목욕간에서 일을 하는데 스승이 때를 밀어달라고 하였다.

신찬은 등을 밀어주면서 말했다.

"불당은 참으로 좋은데 부처에게 성스러움이 없도다."

그러자 스승이 고개를 돌려서 신찬을 바라보았다.

이에 신찬이 말했다.

"부처에게 성스러움은 없지만 방광을 할 줄 아는구나."

스승은 또 어느 날 창가에서 경전을 읽고 있었는데, 벌이 창호지를 뚫고 나가려고 하였다.

신찬이 그것을 보고 말했다.

"세계는 저토록 광활한데 그것을 알지 못하고 저 낡은 종이만 뚫으려고 하니, 나귀의 해가 되어야만 나갈 수 있겠구나."

그리고는 마침내 다음과 같이 게송으로 말했다.

"열려 있는 문으로는 나가지 못하고

창호지 뚫으려 하니 참 어리석구나

평생에 걸쳐 낡은 종이 뚫는다해도

어느 세월에 밖을 향해 나가겠는가"

스승이 경전을 들고 있는 채로 물었다.

"그대는 행각할 때 누구를 만났느냐. 내가 요즘을 전후하여 그대가 한 말을 보니, 참 이상하더구나."

신찬이 말했다.

"저는 백장회해 화상을 가르침을 받아서 깨쳤습니다. 이제 스승의 은덕에 보답하고자 합니다."

그러자 스승은 대중에게 재를 베풀도록 하였다. 그리고는 신찬을 청하여 설법을 하도록 하였다. 신찬이 법좌에 올라가서 백장회해의 문풍을 다음과 같이 擧揚하였다.

"신령스런 광명이 우뚝 비추어

아득히 번뇌를 다 벗어났도다

본체는 깨침의 진상 드러내어
문자와 언어에 얽매이지 않고
마음의 자성은 물듦이 없다네
본래 원만히 성취되어 있으니
무릇 허망한 반연만 벗어나면
그대로 진여의 부처가 된다네"
스승은 그 말을 듣고서 깨치고나서 이에 말하였다.
"늙음에 이르러서 이처럼 지극한 설법을 들을 줄이야 어찌 기대나
했겠는가."]410)

  백장의 몇 마디 말씀은 본래 금강의 요지를 교묘하게 역은 것으로
그 말을 듣는 사람으로 하여금 홀연히 깨쳐서 다시는 낡은 종이를 뚫
어서 추구하지 않도록 하는데 충분했다. 그러니 후오백세에도 신심
을 발생하는 자라면 바로 그런 사람이 아니고서는 어렵다고 누가 말
했던가. 바로 부처님이 아니었던가.

金剛般若波羅蜜經宗通 卷七
금강반야바라밀경종통 제칠권

410) 『景德傳燈錄』 卷9, (大正藏51, p.268上)

해 제

1. 성격

『금강경』에 대해서는 수많은 주석서들이 출현하였다. 그 가운데서 명대에 증봉의가 주석했던『金剛經宗通(金剛般若波羅蜜經宗通)』(이하『종통』으로 약칭한다)은 수많은 선종의 문헌을 인용하면서 선의 사상과 선의 수행이라는 두 가지 측면에서『금강경』을 어떻게 이해해야 할 것인가에 대한 하나의 방법을 보여주고 있다. 특히 선수행의 측면에서 보자면 수행과 깨침의 관계를 어떻게 보아야 하고, 대승보살이 지녀야 하는 마음은 무엇에 근거해야 하며,『금강경』의 경문과 육바라밀행은 어떤 관계에 있는가를 잘 드러내주고 있다.

『종통』은 南嶽山長이라 자칭하였고 南嶽居士라 불렸던 사람으로서 이름은 鳳儀이고 字는 舜徵인 曾鳳儀가 金簡에서 저술한 것이다. 증봉의는『金剛經偈釋』,『楞伽經宗通』,『楞嚴經宗通』등을 저술한 사람으로서 남악거사라고도 불렸다.『능가경종통』에서는 '明菩薩戒弟子前奉訓大夫禮部祠祭清吏司員外郎南嶽曾鳳儀宗通'으로 소개되어 있고,『능엄경종통』에서는 '明前奉訓大夫禮部祠祭清吏司員外郎南嶽曾鳳儀宗通'으로 소개되어 있다. 한편 증봉의가 여기에서『종통』을 주석했던 근거로 삼았던 경론들에 대해서는 그 첫머리에 다음과 같이 소개되어 있다.

요진 시대 삼장법사 구마라집(번역하면 童壽)이 번역한 금강
경, 인도 공덕시보살이 지은 파취착불괴가명론, 양나라 시
대 부대사가 붙인 금강경송, 송나라 시대 가화에서 장수자
선 법사 자선이 지은 금강경간정기에 근거하여 명나라 시
대 보살계 제자인 남악산장 증봉의가 종통을 붙였다.[411]

여기에서 증봉의가 의거했던 자료는 각각 경문으로는 구마라집의
번역본[412]이고, 주석서로는 인도 공덕시보살의 『파취착불괴가명
론』[413]이며, 기타 중국 양나라 부대사의『금강경송』[414]과 송나라 자선
의『금강경간정기』[415]에 근거하였음을 알 수가 있다. 아울러 분과에
대해서는 천친의 27斷疑에 근거하였는데, '通曰'이라는 형식으로 경
문에 대한 증봉의 자신의 견해를 요약하여 피력하고 있다. 이와 관
련하여 여기에서 『종통』이라고 이름붙인 까닭에 대하여 증봉의는 다
음과 같이 말을 통해서 『종통』이 지니고 있는 성격이 어떤 것인가를
짐작해 볼 수가 있다.

천축의 무착보살은 일광삼매에 들어가서 도솔천궁에 올라
갔다. 이에 미륵자존에게 청문하자 미륵이 80행의 게송을

---

411)『宗通』卷1, (卍續藏25, p.1中) "姚秦 三藏法師 鳩摩羅什(此云童壽) 譯 西天 功德施菩
薩 破取著不壞假名論 梁 傅大士 頌 宋 嘉禾 長水法師 子璿 金剛刊定記 明 菩薩戒弟子
南嶽山見長 曾鳳儀 宗通"
412)『金剛般若波羅蜜經』, (大正藏8, pp.748下-752下)
413) 功德施菩薩 造, 『金剛般若波羅蜜經破取著不壞假名論』2卷, (大正藏25, pp.887
上-897中)
414) 傅大士 頌,『梁朝傅大士頌金剛經』, (大正藏85, pp.1上-8下)
415) 長水沙門子璿 錄,『金剛經纂要刊定記』7卷, (大正藏33, pp.170上-228上)

설함으로써 경전의 종지를 드러내주었다. 무착은 또한 이 게송을 가지고 그 아우인 천친에게 轉傳하였다. 천친은 그 게송에 의거하여 3권의 금강반야경론을 지었는데,[416] 거기에서 천친은 疑執을 단제하는 것으로써 금강경의 正義라고 풀이하였다. 그러나 이후에 금강경을 해석한 사람들은 그것이 경문을 궁구한 것이 아니라 모두 邪說이라 하여 버렸다. 때문에 나는 이제 공덕시보살이 지은 파취착불괴가명론에 근거하고 장수자선의 간정기를 참고하면서 간간이 여러 노숙들의 기연과 어구를 가하였기 때문에 마침내 그 명칭을 宗通이라 말한 것이다.[417]

2. 구성

이제 그 구성을 살펴보면 다음과 같다. 우선 내용의 구성으로는 경문을 제시하고, 그 용어 및 문장에 대한 주석을 붙였다. 이 경우에 그 내용에 대하여 갖가지 경론을 인용하였는데, 특히 선어록의 내용을 중심으로 하였다. 또한 전체의 내용을 전개함에 있어서 천친의 27斷疑에 근거하여 서술하고 있다. 때문에 제1권에서는 경전의 전체적인 입장에서 총론적으로 그 대강을 서술하였다. 이하 제2권부터는 경문의 단락을 중심으로 조목조목을 들어서 27단의를 중심으

---

416) 『金剛般若經疏論纂要』卷上, (大正藏33, p.155中) ; 天親, 『金剛般若經論』3卷, (大正藏25, pp.781中~797中) 참조.

417) 『宗通』卷1, (卍續藏25, p.2上) "天竺有無著菩薩 入日光定 上昇兜率天宮 請問彌勒慈尊 彌勒爲說八十行偈 以顯經旨 無著又將此偈轉授其弟天親 天親依偈成論三卷 約斷疑執 以釋此金剛正義也 解者舍此不究 悉是邪說 余因取功德施菩薩所造論 參考於長水子璿 刊定記 間探諸老宿機緣語句合之 遂名之曰宗通云"

로 전개하여 서술하였다.

이 가운데서 증봉의는 제1권의 전체적인 대의 부분에서 총 6회에 걸친 '通曰'의 대목을 통해서 자신의 견해를 설명하고 있다. 이어서 제2권부터는 각론적인 입장에서 27단의에 따라서 30회에 걸친 '通曰'의 형식으로 경문을 설명하고 있다.

다음으로 전체적인 구성을 살펴보면 총 7권으로 구성되어 있다.

맨 앞에는 증봉의 자신이 붙인 [서문]의 성격을 지닌 것으로 [金剛宗通緣起]를 붙여두었다. 여기에는 우선 『금강경』이 유통되어 온 역사에 대하여 간략하게 설명을 붙이고 있다. 곧 '공생이 無說의 도리를 꽃비가 내리듯이 설했지만 의심의 단서가 드리워졌고, 무착은 도솔천에 올라가서 미륵보살로부터 직접 가르침을 받았지만 경전의 分·部만 달라졌을 뿐이었기에 진실로 『금강경』을 끝까지 궁구하기도 쉽지 않고, 믿고 받아들이는 자도 진실로 드물다.'[418]고 말한다. 이로써 미륵자존이 게송으로 펼쳐놓았고, 傅大士가 게송으로 드러내주었으며, 인도의 공덕시보살은 『파취착불괴가명론』에서 空·假의 궁극을 훤히 밝혀내었고, 장수자선의 『간정기』에서는 合倂의 規矩와 양 날개의 균형을 간략하게 標하였음을 말한다. 이 내용은 증봉의의 『금강경종통』의 내용이 어떤 자료에 근거하고 있는가를 직접적으로 보여주는 대목이기도 하다. 또한 천친은 27가지 의문으로 나누어 그 의문을 모두 단제하였음을 말하고 있다. 요컨대 법체를 펼쳐서 모든 형상은 다 그르다고 타파하여 破相의 뜻에다 더욱더 섬세하게 순서를 매겼다고 말한다.

---

418) 『宗通』 卷1, (卍續藏25, p.1上) "空生唱無說而雨華 疑絲暗擲 無著昇兜率而面敎 分部猶違 乃知般若無邊 允唯金剛第一 研窮匪易 信受誠希"

나아가서 홍인과 혜능의 인연을 비롯하여 증봉의 자신이 편력했던 구도의 과정에 대하여 설명하고, 조사선풍을 통하여『금강경』을 이해해야 할 필요성에 대하여 언급한다. 그리고 경전이 지니고 있는의 수행법의 성격에 대하여 말한다. 곧 장애가 모두 녹아야만 진여가 온전히 드러나는 법이라고 말하면서, 구마라집의 한역에 대하여 몇 가지로 언급하고 있다. 첫째는 경문이 누락되었는데 靈幽法師가 누락된 경문을 보충하였다.[419] 둘째는 경문의 번역에 있어서 나집이 의도적으로 '若以色見我 以音聲求我' 등의 게송에서 하나의 사구게를 생략해버렸다.[420] 셋째는 如露・如電 등에서 3가지 인연을 누락하였다.[421] 이러한 나집법사의 번역에 대하여 이미 무착의 게송과 천친의 『논』등에서 이미 명백하게 드러나 있음을 지적하고 있다. 반면에 현장법사의 직역에 대해서는 너무 지나친 번역으로서 내용은 잘 갖추

---

419) "그때 혜명 수보리가 부처님께 말씀드렸다. 세존이시여. 미래세에 이 설법을 듣고 신심을 일으킬 중생이 조금이라도 있겠습니까. 부처님께서 말씀하셨다. 수보리여, 저들은 중생이 아니고 비중생도 아니다. 수보리여, 왜냐하면 중생 중생이란 여래가 중생이라 말한 것이 아니라 곧 명칭이 중생이기 때문이다. 爾時 慧命須菩提白佛言 世尊 頗有衆生 於未來世 聞說是法 生信心 不 佛言 須菩提 彼非衆生 非不衆生 何以故 須菩提 衆生衆生者 如來說非衆生 是名衆生"는 대목과 관련된 내용이다. 이 대목은 濠洲 鐘離寺 石碑에 의하면 822년에 幽冥에 다녀왔던 영유법사가 구마라집본에는 없는 내용을 보리유지본에 의거하여 보충한 것이라 한다. 여기에서는 구마라집이 의역하는 과정에서 누락했음을 지적한 것이다.

420) 원래 "若以色見我 以音聲求我 是人行邪道 不能見如來 彼如來妙體 卽法身諸佛 法體不可見 彼識不能知"두 개의 게송이 있었지만, 구마라집이 번역하면서 뒤의 "彼如來妙體 卽法身諸佛 法體不可見 彼識不能知"라는 하나의 게송을 생략해버린 경우를 지적한 것이다.

421) 경문의 끝 부분에 나오는 게송은 원래 "一切有爲法 如星翳燈幻 露泡夢電雲 應作如是觀"처럼 9가지 비유를 담고 있는데, 구마라집은 "一切有爲法 如露亦如電 如夢幻泡影 應作如是觀"처럼 幻・露・泡・夢・電・雲만 비유로 언급하고 나머지 星・翳・燈의 3가지 비유를 누락시켰음을 가리킨다.

어져 있어서 경문을 널리 관찰할 수가 있지만, 그 해석과 게송의 말들에 대하여 중복된 것이라 하여 이 책의 말미에 附載하였다[422]는 것을 설명하고 있다. 마지막으로 증봉의는 본 [금강종통연기]에서 자신의 주변사에 대한 설명과 더불어 본 『금강경종통』이 널리 유통하기를 바라는 말로 끝맺고 있다.

제1권의 경문은 처음의 '如是我聞'으로부터 '如所敎住'까지가 이에 해당한다. 여기에는 '通曰'로 요약되는 37대목 가운데 6회의 通曰까지가 이에 해당한다.

제2권의 경문은 '須菩提 於意云何 可以身相見如來不'로부터 '應無所住而生其心'까지가 이에 해당한다. 여기에선 제1단의부터 제6단의에 해당하고, 제7 通曰부터 제11 通曰에 해당한다.

제3권의 경문은 '須菩提 譬如有人 身如須彌山王'부터 '如來說第一波羅蜜 卽非第一波羅蜜 是名第一波羅蜜'까지가 이에 해당한다. 여기에선 제7단의가 이에 해당하고, 제12 通曰부터 제14 通曰이 이에 해당한다.

제4권의 경문은 '須菩提 忍辱波羅蜜 如來說非忍辱波羅蜜'부터 '須菩提 當知是經義不可思議 果報亦不可思議'까지이다. 여기에선 제8단의부터 제10단의가 이에 해당하고, 제15 通曰부터 제19 通曰이 이에 해당한다.

제5권의 경문은 '爾時 須菩提白佛言 世尊 善男子善女人 發阿耨多羅三藐三菩提心 云何應住 云何降伏其心'부터 '如來不說得福德多 以福德無故 如來說得福德多'까지이다. 여기에선 제11단의부터 제16단의가 이에 해당하고, 제20 通曰부터 제25 通曰이 이에 해당한다.

---

422) 이 책의 말미에서 언급하고 있는 아홉 가지의 비유에 대한 설명을 가리킨다.

제6권의 경문은 '須菩提 於意云何 佛可以具足色身見不'부터 '若以色見我 以音聲求我 是人行邪道 不能見如來'까지이다. 여기에선 제17단의부터 제22단의가 이에 해당하고, 제26 通曰부터 제31 通曰까지가 이에 해당한다.

제7권의 경문은 '須菩提 汝若作是念 如來不以具足相故 得阿耨多羅三藐三菩提'부터 마지막 '信受奉行'까지이다. 여기에서 제23단의부터 마지막 제27단의가 이에 해당하고, 제32 通曰부터 마지막 제37 通曰까지가 이에 해당한다. 이것을 도표로 보이면 다음과 같다.

권수	경 문	斷 疑	通 曰
제1권	如是我聞 … 如所敎住	경전의 총론	제1通曰 … 제6通曰
제2권	須菩提 於意云何 可以身相見如來不 … 應無所住而生其心	제1斷疑 … 제6斷疑	제7通曰 … 제11通曰
제3권	須菩提 譬如有人 身如須彌山王 …卽非第一波羅蜜 是名第一波羅蜜	제7斷疑	제12通曰 … 제14通曰
제4권	須菩提 忍辱波羅蜜 如來說非忍辱波羅蜜 …果報亦不可思議	제8斷疑 … 10斷疑	제15通曰 … 제19通曰
제5권	爾時 須菩提白佛言 世尊 … 以福德無故 如來說得福德多	제11斷疑 … 16斷疑	제20通曰 … 제25通曰
제6권	須菩提 於意云何 佛可以具足色身見不 …是人行邪道 不能見如來	제17斷疑 … 22斷疑	제26通曰 … 제31通曰
제7권	須菩提 汝若作是念 … 信受奉行	제23斷疑 … 27斷疑	제32通曰 … 제37通曰

3. 인용문헌

한편『종통』에는 다양한 종류의 문헌이 여러 차례에 걸쳐서 인용되었다. 간접 인용된 문헌은 제외하고 직접 인용된 것에만 국한하여 통계를 작성해보면 다음과 같이 45종의 문헌에 이르고, 인용된 총 횟수는 276회에 이른다. 그 구체적인 문헌의 명칭과 직접 인용된 횟수는 다음과 같다.

인용문헌	횟수	인용문헌	횟수
天親, 金剛般若經論	86	從容錄	2
梁朝傅大士頌金剛經	42	林泉老人評唱丹霞淳禪師頌古虛堂集	2
金剛經纂要刊定記	20	禪宗頌古聯珠通集	2
碧巖錄	16	明覺禪師語錄	1
金剛般若波羅蜜經破取著不壞假名論	15	金剛般若波羅蜜經偈釋	1
景德傳燈錄	15	福州玄沙宗一大師廣錄	1
宏智禪師廣錄	7	古尊宿語錄	1
洪蓮, 金剛經註解	7	金剛經解義	1
金剛般若經疏論纂要	4	文殊師利所說摩訶般若波羅蜜經	1
空谷集	4	菩提流支 譯, 金剛經	1
宛陵錄	4	丹霞子淳禪師語錄	1
銷釋金剛科儀會要註解	3	洞山悟本大師語錄	1
大般若波羅蜜多經	3	金剛三昧經	1
五燈會元	3	大慧語錄	1
禪林類聚	3	金剛般若經疏論纂要刊定記會編	1
傳心法要	3	續傳燈錄	1
維摩詰所說經	3	壇經	1
華嚴經	3	金剛般若波羅蜜經破空論	1
天聖廣燈錄	2	金剛般若波羅蜜經感應傳	1
能斷金剛般若波羅蜜多經論釋	2	金陵淸涼院文益禪師語錄	1
大智度論	2	圓覺經	1
請益錄	2	金光明經	1
仰山語錄	2		

이를 통해서 보면 천친의 『금강반야경론』의 인용이 86회로 가장 많다. 그것은 27斷疑의 분과를 의거했다는 것을 보여주고 있다. 또한 傅大士의 『梁朝傅大士頌金剛經』이 42회로 많고, 그 다음으로는 『벽암록』이 16회이고, 功德施 보살의 『金剛般若波羅蜜經破取著不壞假名論』과 『景德傳燈錄』의 인용횟수가 15회로 그 뒤를 잇는다. 이것은 증봉의가 서두에서 언급했듯이 『종통』이 근거하여 인용했던 것을 고스란히 반영해주고 있다. [423]

기타 인용된 문헌의 성격으로 보자면 經典의 경우는 『금광명경』, 『원각경』, 『금강삼매경』, 『유마경』, 『문수반야경』, 보리유지 번역 『금강경』, 『대반야경』, 『화엄경』 등 8종 14회에 이른다. 論疏의 경우는 『金剛般若波羅蜜經破空論』, 『金剛般若經疏論纂要刊定記會編』, 『金剛經解義』, 『大智度論』, 『金剛般若波羅蜜經偈釋』, 洪蓮의 『金剛經註解』, 『能斷金剛般若波羅蜜多經論釋』, 『銷釋金剛科儀會要註解』, 『金剛般若波羅蜜經破取著不壞假名論』, 『金剛經纂要刊定記』, 天親의 『金剛般若經論』, 『梁朝傅大士頌金剛經』 등 12종 185회에 이른다. [424]

기타 전등사서류와 공안집과 순수어록과 잡류 등은 모두 선종의 문헌에 포함되기 때문에 선종문헌의 경우는 25종 77회에 이른다. 이것은 증봉의가 『금강경』의 해석에 있어서 어떤 입장에서 해석하고 있는가를 단적으로 보여주고 있다. 곧 『종통』이 경전의 사상을 주석하는 논소의 입장에 있는 까닭에 논소의 인용 경우를 제외하면, 나

---

423) 『벽암록』과 『경덕전등록』의 횟수가 많은 것은 선문답이라는 공통점이 있기도 하지만, 『벽암록』의 내용이 『경덕전등록』을 바탕으로 구성되었기 때문이기도 하다.

424) 『金剛般若波羅蜜經感應傳』은 논서의 분류에서 제외하고, 부대사의 『梁朝傅大士頌金剛經』은 논서의 분류에 포함시켰다.

머지 37종 91회의 인용문헌 가운데 25종 77회로서 다양한 선종문헌의 인용은 그 8할 이상을 차지하고 있다. 이것은 증봉의가 『종통』을 저술함에 있어서 곧 선사상의 입장에서 해석하고 전개했음을 보여주고 있다.

선어록으로 읽는 금강경

2017년 3월 5일 초판 인쇄
2017년 3월 10일 초판 발행

편역인 | 김호귀
발행인 | 신원식

펴낸곳 | 도서출판 중도
        서울 종로구 율곡로4길 6(수송동 13) 3층
등 록 | 2007. 2. 7. 제2-4556호
전 화 | 02-2278-2240

값 : 18,000원

ISBN 979-11-85175-20-1-93220

이 도서의 국립중앙도서관 출판예정도서목록(CIP)은 서지정
보유통지원시스템 홈페이지(http://seoji.nl.go.kr)와 국가
자료공동목록시스템(http://www.nl.go.kr/kolisnet)에서
이용하실 수 있습니다.(CIP제어번호: CIP2017005340)